RAPPORT

DE LA

COMMISSION D'ENQUÊTE

SUR

L'INSURRECTION QUI A ÉCLATÉ DANS LA JOURNÉE DU 23 JUIN

ET SUR

LES ÉVÉNEMENTS DU 15 MAI.

III

NOTE DE LA COMMISSION D'ENQUÊTE.

La Commission d'Enquête avait annoncé, dans son Rapport, qu'elle viendrait plus tard rendre compte à l'Assemblée Nationale de cette partie de ses travaux qui embrassait toute la surface de la République, afin de mettre les Représentants du Peuple à même de juger si les Insurrections de mai et de juin avaient eu des ramifications dans les départements.

Ce second Rapport devenait impossible, lorsque l'Assemblée Nationale avait ordonné l'impression de toutes les pièces recueillies dans l'enquête.

La Commission fait publier les documents fournis par les Préfets, les Procureurs généraux, les Préfets maritimes et les magistrats auxquels elle a donné des commissions rogatoires. L'examen de ces documents suffira pour indiquer que le second Rapport annoncé ne devait en être que l'analyse sommaire.

On trouvera à la suite de cette partie des publications, les dépêches télégraphiques adressées et reçues par le Gouvernement.

I

DOCUMENTS

FOURNIS

PAR LES PRÉFECTURES.

DOCUMENTS

FOURNIS

PAR LES PRÉFECTURES.

Ain.

Bourg, le 27 juin 1848.

Monsieur le Président, j'ai l'honneur de vous transmettre ci-jointes les pièces que vous me demandez par votre lettre du 27 juin.

Ces pièces comprennent 1° les traductions de toutes les dépêches télégraphiques au nombre de 12, que j'ai reçues touchant les évènements de juin; 2° les placards que j'ai fait afficher pour porter à la connaissance du public les nouvelles qui m'étaient transmises ainsi de Paris; 3° un numéro du journal de l'Ain qui a publié les dépêches 10 et 11, lesquelles n'ont pas été affichées.

A l'égard de la dépêche n° 2 qui n'a reçu aucune publicité, j'ai une explication à présenter, cette dépêche ne m'est parvenue qu'après la dépêche n° 3. Celle-ci avait été expédiée directement à Bourg, l'autre m'avait été retournée par la Commission qui administrait le département avant mon arrivée.

Je n'ai point d'autres documents à produire, il ne s'est passé d'ailleurs dans le département aucun fait de nature à être rattaché aux évènements soumis à l'enquête de la Commission.

Je dois ajouter, Monsieur le Président, que je n'ai pris l'administration du département que le   juin; je ne puis donc fournir aucun renseignement relatif aux évènements du 15 mai.

Agréez, citoyen Président, l'assurance de mon respectueux dévouement.

Le Préfet de l'Ain.

Aisne.

23 juin à 3 heures.

Mon cher camarade, j'ai reçu ta lettre; mais je ne puis en profiter. Nous nous battons depuis ce matin; la 5e légion, avec laquelle je suis, a perdu six hommes blessés. On se bat à la porte Saint-Denis, la porte Saint-Martin, faubourg Poissonnière. Sur toute la ligne des boulevarts on entend des feux de bataillons. L'émeute est maîtresse des barrières de ce côté et contient la garde nationale de la banlieue qui ne peut entrer. La caserne Saint-Martin est au pouvoir des insurgés; ils y sont cernés par la garde nationale et la mobile.

La République ne veut pas me placer, qu'importe! d'ici ce soir je me serai peut-être fait tuer pour elle.

Salut et fraternité, vive la République. GRIMBLOT.

Laon, le 1 juillet.

Au Président de la Commission d'enquête.

Citoyen Président, j'ai l'honneur de vous adresser tous les renseignements dont j dispose sur l'attentat de juin.

Je remets copie des seules dépêches qui soient arrivées à la préfecture de l'Aisn pendant les terribles journées que nous venons de passer.

Aucune nouvelle officielle ne m'est parvenue de Paris par la poste ou estafette.

24. Nous avons été informés des déplorables évènements qui se passaient par un lettre du sous-Préfet de Soissons dont copie est ci-jointe, et par des lettres particulière adréssées à nous-mêmes ou reçues par des citoyens qui nous les ont communiquées

Nous produisons une lettre qui nous a été adressée personnellement, parce qu'ell honore celui qui nous l'a écrite et qu'elle fait connaître l'esprit qui anime la plu grande partie de la population de notre département.

Le samedi 24, au reçu de ces nouvelles, nous nous sommes entendu avec le géné ral commandant le département pour que toutes les troupes de sa subdivision se tins sent prêtes à marcher sur Paris.

Le même jour, à huit heures du soir, le détachement du 55e qui était en garnison . Laon partait par des voitures.

Le premier détachement de la garde nationale de Laon les suivait de près, ayant comme la troupe, ses moyens de transport. Une réquisition de voitures que faisait l maire de Laon conduisait chaque détachement à Soissons, où, sur notre avis, le sous préfet mettait à leur disposition le bateau à vapeur et des voitures également prête par notre ordre.

Le départ de ce détachement, qui ne devait quitter la ville que suffisamment arm de moyens d'attaque et de défense fut retardé, par le refus du général commandant la subdivision de délivrer des cartouches. — (Je joins copie de ma réquisition et de mes lettres.) — Par suite de ce refus, le bruit se répandit que nous nous opposions au dé- part de ces détachements.

Pour éviter un conflit entre notre garde nationale et le général, nous avons dû lais- ser peser sur nous, au risque de nous voir accuser de tiédeur et même de trahison, ce refus de délivrer des cartouches. Aujourd'hui même le conseil municipal de la ville est seul informé de ce fait. Cependant le capitaine Colzy, commandant notre détache- ment, a dû en instruire nos Représentants.

Le sous-Préfet de Soissons, sur nos instructions, a fait distribuer au détachement de Laon les 2,400 cartouches dont il avait besoin.

Un exprès avait été envoyé à Compiègne pour faire mettre des wagons à la disposi- tion de nos détachements.

Un bataillon du 45e, sur l'ordre que leur faisait parvenir le général, partait le même jour, 24, pour Paris.

Le dimanche 25 à 10 heures du matin, divers détachements des 45e et 55e, arrivés des garnisons de Vervins, Guise, etc., etc., partaient de Laon dans des voitures que les cultivateurs s'empressaient d'amener sur notre demande. Par le même moyen, un se- cond détachement de la garde nationale de Laon, composé de volontaires et de mobilisés désignés par le maire, partait à midi dans le plus grand enthousiasme, accompagné, jus- qu'au dehors du faubourg de Semilly, par toute la population. J'annexe au présent rap- port les paroles que j'ai cru devoir prononcer au départ de chacune de nos deux colonnes.

Dans la nuit du samedi une estafette envoyé par le sous-Préfet de Saint-Quentin m'apporte un extrait du *Journal de la Somme*, annonçant qu'on était maître de la ré- bellion. J'envoyai cette nouvelle au maire de la ville de Laon, qui crut devoir expédier à notre premier détachement l'avis de rétrograder. Mais les nouvelles connues à Soissons étant d'une nature toute contraire, les braves citoyens de notre ville et leur digne commandant le capitaine Colzy, s'embarquèrent sur les vapeurs aux cris de *Vive la République*.

Le 26, à deux heures et demie du matin, je reçus de Paris les premières nouvelles officielles; un officier d'état-major du général Cavaignac m'apportait en communication la dépêche adressée au général commandant notre subdivision. Cette dépêche ordonnait le départ immédiat de tout ce que nous avions d'infanterie dans le département. Je demandai à cet officier si l'on appelait la garde nationale, il me répondit qu'il n'avait l'ordre de faire partir que des troupes. A trois heures, le général et moi, nous nous concertions pour faire parvenir aux corps détachés l'ordre du départ et leur assurer, sur tous les points d'où ils se dirigeaient sur Paris, des moyens de transport jusqu'à Compiègne. Pour les divers détachements, j'ai fait prévenir à l'avance l'administration du chemin de fer. Le reste du 55e partit immédiatement.

La garde nationale à cheval et la gendarmerie ont rivalisé de zèle dans le service d'estafettes ou ordonnances.

Dès le samedi soir un service avait été établi par les soins de M. Poinsot, commandant notre garde nationale à cheval, et par les soins de M. le capitaine de gendarmerie à Laon.

Le dimanche, plusieurs officiers de la campagne, entre autres le chef de bataillon de Crépy, qui s'était déjà présenté la veille, vinrent s'offrir pour marcher sur Paris. Je répondis que j'acceptais leur offre, mais qu'avant tout il fallait que les hommes mis en campagne portassent, à défaut d'uniforme complet, le képy et la blouse gauloise avec collet rouge, afin d'être reconnus comme corps organisés. Je crus devoir prendre cette mesure dans l'intérêt de ces hommes. Leur dévouement m'était certainement connu, mais, à défaut de signes distinctifs, ils auraient pu se trouver exposés au feu des deux partis. Du reste cet arrangement de rigueur n'a que bien peu arrêté la marche des détachements dont nous avions à cœur la conservation.

Cent trois hommes du bataillon de Crépy s'étaient mis en route le dimanche, à cinq heures du matin. A peine l'avis du maire m'en est-il parvenu, que des détachements de Marle, Vervins, Crécy, Hirron et autres nous arrivent successivement dans la nuit du dimanche au lundi et dans la journée du 26.

Nous leur donnions les voitures et les autres moyens de transport jusqu'à Compiègne.

Quatre cents hommes de la garde nationale de Saint-Quentin s'étaient offerts aussi à marcher sur la capitale, dès le 24, mais le sous-Préfet, voyant le départ de la garnison, jugea à propos de conserver la garde nationale de cette ville, qui contint douze cents ouvriers dans le plus grand dénuement. Ces malheureux sont admirables de résignation, animés d'excellents sentiments; ils reconnaissent les nombreux sacrifices que leurs concitoyens s'imposent pour les préserver de la famine. Cependant vous reconnaîtrez, avec nous, qu'il eût été imprudent de laisser partir quatre cents hommes sur seize cents, chiffre de la garde nationale de cette ville.

La dépêche ministérielle, du 27 courant, qui était destinée à me faire connaître le triomphe de la République, ne me parvint que le 30, au moment de terminer le présent rapport.

J'en joins ici copie.

Le zèle intelligent des citoyens sous-Préfets de Soissons, Saint-Quentin et Vervins ne s'est pas un instant démenti. Ils ont maintenu l'ordre dans leur arrondissement, et ont parfaitement secondé les mesures que j'ai prises pour assurer les services nécessités par les circonstances.

Je dois vous signaler le dévouement d'un grand nombre d'employés inférieurs des diverses administrations de notre ville; nous en joignons ici la liste. La Préfecture seule a fourni douze employés, y compris ceux de mon cabinet.

En général, l'opinion du département est en faveur des principes républicains; mais ici, comme sur d'autres points, la réaction a relevé la tête, huit ou dix jours avant les événements de juin. Les menées des divers prétendants nous mettent dans l'obligation de surveiller incessamment les manœuvres du petit nombre, et surtout de quelques fonctionnaires dont nous avons demandé vainement le changement depuis que nous sommes dans le département de l'Aisne.

Saint-Quentin est rassurant. — Vervins est généralement bon; cependant, ces jours-ci, les hommes qui regrettent la branche cadette ont cherché à exciter quelques troubles. Il aurait été question de forcer le sous-Préfet à se retirer : on prétendait qu'il refusait des cartouches aux communes atteintes de la panique qui régnait dans notre département. Nous en rendons compte. Sur l'évidence qu'il n'y avait pas de cartouches, la petite phalange réactionnaire se vit abandonnée, et l'émeute n'eut pas lieu.

A Château-Thierry, le sous-Préfet a dû se retirer devant la garde nationale et le conseil municipal. J'ai adressé un rapport au Ministère, accompagné de pièces à l'appui. Là le sous Préfet avait prononcé quelques paroles dont le sens fut mal interprété; quoiqu'il eût vu partir ses meilleurs amis pour Paris, et qu'il eût fourni ses armes particulières à l'un d'eux, il fut accusé de pactiser avec les rebelles. Pour éviter une collision fâcheuse, il a quitté Château Thierry en remettant la signature à M. Demaussion, l'un des membres du conseil d'arrondissement.

En rendant compte de cette affaire au Ministre de l'intérieur, j'ai demandé qu'il fût envoyé à Château-Thierry un homme ferme et conciliant.

Les ennemis de la République, réactionnaires, partisans plus ou moins actifs des prétendants, exploitent avec perfidie le malaise éprouvé par les travailleurs et les commerçants pour exciter les citoyens contre les autorités et détruire, par les insinuations ou le dénigrement, le prestige de considération dont elles ont besoin pour agir.

L'un des moyens qui réussissent le mieux, c'est de représenter comme communiste tout ce qui fait preuve de républicanisme. Depuis trois semaines, le maire de Laon, ses adjoints, plusieurs membres du conseil municipal, moi-même, nous sommes désignés comme *communistes*. Cavaignac, qui vient de donner un exemple de si grand désintéressement et d'amour si sincère pour la République et la patrie, Cavaignac, cette gloire si pure, si haute, est accusé ici, dans les groupes, d'être communiste.

La presse réactionnaire a joué ici le rôle de celle de Paris. Le journal de l'Aisne, le journal de Saint-Quentin, *l'Argus Soisonnais*, n'ont point cessé d'attaquer les principes et les hommes de la République. La calomnie la plus perfide a été distillée par ces journaux sur tout ce que la ville et le département peuvent avoir d'honorable, et si le parti de la régence, comme les autres ennemis de la République, n'eût été vaincu à Paris, nous pouvions nous attendre à des collisions bien fâcheuses entre les citoyens.

Je vous fais passer quelques numéros du journal de l'Aisne. Avant la révolution du 24 Février, ces feuilles avaient continuellement déversé l'outrage sur les représentants de l'Aisne; le 24 Février, elle parut se rallier au gouvernement nouveau; mais, prenant pour de la faiblesse ou pour de l'impuissance la générosité de la République à l'égard des ennemis des institutions larges et populaires, elle retourna bientôt à ses anciennes habitudes, puisant, comme par le passé, ses impressions dans *la Presse* et autres journaux ennemis de la République. Le 24 juin, le journal de l'Aisne reproduisait un long article, dans lequel il est dit : *Tout ce que vous voudrez, excepté la République.* — Leroir, son rédacteur, craignant sans doute d'être allé trop loin le matin, demandait à parti avec le détachement de Laon, criant, l'un des plus fort, à la trahison contre les autorités civiles qui ne délivraient pas les cartouches. Nous avons dû manifester au commandant nos doutes sur le rôle qu'il jouerait à Paris, mais, désigné comme d'autres au brave chef du détachement, il est parti avec les artilleurs de sa compagnie, dont le bon esprit nous est connu et dont la bonne contenance a été remarquée par les membres de l'Assemblée Nationale comme par les habitants de la capitale.

J'attends le rapport du commandant Colzy, sur la conduite de son détachement à Paris, je vous le transmettrai.

Le 27 au soir, nous avons eu une panique à Laon et dans presque tout le département. En peu d'heures, le bruit se répandit partout qu'une bande d'insurgés parisiens parcourait la campagne, aux environs de Chauny. Bientôt après on signalait des insurgés sur tous les points du département. Dans toutes les communes où le bruit circulait, on sonnait le tocsin, on passa la nuit sous les armes. Nous mentionnons ce fait qui a pris de la gravité par la certitude que les mêmes bruits avaient couru, à peu d'heures d'intervalle, dans la Marne, l'Oise et la Somme. J'ai cru devoir ordonner une enquête judiciaire.

Ce rapport aurait dû vous parvenir ce jour, 1er juillet, mais l'absence de mon secrétaire particulier, du secrétaire général de la Préfecture et de dix employés de mon administration, faisant partie de l'expédition sur Paris, a fortement dégarni mon personnel. Le 30 juin, nous nous sommes rendus au-devant de nos concitoyens rentrant dans leurs foyers. Voici la courte allocution que je leur ai adressée. Ils y ont répondu par le plus grand enthousiasme et les cris de vive la République!!

Agréez, etc.

Le Préfet de la République.

le 21 juillet 1818.

Citoyen Président,

En présence d'un ordre d'enquête sur ma conduite dans le département sur les évènements de juin, ordre envoyé au président du tribunal de Paris, j'ai l'honneur de vous rappeler que, en date du 1er juillet, c'est-à-dire antérieurement à toute dénonciation, j'ai eu l'honneur de vous adresser un rapport qui, selon moi, et si la Commission en a pris connaissance, devait m'épargner un soupçon de sa part. Par ce rapport, *accompagné de pièces à l'appui*, je rendais compte de mon propre mouvement à la Commission de ce qui avait eu lieu à Laon, depuis le moment où des *lettres particulières* m'ont appris ce qui se passait dans la capitale. Ce rapport, *que je prie la Commission de se faire représenter*, se résume dans ces faits constatés, irrefutables.

Réception d'une première dépêche officielle explicative, le 30 juin seulement. Réfutation des calomnies dirigées contre moi à l'occasion de la délivrance des cartouches et du départ des détachements de Laon.

Dans les circonstances que l'on m'a faites, Citoyen Président, je n'ai pas un mot à ajouter.

Cependant je dois vous dire que, le 5 juillet, j'ai rassemblé à l'Hôtel-de-Ville les officiers et les sous-officiers de la garde nationale, et abordant franchement, en leur présence, les attaques et les calomnies, j'ai tout réfuté de sang-froid, pièces en mains. Il a fallu que cette défense fût bien claire et bien positive, pour qu'elle ait depuis forcé au silence d'infâmes calomniateurs, qui n'ont jamais reculé devant les mensonges les plus cyniques. Je vous envoie ci-joint copie de la démission que j'avais déposée entre les mains des gardes nationaux, et qu'ils m'ont rapportée à la Préfecture, en me priant de conserver mes fonctions. Cette explication a été pour moi un triomphe, dont j'ai le droit de me prévaloir, aujourd'hui que l'on m'accuse ouvertement. J'ai envoyé à tous les Représentants de l'Aisne et à vous-même, à ce titre, un numéro de l'*Observateur* du 7 juillet, qui rend compte des paroles que j'ai prononcées à cette réunion; permettez-moi de vous l'adresser de nouveau, mais cette fois, comme Président de la Commission d'enquête.

Je ne vous dirai rien de la position insoutenable que la Commission m'a faite, par cet ordre d'enquête, qui ne produisant rien contre moi, ne donnera lieu cependant à aucune déclaration de votre part, et qui, par conséquent, me laissera toujours sous le coup d'une suspicion vis-à-vis de mes administrés.

J'en appelle encore à ma correspondance avec le Ministère de l'intérieur; il y avait là plus qu'il n'en fallait, non pas pour m'absoudre, cela ne fait pas question pour moi, mais pour m'éviter l'outrage d'une enquête.

Salut et fraternité. *Signé* : MENNESSON.

P. S. Je joins encore à cet envoi 2 numéros des Bulletins de la Préfecture, dans lesquels vous trouverez mes proclamations et instructions aux maires.

Paris, le 17 juillet 1848.

Nous, Président de la Commission d'enquête, de l'avis et de l'ordre de cette Commission, donnons, par le présent, mission spéciale à Monsieur le Président du tribunal civil de Laon d'informer sur les faits suivants:

1° Les dépêches télégraphiques envoyées au Préfet de l'Aisne par le Gouvernement ont-elles été publiées par lui, aussitôt après leur réception?

2° Ont-elles été publiées textuellement?

3° Les volontaires de la garde nationale ont-ils rencontré quelque obstacle à l'empressement qu'ils témoignaient de se rendre à Paris?

4° Le Préfet de l'Aisne aurait-il dit, comme l'a affirmé et répété le *Journal de l'Aisne* :

« Le peuple n'ayant pas obtenu ce qu'il désire, et il veut l'avoir, la révolution a été détournée de son but; c'est une révolution à refaire, et d'ici à trois ou quatre mois, on aura fait justice de la bourgeoisie. »

Le magistrat délégué ne sera pas tenu de se conformer aux formalités ordinaires de la justice. Il pourra citer des témoins ou les faire appeler par simple avis en sa présence. Il transmettra à la Commission d'enquête, sous le plus bref délai possible, 1° les pièces de l'information; 2° un rapport émané de lui sur l'appréciation des faits ci-dessus mentionnés, comme indication de la mission qui lui est donnée, et qui devrait porter, en outre, sur tous les faits qui leur seraient connexes.

Le Président de la Commission d'enquête. *Signé* : O. BARROT.

Le Secrétaire, *Signé* : WALDECK-ROUSSEAU.

Laon, le 25 juillet.

RAPPORT.

Monsieur le président, j'ai l'honneur de vous transmettre toutes les pièces concernant la mission honorable, mais bien pénible, que vous avez bien voulu me confier. Je n'ai pas perdu de temps. Je me suis mis à l'œuvre à l'instant même où elle m'est parvenue, et en voici le résultat. Pour procéder avec quelque méthode, je vais prendre successivement les quatres questions sur lesquelles mon examen devait porter.

Première question. Les dépêches télégraphiques envoyées au Préfet de l'Aisne par le Gouvernement ont-elles été publiées par lui aussitôt leur réception ?

J'avais peu d'éléments pour traiter cette question ainsi que la suivante, car j'étais peu initié aux actes de la Préfecture qui est envahie par un grand nombre d'individus qui généralement n'inspirent pas une grande confiance et dont l'entourage fait tort au préfet Mennesson, qui passe généralement pour avoir de bonnes qualités et un cœur excellent accessible à des influences plus ou moins équitables; on lui reproche certains actes dont il se serait sans doute abstenu, s'il n'eût écouté que son inspiration personnelle. Je me suis adressé directement à lui, et sans la moindre hésitation, et je puis ajouter avec empressement, il m'a donné en communication et même remis les pièces qui m'étaient nécessaires.

Le télégraphe ne fonctionne pas dans le département de l'Aisne ; les dépêches du Gouvernement ne peuvent parvenir à la Préfecture que par la voie du journal officiel ou par estafettes. Dès le 24 juin, on a connu à Laon les tristes évènements survenus la veille dans la capitale, mais par lettres particulières. M. Mennesson n'avait reçu aucune dépêche du Gouvernement. Une seule lettre du sous-Préfet de Soissons lui confirmait ce que les lettres particulières avaient annoncé. Ce ne fut que dans la nuit du 25 au 26 juin que parvinrent à la Préfecture les premières nouvelles officielles. Un officier d'État-major du général Cavaignac apportait au général Roguet, commandant la subdivision de l'Aisne, une dépêche, par laquelle on prescrivait le départ immédiat de toutes les troupes qui restaient dans le département, et encore de celles de l'arrondissement d'Avesnes situé en dehors de la subdivision (16, Roguet). Il n'était nullement question dans cette dépêche de faire partir la garde nationale.

Le Préfet en fit l'interpellation formelle à l'officier de l'Etat-major (17, Mennesson). Le lendemain les ordres furent exécutés, les troupes partirent, il en fut de même d'un second détachement de la garde nationale de Laon. Cette dépêche reçut donc une complète exécution.

La seule dépêche ministérielle concernant les événements de juin fut datée de Paris du 27, et ne parvint à la Préfecture que le 30. M. Mennesson fut tellement étonné de ce retard de deux jours, qu'il envoya chercher, pour mettre sa responsabilité à couvert, à cause des graves circonstances, plusieurs personnes pour constater ce retard. Pour rendre hommage à la vérité, je dois déclarer que je fus du nombre des individus appelés, et que j'ai constaté sur l'enveloppe contenant la dépêche, le timbre de la poste attestant l'arrivée le 30 juin. Une circulaire fut imprimée le jour même et envoyée immédiatement à tous les maires et autres fonctionnaires du département (4e dossier).

Deuxième question. Les dépêches ont-elles été publiées textuellement?

L'affirmative n'est pas douteuse. Si le Préfet n'a reçu d'autre dépêche que celle du 27 juin, ce qui se conçoit d'ailleurs à raison de la confusion inévitable que les évènements ont dû occasionner dans les bureaux du Ministère de l'intérieur, le télégraphe ne fonctionnant pas dans le département, il est facile de se convaincre, en rapprochant les termes de la dépêche du 27 juin avec ceux de la circulaire du 30, que le texte de la dite dépêche y est religieusement reproduit (4e dossier).

Le 28 juin, l'Assemblée Nationale faisait publier sa proclamation au peuple français. Les journaux l'ont reproduite. Le jour de son arrivée à Laon, le lendemain 29, le Préfet la faisait publier, afficher partout et insérer dans les journaux de la localité (5e dossier). Il est facile de s'assurer que la reproduction en est textuelle.

Troisième question. Les volontaires de la garde nationale ont-ils rencontré quelque obstacle à l'empressement qu'ils témoignaient de se rendre à Paris?

Les nouvelles alarmantes sur l'état de la capitale sont parvenues à Laon, le 24 juin, dans la matinée. Elles excitèrent une vive rumeur. Le maire et les adjoints se rendirent à la Préfecture entre dix et onze heures du matin. Le général s'y trouvait. Il déclara n'avoir reçu aucun ordre pour faire partir les troupes. On prit de suite la résolution de convoquer la garde nationale et de faire partir un détachement pour Paris. Le commandant fut appelé à la mairie. Le rappel fut battu entre 11 heures et midi (7. Poupart). La garde nationale mit beaucoup de temps à se réunir. On avait appelé les compagnies des faubourgs qui entourent la montagne. On donna connaissance des motifs de la réunion, de la gravité des circonstances et on fit un appel aux hommes de bonne volonté. Il en sortit des rangs plus d'une centaine. Il fallait organiser les officiers. Il y avait nécessité de donner avis aux cultivateurs des communes voisines pour conduire promptement à Soissons sur leurs chariots les gardes nationaux déjà prêts à partir. Tous ces préparatifs conduisirent jusqu'à 5 heures (1. Bauchart, 7. Poupart).

Le maire et le commandant de la garde nationale se rendirent alors à la Préfecture pour obtenir l'ordre du départ. Il y eut une assez vive discussion entre le Préfet et le commandant sur le choix des officiers, et aussi sur un artilleur qui n'était autre que le rédacteur du journal de l'Aisne, connu par son opposition aux actes du Préfet.

Celui-ci annonça que le détachement ne partirait pas avant sept heures, parce que, n'ayant pas encore de nouvelles de Paris, il en attendait à ce moment. Le commandant, déjà mécontent de ce sursis, en donna avis au détachement qui se sépara (1. Bauchart).

Vers sept heures, le détachement se reforma sur la place. Le maire, les deux adjoints et le commandant se rendirent de nouveau à la Préfecture. Le Préfet Mennesson manifesta son étonnement de n'avoir reçu aucune dépêche, et ajouta que, devant infailliblement en recevoir avant 9 heures, il désirait que le détachement ne partît pas avant cette époque, et ce, pour lui éviter de faire une course inutile. Sur les observations assez vives qui furent faites, car l'un des adjoints avait dit : *A neuf heures, dépêche ou non, il faut que le détachement parte*, le Préfet donna à cette proposition son consentement (7. Poupart — 1 Bauchart). Ici, le Préfet n'est pas d'accord avec le commandant et l'adjoint au maire : il ne parle que d'un seul delai, par lui proposé, jusqu'à sept heures du soir, et nullement du second, de neuf heures (17. Mennesson). Je crois que le Préfet manque ici de mémoire, et qu'on doit plutôt s'en rapporter à la déclaration des deux personnes qui sont d'accord entre elles.

De retour à la mairie vers sept heures et demie, le nouveau retard fut annoncé aux gardes nationaux du détachement; le rendez-vous fut de nouveau fixé à neuf heures : le rappel fut battu. La foule était compacte sur la place de la Mairie. Elle était composée de parents, d'amis, de curieux. Pour éviter l'inconvénient qui en résultait, on fit passer les hommes du détachement dans la cour de la mairie.

Un nouvel incident survint : il ne contribua pas peu à augmenter le mécontentement des gardes nationaux qui déjà s'était manifesté : il fallait donner des cartouches aux hommes du détachement. Le maire écrivit de suite au général pour lui en demander. Le général répondit qu'il ne pouvait tout au plus en accorder qu'au Préfet, et encore sur une demande motivée sur une grande urgence. Le Préfet, étant alors survenu, écrivit à son tour au général qui lui répondit qu'il n'avait pas une seule cartouche à silex, et que dans le cas même où il en aurait, il ne pourrait en faire délivrer à la garde nationale que sur une réquisition de sa part, motivée sur une indispensable urgence pour le maintien de la tranquillité dans le département dont, jusqu'à nouvel ordre, il doit seul s'occuper. Cette réponse fut loin de satisfaire. On fit observer que des cartouches à capsules pouvaient servir également pour des fusils à silex en enlevant facilement la capsule. Le Préfet n'hésita pas à formuler une nouvelle demande au général, par forme de réquisition, prétextant la plus grande urgence et déclarant assumer sur lui toute la responsabilité. Nouveau refus de la part du général sur les mêmes motifs (1er dossier). Le Préfet, dans une semblable position, n'eut d'autre parti à prendre que de remettre au commandant du détachement, le capitaine Cohy, une lettre pour le sous-Préfet de Soissons, avec invitation de fournir au détachement les cartouches dont il avait besoin. Le capitaine avait formellement déclaré que si on ne lui en remettait pas à Soissons, il ramènerait son détachement, ne voulant pas compromettre la sûreté des hommes qui le composaient (Cohy, 5). Toutes les mesures avaient été prises auprès du sous-Préfet (8e dossier).

Ces lenteurs inévitables, sauf le cas où on n'aurait pas attendu aussi tard pour demander des cartouches, augmentèrent l'impatience et même le mécontentement des gardes nationaux parqués, depuis près de deux heures, dans la cour de la mairie. Il en était de même de tous les habitants de la cité qui s'étaient réunis en masse sur la place de l'Hôtel-de-Ville, voulant faire leurs adieux à leurs fils, à leurs parents ou à leurs amis, et les conduire jusqu'au bas de la montagne où ils devaient monter sur les chariots qui les attendaient depuis longtemps.

Quand on annonça aux gardes nationaux du détachement qu'ils n'auraient pas de cartouches, il y eut un moment de rumeur; ils ne voulaient plus partir, mais, sur la promesse faite qu'on leur en délivrerait à Soissons, l'enthousiasme revint, il fut très-démonstratif, et depuis il ne s'est pas démenti. Le Préfet et le maire leur firent des allocutions (3e dossier). Le départ eut lieu enfin de onze heures à onze heures et demie du soir. Le rappel avait été battu avant midi (1. Bauchart ; 5. Cohy ; 7. Poupart; 17. Mennesson).

Un incident survenu quelques heures après le départ du premier détachement eut aussi, sur l'opinion, qui n'était pas bien disposée, une influence fâcheuse. Diversement interprété et toujours d'une manière défavorable, il contribua à donner quelque appui a l'opinion déjà émise que les autorités, loin de favoriser le départ des gardes nationaux sur Paris, employaient tous les moyens pour l'empêcher ou l'entraver. Une estafette, arrivée après minuit de Saint-Quentin, portait à M. Mennesson une lettre du sous-Préfet de cette ville. Dans cette lettre était un extrait du *Journal de la Somme*, du 24 juin, 3 heures du matin, qui annonçait que les nouvelles étaient plus rassurantes, que les insurgés étaient vaincus, que la troupe, la garde nationale, la garde républicaine et la garde mobile avaient uni leurs efforts (2e dossier). Le Préfet s'empressa de transmettre ces pièces au maire, qui, dans un moment d'enthousiasme et sans y avoir mûrement réfléchi, envoya immédiatement au commandant du détachement l'ordre de revenir. L'estafette qui avait rencontré le détachement presqu'à la moitié de la route et qui n'avait pu parler au commandant, alla jusqu'à Soissons. A la réception de ce contre-ordre, le commandant Cohy annonçait l'intention de revenir à Laon, malgré l'opposition formelle de plusieurs gardes nationaux qui étaient présents. Le sous-Préfet de Soissons, ayant déclaré que des nouvelles beaucoup plus récentes que celles dont il était question dans le *Journal de la Somme* étaient loin d'etre aussi rassurantes, prit sur lui de donner l'ordre au détachement de marcher sur Paris, et lui fit distribuer des cartouches; le commandant Cohy, dont la responsabilité était alors à couvert, n'hésita plus et donna de suite l'ordre du départ. (S. Cohy.)

Le lendemain, dimanche, 25 juin, les nouvelles de Paris étaient fort inquiétantes. Le général avait reçu, la nuit, l'ordre de faire marcher sur la capitale toutes les troupes du departement, et même celles qui se trouvaient dans l'arrondissement d'Avesnes (Nord). L'enthousiasme prit un nouvel accroissement : les cultivateurs des communes voisines vinrent offrir spontanément leurs chariots; la troupe et un second détachement de la garde nationale furent bientôt disposés. Le général, qui montrait encore un peu d'hésitation pour remettre des cartouches, céda aux observations qui lui furent faites et donna l'ordre d'en distribuer (7. Poupart); il déclara qu'il ne pouvait prendre sur lui de délivrer des munitions aux gardes nationaux, à moins que l'ordre ne fût émané du Gouvernement; et, sur l'observation qui lui fut faite qu'on en avait bien délivré à Soissons précisément dans les mêmes circonstances, il se borna à répondre qu'il était entièrement étranger à cette mesure et qu'il n'en avait nullement donné l'ordre. Je crois que le général n'a pas réfléchi qu'il s'agissait d'évènements hors de toute prévision, et que, dans des cas extraordinaires, il faut savoir à propos apprécier les circonstances et sortir des limites rigoureuses dans lesquelles on doit se renfermer dans des temps ordinaires (16 Roguet). Vers deux heures de l'après-midi, le détachement se mit en marche ; toute la population le conduisit, musique en tête, jusqu'aux chariots. L'enthousiasme était le même que celui du détachement de la veille (7 Poupart).

Le surlendemain 27 juin, un détachement de gardes nationaux des environs de Vervins était arrivé sur la place de la Mairie dès quatre heures du matin. L'ordre du départ ne leur fut délivré que fort avant dans l'après-midi. Ce qui s'était passé les jours précédents autorisa à blâmer la conduite du Préfet, et on soutint qu'il avait toujours du mauvais vouloir. Je n'ai pas informé sur ce fait, parce que le temps m'a manqué, et qu'il m'aurait fallu faire venir d'une grande distance des témoins qui pouvaient ne pas avoir le temps de se présenter devant moi ; j'ai seulement appris que les causes du retard éprouvé sont attribuées à la nécessité où l'on était de donner aux hommes faisant partie des détachements, à défaut d'uniforme, le képy et la blouse gauloise avec collet rouge, pour éviter les méprises, dont malheureusement on a vu de tristes exemples. On donnait aussi pour motif de l'hésitation à donner l'ordre du départ, qu'il ne fallait pas dégarnir la contrée de tous les hommes valides, à cause du grand nombre d'ouvriers sans travail dans les manufactures, sur la tranquillité desquels on n'était pas très-rassuré.

Quatrième question. Le préfet de l'Aisne aurait-il dit, comme l'a affirmé et répété le *Journal de l'Aisne* : « Le peuple n'a pas obtenu ce qu'il désire, et il veut l'avoir; la « révolution a été détournée de son but; c'est une révolution à refaire, et, d'ici à trois « ou quatre mois, on aura fait justice de la bourgeoisie. »

Il y a un fait certain, c'est que les Représentants envoyés par le département de l'Aisne à l'Assemblée Nationale n'étaient pas ceux que l'autorité administrative y appelait. Les démarches multipliées faites sur tous les points du département par les nombreux émissaires, les listes publiées par certains journaux des localités et affichées jusque dans les salles où se tenait le collége électoral, le démontrent suffisamment. Qu'y a-t-il après cela d'étonnant que, à une époque rapprochée des élections, le Préfet, soit dans les audiences qu'il donnait à certaines personnes, soit dans des réunions plus ou moins intimes, ait manifesté son mécontentement? Cela se conçoit. Ces propos, colportés d'abord sans mauvaise intention, interprétés ensuite par la malveillance, ont semé l'effroi dans la contrée et sont parvenus à la connaissance du rédacteur d'un journal dont les intentions envers le Préfet sont notoirement peu bienveillantes Ces propos ont-ils été tenus avec tous les caractères qu'on leur prête, c'est ce qu'il fallait reconnaître; aussi tous mes soins se sont portés à remonter à la source.

Trois personnes m'ont été désignées comme ayant entendu M. le préfet Mennesson tenir en leur présence les propos alarmants dont le sens rentrait dans les expressions éoncées dans la question : MM. Dufrénoy, maire de Colligny et membre du conseil d'arrondissement; Rohort, maire de Vauxaillon et suppléant du juge de paix du canton d'Anisy-le-Château, et Leblanc, maire de Montcornet.

M. Dufrénoy, à qui l'on parlait du retard apporté par le Préfet au départ du détachement de la garde nationale, aurait répondu : Rien ne m'étonne de sa part; je lui ai entendu dire, dans un dîner où je me trouvais avec lui, « que la Révolution était à « refaire, que les ouvriers n'avaient pas ce qu'ils devaient avoir; mais qu'ils l'auraient « n'importe par quels moyens, et que, dans deux ou trois mois, la bourgeoisie serait « en bas. » (3. Labouret). Le jour même du départ du second détachement, M. Dufrénoy, apprenant la discussion qui s'était élevée dans la matinée avec le préfet Mennesson, à qui l'on avait imputé un propos de ce genre, a ajouté : Cela ne m'étonne pas, car quinze jours après les élections, il me dit, dans son cabinet : « Cette fois, la Révolu- « tion sera radicale; il faut, pour que les choses aillent bien, que la bourgeoisie soit « abattue, et que le peuple soit entièrement souverain. » (4. Lejeune.) Il répéta ce propos avec quelques variantes à d'autres personnes (2. Fleury ; 11. Desplanches.) M. Dufrénoy, interpellé sur ce qu'il avait entendu et répété, dit, après avoir recueilli ses souvenirs, qu'après les élections, et avant l'évènement du 15 mai, il avait entendu le préfet Mennesson, qui causait avec lui, faire cette réflexion : « Avec d'aussi mau- « vaises élections que celles que nous venons d'avoir, je suis persuadé qu'avant quatre « mois nous verrons une nouvelle révolution beaucoup plus terrible que celle « du 24 Février; car on refuse au peuple ce qu'il demande, il saura bien l'exiger. Cette « fois, il fera justice de la bourgeoisie, et nous pourrons bien y passer tous. » Et comme on lui demandait ce que signifiait un pareil langage, il ajouta : « Quand on ne « veut pas donner au peuple ce qu'il a droit de demander, il sait bien l'exiger. » Ce propos était très-alarmant dans la bouche du premier administrateur du département. On conçoit que plusieurs fois répété, il ait paru plus grave encore et soit devenu la phrase rapportée par le *Journal de l'Aisne* (12. Dufrénoy.)

Quelque temps avant les élections, un jeune cultivateur causant des évènements avec le maire de sa commune, ajoutait : N'est-il pas fâcheux d'avoir un Préfet qui tienne des propos aussi alarmants? Il prétend « que si les élections ne tournent pas à sa guise, on fera soulever la classe ouvrière contre la bourgeoisie. » Le maire lui répondit : Il m'en a dit tout autant (13. Toupet). M. Rohart, maire de Vauxaillon, interpellé à ce sujet, reconnut avoir dit au jeune Toupet quelque chose d'équivalent. L'avant-veille des élections, il se trouvait dans le cabinet du Préfet; la conversation roulait sur ce grand évènement. Il se rappelle qu'il lui dit quelque chose qui avait ce sens : « Si nous n'avons pas la bourgeoisie pour nous, nous aurons la classe « ouvrière, ou, nous ferons marcher la classe ouvrière. » M. Rohart parut peiné d'être appelé à s'expliquer sur ce propos auquel on attachait une certaine importance, et l'on conçoit qu'il ait un peu cherché à en atténuer le sens primitif. Toutefois, dans son opinion, il a pensé que le parti auquel le préfet Mennesson était attaché, était disposé à exciter la classe ouvrière contre la bourgeoisie, dans le cas où l'Assemblée Nationale ne partagerait pas sa manière de voir. (14. Rohart.)

Le dimanche, 25 juin, jour du départ du second détachement de la garde nationale, on était avide de recevoir des nouvelles de la capitale. Le rassemblement sur la place de la mairie était considérable. On avait plusieurs sujets de mécontentement. On se plaignait des lenteurs apportées la veille au départ du premier détachement; on venait d'apprendre que ce détachement était rappelé, qu'une estafette était partie la nuit dans cette intention; on commentait cet ordre de diverses manières, et toujours défavorablement; les nouvelles de Paris étaient alarmantes. Le maire donne, du haut du perron de l'hôtel-de-ville, lecture d'une lettre d'un de nos Représentants, annonçant la prise du Panthéon; de son côté, le préfet Mennesson lut quelques dépêches; mais il y mit une telle hésitation, une telle lenteur, qu'on crut que cette lecture n'était pas textuelle, et qu'il avait fait quelque omission volontairement. Quelques murmures éclatèrent. Le préfet, en descendant le perron, s'approcha d'un groupe où se trouvait l'ingénieur en chef du département, homme récommandable, et lui dit, en l'apostrophant, qu'il voyait bien que tout le monde ici n'était pas pour la République; il lui fut répondu assez fortement, et il s'éleva une discussion assez vive sur les républicains de la veille et sur ceux du lendemain.

J'apprends d'une manière positive, au moment de fermer cette dépêche, que M. Tarbé de Vauxclairs a été dénoncé par le préfet à M. le ministre des travaux publics, et dépeint, sous le rapport politique, de la manière la plus déplorable. Dans ce cas, le préfet aurait cédé à un mouvement de colère que je ne comprends pas, et que rien ne peut excuser. M. Tarbé de Vauxclairs est un homme très-honorable ; il remplit, depuis plus de quatre ans, dans cette ville, les fonctions d'ingénieur en chef des ponts et chaussées ; jamais, dans ses opinions politiques, il n'a donné la moindre prise à celle qu'on lui impute ; et si l'on donnait quelque suite à la dénonciation dont je parle, il serait victime de la plus criante injustice.

Un des interlocuteurs qui avait été interpellé par le préfet, qui lui avait dit qu'on voyait sur ses livres le nom du prince de Joinville, lui riposta qu'il était républicain, mais avec les gens honnêtes. Le préfet Mennesson demanda s'il n'était pas honnête ; je n'en sais rien, lui répondit-on; mais ceux qui ont dit : « Qu'après des élections comme celles qui avaient eu lieu, c'était une révolution à refaire dans quelques mois, » sont peut-être la cause de évènements actuels de Paris. Le préfet Mennesson dénia le propos; on lui soutint qu'il l'avait tenu à un homme respectable, qui l'avait répété en quittant la préfecture (4. Lejeune; 18 Tarbé de Vauxclairs). M. Leblanc, maire de Montcornet, désigné par le docteur Lejeune, mandé devant moi, me délara que quelque temps après les élections, il était venu trouver le préfet pour aviser au moyen d'occuper les ouvriers de sa commune. Le préfet lui dit que, non-seulement, il fallait s'en occuper dans le moment actuel, mais qu'il le faudrait encore l'hiver prochain : « Car, ajouta-t-il, avec des hommes comme ceux qu'on envoie à l'Assemblée, je crains bien qu'à cette époque la confiance ne soit pas encore rétablie. » (15 Leblanc.)

Ces expressions ne sont pas sans doute les mêmes que celles apportées par le docteur

Lejeune; mais elles n'en manifestent pas moins tout le mécontentement que le résultat des élections avait fait éprouver au préfet Mennesson.

Le préfet Mennesson demandait un jour au maire d'une commune, s'il faisait exactement afficher les proclamations qu'il lui adressait. Ce maire lui ayant répondu affirmativement, hors une seule, ajouta-t-il, à cause des doctrines qu'elle renfermait; c'était la première proclamation de Ledru Rollin : « Vous êtes un peureux, ajouta le préfet; Ledru-Rollin n'est pas un homme aussi avancé qu'on le croit; il n'est pas à moitié aussi avancé que moi. » (11 Desplanches.)

Tous ces propos et autres du même genre ont excité la verve satirique du journaliste. Il a rapporté le plus saillant dans le journal du 13 juillet; il l'a répété dans celui du lendemain; il s'est autorisé du silence observé vis-à-vis de lui, pour envoyer les deux numéros à la Commission d'enquête, qui a de suite ordonné la pénible instruction dont elle a bien voulu me charger. Jusqu'ici les hostilités s'étant bornees à des articles de journaux qui ont plus ou moins excité l'attention publique, ces débats étaient fâcheux, parce qu'ils avaient pour but de déverser le blâme sur les actes de l'autorité et d'attirer sur eux la critique et l'animadversion des administrés. Mais ils vont produire un résultat plus fâcheux encore par suite du parti que vient d'adopter le préfet Mennesson. Les faits ont été dénoncés par lui au ministère public. Un procès en diffamation va être intenté au rédacteur du Journal de l'Aisne, qui comparaitra en cour d'assises, dont la session s'ouvre le 7 août prochain. La malignité publique va être excitée. Les amateurs du scandale, surtout quand l'autorité est en jeu, en prendront à cœur-joie; le préfet Mennesson aura beau dire que les propos qu'on lui impute, n'ont pas été tenus par lui; il aura beau produire les actes, proclamations, arrêtés émanés de lui, pour protester contre eux (6e 7e dossiers), le croira-t-on ? L'autorité sortira-t-elle vengée de ces débats plus ou moins scandaleux ? Ne serait-il pas plus sage de les éviter en envoyant M. Mennesson dans un autre endroit, où il pourra mieux faire valoir ses bonnes intentions ? L'expérience qu'il a acquise, lui fera, à l'avenir, éviter les inconvénients dans lesquels il est tombé; il a voulu donner sa démission. Que n'a-t il persévéré dans ce projet ? Vous connaissez les faits : vous pourrez apprécier si le journaliste fera ou non, jusqu'à un certain point, la preuve des faits diffamatoires. Je vous laisse à penser le scandale qui en résultera.

Je ne devais pas laisser tomber, sans l'éclaircir, un fait qui d'abord présentait quelque gravité. On répandait dans le public qu'un individu, d'une mine fort suspecte, avait été arrêté dans la commune de Monthenault, située à 8 kilomètres de Laon. Ses discours étaient alarmants; il s'annonçait comme ayant été capitaine dans les ateliers nationaux; il disait que la garde mobile serait détruite en détail, parce qu'elle s'était fort mal comportée, et qu'il en serait de même de la garde nationale. Il aurait ajouté: Vous ne pouvez m'arrêter; lisez cette pièce, et il aurait produit un laissez-passer, signé C. Mennesson (3. Labourat). D'autres auraient ajouté, qu'il aurait en outre reçu 20 fr. du préfet (11. Desplanches : 12 Dufrenoy). J'ai fait venir le capitaine de la garde nationale de Montreuil qui avait arrêté l'inconnu. Ce capitaine ne sait pas lire Il avait été obligé de s'en rapporter à un tiers pour examiner les papiers qui furent trouvés en règle. J'ai fait quelques reproches au capitaine sur la conduite qu'il avait tenue vis-à-vis d'un homme qui proférait des propos aussi alarmants (9. Cadot). Le maire de la commune m'a fait parvenir le lendemain une lettre par laquelle il m'annonce, qu'ayant fait interpeller l'individu qui avait lu les papiers de l'inconnu, il en avait appris que le laissez-passer provenait de la commune de Mons-en-Lannois; dès lors le préfet Mennesson n'était plus en cause, j'ai dû abandonner mes investigations.

Tel est le résumé exact de l'enquête à laquelle je me suis livré. Je crois avoir satisfait aux obligations qui m'étaient imposées. Je m'estimerai heureux d'avoir mérité votre approbation.

Veuillez agréer, Monsieur le Président, l'assurance de mes sentiments respectueux,

Le Président du tribunal, *signé* : Huet.

Allier.

Aux Représentants du peuple composant la Commission d'enquête.

Citoyens, en vertu de la commission rogatoire que vous m'avez fait l'honneur de m'adresser le 1er juillet, présent mois, par l'intermédiaire de votre président, et par suite des instructions qui y avaient eté jointes par le citoyen Landrin, l'un de vos secrétaires, je me suis immédiatement rendu à Moulins. Les pièces sus-énoncées ne me sont parvenues à Riom que le 6 juillet; le 8 au soir, j'étais arrivé a Moulins, prêt à prendre toutes les mesures nécessaires pour assurer le succès de la mission qui m'était confiée.

J'ai pensé qu'il était à la fois prudent et utile, avant d'agir, de me renseigner sur la situation exacte des choses et des esprits dans un pays que les évènements *et surtout les hommes* ont profondément remué depuis la Révolution de Février. J'avais à me tenir en garde tout à la fois, soit contre l'esprit de parti, les entraînements aveugles de la passion politique en faveur de certains hommes du parti démagogique encore au pouvoir, soit aussi contre les récriminations, les répulsions, les accusations irréfléchies que peut entraîner l'esprit de réaction. J'ai cherché, entre ces deux écueils, à me maintenir dans les termes de modération et de justice qui conviennent à un serviteur dévoné de la *République honnête*, et qui m'étaient commandés par la haute mission qui m'était confiée.

La commission rogatoire et les instructions y annexées me donnaient mandat :

1° D'informer relativement à un propos grave imputé au citoyen Gazard, préfet de l'Allier, à l'occasion des évènements de mai;

2° De rechercher en quel lieu se trouvait le procureur de la République de Moulins au moment soit des troubles de mai, soit de ceux de juin;

3° D'informer sur la participation qu'auraient pu prendre à ces évènements quelques habitants du département de l'Allier, et notamment de la petite ville de Lurey-Léon;

4° Enfin de rechercher et constater tous les faits qui pouvaient intéresser l'ordre public, se rattachant à ces mêmes évènements, et qui auraient pu se produire dans le département de l'Allier.

Premier fait, relatif au préfet Gazard :

Pour qu'il fût possible d'apprécier la valeur du propos imputé au citoyen Gazard, j'ai cherché à connaître quelles avaient été l'attitude et la conduite de ce préfet au moment des évènements de juin et à l'arrivée des nouvelles transmises par l'autorité supérieure. Tous les renseignements que j'ai pu recueillir à cet égard, favorables ou défavorables, ne m'ont point paru présenter un degré suffisant de précision et d'importance pour en faire l'objet d'une information.

Quant au propos imputé au citoyen Gazard, préfet de l'Allier, relativement aux évènements de mai, la déposition du proviseur du lycée de Moulins pourra en faire apprécier la portée; cette déposition est annexée au présent rapport.

Deuxième fait, relatif au procureur de la République près le tribunal de Moulins.

Il est de notoriété publique, à Moulins, que le citoyen Fougeron, procureur de la République à Moulins, se trouvait à Paris au 15 mai et jours précédents; il a raconté aux membres du tribunal de Moulins et à un grand nombre de personnes qu'il se trouvait, le 15 mai, dans une tribune au moment de l'envahissement de l'Assemblée Nationale; suivant le récit de quelques personnes, il disait être entré dans la salle des séances à l'aide de l'intervention du citoyen Avond, Représentant du peuple; suivant le récit d'autres personnes, il prétendait avoir, au moment de l'envahissement de l'Assemblée Nationale, et pendant le trouble qui en fut la suite, protégé la sortie du citoyen Avond. Ces faits m'ont été attestés par des personnes honorables et sûres. Je n'ai pas pensé devoir en faire l'objet de déclaration en forme.

Il serait assez difficile de savoir, à Moulins, où se trouvait le citoyen Fougeron pendant les évènements de juin. Ce magistrat, étranger au département de l'Allier, habitait la ville de Bourges, où il a exercé les fonctions d'avoué ; il n'a fait à Moulins, jusqu'à ce moment, qu'un établissement temporaire et y est peu resté. On pense, sans en avoir la certitude, que le citoyen Fougeron était à Paris lors des troubles de juin. Ce qui est certain, c'est qu'il n'était pas à Moulins; il avait obtenu un congé du procureur général à partir du 15 juin. Le registre des congés du parquet de la cour de Riom atteste ce fait Enfin, aujourd'hui 15 juillet, le citoyen procureur de la République n'est pas de retour à son poste.

Troisième fait. — Participation de quelques habitants de Lurey-Léon aux troubles de mai.

Le 14 juillet, je me suis rendu à Lurey-Léon, petite ville distante de Moulins de 5 à 6 myriamètres; j'y ai reçu la déclaration du curé, témoin indiqué en la commission rogatoire. Cette déclaration est jointe au présent rapport.

Les faits qui en résultent et qui consistent en ce point, que deux individus seraient partis de Lurey-Léon, le 15 ou le 16 mai, pour Paris, avant que l'on ait pu connaître par les voies ordinaires les évènements qui s'y étaient passés, m'ont été attestés par d'autres personnes de la localité, qui se sont accordées pareillement à reconnaître qu'on avait dit alors que Rocheton et Boisselet avaient été appelés à Paris; mais qu'on ignorait comment et par qui cet appel avait été fait.

Comme les déclarations que j'aurais recueillies n'auraient ajouté aucun fait nouveau à la déposition de M. le curé, j'ai pensé qu'il était inutile de les recevoir en forme.

Quatrième partie. — Faits généraux.

Je n'ai constaté, jusqu'à présent, aucun fait spécial au département de l'Allier, intéressant l'ordre public et se référant aux troubles de mai et de juin ; cependant un fait qui peut avoir de la gravité me reste à éclaircir. Je n'ai pas encore pu obtenir tous les documents qui s'y réfèrent; j'en ferai, s'il y a lieu, l'objet d'un rapport spécial à la Commission d'enquête. Je conserve encore pendant quelques jours la commission rogatoire qui m'a été adressée, afin d'obtenir des déclarations de témoins, si les renseignements que j'attends ont l'importance qui m'a été annoncée.

Ici doit se terminer le présent rapport. J'atteste la sincérité des faits qui y sont consignés ; je désire qu'il puisse remplir le but que s'est proposé la Commission d'enquête de l'Assemblée Nationale, en m'honorant de sa confiance.

Moulins, le 15 juillet 1848.

Signé E. Valleton, conseiller à la Cour d'appel de Riom.

Moulins, le 30 juin 1848.

Citoyen Président, conformément à l'invitation de votre dépêche du 27 juin courant, relative à l'enquête politique sur les évènements des mois de mai et de juin, que la Commission que vous présidez est chargée de faire, je vous adresse les originaux des dépêches télégraphiques que j'ai reçues à l'occasion de ces évènements, et un exemplaire de celles qui ont été affichées dans ce département, pour donner à ces dépêches la plus grande publicité et ramener le calme et la pacification dans les esprits.

Je regrette, toutefois, de ne pouvoir vous adresser un exemplaire de l'affiche relative à la dépêche télégraphique du 24 juin (neuf heures du matin); toutes les affiches qui reproduisaient cette dépêche ont été épuisées.

Il n'existe entre mes mains aucune pièce ou document qui ait un rapport direct ou indirect avec les deux insurrections.

Quant aux faits politiques qui se rattachent d'une manière quelconque à ces deux attentats contre la République, il n'en est point parvenu à ma connaissance ; seulement quelques actes de peu de gravité en ont été le résultat.

Salut et fraternité.

Le préfet de l'Allier : *signé* A. Gazard.

Alpes (Basses-).

Digne, le 4 juillet.

Citoyen Président, j'ai l'honneur de vous adresser, conformément à la demande que vous m'en avez faite par lettre du 27 juin, les dépêches télégraphiques que j'ai reçues sur les évènements des mois de Mai et Juin derniers.

J'y joins un exemplaire, 1° de celles du 26 juin que j'ai fait imprimer en placard pour être affichées et publiées dans toutes les communes du département. Quant aux autres, j'ai cru devoir, à raison des retards que l'imprimerie aurait fait éprouver, les transmettre manuscrites, sans retard, aux sous-commissaires dans les arrondissements et au maire de Digne, qui les ont fait publier et afficher ; 2, des proclamations que j'ai fait publier dans le département à l'occasion de ces évènements. Je n'ai entre les mains aucune pièce ni document qui ait un rapport direct ou indirect avec les deux insurrections. J'ai lieu d'espérer que le département des Basses-Alpes sera resté étranger à ces deux attentats contre la République. Néanmoins, toute ma sollicitude se porte sur ce point, et si je parvenais à découvrir quelque pièce qui pût mettre la Commission d'enquête sur la trace des conspirateurs, ou qui pût l'éclairer sur l'objet de sa mission, je m'empresserais de la lui transmettre avec tous les renseignements que j'aurais pu recueillir à ce sujet.

Salut et fraternité. Le commissaire du Gouvernement dans les Basses-Alpes.

Signé : Chateauneuf.

Alpes (Hautes-).

Gap, le 3 juillet.

Citoyens, en réponse à votre dépêche du 27 juin dernier, je m'empresse de vous transmettre ;

1° Les dépêches télégraphiques, au nombre de 16, que nous avons reçues, mon prédécesseur et moi, à l'occasion des évènements des mois de Mai et de Juin derniers ;

2° Un exemplaire de chacune des 12, que j'ai fait afficher dans les circonstances sus-mentionnées.

Il n'existe à la Préfecture des Hautes-Alpes ni pièces, ni documents qui aient un rapport direct ou indirect avec les deux insurrections dont il s'agit. Je n'ai pas non plus à vous signaler de faits politiques qui se rattachent d'une manière quelconque à ces deux attentats contre la République. Il n'y a dans les Hautes-Alpes qu'un bien faible retentissement des évènements de Paris.

Salut et respect.

Le Préfet des Hautes-Alpes. *Signé* : Giraud Teulon.

Aude.

Carcassonne, le 5 juillet.

Citoyens Représentants, je vous adresse, conformément à la demande contenue dans votre dépêche du 27 juin expiré, les dépêches télégraphiques reçues par moi, et un exemplaire de chacune de celles qui ont été affichées, par suite des évènements de Mai et de Juin.

Je n'ai entre mes mains aucune pièce, ni document ayant rapport à ces deux insurrections.

Quant aux faits politiques qui se rattachent à ces deux attentats et qui concernent mon département, je ne puis établir, pour le moment, aucun lien saisissable entre les turbulents de l'Aude et les insurgés de Paris. Seulement ma pensée intime est qu'il y a relation entre eux; mais ici ils ne sont pas assez nombreux pour prendre l'initiative dans la révolte, et quant à ce qui a trait particulièrement aux deux derniers attentats, je le répète, tout s'est borné à une allure un peu plus menaçante, qu'aucun fait, du reste, n'est venu aggraver.

S'il m'arrive quelques renseignements, si je reçois quelques documents qui me paraissent pouvoir vous être utiles dans l'enquête que vous êtes appelés à faire, je m'empresserai de vous les transmettre.

Salut et fraternité.

Le Préfet de l'Aude. *Signé* : LAMARQUE.

Ardennes.

Mézières, 6 juillet.

Citoyen Président, j'ai l'honneur de vous adresser les renseignements et les pièces que vous me demandez par votre circulaire, en date du 27 juin. Les circonstances exceptionnelles que nous venons de traverser ne m'ont pas permis de le faire plus tôt.

Je vous adresse 1° une copie des dépêches télégraphiques reçues par moi.

2° Un exemplaire de chacune des proclamations que j'ai fait afficher dans le département. Il ne m'a pas été possible de faire afficher le texte même des dépêches, qui toutes sont arrivées en retard de dix heures sur le courrier.

3° Un original d'une proclamation Bonapartiste répandue à grand nombre dans les rues de Charleville pendant la nuit du 24 au 25 juin. On en a trouvé une quarantaine. On a trouvé aussi un grand nombre de petits carrés de papier appelant le peuple aux armes en faveur de Napoléon II. J'en joins un exemplaire. Ces deux pièces sont originales.

Du reste, personne n'a fait attention à cet appel.

J'ai ordonné les recherches les plus actives pour arriver à la découverte de l'auteur de ces pièces, qui toutes sont de la même main; on n'a encore rien découvert.

Je n'ai pas autre chose à signaler à la Commission d'enquête, qui se rattache de près ou de loin aux évènements de Mai et Juin.

Salut et fraternité,

Le Préfet des Ardennes.

Aveyron.

Rodez, le 7 juillet.

Citoyen Président, conformément aux instructions renfermées dans votre lettre du 27 juin dernier, j'ai l'honneur de vous adresser ci-joint, copie certifiée de toutes les dépêches télégraphiques qui m'ont été adressées de Paris, ayant rapport aux évènements de Mai et de Juin.

Vu l'état de fermentation d'une partie de la classe ouvrière de Rodez, je n'ai pas cru devoir donner une trop grande publicité aux premières dépêches relatives aux tristes évènements dont Paris vient d'être le théâtre. Quant aux dernières beaucoup plus rassurantes, elles se succédaient avec tant de rapidité, et la population était tellement avide de savoir des nouvelles de la capitale, qu'il m'aurait été impossible de les livrer à l'impression. Aussitôt qu'elles me parvenaient, elles étaient immédiatement lues publiquement dans la cour de la Préfecture, distribuées en ville, dans les principaux cercles et cafés, en copies faites à la main, et publiées à son de trompe.

La première cependant fut imprimée, je vous en adresse ci-joint un exemplaire.

Il n'a été porté jusqu'ici à ma connaissance aucun fait politique qui se rattache d'une manière quelconque aux deux attentats dont la République a triomphé J'ai la satisfaction de vous annoncer que le département n'a pas cessé de jouir un seul instant de la plus parfaite tranquillité. Soyez persuadé, Citoyen Président, que je me ferai un devoir de vous adresser immédiatement toutes les pièces et documents qui pourraient me parvenir, ayant rapport avec ces deux insurrections.

Salut et fraternité,

Pour le Préfet de la République en congé, le conseiller de Préfecture délégué.

Signé : CHAUDON.

Bouches-du-Rhône.

Marseille, 7 juillet.

Monsieur, suivant la demande que vous m'en faites dans votre lettre du 27 juillet, je vous envoie toutes les pièces relatives à l'attentat sur lequel vous avez mission de faire une enquête. J'y joins une lettre écrite par moi pour réfuter certains bruits que faisaient circuler les ennemis de la République.

Dès que j'aurai terminé l'enquête administrative à laquelle je procède moi-même, je vous ferai un rapport sur les faits.

J'ai l'honneur d'être, Monsieur, votre tout dévoué serviteur.

Signé : Emile OLIVIER, Préfet des Bouches-du-Rhône.

Rapport du délégué de la Commission d'enquête pour le département des Bouches-du-Rhône.

Le mouvement insurrectionnel qui a éclaté à Marseille le 22 juin dernier, est évidemment le résultat d'un concert entre les partisans du désordre à Paris et ceux qui habitent Marseille. La preuve en est peut-être difficile à fournir, parce que des visites domiciliaires dans les clubs et chez leurs présidents et secrétaires n'ont pas été faites en temps utile; j'ai cependant recueilli quelques documents qui ne peuvent laisser aucun doute à cet égard.

Le dix-huit juin plusieurs individus, réunis chez un restaurateur du Prado, à Marseille, lurent une lettre venant de Paris, dans laquelle on disait que, quoique le banquet eût été indéfiniment ajourné, il y aurait quelque chose avant la Saint-Jean. « Quant à vous, » ajoutait l'auteur de la lettre, « rappelez-vous bien que le vingt-« quatre est le jour de la Saint-Jean. »

Cette lettre indique que ce banquet, qu'on pouvait publier dans les journaux, était un moyen facile de faire connaître à tous les conspirateurs des divers points de la France, quel jour ils devaient agir. Ce moyen ayant été abandonné, on prévenait les correspondants de Marseille qu'ils devaient agir au plus tard le vingt quatre juin.

Une autre circonstance corrobore cette opinion. Des individus portant sur leurs chapeaux ces mots : *Légion italienne*, se trouvaient sur le bateau à vapeur qui, le vingt-et-un juin, descendait de Lyon à Avignon. Ils disaient qu'ils n'avaient pas été heureux dans leur expédition de Chambéry, mais qu'ils espéraient réussir mieux à Marseille ; ils ajoutaient qu'il se passerait quelque chose le lendemain ou le surlendemain. Ces propos, auxquels peut-être on n'ajouta pas d'abord une grande importance, frappèrent M. Perras, avocat de Lyon, qui, le lendemain, en effet, vit éclater le mouvement insurrectionnel de Marseille. Il n'hésita pas à croire que ces individus étaient prévenus de ce qui devait se passer à Paris et à Marseille avant le vingt-quatre, et qu'ils venaient dans cette dernière ville pour y prendre part.

Il y avait, à cette époque, dans Marseille, une centaine d'individus se disant appartenir à cette légion italienne. Ils y étaient arrivés, par petits détachements, du douze au quinze juin, avec des passeports d'indigents.

Dès leur arrivée, ils furent l'objet des soins et des prévenances des membres des clubs, et notamment des Montagnards et de la Montagne. Ils étaient logés et nourris par les soins de l'autorité. Néanmoins, sous prétexte qu'ils étaient dans la plus profonde misère, on fit des quêtes en leur faveur, et les principaux membres de ces clubs se les divisèrent pour leur offrir un logement, en les admettant à leur table.

Quelques-uns de ces Parisiens qui devaient être plus au courant que les autres des évènements qui se préparaient, parcoururent les clubs et y prononcèrent des discours qui, par leur exaltation, déplurent quelquefois aux présidents eux-mêmes de ces sociétés : l'éloge de Barbès et l'impôt sur les riches en étaient les thèmes principaux.

Il n'a pas été facile de savoir ce qui se passait dans ces réunions, cependant la déclaration du sieur Caillat, malgré la réserve que ce témoin a dû garder, fournit quelques renseignements utiles. Mais la pièce la plus importante à cet égard est le procès-verbal de la séance qui a eu lieu au club de la Montagne, le vingt juin : on y voit qu'en présence des délégués des autres clubs, qui, sans doute, avaient été convoqués à cet effet, le délégué des Parisiens occupe presque exclusivement la tribune. Il rend compte « des « évènements qui ont eu lieu à Paris pour la République pendant la République, au « 15 mai. Il démontre la droiture de Barbès et toute la sagesse qu'il a toujours montrée.

On n'osa pas dire ouvertement, dans le procès-verbal, jusqu'où était allé le compte-rendu de ce délégué, mais on l'entrevoit facilement. Il avait la mission de répandre partout sur son passage les doctrines qu'il avait puisées auprès de ses maîtres de Paris, et sans doute de préparer le mouvement qui, à Marseille, devait concorder avec celui de la capitale.

Ce but est assez clairement établi par un autre passage de ce procès-verbal ; mais, pour en bien comprendre la portée, il faut connaître diverses circonstances que l'information a révélées.

Le dix-huit juin ces Parisiens, à la suite de libations copieuses, furent poussés par les meneurs des agitations marseillaises à faire une manifestation à la Préfecture.

De neuf à dix heures du soir, un rassemblement de mille à douze cents personnes, à la tête duquel on les plaça, se présenta à la Préfecture, sous prétexte de demander des secours pour ces hommes dont l'autorité avait cependant assuré le logement et la nourriture ; cette scène, qui mit les jours de M. le Préfet en danger, dura deux ou trois heures : l'arrivée de quelques personnes et la fermeté de M. le Préfet y mirent enfin un terme ; mais en se retirant on entendit les meneurs dire : « Nous avons eu tort de nous « retirer, nous étions maîtres de la Préfecture, mais nous y reviendrons. »

L'autorité fut convaincue que la présence des Parisiens à Marseille pouvait être l'occasion de nouveaux désordres, et dès le lendemain dix-neuf, et le jour suivant, elle leur délivra des passe-ports avec ordre de quitter la ville ; ils devaient partir le vingt-un.

Dans la séance du club de la Montagne du vingt, ils annoncèrent que l'autorité les faisait partir, ce qui dérangeait les projets des meneurs ; aussi les engagea-t-on à ne pas partir le lendemain, afin d'attendre la décision que, le 21, les clubs réunis devaient prendre.

En effet, une réunion générale des clubs avait été fixée au 21, afin, sans doute, de prendre une résolution définitive. Les ouvriers, en général, ne paraissaient pas disposés à se prêter à la manifestation à laquelle on les poussait. Une réunion des délégués avait eu lieu, et il avait été décidé qu'on ne la ferait pas : le prétexte sous lequel on voulait les faire agir était ridicule; on voulait qu'ils demandassent une diminution d'heures de travail, et déjà, depuis longtemps, le préfet avait fait droit à leur demande. Les ouvriers comprenaient sans doute que, sous ce prétexte, on cachait des intentions plus coupables, et ils ne voulaient pas concourir à cette démarche.

Cette résolution des ouvriers contrariait les meneurs, et ils provoquèrent une réunion des clubs pour savoir ce qu'on devait faire.

Cette réunion eut lieu, en effet, le 21, rue d'Aubagne, dans la salle des cours communaux appartenant à la ville. Des lettres de convocation avaient été adressées aux personnes qu'on voulait admettre, et la consigne la plus sévère fut donnée à la porte. La police ne put y pénétrer, elle ne put se procurer une lettre, et il fallait absolument la présenter pour être admis.

Mais, le soir, des délégués des ouvriers, qui l'avaient appris de leurs camarades, firent savoir au préfet et au commissaire central de police, qu'on avait décidé que la manifestation projetée aurait lieu le lendemain matin à cinq heures.

Les Parisiens n'étaient pas partis, et le lendemain on en a vu plusieurs dans les barricades, et notamment l'orateur du club de la Montagne.

Ces documents suffirent pour faire connaître les rapports qui existaient entre les mouvements insurrectionnels de Paris et de Marseille. Et maintenant, si nous ajoutons la simultanéité d'explosion et la similitude de quelques uns des projectiles employés par les insurgés, il sera difficile de conserver du doute à cet égard.

Les journaux nous ont appris qu'à Paris les insurgés s'étaient servis, par exemple, de balles traversées par une tige de fer ou de cuivre qui, dépassant de chaque côté de plusieurs centimètres, rendaient l'extraction presque impossible et la blessure mortelle. Ce raffinement de cruauté a été signalé également à Marseille. Il est difficile d'admettre que l'existence simultanée à Paris et à Marseille de ces projectiles exceptionnels ne soit due qu'au hasard.

Le mouvement projeté eut donc lieu le 22 mai. Il faut bien le dire : s'il a eu la gravité que nous déplorons, on doit, en grande partie, l'attribuer à l'inexpérience du Préfet Ollivier, qui n'est pas encore convaincu que les paroles évangéliques et le langage des apôtres ne suffisent pas pour conjurer un orage qui éclate avec une certaine intensité.

Monsieur le Préfet Ollivier a, sous ce rapport, encouru de graves reproches de la part de la population marseillaise, et, malheureusement pour lui, les faits ne le justifient que trop.

Si, jusqu'au mois de juin, rien n'avait pu lui faire craindre qu'une insurrection sérieuse éclaterait à Marseille, diverses circonstances, cependant, lui avaient indiqué qu'on cherchait à jeter de l'agitation dans les esprits, et surtout dans la classe ouvrière. Les rapports de police lui faisaient connaître que cette agitation avait de la gravité; mais, à partir du 18 juin, il n'a plus pu se faire illusion sur les projets hostiles des meneurs.

La scène dont il faillit, ce jour-là, devenir la victime, eut un caractère tel, que tous ceux qui en furent les témoins, comprirent que ce n'était que le prélude à des désordres plus graves. « Nous étions maîtres de la Préfecture, dirent les meneurs; nous avons eu tort de l'abandonner, mais nous y reviendrons. » Ces propos devaient engager M. le Préfet à prendre les précautions les plus sérieuses pour parer aux évènements dont on menaçait la tranquilité publique.

Le 21, malgré la réunion des délégués qui avaient décidé que la manifestation relative aux heures de travail était inutile et ne devait pas avoir lieu, on lui annonce que les clubs veulent qu'elle ait lieu, et la police lui fait craindre que ce rassemblement ne soit composé de 15 à 20,000 personnes.

La fausseté du prétexte de cette manifestation, le lieu où on avait décidé qu'elle se ferait, malgré le refus des délégués des ouvriers, le nombre des personnes qui devaient y concourir, l'approche du jour fixé pour le mouvement, par la lettre lue au Prado, et dont il avait connaissance, tout démontrait à M. le Préfet qu'il devait s'attendre à un mouvement très-sérieux, et que des moyens énergiques de répression étaient indispensables.

La lettre qu'il écrivait le 21 au soir à M. le général de division, prouve qu'il était lui-même convaincu de la gravité des circonstances. « Nous sommes menacés, » lui disait-il, « pour demain matin d'une immense manifestation. » Il paraissait disposé à recourir à des moyens énergiques pour comprimer le mouvement, puisqu'il ajoutait : « Il faut, par un acte éclatant d'énergie, mettre un terme à ces continuelles tentatives de désordre. »

Après une lettre aussi alarmante, on s'attend à ce que, le lendemain, un déploiement de forces considérables imposera aux fauteurs de désordre. Monsieur le Préfet se borna cependant à demander un piquet de 200 hommes de la ligne, autant de garde nationale; et, lorsque le général de division lui annonce qu'il ira, le lendemain, passer la revue du 20e de ligne, à une lieue de la ville, il ne s'oppose pas à ce qu'on fasse ainsi sortir de la ville le seul régiment qui y soit en garnison et sur lequel il puisse compter.

Le lendemain on lui annonce que le rassemblement se constitue. Le général de division lui propose de faire parcourir la ville par des colonnes mobiles qui dissiperont les groupes à mesure qu'ils se formeront, et il refuse, en disant qu'il ne faut pas, par cette provocation, augmenter l'agitation des esprits; qu'il fallait bien se garder de faire aucune démonstration hostile.

Qu'était donc devenue cette conviction de la veille, qu'il fallait, par un acte éclatant d'énergie, mettre un terme à ces continuelles tentatives de désordre? Cette résolution énergique n'avait fait qu'effleurer l'esprit de M. le préfet, et il était bientôt revenu à son moyen favori : les paroles, et rien que des paroles.

Il subissait sans doute l'influence fâcheuse des conseillers intimes dont il s'était entouré; les uns sont jeunes et sans expérience, et les autres sont animés de principes peu favorables au rétablissement de l'ordre et de la tranquillité. Parmi ces derniers, quelques uns, malgré la haute protection dont il les entourait, ont été mis sous un mandat de dépôt, comme gravement compromis dans cette affaire.

Aussi, malgré l'imminence du danger, prévu par lui-même, des forces suffisantes ne sont pas distribuées dans les divers quartiers de la ville, aucune autorité n'est appelée pour se concerter sur les mesures à prendre, les chefs de la force armée ne sont pas prévenus pour leur assigner leurs postes, avec des ordres convenables, pour qu'ils puissent parer à toutes les éventualités; des dépôts de cartouches ne sont pas faits à la mairie, à l'état-major, à la préfecture, pour pouvoir en opérer la distribution aussitôt que les évènements la rendront nécessaire.

Enfin, lorsque le mouvement éclate avec une violence qui doit en faire redouter les suites; lorsque, déjà, dans le rassemblement, les cris, aux barricades! retentissent de toutes parts, qu'on en élève une dans la rue Saint-Ferriol, deux ou trois dans les rues de la Palud et de Rome, le préfet discute avec les délégués et fait une proclamation, au lieu de recourir de suite aux moyens énergiques, qui pourront arrêter, dès son origine, cette émeute menaçante.

Le général commandant la garde nationale prend sur lui de faire battre la générale; des forces sont bientôt réunies; mais, lorsqu'il faut les faire agir, on demande de toutes parts des cartouches. Les soldats citoyens, déjà peu aguerris, sentent leur courage faiblir, d'autant plus qu'on veut les faire marcher, sans munitions, contre des insurgés parfaitement armés.

Alors M. le préfet songe à demander des cartouches; mais il faut que la réquisition soit visée par le général, puis par le colonel d'artillerie, directeur des poudres et salpêtres; il faut enfin qu'on aille à la poudrière placée dans le fort Saint-Nicolas; et toutes les difficultés qu'on éprouve pour remplir ces diverses formalités, amènent ce résultat, que ce n'est que d'une heure et demie à deux heures, qu'une, deux ou trois cartouches au plus sont délivrées aux gardes nationaux qui doivent marcher contre les barricades, construites depuis plus de trois heures à la place Jauguin. Le soir encore, à six heures, lorsque les gardes nationaux reçoivent l'ordre d'attaquer les barricades de la place Castellane, ils refusent de marcher, parce qu'ils n'ont pas de cartouches.

Ce défaut de prévoyance, dû à une inconcevable négligence, ou à un aveuglement plus extraordinaire encore, explique la lenteur qu'on a apportée dans tous les mouvements de la force armée; lenteur qui a permis aux insurgés de construire les barricades qui ont coûté, plus tard, la vie à de braves citoyens.

C'est ainsi que les barricades de la place Jauguin, construites dès onze heures du matin, n'ont été attaquées que vers les trois heures de l'après-midi, et que celles de la place Castellane, établies depuis une heure de l'après-midi, n'ont pu être attaquées que vers les trois ou quatre heures.

Relativement à cette dernière barricade, il est une circonstance dont le public s'est beaucoup entretenu, et qui a dû attirer mon attention, parce qu'elle avait fait naître dans l'esprit des bons citoyens des soupçons de trahison qui ne s'effaceront pas facilement.

Le 22 juin, à trois heures de l'après-midi, une colonne, commandée par un chef de bataillon du 20e de ligne et dirigée par un capitaine aide-de-camp de M. le général commandant la division, marche contre la barricade Castellane. Les insurgés, ne se sentant probablement pas en force pour la défendre, capitulent; ils permettent à la troupe d'entrer dans l'enceinte formée par trois barricades et l'y reçoivent en lui rendant les honneurs militaires.

L'autorité, maîtresse de cette position, devait s'empresser de faire détruire ces remparts de l'insurrection, elle n'en fait rien. Les chefs de la colonne d'attaque ne reçoivent point d'ordre; la troupe reste pendant près d'une heure dans ces fortifications ennemies l'arme au pied. Enfin, chose incroyable, elle reçoit l'ordre de l'évacuer et d'aller reprendre la place qu'elle avait avant cette expédition. Les insurgés restent tranquilles possesseurs de leurs barricades; au lieu de trois, ils en ont bientôt construit sept, et le lendemain il faut les reprendre avec un grand déploiement de forces, et non sans avoir à regretter la mort de quelques soldats.

A qui est dû cet ordre? Malgré ses dénégations, il reste à la charge du général commandant la division. C'est son aide-de-camp qui l'a transmis au chef de la colonne, et cet aide-de camp atteste qu'il l'a reçu de son général. Quant à celui-ci, il ne peut expliquer ce mouvement des troupes; il a fait une enquête à cet égard, et il n'a rien pu découvrir, il ne peut pas même désigner l'officier qui commandait la colonne d'attaque.

Ces réticences démontrent l'embarras que cet officier général éprouvait à justifier l'ordre qu'il avait donné.

Ce fait et toute la conduite de ce général pendant la journée du 22 juin expliquent et justifient l'impatience avec laquelle la population marseillaise attendait son changement et la vive satisfaction qu'elle a manifestée lorsque, il y a quelques jours, elle a enfin appris que le commandement de la division lui était retiré.

En effet, dès le matin, des barricades sont élevées à la rue de la Palud, il s'y dirige avec un détachement; mais à peine les hostilités sont-elles commencées, qu'il disparaît. Pendant tout le reste de la journée, on le voit mettre fort peu d'empressement à animer les troupes par sa présence, et s'il parait un instant devant les barricades Castellane, c'est en capote et en casquette, comme s'il craignait d'être reconnu par les émeutiers. Il dit à un capitaine, qui lui expose que sa troupe n'a pas de cartouches, que dans ce cas on marche à la baïonnette. Mettez-vous à notre tête et nous vous suivrons, lui répond le capitaine; le général se borne à dire : *On ne m'a jamais parlé ainsi.* Cette conduite était peu faite pour animer les soldats, et on n'est pas étonné qu'il y ait eu tant d'hésitation, tant de lenteur dans les mouvements stratégiques, et que les insurgés aient eu le temps de se fortifier comme ils l'ont voulu.

Je dois signaler enfin un dernier fait qui prouve que si l'émeute n'a pas occasionné de plus grands malheurs dans la ville de Marseille, c'est que les éléments qui la constituaient n'avaient pas une grande puissance. Elle a été favorisée autant qu'elle pouvait l'être par les fautes commises par des autorités qui auraient dû au moins remplacer ce qui leur manquait d'expérience et d'habileté par la bonne harmonie qui doit toujours régner entre ceux qui sont chargés de l'administration d'une ville importante.

Cette bonne harmonie était loin d'exister entre le préfet et le général.

Lorsque, pressé par les évènements qui devenaient de plus en plus menaçants, le préfet apprend que le général est dans la rue, non loin de la Préfecture, il le fait prier de monter chez lui pour se concerter avec toutes les autorités qui y sont réunies, et le général répond que, s'il était général de brigade, il irait chez le préfet; mais qu'il est général de division et que c'est au préfet à venir chez lui.

Une misérable question de préséance, élevée en face d'une émeute qui grossissait et des barricades qui s'élevaient sur plusieurs points de la ville!...

Après cela, n'a-t-on pas lieu de s'étonner que l'émeute ne soit pas devenue plus formidable et qu'elle n'ait pas occasionné de plus grands désastres?

Il est vrai que le général se plaint vivement des entraves que le préfet apportait à tous ses mouvements militaires, et ses récriminations sont fondées.

Quatre ou cinq fois, dans l'après-midi du 22, l'ordre a été donné, sur les réquisitions du préfet, d'attaquer la barricade Castellane, et, dès que la force armée se mettait en mouvement, le secrétaire particulier du préfet et M. Gent, Représentant du peuple, son ami, paraissaient sur les barricades, en parlementaires, et arrêtaient le mouvement. Ils avaient toujours l'espoir, disaient-ils, d'amener les insurgés à détruire eux-mêmes les barricades. En attendant, on travaillait sous leurs yeux à les rendre plus solides ou à en élever de nouvelles.

C'est pendant toute une après-midi qu'en montrant des ordres du préfet, qui signait presqu'en même temps la réquisition d'attaquer et l'ordre de suspendre les hostilités, ou en invoquant l'autorité de ce fonctionnaire, que son secrétaire particulier et M. Gent ont paralysé les bonnes intentions de la garde nationale et de la troupe de ligne, et ont augmenté l'anxiété qui régnait dans une ville populeuse.

Ces faits expliquent suffisamment la désaffection générale dont le général et le préfet ont été frappés dans Marseille. Cette désaffection s'est manifestée hautement lors du service funèbre qui a été célébré pour les victimes des évènements de juin.

A la sortie du service, le général Parchappe, commandant la division, le préfet et le général Mesnard-Saint-Martin, commandant supérieur de la garde nationale, passent devant le front de la garde nationale. Les cris de : « Vive le général! » se font entendre. Quelqu'un, craignant qu'on se méprît, s'écrie : « Mais, c'est au général Saint-Martin que nous nous adressons. » Et tout le monde de crier à la fois : « Oui, vive le général Saint-Martin! » Pas un cri pour le général Parchappe, pas un cri pour le préfet.

Ces renseignements suffiraient pour justifier la mesure que le Gouvernement a prise envers le général et le préfet; mais, à l'égard de ce dernier, il est des faits plus graves encore que je ne puis passer sous silence, parce qu'ils se lient aux évènements du 22 juin et qu'ils en expliquent l'épisode le plus déplorable.

Le 22 juin, le général Saint-Martin parcourant les rues de Marseille, arrive sur la Canebière, où il aperçoit plusieurs compagnies de garde nationale; il accourt vers elle pour se mettre à leur tête, afin de dissiper les rassemblements qui commençaient à se former.

Il est accueilli par des démonstrations hostiles; un coup de pistolet le blesse au visage et trente coups de fusils sont tirés sur lui. Son cheval est atteint de cinq balles, celui d'une ordonnance qui l'accompagnait en reçoit huit; ils meurent tous les deux.

Les gardes nationaux de la compagnie Ricard avaient tiré sur leur général, et trois autres compagnies, présentes sur les lieux, avaient pour ainsi dire applaudi, par leur immobilité, à cet odieux attentat.

Ce fait a dû attirer mon attention; je me suis demandé à quoi on devait attribuer la réunion, dans les mêmes compagnies, de tous les hommes capables de commettre un pareil forfait, et les découvertes que j'ai faites sur l'organisation de la garde nationale de Marseille, m'ont bientôt tout expliqué.

Lors de la Révolution de Février, à Marseille comme partout, la garde nationale s'organisait provisoirement, et l'autorité désigna les officiers. Bientôt les gardes nationaux furent convoqués pour nommer eux-mêmes leurs officiers. Malgré leurs efforts, les républicains exaltés échouèrent dans le choix d'un colonel; sur leurs réclamations, l'autorité suspendit les élections, et la garde nationale d'une des plus importantes villes de la France est encore dans cet état provisoire.

Cette organisation ayant été faite dès les premiers jours de la Révolution et avant même l'arrivée des commissaires envoyés par le Gouvernement provisoire, il est facile de comprendre qu'elle ne leur plut pas. Mais, ne pouvant ou n'osant pas la changer complètement, ils ont cherché par tous les moyens possibles à la modifier.

Les habitants de Marseille accusent à cet égard toutes les autorités locales; celles-ci, de leur côté, font retomber le tort sur M. Repellin, qui avait été envoyé dans nos pays comme commissaire extraordinaire.

Quoi qu'il en soit de ces récriminations, il est certain que les premières tentatives faites pour opérer les modifications dont je parle remontent à l'époque de la présence de M. Repellin à Marseille.

A titre d'essai, on organisa d'abord une compagnie, dite *des travailleurs*. On y comprit les ouvriers étrangers non-seulement à la ville, mais à la France même, qui ne se trouvaient que passagèrement dans Marseille La municipalité se chargea de leur payer les journées de travail que le service militaire leur ferait perdre. Il était facile de prévoir que les officiers de cette compagnie n'auraient bientôt plus de soldats, parce que ces ouvriers nomades quitteraient Marseille; c'est ce qui arriva Mais le capitaine de la compagnie, pour sauver les apparences, recrutait, lorsqu'il était commandé de garde, les étrangers mendiants et autres qu'il rencontrait dans la ville; il leur donnait 1 franc et constituait ainsi sa compagnie.

Les fusils ne lui manquaient pas; il en avait reçu jusqu'à deux cent cinquante, quoique sa compagnie ne fût, même dans l'origine, composée que de deux cents hommes; un jour que la municipalité lui envoyait encore des armes, il déclara qu'il n'en avait plus besoin, que tout son monde était armé: Prenez toujours, lui répondit-on, vous trouverez plus tard des hommes à armer.

Lorsqu'on remarque que ce Ricard est un fabricant de malles de Marseille dont la conduite est plus que suspecte, et que c'est sa compagnie qui, le 22 juin, a fait feu sur le général Saint-Martin, on peut être surpris de cette confiance illimitée que l'autorité municipale lui accordait et de ces subsides qu'elle lui fournissait pour solder les hommes qu'il armait.

Mais l'étonnement qu'on éprouve d'abord cesse bientôt, parce que le but que certains hommes attachés à la municipalité et chargés du travail de la garde nationale se proposaient, ne tarda pas à être connu.

Il s'était formé à Marseille un club, dit des Montagnards, qui, par l'excès de ses doctrines désorganisatrices, a mis l'autorité dans le cas de les dissoudre. Pour continuer l'œuvre de désorganisation de la vraie garde nationale, on songea à incorporer les hommes qui composaient ce club dans les diverses compagnies qui la constituaient : alors on voit le président de cette réunion se mettre en correspondance officielle avec l'autorité; il réclame d'elle que ses affidés soient incorporés. On a saisi chez lui sept lettres, portant la date du 6 avril, et par lesquelles M. Heber-Marini, membre délégué de la municipalité, lui annonce qu'accédant à ses désirs, ses braves montagnards ont été répartis dans diverses compagnies ; le président du club, parlant sur le ton de l'autorité, croit devoir écrire lui-même au capitaine d'une compagnie, pour lui donner quelques conseils sur la manière dont on doit traiter ces nouveaux venus.

Cette conduite des fonctionnaires correspondant ainsi avec le président du club des Montagnards et acceptant de lui des hommes auxquels on donne des armes dont ils feront bientôt un si mauvais usage, a quelque chose de significatif dans les circonstances que je rappelle.

Des chefs de compagnies se plaignirent. L'un d'entre eux notamment, qui avait reçu quarante montagnards, se récria vivement. M. Marini chercha à le tranquilliser en lui vantant la probité et l'honnêteté de ces hommes. Cependant, quelques jours après, ce capitaine ayant fait une inspection des armes de sa compagnie, trouva les fusils des quarante montagnards chargés; le lendemain il eut l'explication de ce fait. Dans la nuit, une tentative de complot, dont la Cour d'appel a eu à s'occuper, éclata : il est évident que ces armes avaient été chargées dans le but d'y prendre part, car le club des Montagnards était le lieu où le complot s'était organisé.

Ces derniers moyens n'ayant pas suffisamment réussi à jeter le désordre dans les rangs de la garde nationale, on songea à organiser ouvertement une force armée capable de lutter contre la garde nationale.

C'est alors que surgirent les tirailleurs de la garde nationale. Le but de cette institution est parfaitement établi dans une lettre d'un nommé Louis Combe, l'un des chefs, à un de ses amis à Paris.

« Nous avons formé, lui dit-il, en dehors de la garde nationale officielle, une légion de tirailleurs démocrates, qui est déjà forte de quatre mille hommes,.. Nous sommes constitués, nous resterons ainsi, et l'autorité ne pourra pas nous dissoudre, car nous ne montons pas la garde en corps, nous restons chacun dans la compagnie de notre quartier. *Seulement*, si la réaction levait trop la tête, comme nous avons nos chefs élus, nos places d'armes désignées d'avance, nous abandonnerions nos compagnies et nous nous réunirions. Je suis étonné qu'on n'ait pas encore songé à cela à Paris; on pourrait ainsi organiser une force formidable et capable de faire face à la garde bourgeoise. »

Cette lettre jette un grand jour sur l'organisation des tirailleurs, et, lorsqu'on remarque que ce sont quatre de ces compagnies qui ont commis ou toléré l'attentat dont le général Saint-Martin a été la victime, on est forcé de reconnaître qu'elle ne contient que l'exacte vérité.

Cependant ces tirailleurs s'organisèrent au vu et au su de l'autorité qui ne fit rien pour les arrêter. Des placards affichés à tous les coins de la ville annoncèrent la formation de cette légion; on y indiquait la formation des compagnies dès qu'elles étaient complètes, demandant des hommes pour les suivantes. Le lieu où les engagements se contractaient, le café de Noailles, était publiquement indiqué Une compagnie d'artillerie y fut créée sous le titre de *quatrième batterie de l'artillerie de la garde nationale*, mais son costume différait de celui des compagnies officielles. Enfin un règlement pour ce corps spécial fut établi dans une réunion aussi publiquement annoncée.

Et l'autorité garda le plus complet silence. Je me trompe ; le maire, à qui on communiqua les contrôles de ce corps, répondit : « Comme maire, je ne puis autoriser une illégalité, mais comme homme politique, je ne désapprouve pas votre projet d'organisation spéciale »

M. le Préfet reçut à son tour la visite de la commission de ce corps : « Ah ! lui dit-il, les tirailleurs ! Je suis enchanté que vous m'en parliez, depuis longtemps on me fait un monstre de tout cela ; qu'est-ce que c'est donc que tout cela ? » Et il leur promit de les convoquer pour leur accorder l'autorisation d'exister légalement.

Il avait raison de dire qu'on lui faisait un monstre de cette organisation occulte ; il se rappelait les plaintes que lui avaient adressées à cet égard tous les bons citoyens, et notamment le général commandant supérieur de la garde nationale. Il se rappelait, sans doute, le rapport que le commissaire central de police lui avait adressé le 3 juin, et qui contenait ce passage remarquable :

« L'organisation des tirailleurs s'effectue sérieusement. Hier soir, à la porte d'Aix, « on a procédé à la nomination des officiers d'une compagnie. Au reste, ces mots de « tirailleurs marseillais ne sont qu'un manteau. Le but des meneurs est l'organisa- « tion de la société des Droits de l'Homme affiliée à celle de Paris, société politique « armée, prise dans les rangs de la garde nationale, et les règlements qu'on a lus « aux prétendus tirailleurs ne doivent être, sauf quelques mots changés, que les sta- « tuts de la société. »

Son expérience des affaires inspirait à M. le Commissaire central la pensée que cette organisation ne pouvait cacher que des projets sinistres.

Le 22 juin, ces prévisions se sont vérifiées. Les tirailleurs, sortant de leurs compagnies respectives, se sont réunis sur la Canebière ; Ricard, commandant d'une de ces compagnies, mais qui n'était que le chef connu de l'autorité, cède le commandement à Perrin, véritable chef élu par les tirailleurs, et ceux-ci, obéissant aux ordres de Perrin, font feu sur le général Saint-Martin. Une autre compagnie de tirailleurs cherche à désarmer une compagnie officielle (comme dit Combe dans sa lettre) ; nous voyons, en un mot, dans cette journée, la réalisation des véritables projets de ceux qui avaient organisé ce corps à Marseille et qui avaient tenté de l'organiser dans le reste du département, mais sans avoir encore réussi.

Et l'autorité donnait la main à de pareilles mesures. Comme magistrat, le maire n'osait pas les autoriser, mais il les approuvait comme homme politique ; le Préfet ne repoussait pas avec indignation les hommes qui avaient été les agents les plus actifs de la composition de ce corps si dangereux pour la tranquillité publique.

Ce corps comptait en réalité deux mille deux cents hommes, et, en présence d'une pareille force à laquelle pouvaient se joindre tous les étrangers tarés et gens sans aveu qui abondent dans la ville de Marseille, on est étonné que l'insurrection n'ait pas eu plus de consistance.

Cet heureux résultat est dû à ce qu'en général la population de Marseille et du département est ennemie du désordre. Marseille surtout souffre peut-être plus que toute autre ville de France de la stagnation des affaires, et elle comprend que le rétablissement de la tranquillité peut seul ramener la confiance et le crédit, et, par suite, le développement des affaires commerciales. Ce bon esprit a pu seul la préserver des dangers que les diverses causes désorganisatrices que je viens de signaler lui faisaient courir.

Le département des Bouches-du-Rhône a été pendant quelque temps dans une grande anxiété. Il était traversé par des bandes nombreuses de Parisiens qui voyageaient avec des feuilles de route délivrées par le Ministère de la guerre. Dans l'espace de quelques jours nous en avons vu passer à Aix sept à huit cents ; le passage de ces détachements n'était pas annoncé, et ils se rendaient, disait-on, à Toulon pour s'embarquer pour l'Italie ; mais on sut bientôt qu'à Toulon on n'avait ni avis ni ordre, ni même la possibilité de les faire embarquer, car les consuls étrangers ne voulaient et ne pouvaient pas leur délivrer des passe-ports.

Quel était le but de ces expéditions dans le midi de la France? On faisait mille conjectures à cet égard, et l'inquiétude allait toujours croissant.

Heureusement que l'émeute de Marseille était déjà comprimée lorsque cette masse de gens sans aveu est arrivée dans nos pays, et que l'administration a bientôt trouvé le moyen de les éloigner du grand centre de fermentation qu'on pouvait chercher à développer dans Marseille et dans Toulon.

Depuis que ces bandes se sont éloignées de nous, l'inquiétude s'est dissipée, et, si la nouvelle administration du département des Bouches-du-Rhône répond à ce qu'on a le droit d'attendre d'un Gouvernement ferme et voulant sérieusement le bien, j'ai tout lieu de penser que la tranquillité ne sera jamais sérieusement troublée dans ce département.

Quant aux dépêches télégraphiques, je dois dire que M. le Préfet des Bouches-du-Rhône n'a jamais mis un grand empressement à les publier.

Ainsi la dépêche du quinze mai qui annonçait l'attentat commis contre l'Assemblée Nationale n'a jamais été publiée dans ce département; nous ne l'avons jamais connue que par les journaux imprimés dans les départements voisins.

Celles relatives aux évènements de juin ont été publiées, mais, comme je l'ai dit, sans empressement.

La première, datée du 24, à 9 heures du matin, remise au Préfet à 11 heures 25 minutes, n'a été envoyée à l'impression qu'à 3 heures et affichée à 5 heures.

Celle du 24, une heure et demie, remise au Préfet à cinq heures et demie du soir, n'a été publiée que le lendemain à une heure de l'après-midi avec celle du 25, sept heures du soir, remise au Préfet le 24 à sept heures du matin.

Le 25, à trois heures, aucune dépêche de cette journée n'était encore connue. La plus grande inquiétude régnait dans les esprits, et plusieurs journalistes allèrent à la Préfecture pour demander si on n'avait rien reçu; M. le Préfet leur répondit que non, puis il avoua à l'un d'eux, mais confidentiellement, qu'il en avait reçu une, mais qu'il croyait devoir différer de la publier. En effet, elle ne fut publiée que dans la soirée, car les journaux qui paraissent à cinq heures du soir ne purent la faire connaître. Prévenu par ce qui s'était passé au mois de mai, le Préfet voyait bien que, malgré lui, les journaux des départements voisins nous feraient connaître les dépêches, et il se bornait à en retarder la publication autant que cela était raisonnablement possible.

La publication se bornait d'ailleurs à Marseille dans les premiers jours. Quant à la ville d'Aix, elle ne l'a obtenue qu'à la suite d'une vive réclamation que le maire de la ville et le sous Préfet adressèrent au Préfet.

Nous étions déjà au 25, sept heures du soir, et nous n'avions à Aix reçu communication d'aucune dépêche. L'agitation était extrême dans la ville, le maire et le sous-Préfet écrivirent pour se plaindre, et, le lendemain, à huit heures du matin, nous reçûmes cinq dépêches.

Malgré cet avertissement, les dépêches ne furent pas adressées à Arles et à Tarascon. Le 26, le maire d'Arles les réclama à son tour et elles lui furent adressées le 27.

Tels sont les renseignements que je puis transmettre à la Commission. Je me suis expliqué avec franchise parce que je crois que c'est le premier devoir d'un bon citoyen, et je ne pouvais mieux me rendre digne de la haute confiance dont la Commission d'enquête a bien voulu m'honorer.

Fait à Aix, le premier août mil huit cent quarante-huit.

Le délégué de la Commission d'enquête pour le département des Bouches-du-Rhône

Signé : R. MARQUÉZY,

Conseiller à la Cour d'appel d'Aix.

Calvados.

Au Président de la Commission d'enquête.

Caen, 28 juin.

Citoyen Président, je m'empresse de vous adresser, pour me conformer aux dispositions de votre dépêche du 27 juin courant,

1° Toutes les dépêches télégraphiques (en original) reçues par mes prédécesseurs ou par moi, relativement aux évènements de mai et de juin ;

2° Les proclamations de l'administration départementale, auxquelles ces circonstances ont donné lieu.

En ce qui concerne les dépêches télégraphiques, je ferai observer à la Commission que le moment où elles parviennent au chef-lieu de la préfecture s'éloigne déjà du moment où elles arrivent à Avranches, d'où elles ne peuvent plus être expédiées à Caen que par un courrier. Cette circonstance explique l'intervalle qui existe entre *leur arrivée à Avranches* et leur *publication à Caen*.

Salut et fraternité.

Le Préfet de la République, pour le département du Calvados. Félix Avril.

La dernière dépêche télégraphique reçue aujourd'hui même vient d'être publiée immédiatement.

J'aurai l'honneur de vous envoyer demain l'original de cette dépêche avec le rapport sommaire demandé par votre dépêche.

Caen, 1er juillet.

Citoyen Président, le 28 juin dernier j'ai eu l'honneur de vous adresser, *en original*, sur votre demande du 27 précédent, toutes les dépêches télégraphiques qui me sont parvenues, relativement aux évènements des mois de mai et de juin.

Le citoyen Ministre de l'intérieur m'invitant à lui faire parvenir des copies certifiées de ces dépêches, je vous prie de vouloir bien me renvoyer les originaux, afin que je puisse répondre à la demande du Ministère.

Des copies de ces pièces, également certifiées, vous seront immédiatement adressées.

Salut et fraternité.

Le Préfet de la République dans le Calvados. *Signé* : Félix Avril.

Cantal.

Aurillac, le 2 juillet.

Citoyen Président, conformément à la lettre que vous m'avez fait l'honneur de m'écrire, en date du 25 juin dernier, je m'empresse de vous adresser,

1° Des exemplaires des trois dépêches télégraphiques que j'ai reçues et que j'ai fait afficher dans mon département, à l'occasion de l'attentat du 15 mai ;

2° Un exemplaire de chacune des treize dépêches télégraphiques que j'ai également reçues et fait afficher, à l'occasion et à la suite des terribles évènements de juin ;

3° Et des exemplaires des deux proclamations que j'ai adressées à mes administrés, les 26 et 27 juin ; la première, à l'effet de les inviter à marcher sur Paris, pour la défense de la patrie menacée, et la seconde, pour leur faire connaître que la lutte était terminée, et pour les remercier de l'empressement avec lequel ils avaient répondu à l'appel de l'Assemblée Nationale et du Pouvoir exécutif.

Je n'ai entre mes mains aucune autre pièce ayant trait aux deux insurrections de mai et de juin.

Ces évènements, à jamais déplorables, ont profondément agité et affligé les populations du Cantal. En général, ces populations sont fermement dévouées à la cause de la République; mais elles veulent une République sage et modérée, qui leur garantisse l'ordre dans la liberté, le respect des personnes et des propriétés.

Ce désir est hautement exprimé par l'immense majorité, je dirais même par la presque totalité des habitants. Je suis heureux de croire qu'ils n'ont pris aucune part directe ou indirecte aux évènements graves qui se sont produits dans la capitale, et, bien qu'on m'ait signalé une rumeur sourde d'exigences populaires, anti-sociales, qui se seraient manifestées dans les clubs aux approches des élections des Représentants, cependant, il me serait impossible de préciser un fait politique de cette nature, qui eût quelque valeur et qui pût se rattacher, même de loin, aux deux attentats sur lesquels vous êtes appelé à faire une enquête.

Salut et fraternité.

Le Préfet. Signé : SALAMIER.

Charente.

Angoulême, le 2 juillet.

Citoyen Président, j'ai l'honneur de vous adresser ci-jointes les copies, certifiées conformes, des dépêches télégraphiques que j'ai reçues à partir du 4 mai jusqu'au 28 juin. J'en ai retranché celles qui n'ont aucun caractère politique.

1° Je n'ai à ma disposition aucun document qui ait un rapport direct ou indirect avec les deux insurrections. Seulement je joins aux dépêches télégraphiques un numéro du journal *le Travailleur libre*, annonçant un banquet à 25 centimes pour le 14 juillet.

2° Au sujet des dépêches télégraphiques, deux observations :

Je ne sais s'il en a été expédié du Ministère de l'intérieur, qui ne me soient pas parvenues, mais il a été observé que du 15 au soir jusqu'au 17 au matin, huit heures, le Gouvernement nous a laissés sans aucune nouvelle de la situation. De même, le 23 juin au soir, nous n'avons reçu aucun avis des troubles qui venaient d'éclater à Paris. Ce n'est que le 24 au matin qu'est arrivée la première dépêche, datée de neuf heures du matin.

Quant aux documents et autres faits politiques, je dois dire que les mesures politiques et financières décrétées par le Gouvernement provisoire n'ont pas peu contribué dans le département de la Charente à faire des ennemis à la République.

Le décret relatif aux 45 centimes a eu surtout un effet désastreux sur l'esprit des populations de la campagne. Dans la Charente, où le sol est très-divisé, où les habitants des campagnes possèdent presque exclusivement la terre, l'impôt extraordinaire les a frappés tous, et pour eux, peu éclairés, et qui taxent, comme je l'ai dit dans mes rapports, l'excellence d'un gouvernement sur le taux de l'impôt qu'ils paient, le Gouvernement de la République a été, dès ce moment, frappé d'impopularité.

Les émissaires qui sont venus à l'époque des élections, et qui ont parcouru le pays prêchant les doctrines communistes et autres, subversives de l'ordre social, n'ont pas peu contribué à fournir des armes aux ennemis de la République.

On m'a dénoncé les menées du parti légitimiste à propos de ces complots. Je dois dire à ce sujet, qu'aucun fait précis n'a été articulé. Quant au parti orléaniste, aucun fait n'est parvenu à la connaissance de l'autorité.

Ce qu'il y a eu de plus significatif, c'est un évènement déplorable qui s'est passé à Mansle, arrondissement de Ruffec, le dimanche 22 juin, à la foire de l'endroit. Un crieur public, en débitant un journal, *le Courrier charentais*, annonçait les dépêches relatives aux évènements de Paris, et ajoutait que Louis Napoléon, nommé empereur, marchait sur Paris à la tête de 40,000 hommes, qu'il allait faire payer les 45 centimes aux Anglais et à l'ex-roi Louis-Philippe. Un gendarme voulut arrêter le crieur public ui appela la foule à son secours. Le gendarme eut le dessous, et la multitude égarée se porta à la caserne de gendarmerie, où elle commit les excès les plus coupables, etc., etc.

Je cite ce fait pour faire voir l'empire qu'exerce sur l'imagination des habitants de nos campagnes le nom de Napoléon; d'abord parce que les traditions de la gloire impériale sont toujours puissantes sur eux, puis, enfin, parce qu'ils attribuent leurs souffrances actuelles à l'absence d'un chef, et que le nom de Napoléon, dans leurs idées, est un symbole de la force et de l'unité dans le pouvoir, qu'ils désiraient sous le Gouvernement provisoire et la Commission exécutive, dans l'espoir que ce chef pourrait seul mettre un terme à leurs souffrances et les affranchir de l'impôt extraordinaire des 45 centimes, que la situation des affaires ne leur permet pas de payer.

Je cite ce fait aussi pour prouver que ce sont les mesures impolitiques du Gouvernement qui ont rendu les habitants des campagnes accessibles aux suggestions des ennemis de la République. L'instruction de cette affaire se poursuit à Ruffec; j'ai prescrit d'agir avec promptitude et vigueur.

Un fait qui pourrait démontrer les ramifications que le parti des communistes, des exaltés et de la République rouge avait dans nos départements, c'est l'annonce qui a paru dans l'un des journaux du département, qui s'imprime à Angoulême, sous le titre du *Travailleur libre* Ce journal, qui paraît depuis six semaines, s'inspirait des doctrines socialistes, prêchant, à l'exemple des chefs qui ont fomenté les troubles de mai et de juin, la guerre à la bourgeoisie.

Ce journal a annoncé, dans son numéro du 25 juin, un banquet à 25 centimes, à l'instar de Paris. Il y a tout lieu de supposer qu'il avait reçu le mot d'ordre des sociétés secrètes. Cependant ce n'est là qu'un indice. L'issue des évènements aura sans doute fait renoncer les chefs du banquet à leur projet, car il n'en est plus question en ce moment.

Enfin quelques émissaires de Limoges, à l'époque des troubles de cette ville, ont fait des tentatives, mais sans succès, auprès des ouvriers employés à Angoulême dans certains ateliers et aux travaux du chemin de fer.

C'est là tout ce que je puis fournir de renseignements à la Commission d'enquête.

Je dois ajouter que, par la nature et l'esprit de nos populations, naturellement paisibles et soumises aux lois, le département de la Charente, essentiellement agricole, n'est pas du nombre de ceux sur lesquels puissent influer les complots de Paris, conçus dans le sens de ceux de mai et de juin, attendu qu'il n'y existe pas d'agglomérations considérables d'ouvriers. Les ouvriers de ses fabriques à papier appartiennent au sol et sont identifiés avec l'esprit de la population du pays.

Que le Gouvernement de la République s'attache à se conformer au programme du général Cavaignac et du président Senard : République honnête, ferme et modérée; qu'il constitue l'administration avec des hommes dans ce sens, qui sachent faire aimer la République, et la population charentaise sera l'un des plus fermes appuis du Gouvernement.

Salut et fraternité.

Le Conseiller de préfecture, Préfet par intérim.

Charente-Inférieure.

La Rochelle, le 29 juin.

M. le Président, en réponse à votre circulaire du 27 de ce mois, j'ai l'honneur de vous adresser,

1° Toutes les dépêches télégraphiques reçues par moi, ou mon prédécesseur, à l'occasion des évènements de mai et de juin ;

2° Un exemplaire de chacune de celles que j'ai fait afficher dans toute l'étend du département.

Il n'existe, d'ailleurs, entre mes mains, aucune pièce ni aucun document aya un rapport direct ou indirect avec les deux insurrections.

Le département de la Charente-Inférieure est animé d'un grand esprit d'ordre de tranquillité. La candidature électorale de Louis Bonaparte, improvisée post rieurement aux événements du 15 mai, a été l'effet des manœuvres faites dans l campagnes par quelques agitateurs qui ont profité de la répugnance à payer l'ir pôt des 45 centimes pour faire de Louis Bonaparte un libérateur qui n'exiger plus aucune sorte d'impôts. De là sa nomination récente à l'Assemblée National je le répète, toutes les démarches faites à ce sujet ont été postérieures au 15 mai.

Je ne pourrais affirmer d'une manière aussi positive que toutes les localités du d partement soient restées totalement étrangères, sinon par leur complicité active, moins par leurs espérances et leurs sympathies, aux évènements des 23, 24, 25 et juin.

Ainsi l'arrondissement de Saint-Jean-d'Angely, qui s'est toujours montré le pl favorable à la cause bonapartiste, est depuis quelques jours plus agité, et l'on y fa circuler des placards incendiaires, où l'on pousse à la haine de la République, faveur de l'empereur Napoléon.

Mais je considère ces menées comme tout à-fait subalternes, et n'ayant pas de s rieuses ramifications. Les paysans de l'arrondissement de Saint-Jean-d'Angely laissent facilement aller à l'espoir de ne plus payer d'impôts au prix d'un vote Louis Bonaparte. Mais de là à agir et à aller rejoindre les anarchistes de Paris, il a une distance qu'ils ne franchiraient pas et qu'ils n'ont pas franchie.

Du reste, je fais surveiller les meneurs d'une manière très-active; et, si des doc cuments ou renseignements de nature à éclairer la Commission d'enquête me pa venaient, je m'empresserai de les lui adresser.

Agréez, Monsieur le Président, l'assurance de ma haute considération,

Le Préfet de la Charente-Inférieure.

Cher.

Bourges, le 30 juin.

Citoyen Président, vous m'avez invité, par votre lettre du 27 courant, à vo transmettre, 1° les dépêches télégraphiques reçues par mon administration à l'occa sion des insurrections de mai et de juin, et un exemplaire de celles qui ont été af chées dans les mêmes circonstances; 2° toutes les pièces et documents qui pourraie être entre mes mains et qui auraient un rapport direct ou indirect avec ces évène ments; 3° enfin, un rapport sommaire.

Je m'empresse d'avoir l'honneur de vous adresser ces dépêches, ainsi qu'un exem plaire des affiches que j'ai fait publier et placarder. Les dépêches de mai ne sont pa toutefois annexées; je ne les ai pas trouvées parmi les papiers qui m'ont été laissés pa les commissaires. Vous remarquerez, en outre, que je n'ai pas fait imprimer la dé pêche du 25 juin, quatre heures et demie; elle m'est arrivée par le même courrie avec celle du même jour, cinq heures et demie, et il m'a paru convenable de donne seulement la publicité à cette dernière. Enfin la dépêche du 26, deux heures d soir, annonçant l'heureuse fin de la lutte, a fait l'objet d'une proclamation que j'a envoyée dans toutes les communes.

Je n'ai qu'une pièce pouvant être utile dans l'enquête dont la Commission est char gée : un rapport du commandant de la gendarmerie du Cher, en date du 28 du cou rant, fait connaître que cinq cents ouvriers dont le Ministère m'avait annoncé l'arrivé pour le 23, comme devant être employés à des travaux de terrassement ouverts

Brisson, ne se sont pas rendus sur les lieux, à l'exception de vingt-cinq qui, à la première nouvelle de l'insurrection, sont partis immédiatement pour Paris en se joignant à d'autres ouvriers de la Motte-Beuvron. Je vous envoie copie de ce rapport. Si vous avez besoin de savoir les noms de ces ouvriers, veuillez m'en donner avis; je demanderai à cet égard des renseignements aux ingénieurs.

Je n'ai aucun autre fait particulier à vous signaler, si ce n'est que quelques arrestations auraient été faites à Aubigny ; mais le rapport officiel ne m'en est pas encore parvenu. Les tristes événements qui viennent d'avoir lieu et auxquels on s'attendait ici comme ailleurs, ont causé une vive et douloureuse émotion, en même temps qu'ils ont fait éclater de nouveau, de la part de tous les bons citoyens, les sentiments qui les animent. La fermeté de l'Assemblée Nationale unie à l'habile et courageuse direction donnée par le chef du Pouvoir exécutif pour étouffer l'insurrection a ranimé la confiance ; et aujourd'hui que Paris est délivré, les populations qui ont tant à souffrir de la stagnation des affaires, espèrent qu'elles sont enfin à la veille de sortir de la position dans laquelle les ennemis de la République de toutes les couleurs ont placé la France.

Salut et fraternité.

Le préfet du Cher. *Signé* : PLANET.

Corrèze.

Tulle, le 1er juillet.

Citoyen Président, j'ai l'honneur de vous adresser, conformément à l'invitation contenue dans votre dépêche du 27 juin dernier, les dépêches télégraphiques reçues de Paris, tant par mon prédécesseur que par moi, et relatives aux évènements des mois de mai et de juin. Je n'ai d'ailleurs entre les mains aucune pièce ou document ayant un rapport direct ou indirect avec les deux insurrections.

Les principes socialistes mis en avant par les fauteurs de désordres à Paris n'ont, jusqu'à ce jour, que peu de représentants dans le département de la Corrèze. L'avènement de la République elle-même n'avait pas trouvé dans la population une majorité préparée à la recevoir. Les mouvements qui ont eu lieu dans ce pays ont pu être un contrecoup des agitations de Paris, mais ils ne se sont point manifestés au nom d'une idée sociale ou politique.

En dehors des difficultés et des troubles provoqués par l'impôt de 45 centimes, l'administration a dû porter son attention sur quelques tentatives ou plutôt sur quelques projets de désordre. La rumeur publique lui signalait sur divers points un certain nombre d'individus dont les populations semblaient redouter les manœuvres. La surveillance la plus active a été exercée à leur égard ; j'ai pu reconnaître, d'après les divers rapports qui me sont parvenus et d'après mes observations personnelles que quelques citoyens d'une moralité suspecte et dans une position de fortune compromise, tendaient secrètement à fomenter des troubles pour les tourner à leur profit. Mais, bien que j'ai été porté à croire qu'une correspondance quelconque pouvait rattacher de loin ces individus aux moteurs de la capitale, je ne suis parvenu à découvrir rien de précis, rien qui établisse sérieusement l'existence de semblables relations.

Je continue de les faire surveiller, et s'il se produisait quelque fait ou quelque document de nature à intéresser la Commission d'enquête, instituée par l'Assemblée Nationale, je m'empresserai, de la porter à votre connaissance.

Salut et fraternité.

Zibné : R. CHAMIOT,

P. S. Le département est, en ce moment, parfaitement tranquille.

Corse.

Ajaccio, le 5 juillet.

Citoyen Président, conformément aux prescriptions de votre lettre du 27 juin dernier, je vous transmets ci-jointes les dépêches télégraphiques se rattachant aux évènements des mois de mai et juin, qui sont parvenus à la préfecture de la Corse, et un exemplaire de chacune de celles qui ont été affichées dans les circonstances susdites.

Pour expliquer les lacunes qui existent, il est bon de porter à votre connaissance, que les dépêches télégraphiques sont arrivées presque toutes à la fois, et que l'on n'a fait imprimer que celles qui conduisaient à la solution amenée par la dernière.

J'ajouterai que je n'ai entre mes mains aucune pièce ayant un rapport direct ou indirect avec les deux insurrections précitées.

La Corse est demeurée complètement étrangère. Un mouvement a bien eu lieu à Bastia le 14 juin, mais il n'avait eu d'autre but que le renversement de la Commission municipale nommée en mars dernier; mais, arrivée sur les lieux, elle a fait rentrer les choses dans leur état primitif, et le calme est maintenant entièrement rétabli à Bastia.

Salut et fraternité.

Le préfet de la Corse. *Signé* : A. AUBERT.

Côte-d'Or.

Dijon, le 1er juillet.

Citoyen Président, conformément aux prescriptions contenues en votre lettre du 27 juin dernier, j'ai l'honneur de vous adresser ci-contre les copies des dépêches télégraphiques qui m'ont été adressées concernant les évènements de mai et juin. Je joins à ces papiers un exemplaire de chacune des dépêches que j'ai fait afficher.

Ne possédant ni pièces ni documents, autres que ces mêmes dépêches, pouvant se rattacher aux évènements précités, je n'ai point de rapport à vous présenter.

Salut et fraternité.

Le préfet de la Côte-d'Or, MORNY.

Dordogne.

Périgueux, le 29 juin.

Citoyens, j'ai rendu compte au citoyen Ministre de l'intérieur, par mes dépêches des 27 et 28 du courant, de la situation du département de la Dordogne, à la suite des nouvelles des effroyables évènements qui ont ensanglanté la capitale. Voici le résumé de ces dépêches.

Les nouvelles de Paris ont produit une morne stupeur sur l'esprit de la grande majorité des citoyens. Le parti légitimiste, fort puissant dans le département, s'en est réjoui, comme il se félicite de tous les désastres de la France; cependant aucune espèce de démonstration n'a eu lieu, et l'autorité n'a eu aucun désordre à réprimer. Le parti qui regrette le système déchu à la suite de la révolution de Février a aussi conçu des espérances, mais sans se livrer à aucun acte ou à aucun discours contre lesquels les magistrats eussent à sévir.

Les premières nouvelles semblaient faire espérer que l'insurrection ne serait pas aussi formidable; mais, dès le 27 (après les dépêches du 26), la garde nationale s'émut, et de nombreux enrôlés volontaires vinrent s'offrir à la mairie de Périgueux pour voler au secours de la garde nationale de Paris. Je dois vous dire qu'à ce moment les citoyens de toutes les opinions étaient unis par le sentiment du danger commun. La correspondance reçue le 28 m'apprit que les mêmes patriotiques manifestations s'étaient reproduites sur tous les points du département.

La garde nationale de Périgueux allait partir le 28 au matin; des fonds avaient été votés par le conseil municipal, lorsque les dernières dépêches nous apprirent que l'insurrection était complètement vaincue.

Le départ devenait inutile, mais nos gardes nationales n'en ont pas moins donné le témoignage spontané de leur courageuse et patriotique détermination, de partager les dangers de leurs frères de Paris.

Le département est parfaitement tranquille; mais il est à craindre que l'émotion causée par les derniers événements ne vienne augmenter l'agitation causée par l'impôt des 45 centimes. En effet, les journaux hostiles à l'ancienne Commission Exécutive ont depuis deux mois sans cesse combattu à outrance la perception de cet impôt, et, depuis les événements de juin, ils ont redoublé leurs attaques contre cette taxe extraordinaire: nos agriculteurs sont réellement hors d'état de la payer, et ces attaques de la presse, quoique se renfermant dans les limites de la stricte légalité, ont vivement excité les paysans à la résistance.

Je pense devoir vous donner maintenant connaissance de quelques faits que j'ai signalés hier au citoyen Ministre de l'intérieur. Peut-être cette communication directe est-elle en dehors de la hiérarchie; mais je suppose que les pouvoirs extraordinaires qui vous sont confiés m'autorisent à vous la faire directement.

Le sous-préfet par intérim de l'arrondissement de Sarlat m'a fait parvenir une lettre trouvée par hasard. Cette lettre est écrite au crayon; je vous en envoie copie.

Bien que les faits qui suivent puissent faire appliquer les détails qu'elle renferme au citoyen Bonaparte, je crois cependant, d'après ma connaissance du personnel de l'arrondissement de Sarlat, qu'elle ne peut avoir trait qu'au prétendant légitimiste; en effet, Bonaparte n'a pas ici de partisans dans la classe des citoyens qui peuvent disposer de bidets, de domestiques, etc., etc.

Voici maintenant les faits relatifs à Bonaparte.

D'après les renseignements que j'ai recueillis (seulement depuis hier), le citoyen Bonaparte aurait quitté Moulins le jeudi 15 de ce mois, venant de Clermont-Ferrand; il serait arrivé le 15 à Limoges, de là serait parti pour la campagne, à quelques lieues de Limoges.... sur la route de Périgueux. Il serait revenu à Limoges.... Là je perds sa trace; mais le journal de l'Indre, du 18 juin, dont j'ai envoyé un extrait au Ministre de l'intérieur, annonce son passage par Châteauroux le 17 courant. On m'a affirmé, en outre, que le citoyen Bonaparte, vu le temps auquel je vous signale son départ de Moulins, aurait été arrêté à Guéret par un gendarme, qui l'aurait relâché sur l'observation du prétendant que sa personne ne répondait pas exactement au signalement donné à la gendarmerie.

Je vous donne ces détails, quoiqu'ils soient étrangers à mon département; je suis à la disposition de la Commission pour recueillir tous autres renseignements qui pourraient lui être utiles. Tous ceux que je recueillerai en dehors des questions qui me sont adressées, lui seront communiqués sans délai.

Salut et fraternité.

Le préfet de la Dordogne, *signé* : C. Caylus.

P. S. Sans y attacher une trop grande importance, j'appelle l'attention de la Commission sur le passage de la lettre anonyme qui parle d'un courrier de M. Rothschild.

J'ai communiqué aussi, hier, au citoyen Ministre de l'intérieur un extrait du *Courrier de la Gironde*, qui, dans le moment difficile où nous nous trouvons, peut avoir de bien fâcheux effets dans nos départements.

Le *Courrier de la Gironde* contient les lignes suivantes :

« Le jour où, poussé à bout par les nécessités de la situation, un département mettra l'embargo soit sur les recettes du receveur général, soit sur les recettes de la Douane, pour garantir la population ouvrière des horreurs de la famine, ce département trouvera dans la France quatre-vingt-quatre imitateurs qui lui tendront la main et réclameront leur part de cette alliance. »

Doubs.

Besançon, le 29 juin.

Citoyen Président, conformément aux prescriptions de votre circulaire du 27 de ce mois, j'ai l'honneur de vous transmettre immédiatement les pièces dont suit la nomenclature :

1° Les copies certifiées des dépêches télégraphiques, au nombre de quatre, que j'ai reçues à l'occasion des évènements du 15 mai dernier.

Toutes ces dépêches ont été à l'instant imprimées et affichées, à l'exception de celle annonçant la nomination du citoyen Trouvé-Chauvel aux fonctions de préfet de police. Un exemplaire des trois placards est ci-annexé.

2° Les copies également certifiées des dpêches télégraphiques qui me sont parvenues, et qui se réfèrent à l'insurrection de ce mois.

Ces dépêches sont au nombre de quinze; trois n'ont pas été imprimées.

Le numéro 1er, parceque le numéro 2, reçu quelques heures après, était plus détaillé et plus rassurant ;

Le numéro 3, parce qu'il n'est qu'un résumé du numéro, 2, et que le numéro 4, reçu le même jour, contient plus de détails;

Enfin le numéro 12, parce que cette dépêche, particulière au préfet de la Haute-Saône m'avait été donnée, seulement en communication officieuse, par le directeur du télégraphe, pour me mettre à même de connaître de suite les intentions du Gouvernement au sujet du mouvement des gardes nationales.

Je joins ici un exemplaire de chacun des douze placards qui ont été affichés.

3° Je n'ai reçu aucune autre pièce, aucun document ayant un rapport direct ou indirect avec les deux insurrections.

Je ne puis, en conséquence, vous faire un rapport sur ces documents, puisqu'ils n'existent pas.

Quant aux faits politiques qui peuvent se rattacher d'une manière quelconque à ces deux attentats, je suis assez heureux pour n'en avoir aucun défavorable à vous signaler; au contraire, dans les villes comme dans les hameaux, dans les plaines comme dans les montagnes, il n'y a eu qu'un cri pour anéantir l'insurrection.

Toutefois ce serait s'abuser que de prendre cette manifestation pour la preuve d'une sympathie unanime en faveur de la République. Chacun proclame bien qu'il veut l'ordre et qu'il faut le rétablir, mais chacun entend l'ordre à sa manière et prétend rester juge des meilleurs moyens pour y parvenir. Au surplus, les élections du département en donnent la preuve, à laquelle je n'ai rien à ajouter.

Salut et fraternité,

Signé : G.

Drôme.

Valence, 6 juillet.

Citoyen Président, je m'empresse de vous adresser, suivant votre demande du 27 juin courant, les dépêches télégraphipues reçues par moi et se rapportant tant aux évènements du 15 mai, qu'à ceux de juin. J'annexe à cet envoi les proclamations que j'ai adressées aux habitants de mon département : ce sont là les seuls documents en ma possession. Ce département est, d'ailleurs, trop éloigné de Paris pour que des rapports directs fussent établis entre les agents de l'émeute et les habitants de la Drôme. Je n'ai, du moins, surpris aucune pièce de nature à faire penser qu'il en fût autrement.

Au surplus, Citoyen Président, les populations ont vu les deux évènements avec la même indignation et les condamnent sévèrement.

Au fur et à mesure que les dépêches télégraphiques me parvenaient, je les faisais afficher et répandre avec le plus de rapidité possible dans les communes. Aucun fait politique ne s'est produit ici qui coïncidât avec l'un ou l'autre des deux évènements que nous déplorons.

Salut et respect. *Le Préfet de la Drôme,*

Eure.

Evreux, le 30 juin.

Citoyen Président, pour me conformer à la demande que vous m'avez fait l'honneur de m'adresser par la circulaire datée du 27 juin, je soumets à la Commission les renseignements suivants :

En ce qui concerne le 15 mai, aucune dépêche télégraphique ou autre ne m'est parvenue. J'ai appris les nouvelles comme le public, mais rien d'officiel.

Mon premier soin, le 16 au matin, a été d'appeler auprès de moi toutes les autorités pour nous concentrer, assurer le maintien de l'ordre et aviser à ce qu'il convenait de faire. Bientôt des voyageurs ont annoncé que tout était heureusement terminé.

J'ai cru devoir écrire au Ministre de l'intérieur pour le prier de me mettre à même d'agir s'il était nécessaire; je lui fis part de l'inquiétude mortelle qui avait affligé toute la population pendant les longues heures qui venaient de s'écouler.

Nos gardes nationaux d'Evreux délégués pour assister à la fête de la Concorde sont venus confirmer les bonnes nouvelles.

Je n'ai connu et ne possède aucune pièce ayant un rapport quelconque avec ce qui s'est passé le 15 mai.

En ce qui concerne l'insurrection de juin, la première dépêche qui me soit parvenue est celle du Ministre de la guerre, dans la nuit du 26 au 27 juin. Le lendemain matin, je la publiais. J'ai l'honneur de vous adresser un exemplaire de la proclamation et la dépêche elle-même; j'y joins deux autres placards que j'avais cru devoir faire afficher auparavant. Vous verrez aussi une note qui m'a été remise par l'administrateur de la commune de Pacy-sur-Eure; peut-être pourra-t-elle aider à la recherche de la vérité. L'administrateur qui me l'a remise n'a pu me donner aucune explication, si ce n'est, comme je l'ai écrit en marge, que cette note avait été déposée à un nommé Malgrain. Je suis tout prêt à provoquer une information si la Commission le jugeait utile.

En ce qui concerne les faits généraux se rattachant d'une manière quelconque aux deux attentats contre la République, il n'est rien parvenu à ma connaissance. La nouvelle de ce qui se passait à Paris fut annoncée par des voyageurs ou par des lettres particulières; j'ai été privé de toute dépêche officielle. Rien n'indique qu'il y ait eu aucune ramification du complot dans ce département, à moins qu'on ne puisse l'induire de la lettre hiéroglyphique trouvée à Pacy. A Louviers et à Nonancourt seulement, on faisait craindre depuis quelque temps des mouvements d'ouvriers. Ceux de Nonancourt m'avaient envoyé plusieurs délégués, à l'occasion de la présence, dans une des manufactures de M. Wadington, de femmes étrangères au nombre de huit, qu'ils voulaient faire renvoyer. Sur mes conseils et les instructions que j'avais données au maire de la commune, ils étaient, avant les évènements, rentrés dans l'établissement qu'ils n'avaient quitté que pendant deux jours.

Mais ces faits ne me paraissent avoir aucun rapport avec l'insurrection.

Depuis les évènements, j'ai reçu, le 30 juin, deux dépêches du Ministre de la guerre, chef du Pouvoir exécutif, datées du 28, l'une annonçant que le calme est entièrement rétabli, et l'autre ordonnant de suspendre partout le mouvement des gardes nationales sur Paris; j'ai l'honneur de vous les adresser.

Salut et fraternité. *Le Préfet.*

Eure-et-Loir.

Chartres, le 5 juillet.

Citoyen Président, pour satisfaire à la demande que vous m'avez fait l'honneur de m'adresser, j'ai fait rechercher tout ce qui avait pu être envoyé à la préfecture d'Eure-et-Loir à l'occasion de l'attentat du 15 mai. Je n'ai rien trouvé; je n'étais pas alors préfet d'Eure-et-Loir : je n'ai été installé que le 5 juin dans ces fonctions, et il m'est impossible de donner aucun renseignement personnel avant cette époque. Le conseiller de préfecture ayant rempli ces fonctions par intérim, m'a dit n'avoir rien reçu qui méritât d'être mentionné.

En ce qui touche les évènements du mois de juin, il ne m'est parvenu aucune dépêche télégraphique. J'avais reçu, le 12 juin, l'ordre de faire arrêter Louis-Napoléon Bonaparte, et le 14 un contre-ordre m'a été transmis. Les 27 et 28 juin, le Ministre de l'intérieur m'a envoyé deux circulaires, et les 27 et 29 juin, le chef du Pouvoir exécutif, deux missives dont je joins ici une copie. Le 27 juin, j'avais reçu, du Ministre de l'agriculture et du commerce, une lettre signée F. Flocon, qui recommandait à mon attention spéciale la libre circulation des grains et des bestiaux et m'enjoignait de veiller surtout à ce qu'on maintînt la protection due aux envois d'approvisionnement pour Paris.

Le département que j'administre est des plus calmes; la race beauceronne est très-pacifique : les graves évènements qui se sont passés à Paris n'ont eu ici qu'un très-faible retentissement. Toutefois les gardes nationaux ont mis beaucoup de zèle à se mobiliser et à se rendre à Paris, où l'un des leurs a été atteint d'une balle sur une barricade.

J'ai fait établir, dans tout mon département, une active surveillance. On a déjà saisi et déposé dans les maisons d'arrêt quelques individus soupçonnés d'avoir pris part à l'insurrection; il y en a quelques-uns à l'égard desquels la preuve est à peu près acquise. Aussitôt l'instruction préparatoire terminée, ceux réellement compromis seront tenus à la disposition de la Commission d'enquête et du citoyen procureur général. Il y a eu quelques fausses alertes dans un grand nombre de communes du département : on a sonné le tocsin et battu la générale. Je n'ai pu découvrir la source de ces bruits, ni s'ils étaient le résultat de la malveillance et de la peur.

Tels sont les seuls renseignements que j'aie à vous soumettre, en réponse à votre lettre du 27 juin.

Salut et fraternité.

Le préfet d'Eure-et-Loir : *signé* Sebire.

Finistère.

Quimper, le 2 juillet.

Citoyens Représentants, je m'empresse de me conformer aux ordres que vous m'avez transmis par votre dépêche du 27 juin.

N'ayant pris possession de l'administration du département du Finistère que le 11 juin, il ne m'est pas possible de vous rendre un compte exact de ce qui s'est passé à l'époque du 15 mai; cependant, d'après des renseignements puisés à des sources dignes de confiance, je puis affirmer que la population tout entière manifesta sa vive indignation contre l'odieux attentat commis sur l'Assemblée Nationale. Toutes les gardes nationales, tous les conseils municipaux firent preuve de leur dévouement à la République dans des adresses envoyées à l'Assemblée Nationale et à la garde nationale de Paris; et aucune marque de sympathie pour les insurgés ne se manifesta dans aucune classe de la société.

Pour ce qui concerne ces évènements du 15 mai, je ne puis donc, Citoyens Représentants, que vous transmettre une dépêche télégraphique datée Paris, 15 mai, cinq heures et demie du soir, et une proclamation du citoyen *Lachoellerie*, délégué du Commissaire de la République au *Finistère*.

Je n'ai en ma possession aucun autre document pouvant avoir un rapport direct ou indirect avec cette insurrection.

Insurrection de juin. — Le 25 juin, à trois heures du matin, je reçus par estafette, la dépêche n°. 1. Dès six heures du matin j'en donnai connaissance aux nombreux citoyens qui s'étaient spontanément réunis à la Préfecture mais, après avoir pris l'avis des principales autorités de la ville, je me décidai à ne pas faire imprimer et afficher cette dépêche propre à jeter la consternation dans les communes rurales et à donner le signal de l'insurrection aux factieux qui auraient pu s'y trouver. Ce qui me rendait circonspect dans cette circonstance, c'est que je savais qu'un placard bonapartiste, sortant des presses de *Paris*, avait été affiché dans plusieurs communes de l'arrondissement de Châteaulin.

Je n'ai plus ce placard entre les mains; mais à la date du 27 juin, j'en ai donné un exemplaire, accompagné d'un petit rapport, au citoyen Ministre de l'intérieur. Ce placard, dont l'apposition coïncidait avec l'insurrection, me paraissait propre à appeler l'attention du Ministre.

N'ayant pas les mêmes craintes pour les villes, dont le bon esprit m'était parfaitement connu, je fis distribuer des copies manuscrites de la dépêche aux autorités de Quimper, aux commandants de la garde nationale, de la garnison, de la gendarmerie et au cercle littéraire de la ville; et j'attendis avec impatience une seconde dépêche que je pouvais penser devoir nous apporter la certitude que force était restée aux hommes d'ordre.

Malgré la vive indignation dont il était animé, le pays resta calme, mais résolu à prendre part à la lutte; et la garde nationale demanda à marcher sur Paris.

La seconde dépêche, attendue avec la plus vive impatience, n'arriva à Quimper par estafette que le 25 juin à six heures et demie du soir, vingt-deux heures et demie après son arrivée à Brest (il faut au plus six à sept heures pour faire le trajet).

Ce retard avait jeté l'inquiétude dans tous les esprits. Le public avait appris, par des voyageurs arrivés de Brest d'une des voitures publiques, qu'une dépêche télégraphique y avait annoncé la mise en état de siège de Paris, la démission du Pouvoir exécutif, etc., et, comme il arrive toujours en pareille circonstance, les faits avaient été controuvés et amplifiés dans le plus mauvais sens.

La lecture de cette dépêche, faite par moi aux citoyens assemblés à la Préfecture, calma un peu les inquiétudes. Des copies manuscrites en furent distribuées comme elles l'avaient été pour la première; mais les nouvelles étaient trop peu rassurantes pour que je crusse devoir les faire imprimer et afficher. En cela je me conformai aux avis qui m'étaient donnés par les autorités.

Je m'occupai immédiatement de former un détachement pris dans la garde nationale. Cent cinquante et quelques volontaires se présentèrent aussitôt; mais, comme l'administration avait été avertie que quelques uns d'entre eux ne présentaient pas de garantie suffisante à l'ordre, me conformant à l'art. 148 de la loi de 1831, je convoquai un conseil de révision pour juger, sous ma présidence, l'aptitude physique et morale des volontaires dont le nombre fut réduit à cent vingt. Une réquisition fut adressée à l'intendant militaire pour assurer la solde et les vivres de ce corps détaché qui partit le 27 à sept heures du matin. (Voir le journal *le Quimpérois*.)

Dans toutes les principales communes du département de semblables détachement ont marché au secours de Paris ; et quelques uns d'entre eux, ayant pu se faire transporter par bateau à vapeur, sont probablement arrivés à Paris.

La troisième dépêche arriva à Quimper, par courrier ordinaire, le 26, à six heures du matin. Elle parut peu rassurante. Le *non levé ici*, et la reproduction d'une vieille dépêche qui, si on n'eût pas fait attention à la date, aurait pu faire penser que l'insurrection triomphait, ne firent qu'augmenter la confusion et l'inquiétude dans beaucoup d'esprits.

Je ne crus pas encore devoir livrer à l'impression cette troisième dépêche. Comme précédemment j'en fis distribuer des copies manuscrites. Après deux jours d'une poignante anxiété, je reçus, le 27, à six heures du matin, par estafette, la quatrième dépêche, que je m'empressai de faire imprimer.

Je l'expédiai immédiatement à tous les maires du département.

J'étais heureux de pouvoir enfin calmer des inquiétudes trop longtemps prolongées, et l'attitude franche et nette prise par mon administration me paraissait devoir être exempte de toute suspicion. Cependant divers propos furent clandestinement répandus à Quimper. Quelques uns accusaient le préfet de ne pas déployer assez d'énergie contre des idées anarchiques qui ne se manifestaient nulle part ; quelques autres l'accusaient de faire des concessions à une réaction que personne ne pouvait apercevoir. La contradiction résultant de deux accusations aussi opposées démontrait assez que ma conduite avait été ce qu'elle devait être ; mais, ne pouvant assez bien connaître ce qui se passait dans les localités éloignées du chef-lieu, je crus devoir me poser nettement et je fis placarder dans tout le département la proclamation portant le n° 9.

La dépêche n° 5 m'est parvenue, par estafette, le 27, à quatre heures et demie du soir. Cette dépêche n'apportait que des nouvelles antérieures à celles déjà affichées ; et je me bornai à en faire la lecture aux nombreux citoyens assemblés à la Préfecture, et à en distribuer des copies manuscrites comme précédemment.

La dépêche n° 6 me parvint par courrier ordinaire, le 28, à cinq heures quinze minutes du matin (expédiée par estafette, j'aurais pu la recevoir le 27 vers cinq heures du soir). Elle fut imprimée et affichée sur-le-champ. Elle dissipa toutes les alarmes et causa la plus vive allégresse. Cette dépêche, si rassurante, était affichée depuis cinq à six heures seulement, lorsque j'appris que des bruits alarmants étaient répandus dans Quimper.

« La dépêche affichée n'était pas vraie ; les insurgés avaient relevé des barricades sur tous les points de Paris ; ils s'étaient rendus maîtres de l'Hôtel-de-Ville. Le général Cavaignac avait été tué, etc., etc. »

Les mêmes bruits étaient simultanément répandus dans l'arrondissement de Quimperlé, des rapports viennent de me l'apprendre. Ils sont répétés à Scaer et sur toute la limite qui sépare le Morbihan du Finistère. Dans ces dernières localités, on ajoutait même que Louis-Napoléon Bonaparte avait été proclamé Président de la République. Partout ces bruits furent facilement démentis ; et je puis, Citoyens Représentants, vous donner la certitude qu'anarchistes et prétendants seraient fort mal reçus dans le Finistère.

La dépêche n° 8 m'est parvenue le 26 à six heures du matin par courrier ordinaire. Elle a été reproduite par ma circulaire aux sous-préfets et maires du département. La dépêche n° 8 m'est parvenue le 30, à six heures du matin, par courrier ordinaire. Elle a été immédiatement imprimée et affichée.

Telles sont, Citoyens Représentants, les dépêches qui me sont parvenues après des retards qui attestent les besoins d'une meilleure organisation dans l'administration télégraphique de Brest ou dans l'administration des postes de Quimper à Brest.

Les feuilles de service de l'administration des postes, soumises à mon récépissé, ne portaient pas, comme cela devrait être, l'heure de départ des estafettes. Je ne puis savoir sur qui rejeter ces déplorables retards. J'ai chargé le citoyen sous-Préfet de Brest de prendre des informations à ce sujet.

Le dernier document que je puisse transmettre à la Commission d'enquête est une proclamation n° 10 aux habitants du Finistère. A l'exception de quelques modifications, ou plutôt de quelques augmentations, commandées par des nécessités locales, cette adresse est la reproduction fidèle de la circulaire de M. le Ministre de l'intérieur, en date du 17 juin.

Citoyens Représentants, aucune autre pièce, aucun autre document, aucun autre fait se rattachant d'une manière quelconque aux deux attentats commis contre la République, n'est arrivé à ma connaissance. S'il me parvenait quelques nouveaux renseignements, je m'empresserais de les faire parvenir sous les yeux de la Commission d'enquête. Trop heureux si, par le prompt accomplissement de mes devoirs, je pouvais contribuer à assurer le triomphe de la République.

Salut et fraternité.

Le Préfet du Finistère. *Signé* : LE PÊCHEUR-BERTRAND.

Gard.

RÉSUMÉ DE L'ENQUÊTE AU POINT DE VUE DE CHACUNE DES QUESTIONS POSÉES DANS LA COMMISSION D'INFORMER.

En fait, il y a eu retard dans la publication de la première dépêche et suppression des deuxième, quatrième et cinquième. Le retard dans la publication des première et deuxième avait été décidé d'accord entre le préfet, le général et le maire. Ce retard ne devait durer que jusqu'au moment où le préfet aurait reçu la réponse de son collègue de Marseille qu'il avait consulté. Quant à la suppression des quatrième et cinquième, le préfet l'a prise sur lui seul, aussi bien que la suppression complète de la deuxième. Tout semble indiquer que la quatrième a été supprimée en entier ; mais, si on peut croire qu'elle ne l'a pas été, il est certain que le dernier paragraphe n'a jamais été communiqué au public. Il y a eu, dans la publication de la sixième, une légère modification dans le texte, mais tout-à-fait insignifiante.

— M. Gent n'a pas reçu, le soir à la Préfecture, et vers le 20 juin, avant les troubles de Marseille, des députations d'ouvriers détachés des ateliers nationaux. Les premiers détachements de ces volontaires ne sont arrivés à Avignon que du 24 au 25 juin.

Voici sans doute, et d'après l'Enquête, le fait qui a donné lieu à cette question. Dans la soirée du 16 au 17 juin, une colonne de vingt à vingt-cinq personnes de la ville, vêtues comme des ouvriers, fut reçue à la Préfecture après dix heures du soir, et y resta assez longtemps. Ces individus devaient être animés de fort mauvais sentiments, puisque l'un d'eux, en passant dans la rue devant deux bourgeois de la ville, dit à haute voix et en patois : « Ces aristocrates, nous les pendrons tous. Ou bien : Tant que nous ne ferons pas tomber une de ces têtes ! »

Ce fait semble parfaitement établi, malgré les hésitations et les réticences du concierge et de sa femme.

— Les deux voyages de M. Gent, à Marseille, sont parfaitement établis. Il est parti, la première fois, le 20 juin, et il est revenu à Avignon le 23 ; il s'est donc trouvé à Marseille pendant l'insurrection.

La seconde fois, il est parti le 27, et il était de retour le 29. Il ne paraît pas que M. Gent ait cherché à cacher ces voyages, bien qu'il ait eu le tort de ne pas en prévenir au moins les principaux fonctionnaires de la ville. Les détails donnés par les témoins Conte et Crémieux, sur la conduite de M. Gent pendant ces deux voyages, paraissent vrais ; ces deux témoins l'avaient accompagné à Marseille, et ils ont déclaré ne l'avoir pas quitté.

— Il est démontré que M. Gent n'a pas envoyé le citoyen Caritoux à Marseille, et même que ce dernier n'y est pas allé à l'époque indiquée.

— Un seul témoin, le sieur Chaffin (neuvième), a déclaré que, dans sa conviction, M. Gent était de connivence avec les insurgés de Marseille. Deux autres témoins, le généal et le maire (cinquième et sixième), tout en s'exprimant avec une grande réserve, laissent voir clairement qu'ils pensent que, si l'insurrection de Marseille ou celle de Paris avaient réussi, M. Gent n'aurait pas balancé à prendre part pour les révoltés. D'autres témoins déclarent, au contraire, que sa présence à Marseille, au moment de l'insurrection, a été toute fortuite; ils en font connaître la cause; enfin, ils représentent la conduite de M. Gent, pendant l'insurrection, comme digne des plus grands éloges.

— Quelques faits établis par l'Enquête élèvent, contre M. Gent, des indices graves de complicité avec les démagogues de Marseille et même de Paris. Ces faits sont sa répugnance à rendre publiques les dépêches télégraphiques, et notamment toutes celles qui annonçaient l'arrivée à Paris des gardes nationales des départements, et le désir du Gouvernement que leur exemple fût suivi, ses opinions démagogiques bien connues; ses relations habituelles avec les gens les plus ignorants et les plus grossiers qu'il recevait à la Préfecture et qui ne lui parlaient qu'en le tutoyant;

Ses conciliabules tenus le soir à la Préfecture avec des gens affichant les tendances de 93;

La mission qu'il donne à son frère Isidore d'aller à Marseille le 18 juin, en compagnie du sieur Conte, son allié;

Son propre départ pour Marseille le 20, en compagnie des sieurs Conte et Crémieux.

Le bon accord dans lequel il paraissait être avec les insurgés, quand une première fois il aurait été les décider à abandonner une barricade, et quand une deuxième fois il aurait été retenu par eux pendant quelques heures, et aurait pu les quitter sans en avoir reçu aucun mauvais traitement.

Mais l'Enquête établit d'autres faits bien propres à affaiblir les indices qui résultent de ceux que nous venons de rapporter. Ces faits, les voici : Il était connu de tout le monde, à Avignon, qu'un article diffamatoire contre le citoyen Gent avait été publié dans la *Gazette du Midi*, journal de Marseille.

M. Gent poursuivait la rétractation de cet article ou bien une réparation de la part du gérant de la *Gazette*. M. Conte affirme que son voyage à Marseille, le 18, en compagnie d'Isidore Gent, qui avait pour objet d'obtenir la satisfaction réclamée par M. Gent, commissaire du Gouvernement.

Tout semble confirmer cette déclaration, et les témoins de l'Enquête les moins bien disposés pour M. Gent n'élèvent aucun doute sur la réalité des démarches faites d'abord par MM. Isidore Gent et Conte, ensuite par M. Gent lui-même, accompagné de MM. Conte et Crémieux, du 20 au 23 juin, et enfin de celles qui furent renouvelées les 27 et 28 juin, et qui amenèrent le gérant de la *Gazette* à signer une déclaration satisfaisante pour M. Gent, et qui a été lue par plusieurs des témoins entendus, notamment par M. Reyne, procureur de la République. Ainsi se trouverait expliqué le voyage du 20 au 23, fait le plus grave à la charge de M. Gent. A-t-il profité de la négociation entamée avec la *Gazette* pour masquer d'autres projets? Une fois à Marseille a-t-il agi franchement dans l'intérêt de l'ordre? ou bien a-t-il conservé une attitude équivoque qui lui permettait, en cas de succès des insurgés, de se ranger de leur côté? Ces questions sont livrées à l'appréciation de la Commission d'enquête, c'est à elle à les résoudre.

L'Enquête n'établit pas un seul fait duquel on puisse induire que les membres du club Gibelin ont connu d'avance les événements de Paris, encore moins qu'ils aient été de connivence avec les insurgés de juin. Elle n'établit pas davantage, soit cette prévision, soit cette connivence de la part des membres du club Martin, dont les tendances sont plus radicalement démocratiques que celles du club Gibelin. Il résulte, de toutes les dépositions, que, pendant les journées des 23, 24, 25, 26 et 27 juin dernier, il n'y a eu à Nîmes aucune démonstration de nature à y troubler l'ordre public.

Je dois déclarer que, si je n'ai pas poussé plus loin mes investigations sur les points indiqués dans les deux questions numéros 7 et 8, c'est qu'au moyen de renseignements puisés par moi aux meilleures sources, je m'étais convaincu que de plus nombreuses dépositions n'ajouteraient rien à ce que l'Enquête avait déjà établi.

C'est surtout à prendre ces renseignements que mon temps a été principalement employé depuis que j'ai été chargé de cette information.

Nîmes, le 27 juillet 1848.

Le président de la Chambre, délégué, L. THOUREL.

Nîmes, 3 août 1848.

Citoyen Président, le retard que j'ai mis à clôturer l'information dont j'étais chargé pour Alais, vient de ce qu'au moment où je me suis transporté dans cette ville, je n'ai pu entendre qu'une partie des témoins que je me proposais de faire citer.

Plusieurs chefs ou employés d'établissements industriels se trouvaient absents, et je n'ai pu les entendre qu'hier, à Nîmes.

J'ai l'honneur de vous adresser aujourd'hui cette dernière enquête qui termine la mission dont j'étais chargé.

Je joins à mon envoi, comme je l'ai fait pour les précédents, un résumé exprimant le résultat de l'information.

Salut et respect, L. THOUREL.

Nîmes, 22 juillet 1848.

Citoyen Président,

J'ai l'honneur de vous adresser le procès-verbal de l'enquête à laquelle j'ai procédé à Avignon, en exécution de la Commission d'informer, que vous m'aviez transmise et qui m'est parvenue le 14 de ce mois.

Je n'ai pas cru devoir donner plus d'extension à cette enquête, certain que j'étais, par les renseignements les plus précis, qu'elle ne produirait rien de plus que ce que j'avais déjà obtenu.

J'ai commencé, depuis plusieurs jours, l'enquête relative aux faits qui se seraient passés à Nîmes ou à Alais, et qui pourraient se rattacher à l'insurrection parisienne; mais je prévois qu'il me sera très-difficile de découvrir autre chose que ce qui a déjà été constaté par les officiers du parquet; leurs investigations ont donné l'éveil aux intéressés; les visites domiciliaires faites par leur ordre n'ont absolument rien produit, et je crains bien que nous ne soyons pas plus heureux. Néanmoins j'apporterai le plus grand soin dans mes recherches, et je vous en transmettrai le résultat aussitôt que j'aurai pu clôturer ces nouvelles informations.

En attendant, j'ai pensé qu'il pourrait convenir à la Commission d'enquête de recevoir immédiatement celle des informations qui était déjà achevée.

Salut et respect. L. THOUREL.

P. S. J'ai cru devoir joindre au dossier un résumé raisonné de l'enquête dont la lecture vous fixera en un moment sur sa portée.

RÉSUMÉ DE L'ENQUÊTE.

Au point de vue de la grande question posée dans la Commission d'informer, et conçue en ces termes : « A-t-on surpris à Alais ou dans les environs, dans les mains des ouvriers des usines, des lettres de *Sobrier* ou autres les excitant à la révolte et à une action commune? Y a-t-il d'autres indices qu'il y avait connivence entre ces ouvriers et les insurgés de Paris ou ceux de Lyon? »

L'enquête comprend les dépositions du procureur de la République qui, avant la présente information, s'était déjà livré à de soigneuses investigations pour découvrir les rapports qui auraient pu exister entre les insurgés de Paris et les ouvriers d'Alais ; des directeurs et employés supérieurs des établissements industriels d'Alais et des environs; de quelques ouvriers de ces établissements, d'un cafetier chez lequel s'était formé un club d'ouvriers. Rien, dans ces dépositions, ne révèle un lien quelconque entre les évènements de Paris et quelques émeutes d'ouvriers qui ont eu lieu à Alais ou dans les environs depuis le 24 février.

Tout, au contraire, se réunit pour démontrer que les causes des manifestations tumultueuses et même menaçantes, faites par les ouvriers de la Grand'Combe, des hauts fourneaux d'Alais, de la mine de Rochebelle et des mines et forges de Belséges, envers les directeurs de ces divers établissements, étaient tout-à-fait étrangères à la politique. Il s'agissait, tantôt d'obtenir le renvoi des ouvriers étrangers, qui furent en effet expulsés par la violence, tantôt d'obtenir la paie en espèces dans un moment où les compagnies étaient dans l'impossibilité de se procurer du numéraire, les ouvriers étaient payés en bons qui étaient acceptés comme argent par les fournisseurs; tantôt d'obtenir du travail pendant les six jours de la semaine, quand les compagnies ne pouvaient accorder que trois jours et au plus quatre; tantôt enfin d'obtenir dans le personnel des employés supérieurs des changements qui ne convenaient pas aux compagnies, ou d'empêcher ceux que celles-ci voulaient y introduire.

Le seul rapport que les manifestations menaçantes des ouvriers paraissent avoir eu avec les évènements politiques, c'est que les ouvriers saisissaient l'occasion que leur offraient les circonstances pour élever des prétentions auxquelles ils n'auraient pas songé dans des temps plus calmes.

L'enquête me paraît donc répondre négativement à la grande question.

Nîmes, le 3 août 1848.

L. Thourel.

Le Comité républicain démocrate de Nîmes, au citoyen Bonnias, préfet du Gard.

Citoyen, nous n'allons pas chez vous crainte de vous déranger; nous avons jugé que vous avez besoin de tous vos instants, *car* vous avez considérablement à faire.

Veuillez, Citoyen, recevoir nos sincères remercîments au sujet de la députation que vous nous avez envoyée; c'est la première fois que nous approuvons la voix de l'autorité; aussi nous croyons approuver ses actes, *car* le brave citoyen Bresson, tant en votre nom qu'au sien, nous *a* exprimé tout ce que nous pensons, et le but pour lequel nous agissons; oui, Citoyen, nous avons la même pensée, nous voulons la République la plus démocratique, une et indivisible, et vous offrons de la soutenir les armes à la main en combattant ses ennemis.

Mais, Citoyen, venez à notre aide, car nos efforts seraient impuissants; livrez-nous des armes, des armes, nous en avons besoin; vous connaissez l'emploi que nous voulons en faire; des armes, à nous des armes, qui voulons servir la République et non Henri V; nous vous jurons d'avance qu'en les prenant tout comme en les rendant, notre cri sera : Vive la République!

Nous sommes trois cents habitants, tous de la veille, organisés et qui *seront* tous costumés en blouse le jour que nous aurons des armes.

Vive la République! vive Ledru-Rollin! vive Bonnias!

Le Président, Benoit aîné.

Nîmes, le 17 mai 1848.

Nimes, le 27 juillet 1848.

Citoyen Président, j'ai l'honneur de vous adresser le procès-verbal auquel j'ai procédé à Nîmes, en vertu de la commission d'informer que vous m'avez transmise.

Ne vous étonnez pas, citoyen président, de l'insignifiance de cette information. Je savais d'avance qu'il me serait impossible d'arriver à un résultat de quelque importance. Selon moi, il faut s'en féliciter, car cela tient à ce que l'élément anarchique tient peu de place à Nîmes et dans le reste du département du Gard.

Que de Paris, et avant la tentative du 15 mai, on ait tâté nos populations pour s'assurer de l'appui qu'elles pourraient être disposées à prêter à un mouvement démagogique, c'est ce dont je ne saurais douter, sans cependant en avoir la preuve matérielle. Je le déduis de certaines circonstances que je dois vous faire connaître, puisqu'elles peuvent concourir à jeter quelque jour sur les questions que vous cherchez à éclaircir.

En prenant, le 18 mai, en vertu d'une dépêche télégraphique, l'administration provisoire du département du Gard, je le trouvai sourdement agité par des manœuvres démagogiques. Les républicains amis de l'ordre, qui forment l'immense majorité de nos populations, éprouvaient une vive anxiété et se défiaient beaucoup du Pouvoir exécutif, dont ils croyaient les tendances opposées à celles de l'Assemblée Nationale.

La fraction peu nombreuse des ultra-démocrates se donnait partout beaucoup de mouvement; à leurs démarches, à l'audace de leur langage, il était facile de juger qu'ils se sentaient appuyés.

Ils préparaient, sur plusieurs points du département, des démonstrations de nature à amener des conflits entre les citoyens. Il s'agissait du projet formé par les montagnards, de planter, en grande pompe, dans certaines communes, et malgré l'autorité des maires, un drapeau, surmonté du bonnet rouge, à côté du drapeau républicain officiel.

Instruit, le vendredi, par quelques maires, de ce projet qui devait s'exécuter le dimanche, je fis prendre par les maires, et afficher dans les communes désignées, des arrêtés menaçant de poursuites sévères ceux qui tenteraient de mettre ce projet à exécution; je fis parcourir les communes en question par des ordonnances de gendarmerie qui ne faisaient que s'y montrer comme pour exercer une surveillance; ces mesures suffirent pour que les convocations qui avaient été adressées à un grand nombre de citoyens, restassent sans résultat. — L'ordre ne fut pas troublé.

Il m'était difficile de douter que, pendant son administration de quelques jours, mon prédécesseur, qui avait des tendances communistes, et son titre de vice-président des clubs Blanqui et Barbès, n'eût encouragé ces démonstrations qui auraient sérieusement compromis la paix publique, si la tentative de Paris avait un moment paralysé l'autorité de l'Assemblée Nationale.

Quelques lettres, adressées au Préfet par les ultra-démocrates appartenant au club *Martin*, et que la brusque révocation de mon prédécesseur fit tomber entre mes mains, complétèrent ma conviction à ce sujet. Je joins ci-incluse une de ces lettres, dont les dernières lignes, bien qu'un peu vagues, ont cependant un sens assez clair, à cause des circonstances dans lesquelles elles ont été écrites. Ce qu'il faut surtout y remarquer, c'est que le Préfet avait lui-même envoyé à ce club un émissaire pour lui faire connaître ses tendances et ses projets. J'aurais bien informé sur cette lettre; mais, d'après ce dont je me suis assuré, je n'aurais absolument rien obtenu, soit des signataires, soit de l'émissaire, qui sont tous décidés à se renfermer dans la plus grande réserve, sans qu'il soit possible de les forcer à s'expliquer.

C'est donc plutôt pour ajouter une lueur de plus aux lumières que vous avez déjà recueillies sur tous les évènements que pour élever une inculpation contre qui que ce soit que j'ai cru devoir vous faire connaître ces faits et vous adresser cette lettre.

Quant aux évènements de février, bien que je sois ordinairement assez bien informé de ce qui se passe à Nîmes, il n'est rien venu à ma connaissance qui puisse me faire penser que quelqu'un ici fût de connivence avec les insurgés de Paris; d'ailleurs le calme parfait dans lequel nos populations ont attendu le résultat de cette lutte déplorable, semble exclure tout soupçon de cette nature.

Je compléterai demain l'information relative à Alais; mais je dois vous dire d'avance que je n'en attends aucun éclaircissement sur les points qui en font l'objet.

Salut et respect. L. Thourel.

P. S. Je m'en remets à votre haute sagesse et à votre discrétion pour l'usage que vous pourrez faire des renseignements que contient cette lettre et de la pièce qu'elle renferme. Je désire que vous regardiez ces communications comme confidentielles.

Nîmes, le 1er juillet.

Citoyen Président, j'ai l'honneur de vous adresser, selon le vœu de votre lettre du 27 juin,

1° Dix copies manuscrites des dépêches télégraphiques que j'ai reçues pendant les graves évènements qui viennent d'éclater à Paris. Ces dépêches n'ont pas été affichées;

2° Six exemplaires de celles que j'ai fait afficher.

La plupart de celles que je n'ai pas fait afficher ont été copiées à la main, répandues en grand nombre dans le public et envoyées aux sous-préfets.

Parmi celles-ci, vous vous étonnerez peut-être que celles qui portent les nos 1 et 6 n'aient pas été affichées. C'est la prudence qui m'a impérieusement ordonné de les tenir secrètes. Leur publicité eût probablement déterminé un soulèvement. Vous allez en juger.

Nîmes contient une population d'environ soixante mille âmes, pour deux tiers catholique, pour un tiers protestante. Ces deux populations, qui vivent dans des quartiers distincts et séparés, sont presque toujours prêtes à en venir aux mains, mais surtout aux époques de rénovation politique. Vous connaissez sans doute, citoyen Président, les réactions de 1815 et de 1830.

J'ai déjà adressé trois rapports détaillés au Ministre de l'intérieur sur la constitution et les tendances de ces deux grands partis. Ils portent la date des 15, 16 et 22 juin 1848. Il vous est facile d'en avoir communication, si vous le jugez à propos. En vous en envoyant moi-même copie, je craindrais de dépasser les limites du rapport *sommaire* que vous me demandez.

Vous n'ignorez pas que, le 27 avril dernier, le club Gibelin, quartier général et comité directeur des protestants, tira sur les catholiques, leur tua un homme, en blessa plusieurs, et amena la guerre civile, à laquelle on mit fin par l'état de siége.

A mon arrivée le 9 juin, j'ai trouvé la ville tranquille en apparence, mais les esprits profondément irrités. La proclamation que je publiai, et dont vous pouvez apprécier l'esprit conciliant par l'exemplaire que je vous adresse, fut le prétexte d'une véritable explosion de la part des protestants. Le club Gibelin m'adressa une nombreuse protestation pour protester contre l'armement de la garde nationale et m'en demander la dissolution. Mon refus de céder à de pareilles injonctions lui fit jeter les hauts cris, et la guerre civile recommença le 14 juin. — Je dois vous dire qu'au café (club) Gibelin stationnaient constamment 7 ou 800 hommes armés, à 400 mètres environ sur le même boulevart, devant le café Restouble, stationnait également un fort rassemblement de catholiques; les deux camps étaient toujours prêts à s'attaquer, et dès qu'ils en venaient aux mains, la ville entière prenait parti pour ou contre.

J'appelai sous les armes la garde nationale, je fis intervenir la garnison et je rétablis la paix. — En outre, par mesure de précaution, car je voyais bien que tout n'était pas fini, je tirai des renforts de Montpellier et de Tarascon et j'attendis les évènements.

Le lendemain, 15, vers huit heures du matin, une députation du club Gibelin, forte de 300 hommes, vint à la Préfecture, renouvela ses sommations. — Malheureusement pour elle, la population catholique s'émut et se porta menaçante devant la Préfecture. Les protestants ne durent qu'à mon intervention et aux mesures que je pris de rentrer sains et saufs dans leurs quartiers. Alors ils se réunirent au café Gibelin et en sortirent en armes, proclamant Napoléon. Ils se dirigèrent même vers l'Hôtel-de-Ville et sur la Préfecture pour renverser l'autorité de la République : j'arrêtai le mouvement en faisant publier sur-le-champ et afficher un avis que la nouvelle du couronnement de Napoléon II était controuvée et que Paris était tranquille.

Cependant l'élan était donné; on se tirailla toute la journée, et, comme la veille, je n'en finis qu'à l'aide des troupes.

Le calme rétabli, je pris les mesures de police et de surveillance les plus vigoureuses.

Depuis lors, les protestants n'ont pas bougé. Mais, quand les évènements de Marseille arrivèrent, ils se tenaient prêts à en profiter; bien plus, dès huit ou neuf heures du matin, le premier jour de ces évènements, le bruit courait ici que Marseille était en feu, sans qu'aucune nouvelle positive ait pu arriver : il en a été de même des évènements de Paris. Ces évènements étaient pressentis ici plusieurs jours à l'avance. Le club Gibelin a constamment annoncé un mouvement à Nîmes pour le 22, le 23 ou le 24. Ils avaient les yeux sur Paris, et c'était de là que devait partir le signal.

Seulement, le moment venu, ils n'ont pas osé, ce que je ne crains pas d'attribuer, d'un côté aux mesures que j'avais prises et qui ne leur laissaient aucune chance de succès; de l'autre, à la prudence avec laquelle j'ai publié les nouvelles télégraphiques : ainsi la dépêche du 24 juin, une heure et demie du soir, annonçant la démission de la Commission exécutive et celle du 25, neuf heures du matin, ne furent pas portées à la connaissance du public. Si elles l'avaient été, l'insurrection éclatait infailliblement. Seulement, à la réception de la seconde, je réunis à l'hôtel de la Préfecture les membres de la Commission exécutive, les autorités militaires, le Président de la cour d'appel et quelques citoyens des plus influents; je leur fis part de la gravité des circonstances, et il demeura convenu que, dans le cas où l'insurrection l'emporterait à Paris, nous proclamerions l'Assemblée Nationale en quelque endroit qu'elle jugeât à propos de se retirer, nous écraserions les protestants, s'ils se ralliaient aux insurgés, et nous ferions un appel aux populations du Midi.

Voilà, citoyen Président, le résumé fidèle des évènements auxquels je préside depuis une quinzaine de jours. Je ne doute pas et personne ne doute ici de la connivence du club Gibelin avec les insurgés de Paris. Les prétentions de ce club, ses jactances, ses actes, tout le prouve.

On vous présentera peut-être les protestants de Nîmes comme les vrais républicains, les catholiques comme des carlistes. J'ai consigné dans mes trois rapports au Ministre de l'intérieur, mon opinion sur l'état réel du pays. Mais ce doute, je peux répondre, à l'heure qu'il est, ce que j'ai vu et bien vu, c'est la population protestante mettant tout son espoir dans le triomphe de l'insurrection à Paris, tandis que la population catholique remplie de crainte et d'anxiété, se groupait autour de moi et s'offrait de mourir à mes côtés pour l'Assemblée Nationale et la cause de l'ordre.

On m'assure que Bonnias, l'un de mes prédécesseurs, vice-président du club Barbès, est demeuré en correspondance avec le citoyen Bresson, rédacteur en chef du *Républicain du Gard*, qui représente l'opinion extrême du café Gibelin.

Salut et fraternité.

Le Préfet du Gard, *Signé* : SAUVER.

Garonne (Haute-).

Toulouse, le 1er juillet 1848.

Citoyen Président, en réponse à votre circulaire en date du 27 juin dernier, j'ai l'honneur de vous informer, 1° que vous trouverez sous ce pli la copie certifiée de toutes les dépêches télégraphiques reçues à la Préfecture de la Haute-Garonne à l'occasion des évènements des mois de mai et de juin. Toutes ces dépêches ont été affichées à l'instant de leur réception, et je vous transmets un exemplaire imprimé de chacune d'elles ; 2° qu'il n'existe et n'a jamais existé entre mes mains aucune pièce ou document qui auraient un rapport direct ou indirect avec les deux insurrections ; 3° que s'il est possible que les clubs établis à Toulouse aient été avertis qu'une insurrection devait éclater à Paris soit le 15 mai, soit le 23 juin, je n'ai cependant à cet égard aucune espèce de preuve.

Tout le temps de mon administration, commencée dans les premiers jours du mois de mai, Toulouse a été parfaitement calme. Seulement les déplorables événements du mois dernier avaient jeté de l'inquiétude dans tous les esprits. Les clubs s'étaient déclarés en permanence, mais ils n'ont fait aucune démonstration inquiétante pour la sûreté publique. Je dois ajouter que ces clubs sont peu nombreux ; qu'ils sont activement surveillés, et que l'administration est en mesure de réprimer efficacement leurs moindres écarts.

Quelques ouvriers étrangers, en fort petit nombre, sont arrivés à Toulouse après les évènements de Marseille. Ils ont essayé de détourner les ouvriers honnêtes et laborieux, mais sans succès. La police les recherche avec le plus grand soin et renvoie dans leur commune tous ceux qui lui paraissent suspects.

Veuillez agréer, citoyen Président, mon salut fraternel.

Le Préfet de la Haute-Garonne, Signé : Ch. Laroche.

Gers.

Auch, le 3 juillet

Monsieur le Président, pour me conformer à votre lettre du 27 juin, j'ai l'honneur de vous adresser vingt dépêches télégraphiques que j'ai reçues depuis le 12 juin. Dix-huit ont été imprimées et affichées. Celles du 12 et du 13, qui n'avaient qu'un caractère de sûreté publique, n'ont point été imprimées et affichées. J'y joins un avis et deux proclamations du Gers. Ces pièces serviront à vous faire connaître l'état des esprits. Il est une autre pièce que je ne puis vous envoyer; je n'ai pas conservé l'original. C'est une dépêche télégraphique que j'ai adressée à M. le Ministre de l'intérieur pendant la lutte que soutenaient la garde nationale et l'armée contre les insurgés ; elle a rapport aux sentiments qu'éprouvaient les habitants du Gers. Je disais que la garde nationale regrettait que son éloignement ne lui permît pas de combattre à côté de ses frères de Paris.

Les dépêches du 22 et du 23 avaient vivement excité la curiosité de la population. Je fus obligé de la calmer par un avis que vous trouverez dans les pièces, avis affiché le 14. La première dépêche qui suivit, celle du 24, rendit la population sérieuse ; elle parut pressentir les malheurs que toutes celles qui se sont succédé nous ont appris. L'inquiétude était peinte sur tous les visages. Je fis une première proclamation, et, au fur et à mesure que les dépêches nous apprenaient l'étendue des malheurs et l'audace de l'agression, cette inquiétude se changeait en indignation. La République aurait trouvé de nombreux défenseurs ; elle a dans le Gers des adversaires qui étaient affiliés aux insurgés de Paris. Ils sont peu nombreux, presque tous ouvriers. Je n'ai pas encore de preuves matérielles. M. le Procureur de la République est occupé à les rechercher. Mais il y a telles présomptions qui valent des preuves : ainsi des propos ont été tenus avant les évènements, qui les ont annoncés. Les voyages d'individus signalés déjà comme montagnards socialistes se rencontrent le même jour, à la même heure et se dispersent ensuite dans les divers arrondissements du Gers. Ces démarches, au commencement de la lutte, indiquaient assez un projet arrêté. Ce parti préparait depuis longtemps l'attaque et la résistance. Il parlait des ateliers nationaux comme d'une armée disciplinée prête à prendre les armes et à renverser l'Assemblée Nationale. Ce parti avait placé dans les départements des hommes chargés de développer les principes d'une république socialiste. Leur position élevée rendait leur mission dangereuse pour l'ordre public. M. Barousse, mon prédécesseur, commissaire dans le Gers, lui appartenait. En quittant Auch, il s'est rendu à Paris. Des correspondances ont assuré qu'il était attaché aux ateliers nationaux en qualité de chef de compagnie ou de chef de brigade. S'il en était ainsi, et si la Commission pouvait s'en assurer, elle remonterait peut-être, en suivant M. Barousse, aux chefs de l'insurrection. Il a laissé ici des amis avec qui il est en correspondance, entre autres M. Baudeau, sous-commissaire de Lectoure, qui, au reste, vient d'être remplacé. Leur conduite, leurs voyages, leurs relations, leurs propos, tout m'assure qu'ils connaissaient le complot. Les rapports que je reçois me prouvent qu'ils se préparaient à aider dans le Gers le mouvement de Paris. Ainsi, on parle de balles fondues, de poudre achetée. Ils auraient échoué, certainement, mais ils auraient fait beaucoup de mal, non en s'appuyant de leurs principes, on les repoussait : ils auraient exploité le mécontentement causé par l'impôt des 45 centimes. Ce prétexte est le motif de ma seconde proclamation. Je vous tiendrai au courant de ce que l'on découvrira.

Agréez, monsieur le Président, l'assurance de mes respectueuses salutations.

Signé : Billiard, préfet du Gers.

Gironde.

Bordeaux, le 23 juin

Citoyen Président, d'après l'invitation contenue dans la lettre que vous m'avez fait l'honneur de m'écrire le 27 de ce mois, je m'empresse de vous transmettre des copies de toutes les dépêches télégraphiques que j'ai reçues à l'occasion des événements de mai et de juin.

Il n'est pas d'usage à Bordeaux de faire imprimer en placard les dépêches de cette nature. Aussitôt après leur arrivée, des copies en sont affichées à la Préfecture et à la Bourse ; d'autres sont envoyées aux principaux fonctionnaires et aux journaux, qui, lorsqu'elles ont de l'importance, les reproduisent immédiatement dans des suppléments ou des bulletins, au moyen desquels les nouvelles se propagent avec une grande rapidité. Ce mode a continué d'être employé lors des derniers événements. Je n'ai donc aucun exemplaire imprimé à vous transmettre.

Il ne m'est parvenu aucune pièce ou document qui ait un rapport direct ou indirect avec les deux insurrections. Les hommes qui pourraient être disposés à sympathiser avec les anarchistes forment ici une trop imperceptible minorité pour que la pensée de susciter des troubles dans le département ait pu venir soit à eux-mêmes, soit aux chefs ou aux instigateurs des attentats qui viennent d'avoir lieu contre la République. On n'a signalé la présence d'aucun émissaire venant de Paris ; s'il s'en était présenté, l'amour de l'ordre qui anime l'immense majorité de la population aurait rendu vaines toutes leurs tentatives.

Salut et fraternité. Le commissaire du Gouvernement. *Signé* : H. Ducos.

Hérault.

Montpellier, le 4 juillet.

Citoyen Président, j'ai l'honneur de vous adresser, conformément à la demande contenue dans votre lettre du 27 juin, une copie certifiée des dépêches télégraphiques que j'ai reçues depuis le 21 juin.

Celles que j'ai fait afficher ont été toutes envoyées dans les communes du département. Je n'ai à ma disposition aucun exemplaire imprimé. Deux dépêches seulement, les nos 2 et 5, n'ont pas été portées à la connaissance du public. J'ai cru, dans l'intérêt de l'ordre et de la tranquillité, ne pas devoir les publier. Je ne me suis arrêté à ce parti qu'après avoir pris l'avis de plusieurs fonctionnaires, tels que les chefs du parquet de la Cour d'appel, le maire et les officiers de la garde nationale. Ils ont pensé qu'elles étaient de nature à ne produire aucun bien, et qu'au contraire elles pouvaient accroître l'audace d'un club dit des Montagnards, qui depuis quelques jours s'agitaient et parlaient de descendre dans la rue.

Si nous avions été plus près de Paris, la garde nationale, qui est animée de bons sentiments, se serait empressée de partir, afin de se joindre aux citoyens qui combattaient et mouraient pour le maintien de la République.

Je ne possède aucun document pouvant jeter quelque lumière sur les insurrections du 23 juin et du 15 mai. Les dépêches télégraphiques concernant cette dernière émeute me font également défaut. A cette époque, le département de l'Hérault était encore administré par un commissaire, mon prédécesseur, lequel a probablement emporté les dépêches que vous me demandez et dont je n'ai trouvé aucune trace.

Salut et fraternité. Le préfet de l'Hérault.

Indre-et-Loire.

Tours, le 29 juin.

Monsieur le Président, je me suis empressé de réunir les dépêches télégraphiques reçues depuis le 10 mai, et je vous les adresse sous ce pli. Elles sont numérotées de 1 à 31.

J'ai fait afficher les nos 1, 6, 7, 10, 16, 18, 19, 20, 22, 23, 24, 25, 26, 27, 29, 30, 31, ensemble 17 dépêches; et je joins un exemplaire de chaque affiche, suivant votre désir. Je n'ai aucune pièce, aucun document sur les deux insurrections.

Il y avait dans le département plusieurs clubs d'ouvriers avant les élections. Un de ces clubs était désigné comme le club des communistes, quoique les présidents aient publié plusieurs fois leur croyance en la famille, en la propriété. Depuis les élections, tous les clubs se sont fermés d'eux-mêmes, et il n'y en a plus dans le département. D'après les renseignements que j'ai pris, et auxquels je crois devoir ajouter foi, le nombre des personnes désignées comme communistes sont à Tours au nombre de 120. Elles encourent une animadversion telle, qu'elles ne peuvent trouver d'ouvrage dans la ville (car elles appartiennent toutes à la classe ouvrière) et annoncent l'intention d'aller chercher à vivre ailleurs, animadversion injuste, car je les ai trouvées toujours prêtes à me donner leur concours auprès des ouvriers pour les pacifier, concours qui m'a été plus d'une fois utile.

Il y a, dans le département, aux ateliers de terrassements payés soit par l'État, soit par la ville de Tours, environ 6,000 ouvriers, parmi lesquels il y a eu quelque émotion politique avant les élections. Depuis, tout s'est calmé, grâce à cette intervention et au dévouement éclairé et continu de M. l'ingénieur de Morandières, qui a su ramener à lui des cœurs qui n'étaient qu'égarés.

Les derniers évènements ont rendu le courage à des opinions qui prétendaient être démissionnaires depuis le 24 février. Il y a des symptômes fâcheux, des actes répréhensibles dans quelques communes; par exemple, une commune, celle de Bléré, est allée, en armes, signifier à une commune limitrophe, celle de La-Croix-de-Bléré, qu'elle ait à renvoyer son instituteur, si elle ne voulait qu'on le fit par force. Je joins à ma lettre le rapport du maire.

J'espère qu'en alliant la fermeté à la douceur, je parviendrai à inspirer des sentiments plus fraternels, plus en harmonie avec notre symbole.

Le mouvement général a été magnifique. Les vingt-quatre cantons dont se compose le département ont envoyé de nombreux gardes nationaux à Tours, d'où plusieurs détachements sont partis pour Paris, sous la conduite de M. Chambert, chef de bataillon pour l'arrondissement de Tours; du lieutenant-colonel Dupin, pour l'arrondissement de Chinon; du chef de bataillon L'Espinasse, pour l'arrondissement de Loches.

Des communes ont fait jusqu'à 27 lieues en un jour pour prendre une direction sur la capitale. 750 hommes seulement sont partis, en raison de la dépêche télégraphique n° 25, en date du 26 juin, et il m'a été démontré, par cet empressement et par celui des départements de la ligne de Tours à Nantes, Saumur, Rennes, Brest, Poitiers, La Rochelle, Rochefort, Bordeaux qu'en cinq jours l'appel de Paris pouvait faire accourir et ranger autour de ses murs 500,000 hommes jeunes, résolus, et déjà bons soldats.

Aujourd'hui la trop grande promptitude des opinions démissionnaires à se reproduire a fait naître un mouvement contraire parmi l'opinion républicaine, et a causé quelque irritation. La nomination du général Cavaignac, celles des Ministres, surtout l'élection de M. Marie comme Président, en proclamant la ligne que l'Assemblée voulait suivre, ont calmé l'opinion républicaine, et ajourné, sinon détruit, les espérances de ce qu'on appelle la réaction.

Je m'empresserai, Monsieur le Président, s'il m'arrivait quelque document, de vous le transmettre aussitôt.

Le préfet d'Indre-et-Loire, André MARCHAIS.

Isère.

Grenoble, 30 juin.

Citoyens, conformément à votre demande du 27 juin dernier, j'ai l'honneur de vous adresser un exemplaire certifié conforme de toutes les dépêches télégraphiques reçues à la préfecture de l'Isère.

Toutes les dépêches télégraphiques ont été affichées.

Je n'ai aucune pièce, aucun document ayant un rapport direct ou indirect avec les deux insurrections des mois de mai et juin.

Au milieu des jours de deuil et de douleur que nous venons de traverser, la population de l'Isère a été digne et calme. Elle eût été heureuse de pouvoir servir la République autrement que par ses vœux et par ses sympathies.

Salut et fraternité,

Le Préfet de l'Isère : *Signé* REYMON.

Jura.

Saumur, le 5 juillet.

Monsieur le Président, je m'empresse de vous adresser, conformément à l'invitation contenue dans votre lettre du 17 juin dernier, 1° les dépêches télégraphiques parvenues à la préfecture du Jura concernant les événements de mai et de juin; 2° les copies de ces mêmes dépêches, telles que je les ai fait publier et afficher immédiatement dan les villes et communes du département en employant la voie des ordonnances.

Il n'existe à la disposition de l'administration départementale aucune pièce, aucu document ayant un rapport direct ou indirect avec les deux insurrections de mai et d juin; il m'est donc impossible de satisfaire en ce point votre lettre, qui prescrit l'envo de ces pièces avec un rapport sommaire sur leur objet.

Quant aux faits politiques qui pouvaient se rattacher aux attentats de mai et de juin je ne puis signaler, à défaut de faits ayant le caractère de la connexité, que des indices et des symptômes.

Le département du Jura est animé, en immense majorité, des meilleurs sentiment républicains; mais deux minorités, deux partis extrêmes s'y rencontrent comme par tout ailleurs. D'un côté se trouvent ceux qui rêvent presque une résurrection de 93, et qui, à la devise républicaine de la France de 1848, liberté, égalité, fraternité, ajouteraient sans crainte, *où la mort*. D'un autre côté se trouvent ceux qui regrettent le passé monarchique avec les priviléges, les faveurs et les bénéfices dont ils étaient pourvus, et qui tendent évidemment, si on n'y prend garde, à une restauration. Les uns ont recours volontiers à la violence ou à l'intimidation, dans leurs discours, dans leurs écrits; les autres ont recours à l'intrigue, à la ruse, à la calomnie.

Des comités, des clubs, organisés après la révolution de Février dans trois villes principales du département, Lons-le-Saulnier, Dôle et Salins, ont jeté l'alarme dans bon nombre d'esprits. Ces comités, ces clubs, composés en général d'hommes ardents semblent être affiliés à des clubs de Paris (Société des Droits l'Homme, Société des familles, etc.). Des propos plus ou moins graves qui auraient été tenus sous la vive impression des premières nouvelles de l'insurrection de Paris, de prétendus dépôts de cartouches qui auraient existé dans certaines villes, des projets de pillage et de désordre ont donné lieu, sur ma demande, à une instruction qui, bien qu'elle ait été commencée depuis plusieurs jours, n'a rien appris jusqu'alors de certain et de digne d'arrêter l'attention de la Commission d'enquête. Je ne crois pas devoir attendre la fin de cette instruction avant de transmettre à la commission d'enquête de l'Assemblée Nationale l'assurance du bon esprit républicain du département du Jura.

Je dois cependant signaler à la Commission d'enquête un fait qui peut avoir quelque importance.

Lorsque la dépêche télégraphique qui faisait un appel au patriotisme de la garde nationale des départements me parvint à Lons-le-Saulnier, je venais de passer la revue de la garde nationale de cette ville, en déclarant hautement que le désordre et l'anarchie ne l'emporteraient jamais en France sur l'ordre et la liberté. Profitant de l'élan que mes paroles avaient communiqué, je m'empressai de m'entendre avec le maire de la ville, dont les sentiments républicains m'inspirèrent toute confiance, et qui jouit d'une confiance universelle. Ce magistrat fit aussitôt convoquer la garde nationale pour former un détachement destiné à marcher sur Paris. Un grand nombre d'excellents citoyens s'offrirent volontairement pour partir; mais on remarqua que plusieurs membres du Comité de Lons-le-Saulnier se présentèrent plus tard et se firent admettre avec nombre de leurs adhérents. Le détachement allait se mettre en route quand on apprit heureusement la fin de l'insurrection.

J'ajouterai que, à la suite de l'insurrection de juin, un adjoint au maire de la ville de Lons-le-Saulnier, le citoyen Sommier, nommé en vertu des pouvoirs illimités du Commissaire du Gouvernement, vient de donner sa démission.

La municipalité de Dôle, maire, adjoints et conseillers, a donné aussi sa démission dans les mêmes circonstances.

En terminant ce rapport sommaire, je ferai remarquer à la Commission d'enquête que les gardes nationales du département du Jura s'étaient armées spontanément pour marcher au secours de Paris, sans être arrêtées par la distance et les obstacles. Déjà des gardes nationales du Jura avaient franchi le département, se dirigeant vers Bourges pour atteindre Paris par le chemin de fer du Centre, quand la dépêche télégraphique annonçant la fin de l'insurrection les déterminent à rétrograder et, à regagner leurs foyers. J'ai vivement félicité ces gardes nationales de leur élan patriotique. Je puis affirmer que le mouvement insurrectionnel de juin n'a pas eu d'échos sérieux dans le Jura et que l'ordre y sera partout maintenu avec fermeté et sagesse, sans violence et sans réaction.

Salut et fraternité,

Le Préfet de la République dans le Jura.

Landes.

Mont-de-Marsan, le 29 juin

Citoyens, je m'empresse de vous adresser, conformément à votre dépêche du 27, des copies des dépêches télégraphiques qui m'ont été envoyées par le Gouvernement à l'occasion des évènements qui viennent d'attrister toute la France.

Ces dépêches ont été successivement publiées et affichées dans toutes les communes du département.

Le calme et la tranquillité qui n'ont pas cessé d'y régner, m'ont paru rendre nulles d'autres publications, et mes prévisions se sont complètement réalisées.

Je ne me trouve pas en possession de pièces, ni de documents se rattachant directement ou indirectement aux insurrections des mois de mai et de juin. Rien ne m'autorise, d'ailleurs, à croire que ces attentats contre la République aient des ramifications dans le département. J'ai dirigé quelques investigations dans le but de connaître, à ce sujet, la vérité autant que possible, et je ne perdrai pas un instant pour vous communiquer les résultats s'ils présentaient quelque intérêt.

Salut et fraternité,

Le Commissaire du Gouvernement : *signé* Boignery.

Loire.

Saint-Etienne, 2 juillet.

Messieurs, j'ai l'honneur de vous adresser un exemplaire ou une copie de toutes les proclamations et dépêches que j'ai fait afficher à Saint-Etienne. Il m'a eté impossible de me procurer, relativement à plusieurs de ces affiches, autre chose que des épreuves, la police, contrairement à l'usage et à l'ordre que je viens de lui donner à l'instant, ayant négligé de s'en faire déposer un exemplaire.

On vous envoie également de Montbrison et de Roanne un paquet contenant tout ce que j'ai fait publier dans ces deux arrondissements.

Le Préfet de la Loire : *signé* Fain.

Montbrison, le 1er juillet.

Citoyen Président, conformément à votre lettre du 27 de ce mois, j'ai l'honneur de vous adresser : 1° copies certifiées de toutes les dépêches télégraphiques arrivées à la préfecture de la Loire depuis le 24 de ce mois jusque et y compris celle du 27 à 8 heures 1/2 du matin, annonçant que tout était rentré dans l'ordre ; 2° et un exemplaire de toutes celles qui ont été imprimées. Je n'ai entre les mains aucun autre document qui se rattache directement ou indirectement à la dernière insurrection. Vous remarquerez que deux de ces dépêches seulement n'ont pu être publiées.

La première est celle du 24 juin à 7 heures 1/2 du soir ; elle ne faisait que confirmer la démission de la Commission exécutive et son remplacement par le général Cavaignac, faits déjà annoncés par la presente. La deuxième est celle du 25 juin à 4 heures 1/2 du soir; arrivée dans la nuit suivante, elle fut suivie immédiatement par celle du 25 juin à 5 heures du soir qui la reproduit à peu près : voilà pourquoi cette dernière seule fut imprimée et publiée.

Toutes les dépêches publiées ont été livrées à l'impression immédiatement après leur arrivée, et leur publication dans le département n'a éprouvé d'autre retard que celui rendu inévitable par la décision des diverses localités et les moyens de transport.

Le département de la Loire entier a conservé sa tranquillité pendant toute la durée du lugubre drame qui vient de désoler Paris. L'immense majorité des habitants s'est associée aux malheurs de la capitale et s'y associe encore; elle a manifesté encore sa profonde indignation contre les auteurs de tant de maux; et, si une trop grande distance n'eut séparé le département de Paris, toutes les gardes nationales se seraient, sans aucun doute, levées pour aller partager le danger de leurs frères et les aider à sauver la société, l'ordre et la République menacés. Quelques gardes nationaux de Roanne seulement sont partis, mais ils seront arrivés après le rétablissement de l'ordre.

Un autre motif encore a retenu les habitants de la Loire et particulièrement ceux de Montbrison et la garde nationale de cette ville. Ils craignaient que les ouvriers de Lyon et de Saint-Etienne n'imitassent ceux des ateliers nationaux de Paris, et ils voulaient, si cela fût arrivé, aller au secours de ces villes. Leur dévouement n'a pas été mis à cette épreuve, mais il n'est pas encore certain qu'ils ne la subissent pas : il paraît qu'il se manifeste de l'agitation à Saint-Etienne et à Rive-de-Gier. M le Préfet est depuis plusieurs jours dans la première de ces villes, et, de concert avec l'autorité militaire, il a pris des mesures pour que, dans tous les cas, force reste à la loi; en ce moment des assises extraordinaires sont tenues pour juger des individus au nombre de plus de 20, qui, au mois d'avril dernier, ont pillé et incendié plusieurs maisons religieuses de Saint-Etienne.

Toutes les mesures adoptées per l'Assemblée et le Pouvoir exécutif ont été reçues dans le département de la Loire comme elles ont été reçues à Paris. On y a applaudi, et l'on espère que la continuation de la marche adoptée aura les meilleurs résultats pour préparer le bonheur futur de la France.

Si jusqu'à ce moment je n'ai pas parlé de la tentative du 15 mai sur laquelle votre lettre prédatée me demande les mêmes détails, c'est que cette tentative insensée n'a pas excité dans le département d'autre sentiment que celui de l'indignation, qui a été générale; comme elle etait arrivée par une dépêche télégraphique qui annonçait en même temps la repression, elle n'a eu aucun retentissement et n'a produit aucun effet regrettable. Je joins un exemplaire de la dépêche dont je viens de parler.

Salut et fraternité,

Le Conseiller de préfecture délégué : *signé* BERGER-FILLON.

Loire (Haute-).

Le Puy, le 8 juillet.

Citoyen Président, pour nous conformer à l'invitation contenue dans votre dépêche du 27 juin dernier, j'ai l'honneur de vous communiquer, au sujet des évènements des mois de mai et juin : 1° les depêches télégraphiques reçues par mon prédécesseur, savoir, 15 pièces portant la date du mois de juin; 2° un exemplaire des dépêches parvenues pendant le mois de mai; elles sont au nombre de deux. Je ne les ai pas retrouvées dans les bureaux de la préfecture, et j'ai lieu de penser que le citoyen Bravard, mon prédécesseur, les a emportées par erreur. Je sais qu'elles lui ont été réclamées. S'il me les renvoie, je m'empresserai de vous les adresser.

Il n'existe entre mes mains ni pièces ni documents d'aucune sorte, ayant un rapport direct ou indirect avec les deux insurrections. Je crois pouvoir affirmer que mon prédécesseur n'en a pas plus possédé que moi.

Quant aux faits politiques qui se seraient rattachés d'une manière quelconque à ces deux attentats contre la République, il ne s'en est produit aucun d'un caractère particulier dans le département de la Haute-Loire. Seulement, les évènements de juin ont produit une légère effervescence dans la classe ouvrière, que certains ouvriers étrangers au département ont cherché à agiter, mais sans succès, grâce au bon esprit qui anime en général les populations de la Haute-Loire.

Salut et fraternité,

Le Préfet de la Haute-Loire, *signé* : C. Richard

Loiret.

Orléans, 28 juin.

Citoyens Représentants, vous me demandez un rapport sommaire sur les évènements des mois de mai et de juin, en ce qui concerne le département du Loiret.

Pour mettre plus de clarté dans ce rapport, je le diviserai en deux parties, et je vous rapporterai, dans deux dépêches séparées, les faits relatifs au 15 mai, et ceux relatifs au 23 juin et jours suivants.

15 *Mai*. — La ville d'Orléans se préparait à la fête du 21 mai, à laquelle une députation de six cents gardes nationaux devaient assister, quand dans la soirée du 15, le bruit se répandit qu'une audacieuse tentative avait été faite contre l'Assemblée Nationale, et que la salle de ses séances avait été envahie par une bande de factieux. Je fis sur-le-champ convoquer à domicile un fort piquet de garde nationale pour la nuit, et je donnai l'ordre de réunir toute la légion pour le lendemain six heures du matin.

Déjà, dans la journée du 15, une certaine agitation s'était manifestée parmi les ouvriers employés aux ateliers nationaux, au nombre de 1,450 environ. Cette agitation était causée par la diminution du salaire, décidée la veille par le conseil municipal.

Le 16, dès cinq heures du matin, je conduisis à l'embarcadère le 21e de ligne, dont j'avais préparé le départ pendant la nuit, de concert avec le colonel, et qui partit pour Paris aux acclamations de la population attirée par la musique du régiment.

Bientôt la légion tout entière de la garde nationale fut sur pied. Je fis envelopper complètement la gare du chemin de fer par deux bataillons, le troisième fut placé devant la mairie. Quant aux ouvriers, ils rentrèrent dans l'ordre le même jour, et reprirent leurs travaux le matin du 16.

A la nouvelle des évènements de Paris, tous les maires et tous les commandants de la banlieue d'Orléans s'étaient empressés de venir me faire offre de leurs gardes nationales. Le convoi de midi nous apporta d'excellentes nouvelles. Je pus faire rompre les rangs de la garde nationale, et la ville reprit sa tranquillité accoutumée.

Le lendemain, j'adressai aux habitants du département du Loiret la proclamation suivante, que je fis publier et placarder dans toutes les communes.

« Citoyens, une poignée de factieux insensés a osé attenter à l'inviolabilité de l'Assemblée Nationale. L'énergie et le patriotisme de la population de Paris ont promptement réprimé ce coupable outrage. Que ceux qui redoutaient les menaces se rassurent : elle est venue se briser, elle est à jamais impuissante contre un pouvoir investi de son autorité par la nation tout entière. L'ordre prévaudra; il a déjà prévalu; mais, Citoyens, son triomphe ne blessera pas la liberté. L'Assemblée Nationale, également supérieure aux entraînements des idées aventureuses et de l'esprit de réaction, organisera, d'une main ferme, la République démocratique. Tous les devoirs créés par la Révolution de Février, seront accomplis; les libertés conquises sur la monarchie qui les avait méconnues ou violées, seront respectées. Citoyens, la République

« a vaincu, dans la journée du 15 mai, ceux de ses ennemis qui voulaient précipiter « sa marche vers un abîme. Elle déjouera les espérances et les projets de ceux qui pré- « tendraient la ramener hypocritement ou violemment en arrière.

« Vive la République ! »

Les évènements de mai n'ont pas eu d'autre retentissement à Orléans ni dans le département qui est confié à mon administration.

J'aurai l'honneur de vous adresser, par le courrier de demain, un rapport circonstancié sur les évènements de juin. Mais, dès à présent, je dois vous déclarer que l'insurrection n'y a point trouvé le moindre appui ; que loin de là, tout le département s'est levé pour écraser ce mouvement ; que les citoyens sont venus de tous les points en foule se ranger à Orléans sous mes ordres, et que, si besoin était, tous se précipiteraient sur Paris, au secours de la cause sainte de la République.

Salut et Fraternité. *Le Préfet du Loiret.*

Orléans, le 3 juillet.

Citoyens Représentants, dans ma lettre du 28 juin, je vous ai rendu compte des faits relatifs aux évènements du 15 mai. Je complète aujourd'hui mon récit sur les évènements du mois de juin. Cette correspondance a subi quelques retards par les nécessités du service administratif, notamment pour les préoccupations que m'ont données les morts et les blessés dans la garde nationale du Loiret.

Dans la soirée du vendredi, 23 juin, vers onze heures, j'ai reçu la lettre signée de deux membres du Pouvoir exécutif et du citoyen Président de l'Assemblée Nationale, m'invitant à diriger de suite sur Paris, le 21e de ligne et la garde nationale d'Orléans. Je donnai sur-le-champ les ordres nécessaires. Le régiment partit à deux heures de la nuit. Le bataillon de la garde nationale que je requis ne put se mettre en route que le 24, à huit heures du matin. J'avais fait fabriquer des cartouches pendant la nuit, la provision déposée à la poudrière ayant été épuisée par le 21e de ligne.

Dès six heures du matin, toute la légion était sous les armes, et j'avais envoyé dans différentes directions autour d'Orléans, afin d'appeler quelques bataillons de la banlieue, destinés à contenir, s'il y avait lieu, les ateliers communaux qui occupent quinze cents ouvriers. Je n'étais pas sûr de l'attitude que prendraient ces ouvriers, accumulés principalement sur un terrain voisin de la gare du chemin de fer. Je craignais qu'à la nouvelle de l'insurrection, ils ne s'agitassent dans la ville ou ne voulussent se porter sur Paris. Je fis envelopper la gare par les gardes nationales ; je me mis, en outre, en rapport avec les chefs de service du chemin de fer, afin de surveiller les départs, et de maintenir dans le devoir les mécaniciens, dont la volonté m'était suspecte. Je comptais d'ailleurs parfaitement sur les autres employés.

Je convoquai d'urgence, dans la matinée, la commission municipale, à laquelle j'exposai la situation, et au milieu de laquelle je me déclarai en permanence. Ma position était d'autant moins facile, que j'agissais avec une commission que j'avais nommée à la suite de la Révolution de Février et après la dissolution du conseil municipal.

Toute la journée du 24 se passa sans nouvelles de Paris ; la population était pleine d'angoisses, et moi-même, privé de la garnison, privé de la partie résolue de la garde nationale d'Orléans, avec une municipalité disloquée, je n'étais pas sans inquiétude sur les dispositions de nos ateliers communaux. Grâce à l'immense déploiement des forces de la banlieue, dont la présence produisit le meilleur effet, les ouvriers se tinrent très-tranquilles, et continuèrent, sans dérangement aucun, leurs travaux accoutumés. Le dimanche 25, j'écrivis à mon collègue d'Indre-et-Loire pour obtenir de lui la communication des dépêches télégraphiques qui lui parviendraient. Quant à moi, je ne reçus rien durant toute cette longue journée. Enfin, à cinq heures du soir, je reçus le *Moniteur*, et de suite, sans aucun retard, je fis publier et afficher une petite proclamation qui est ci-incluse sous le n° 1. J'avais délivré d'ailleurs, et dès le samedi matin 24 juin, un ordre au chef du service du chemin de fer d'avoir à transporter, par convois spéciaux, tous les détachements de gardes nationaux qui se présenteraient avec un effectif suffisant.

Pour composer mon premier détachement, dirigé sur Paris, j'avais fait appel à tous les gardes nationaux volontaires d'Orléans. Cependant, je voulus tenter de nouveaux efforts, et le 26, à sept heures du matin, je pus constituer un second bataillon, au moyen des gardes nationaux de la ville et de la banlieue. J'avais cru utile de le pourvoir de pain, dont j'avais, dès la veille, demandé la fourniture à la mairie d'Orléans; et d'un autre côté, j'avais dépêché à Bourges deux citoyens chargés d'une demande de 60,000 cartouches auprès du préfet du Cher, afin d'approvisionner mon deuxième détachement, et tous les détachements qui viendraient des départements voisins. La provision apportée s'éleva à 4,460 cartouches, de telle sorte qu'il me fut impossible d'en distribuer à ces derniers, notamment à ceux de la Nièvre; mais j'en pus remettre à ceux de Meunon, de Beaugency, de Fargeau, de Gien et autres communes.

Malgré ma proclamation du 25, les rumeurs les plus inquiétantes se propageaient à Orléans; le 26, dans la journée, elles étaient répandues évidemment par les ennemis de la République. Je publiai, pour les faire cesser, un deuxième avis, à midi.

Jusque là, et dans la crainte de jeter le trouble et l'inquiétude dans les arrondissements, espérant d'ailleurs à tout moment recevoir une bonne nouvelle, bien certain de la déroute des insurgés, je m'étais abstenu d'y faire des publications. Cependant le 26, je me décidai à soulever le département tout entier, et de le porter au secours de Paris. Il m'était pénible d'arracher en ce moment à leurs travaux les habitants de la campagne; j'aurais désiré leur éviter les inquiétudes et les frais d'un déplacement précipité. Peut-être aurais-je mieux fait de ne pas troubler nos paisibles campagnes, et à concentrer mon mouvement dans la ville, ou tout au plus dans l'arrondissement d'Orléans. Cependant vous reconnaîtrez, je l'espère, que je n'ai pas agi à la légère. J'étais encore, le 26, sans nouvelles exactes; je ne recueillais que des bruits plus ou moins alarmants. Je lançai donc, le 26, spontanément une troisième proclamation adressée à tous les habitants du département.

Vous la lirez et vous me pardonnerez la chaleur du style en faveur de la bonne intention.

Enfin le 27 à 2 heures du matin et pour la première fois, je reçus de mon collègue de Tours une dépêche télégraphique qui m'annonçait la fin du combat et la défaite de l'insurrection. Je me hâtai d'en faire l'envoi à tous les maires du département.

Le 28, et dans la prévision que le linge et la charpie pourraient manquer aux ambulances pour les pauvres blessés, j'adressai l'avis ci-inclus à tous les habitants du Loiret (voir le n° 5). Dès le soir même j'avais reçu de nombreux ballots que je pus expédier aux hôpitaux de Paris. Chaque jour encore ces dons de la bienfaisance publique affluent dans les dépôts d'où ils sont adressés aux hôpitaux.

Une nouvelle dépêche télégraphique m'étant parvenue par l'intermédiaire du Préfet d'Indre-et-Loire, le 28, je la fis publier immédiatement. Bientôt les détachements des gardes nationaux du département revinrent. Il était opportun de leur exprimer les remerciements de l'autorité publique; je publiai à cet effet dans la soirée du 28, une dernière proclamation. Puis ayant reçu le 29 du citoyen chef du Pouvoir exécutif une dépêche télégraphique qui m'invitait à suspendre le mouvement des gardes nationales sur Paris, je la fis afficher.

Cependant le même jour, deux détachements venus de La Rochelle et de Luçon me demandèrent l'autorisation d'aller jusqu'à Paris. Je ne crus pas devoir priver ces bons citoyens qui avaient fait un si long voyage, de la satisfaction de se présenter devant l'Assemblée Nationale et je leur donnai l'autorisation qui leur était nécessaire. Depuis ce moment j'ai organisé dans tout le département du Loiret et notamment aux abords de la ligne du chemin de fer un service de surveillance tel que tout individu non pourvu de papiers en règle, est nécessairement arrêté et interrogé. La garde nationale est partout sous les armes : elle est animée d'un grand zèle.

Dans ces graves circonstances, j'ai reconnu qu'il serait du plus haut intérêt pour la sécurité publique et au besoin pour venir en aide au Gouvernement s'il est de nouveau menacé d'établir à Ingré (poste télégraphique sis à deux kilomètres d'Orléans) un préposé qui transmettrait les nouvelles au préfet du Loiret. Le rail-way peut être intercepté, il peut être coupé et alors nos départements aussi bien que le centre de la France manqueraient de nouvelles. Permettez-moi de recommander cette observation à la Commission d'enquête.

En terminant ce rapport j'ajouterai qu'il a été célébré hier dans la cathédrale d'Orléans, en présence de tous les fonctionnaires que j'avais invités, en présence de la garde nationale, de la ville et de la banlieue que j'avais convoquée, un service funèbre en l'honneur des gardes nationaux du Loiret tués à Paris. J'ai donné à cette triste cérémonie toute la pompe possible et j'ai prononcé au cimetière un bref discours dont je vous envoie copie.

Tels sont, Citoyens Représentants, tous les renseignements que je puis vour fournir. S'ils vous paraissent insuffisants, indiquez-moi les lacunes et je m'empresserai de vous donner satisfaction.

Salut et fraternité. Le Préfet du Loiret.

Orléans, 27 juin.

Citoyen Président, j'apprends avec étonnement et indignation qu'une imputation injurieuse pour moi, si elle n'était absurde, a été mise hier en circulation jusque dans l'Assemblée Nationale. Il paraît que je ne sais quel malveillant m'avait accusé d'avoir entravé le départ des gardes nationaux pour Paris : bien que ce soit une indigne calomnie que dément énergiquement toute ma conduite, je crois devoir néanmoins protester auprès de vous et vous donner quelques explications.

Dans la nuit de samedi à dimanche, du 24 au 25. (Déjà depuis vingt-quatre heures j'avais organisé le départ d'un détachement de la garde nationale d'Orléans, déjà j'avais délivré une injonction générale, au chef de service du chemin de fer de Paris d'avoir à transporter sans délai tous détachements s'élevant à un effectif suffisant). Je reprends; dans la nuit du 24 au 25, j'étais à l'Hôtel-de-Ville au milieu de la commission municipale que j'avais convoquée, lorsque des officiers de gardes nationales, se présentèrent accompagnés de trois citoyens sans uniforme et qui m'étaient inconnus.

Deux des officiers venaient au nom d'un détachement de gardes nationaux de Tours, arrivé avec eux à Orléans me demander un ordre spécial de départ. Je donnai de suite cet ordre par écrit pour les gardes nationaux seulement. Je le donnai également à deux des citoyens sans uniforme sur la justification de leur qualité d'officiers appartenant à l'armée. Mais je refusais de condescendre à l'exigence d'un troisième personnage qui gardait l'incognito et qui parlait impérieusement; je lui dis de s'adresser au chef de service du chemin de fer, s'il le jugeait à propos. Ce fut à son grand mécontentement, je le reconnais; aussi prit-il occasion pour s'exprimer de la demande produite par deux officiers de Beaugency qui m'annonçaient que cent-vingt gardes nationaux de cette commune désiraient se rendre à Paris et qui demandaient un convoi spécial pour aller d'abord d'Orléans à Beaugency chercher le détachement annoncé, puis le diriger de Beaugency sur Paris. Il eût été plus qu'imprudent d'accéder sans réserve à cette demande qui avait principalement pour inconvénient d'enlever une locomotive indispensable au service général des départs, d'Orléans où les gardes nationaux affluaient par milliers, pour ainsi dire, de divers points pour l'affecter au transport d'un nombre peu considérable de gardes nationaux (soixante-dix seulement, se sont présentés). J'invitai les deux officiers de Beaugency à s'assurer d'abord du nombre de leurs volontaires, à les amener à Orléans et je leur promis de les diriger sur Paris aussitôt qu'ils seraient arrivés et même de leur distribuer des cartouches. MM. les officiers de Beaugency ont trouvé ces raisons péremptoires et se sont rendus à mon invitation. Le mécontent sans armes a voulu se montrer plus exigeant qu'eux mêmes; il m'a en quelque sorte requis de faire partir un convoi spécial pour Beaugency. Je devais relever l'inconvenance de cette intervention, je l'ai fait. L'interlocuteur a dû prendre son parti et s'est retiré à grand bruit, en fermant puérilement la porte avec fracas. L'étrangeté de sa conduite a excité la curiosité des citoyens présents qui n'ont pas appris sans surprise que l'auteur de cette scène ridicule était M. Piscatory, ancien député et ancien ambassadeur. J'étais loin de croire, je l'avoue, que les circonstances que je viens de vous signaler pussent devenir contre moi le prétexte d'une accusation que je méprise à tout évènement. J'ai cru de mon devoir de vous faire ce trop long récit.

Salut et fraternité.

Le préfet du Loiret. *Signé* : EM. PEREIRA.

Loir-et-Cher.

Blois, 29 juin.

Citoyens, conformément à votre lettre du 27 courant, j'ai l'honneur de vous adresser :

1° Les dépêches télégraphiques que j'ai reçues,

2° Et un exemplaire de chacune d'elles que j'ai fait afficher.

J'y joins aussi l'affiche relative à l'insurrection du 15 mai. C'était le citoyen Sebire qui alors administrait le département. (Mon entrée en fonctions ne date que du 15 mai dernier.) Il n'existe entre mes mains aucune pièce qui ait un rapport direct ou indirect avec les deux insurrections de mai et de juin.

Nous avons à Blois une douzaine de citoyens qui cherchent à exciter la population ordinairement paisible de la cité. J'ai la conviction qu'ils ont des correspondances avec Paris et qu'ils sont tenus au courant des projets des fauteurs de troubles et des jours de leur mise en exécution. J'ai remarqué en effet qu'aux approches du 15 mai et du 24 juin, ces individus se donnaient plus de mouvement, tenaient des séances plus fréquentes au club et y proféraient des paroles plus excitantes. Au moment de la dernière insurrection, j'ai fait fermer le lieu des séances de ce club qui est un bâtiment départemental; la surveillance la plus active ne cesse d'être exercée sur les démarches des citoyens dont il s'agit; l'un d'eux a déjà été mis en état d'arrestation.

Je crois devoir me renfermer dans les prescriptions de votre circulaire, et ne pas entrer dans d'autres détails.

Aujourd'hui même j'adresse au citoyen Ministre de l'intérieur un rapport circonstancié sur les mesures que j'ai prises dans ces dernières circonstances.

Salut et fraternité, *le Préfet de Loir-et-Cher.*

Loire-Inférieure.

Nantes, le 30 juin.

Citoyen Président, j'ai l'honneur de vous adresser, conformément à la demande contenue dans votre lettre du 27 de ce mois, 1° copie, certifiée par moi, de toutes les dépêches télégraphiques qui ont été reçues à Nantes, à l'occasion des mois de mai et de juin ; 2° un exemplaire de chacune de celles des dépêches qui ont été publiées et affichées par mes soins, ou par ceux de mon prédécesseur.

Il n'existe à ma préfecture, où je ne suis arrivé que le 26 courant, aucune pièce, aucun document ayant rapport avec ces deux insurrections.

La nouvelle des événements de juin a vivement agité Nantes ; la garde nationale a organisé sur-le-champ un détachement qui est en ce moment dans la capitale ; elle se disposait, si le calme n'eût été rétabli, à le faire suivre de plusieurs autres. Toutes les populations sont disposées à faire respecter l'ordre et ne paraissent travaillées par aucun esprit anarchiste.

Salut et fraternité,
Le Préfet de la Loire-Inférieure.
Signé : Rampal.

Lot.

Cahors, le 11 juillet.

Monsieur le Président, vous m'avez fait l'honneur de vous transmettre tous les renseignements parvenus à ma connaissance, qui me paraîtraient de nature à mettre la Commission d'enquête que vous présidez sur la voie des auteurs du complot dirigé, le 15 mai, contre l'Assemblée nationale et des instigateurs de la terrible collision qui a ensanglanté les rues de Paris dans les journées de juin.

Je comprends toute la gravité d'une pareille tâche et pour vous et pour moi : pour vous qui, dans la haute mission qui vous a été confiée, devez attacher le plus grand prix à tout ce qui peut vous aider à la bien remplir ; pour moi, dont le premier devoir est de veiller sans cesse pour découvrir et signaler à l'attention du Gouvernement tout ce qui peut intéresser le salut de la République.

Je me fais donc un devoir sacré, Monsieur le Président, de vous adresser toutes les indications que j'ai pu recueillir sur les deux événements spécifiés plus haut.

J'aurai peu de faits à vous signaler ; mais ceux qui ont attiré mon attention, m'ont amené à prenser que les auteurs des mouvements insurrectionnels qui ont eu lieu dans la capitale, avaient des intelligences dans le département du Lot.

Pour vous faire bien apprécier les motifs de mon opinion, je dois, avant tout, vous faire connaître l'état moral du pays dans les jours qui précèdent le 15 mai.

A la suite des élections, les amis de M. Lafon, commissaire du département, manifestèrent hautement le déplaisir que leur avait causé l'insuccès de sa candidature à la Représentation nationale. La nouvelle de son remplacement dans l'administration départementale augmenta leur irritation, et ils la traduisirent à Cahors par un essai d'émeute, qui avorta faute d'adhérents.

Toutefois, des bruits fâcheux circulaient. Quelques exemplaires d'un manifeste menaçant, dont l'auteur a depuis désavoué l'esprit et l'expression, avaient été répandus et entretenaient une certaine inquiétude dans les masses. L'impôt des 45 centimes, qui a soulevé la question la plus irritante et la plus difficile à résoudre pacifiquement était un prétexte qu'on employait pour embarrasser l'action des fonctionnaires administratifs.

Enfin des clubs, fréquentés seulement par un certain nombre d'affidés, tenaient des séances où s'agitaient des motions d'une nature telle que des citoyens honnêtes, connus par leurs opinions démocratiques, avaient cru devoir cesser de s'y présenter.

Je ne veux pas accuser ici les amis de M. Lafon d'avoir voulu soulever les mauvaises passions ; mais les doléances, grosses de menaces qu'ils avaient fait entendre après son départ, avaient nécessairement amené vers eux les hommes que le désordre attire partout, les ambitieux déçus et les mécontents, que je qualifierai de *mécontents quand même*.

Ces agitateurs, à divers titres et dans des vues différentes, étaient en petit nombre ; et cependant ils avaient réussi, par leurs propos, à jeter une certaine inquiétude dans le pays... Cette inquiétude, il me semble qu'ils l'avaient semée, par application d'un système dont le promoteur principal devait être à Paris. Ils connaissaient probablement ce qui se tramait.

Ainsi, peu de jours après le 15 mai, lors de l'arrestation de Blanqui, on eut tout-à-coup à Cahors des renseignements sur ceux qui l'accompagnaient en ce moment, et cependant les journaux n'avaient pas encore fait connaître leurs noms.

Les citoyens Lamothe, sous-commissaire à Gourdon, et Lachieze, avocat à Martel, se trouvaient alors à Paris, où ils s'étaient rendus précipitamment et pour des causes qui me sont restées inconnues ; car je n'ai pris possession de mon poste que le 14 mai, époque à laquelle ces deux citoyens étaient déjà partis.

Ce sous-commissaire, dans le moment même où les évènements du 15 mai s'accomplissaient, écrivait à deux de ses amis deux lettres qui ont été diversement interprétées. Je sais que des copies de ces lettres ont été adressées, par voie de dénonciation anonyme, au Ministre de l'intérieur, auprès de qui M. Lamothe fut appelé à s'expliquer sur leur contenu. Je dois supposer que les explications fournies par ce fonctionnaire furent jugées satisfaisantes, puisqu'il fut autorisé à revenir à son poste.

Une certaine inquiétude régnait dans le pays, lorsque arrivèrent les dépêches successives qui nous annoncèrent le commencement et les diverses phases des journées de juin. A ce moment, certains membres du club établi à Cahors ne dissimulèrent pas trop leurs sympathies pour les insurgés.

Dès la première nouvelle, on essaya d'accréditer le bruit que cette insurrection n'était due qu'à des prétendants, principalement de la branche napoléonienne, qui avaient trompé les ouvriers, ou qui, profitant de leur misère et de leurs besoins, les avaient séduits à prix d'argent. Les communistes, les démagogues exaltés étaient complètement innocents.

Cette version, uniformément répétée par les émissaires du club, ne semble-t-elle pas un mot d'ordre recommandé aux initiés pour égarer l'opinion publique !

Enfin, vivement émue de l'ardeur d'une lutte, dont le terme n'était pas encore annoncé par la troisième dépêche télégraphique, la garde nationale de Cahors manifesta le désir d'envoyer à Paris un détachement pour augmenter le nombre des défenseurs de l'ordre et de la République. Déjà une centaine de gardes nationaux s'étaient présentés spontanément ; d'autres s'étaient fait inscrire dans la journée. Le conseil municipal avait voté une somme de 6,000 fr. pour concourir aux frais du voyage. Le détachement devait, dans l'après-midi du même jour, prendre ses dispositions de départ et se mettre en route le soir même...

Il faut croire que cette démonstration contrariait les plans des membres du club. Sans s'opposer ouvertement (ils ne l'eussent pas osé) à l'organisation du détachement, ils firent ce qu'ils purent pour l'entraver, et réussirent à jeter des germes de défiance dans l'esprit d'un certain nombre de gardes nationaux.

On les a accusés, depuis, d'avoir fait des provisions de guerre, d'avoir essayé d'embaucher des soldats pour confectionner des cartouches ; mais je n'ai pu ariver à la connaissance d'aucun fait certain.

Cependant il s'est passé, sur d'autres points du département, des faits qui s'harmonisaient avec la conduite des démagogues de Cahors. On semait l'inquiétude, la défiance dans les esprits.

Ainsi, dans deux communes de l'arrondissement de Figeac, un colporteur, marchand de parapluies, du nom de Saubrié, habitant Murat, dans le Cantal, essayait, devant les ouvriers qu'il rencontrait, de peindre le Gouvernement sous les couleurs les plus odieuses. Il cherchait à exciter en eux la haine la plus violente contre les gardes nationaux qui défendaient l'ordre : « Vos frères, leur disait-il, se battent à Paris contre des Anglais déguisés en gardes nationaux. Allez les secourir. Vous êtes des lâches, vous méritez de voir revenir les nobles, si vous n'y allez pas ! »

Dans le même moment, un maire de l'arrondissement de Cahors, que je viens de suspendre, se rendait dans une commune voisine de la sienne, un jour de foire. Là, lisant, en public, aux paysans qu'il avait assemblés autour de lui, des articles du journal *la Réforme*, il disait positivement dans ses commentaires, que le *parti des insurgé était celui des honnêtes gens ; que les vrais patriotes étaient victimes du Gouvernement ; que ce Gouvernement avait cessé d'exister, et qu'il y aurait véritable duperie à lui donner son argent*, faisant ainsi allusion à l'impôt des 45 centimes, qu'il conseillait de ne pas payer.

Cette coïncidence de dates dans l'énonciation, sur des points différents, de faits calomnieux, propres à jeter de l'hésitation, de la défiance et, par suite, de l'agitation dans les masses, n'est-elle pas un indice bien grave, sur ce point, que ceux qui s'en faisaient les narrateurs agissaient sous l'inspiration d'une pensée dirigeante?

Ce n'est pas tout. Depuis les évènements, on a essayé dans quelques localités d'empêcher la confiance de renaître.

Par exemple à Gramon, chef-lieu de canton qui compte un grand nombre d'exaltés un énorme bonnet rouge a été placé, un jour de foire, au sommet d'un arbre de la liberté. Le maire de la localité a vu, pendant toute une journée, ce signe d'anarchie flotter au-dessus d'une immense multitude, sans prendre aucune mesure pour le faire abattre. J'ai suspendu le maire de ses fonctions et provoqué sa révocation auprès du Ministre de l'intérieur. Cette double mesure a irrité ceux qui, comme lui, se trouvaient heureux d'être ombragés par le bonnet rouge. Douze conseillers municipaux sur vingt trois ont donné leur démission, et tous les officiers de la garde nationale de Gramon ont déposé leurs épaulettes.

Il est avéré, d'un autre côté, que les nuits de cette localité ont été troublées, pendant quelque temps, par des cris et des bruits sinistres.

On ajoute qu'à Figeac, chef-lieu d'arrondissement, un paysan, qui n'a été sans doute que l'écho de gens malintentionnés, disait, en parlant du général Cavaignac : « Il a fait mitrailler le peuple à Paris, mais on saura bien le fusiller lui-même avant qu'il soit peu. » On m'a fait espérer que je recevrais ultérieurement des indications qui me permettraient de remonter à l'origine de cet odieux propos ; mais jusqu'à présent on ne m'a fourni à ce sujet aucun renseignement positif.

Une indication, plus grave que toutes celles qui précèdent, résulte du rapprochement des faits qui vont suivre :

Un certain Lafage, dont la réputation ici est infâme, était parti de Cahors très-peu de temps avant le 15 mai. Les bruits les plus sinistres ne tardèrent pas à circuler en ville sur l'issue prochaine d'une journée où les *patriotes* s'attendaient à être triomphants. Les bruits, disait-on, provenaient de lettres adressées par Lafage à ses amis, mais rien de positif n'a pu être découvert à cet égard.

A l'approche des journées de juin, les mêmes bruits recommencèrent, et toujours provenant, disait-on, de la correspondance de Lafage.

Or, cet individu, dont les lettres à ses amis de Cahors présageaient si bien les tempêtes, a été arrêté à Paris, pendant les fatales journées de juin. J'ignore quelles informations avaient fait adopter une telle mesure, qui, dit-on, n'a pas été maintenue ; mais il est assez remarquable qu'un individu dont la correspondance, restée jusqu'à ce jour mystérieuse, alarmait la ville de Cahors, ait subi une arrestation, à l'occasion des derniers troubles de la capitale. Si Lafage était de nouveau arrêté, si de sévères perquisitions avaient lieu chez les individus notoirement connus pour être ses amis, peut-être pourrait-on arriver à la découverte de vérités utiles.

Enfin, un certain Chapon, du département du Lot, employé au chemin de fer d'Orléans, lequel, immédiatement après la révolution de Février, avait été arrêté, dit-on, à Paris, et se trouve, en ce moment, sous le poids des plus graves inculpations. Il n'a pas été en exercice comme commissaire, sa mission n'ayant duré que 24 heures.

Il importerait de vérifier si les faits qui lui sont reprochés ne se rattacheraient pas par quelques liens à aucun de ceux qui précèdent.

Telles sont, Monsieur le Président, les seules indications que je puisse, jusqu'à présent, offrir à la sagacité de la Commission, qui m'a fait l'honneur de m'interroger. Si le soin assidu, avec lequel je recherche tout ce qui pourrait offrir quelque intérêt dans le sens de ses investigations, me faisait parvenir quelques nouvelles informations, je m'empresserais de vous les transmettre.

Agréez, etc. *Signé* : A. Bord.

Lot-et-Garonne.

Agen, ce 30 juin.

Citoyen Président, en réponse à votre circulaire du 27 de ce mois, j'ai l'honneur de vous adresser : 1° trois dépêches télégraphiques des 15 et 17 mai dernier, à moi parvenues à l'occasion des évènements du 15 mai ; 2° quatorze autres dépêches des 24 au 28 juin courant, à moi également parvenues, et qui sont relatives à l'insurrection des ateliers nationaux, etc. ; 3° un exemplaire imprimé de chacune des dépêches précitées, dont l'affiche m'a paru devoir être faite dans toutes les communes du département.

Quant aux autres pièces et documents dont parle votre circulaire, il n'en existe point dans mes mains, et je n'ai pas, dès lors, de rapport sommaire à faire sur les deux attentats objet de l'instruction à laquelle vous vous livrez.

Salut et fraternité.

Le commissaire du Gouvernement.

Lozère.

Mende, le 29 juin.

Citoyen Président, je m'empresse de vous transmettre, suivant la demande que vous m'en avez faite par votre lettre du 27 de ce mois, les dépêches télégraphiques, au nombre de vingt, relatives aux évènements du mois de juin, et qui sont parvenues à a Préfecture de la Lozère. Ces dépêches ont, dès leur arrivée, été rendues publiques.

Je n'ai, pour y être joints, ni documents ni pièces ayant un rapport quelconque avec les deux insurrections.

Il ne s'est pas produit dans ce département, dont vous connaissez personnellement l'esprit, de fait politique ayant trait aux deux attentats contre la République. Si de folles espérances ou des idées coupables se sont réveillées, à cette occasion, chez quelques personnes, elles ne se sont traduites par aucune manifestation. Les investigations de l'autorité n'ont rien découvert à cet égard.

Salut et respect.

Pour le Préfet, le Conseiller de Préfecture, Secrétaire général,

Signé : C. Chevalier.

Maine-et-Loire.

Angers, le 30 juin 1848.

Citoyen président, au désir de votre circulaire, j'ai l'honneur de vous transmettre la copie certifiée de toutes les dépêches télégraphiques reçues par moi depuis le 24 juin. J'y joins un exemplaire imprimé de toutes ces dépêches.

Chaque jour, et dès leur arrivée, j'en donnais moi-même lecture à l'hôtel des postes et à l'Hôtel-de-Ville devant des milliers de citoyens, attendant ces dépêches avec la plus grande anxiété.

Chacune de ces dépêches était aussi, par mon ordre, immédiatement imprimée en placard et affichée dans chacune des communes du département. Communiquée par moi aux trois journaux qui s'impriment à Angers, chacune de ces dépêches se trouvait ainsi reproduite à milliers dans le département.

L'on me fait à l'instant remarquer que l'on n'a pu compléter la collection en placard de ces dépêches ; bien que tirées à cinq cents exemplaires, il n'en restait plus que quelques-unes. Durant toute cette crise, j'ai eu singulièrement à me louer de la confiance et du concours que m'ont témoigné les citoyens de tous les partis. Légitimistes et juste-milieu se sont cordialement ralliés dans cette occurrence pour défendre la société contre l'attaque sauvage qui menaçait la civilisation française.

Quant à la lecture des dépêches, aux paroles que j'adressais à la foule assemblée, quelques cris isolés se sont fait entendre ; j'ai eu l'assentiment de tous pour les comprimer.

Aux cris de vive la République *démocratique et sociale !* poussés par quelques meneurs, j'ai répliqué *vive la République!* n'ajoutant rien, ne retranchant rien à ce noble mot, et une immense acclamation a étouffé toute dissidence sous le cri unanime de *vive la République!* Au cri de *vive l'ordre!* poussé en haine des cris démagogiques, j'ai répliqué : Point d'ordre sans la République, hors de la République, point de salut; pour la société, se séparer de la République, c'est faire acte de mauvais citoyens ! et une acclamation unanime aussi a sanctionné ce cri d'union et de force *vive la République !* Quant aux ouvriers des émeutiers de Paris, visiblement il y avait dans nos ouvriers du chemin de fer, et dans les bas-fonds de notre population, des hommes à l'état de conspiration expectante et latente.

Mais de ramification organisée, de conspiration proprement dite, c'est autre chose

Le départ de notre premier détachement a surexcité beaucoup de mauvaises passions, et égaré quelques têtes dans la masse agglomérée de nos ouvriers.

Les noms d'assassins du peuple étaient odieusement répétés. Certains se faisaient un triste point d'honneur « *d'empêcher* les gardes nationales *d'aller massacrer leurs frères.* »

Le vin, l'excitation, l'oisiveté du dimanche avaient une très large part dans ces abominables propos.

Pour en préserver la masse et y couper court, j'ai pris de sévères mesures ; j'étais prêt pour ce triste combat; c'a été le meilleur moyen de le prévenir.

Mais l'excitation aussi avait donné cours à mille faux bruits d'alarmes ; j'ai été assourdi d'absurdes et sincères révélations.

De très-honnêtes gens ont été soupçonnés, des fous pris pour des coupables, et des bavards pour des furieux.

La présence d'un énergumène venu de Paris avec les ateliers nationaux, *Deleau*, avait redoublé mes anxiétés ; un club visité par ce drôle avait fait entendre le cri de *vive Barbès!* J'ai moi-même, à la tête d'un peloton de gardes nationaux, fermé ce club, saisi ses papiers.

Trois de ses membres ont été arrêtés : ce sont de mauvais citoyens, fort dangereux assurément. La justice instruit : des fouilles ont amené la connaissance d'une lettre, dont voici la copie, du citoyen Grandménil à son neveu Rioteau, négociant à Angers.

Cette lettre a provoqué l'arrestation de M. Rioteau. Elle n'a pas trait directement aux évènements de ces derniers jours.

Grandménil est important, monomane de conspiration et fort dangereux, quoique d'une valeur réelle. Mes compatriotes Tessié-Lamotte et Le François, Freslon et Louvet, vous donneront des renseignements sur son compte. Qu'on l'arrête.

L'élan des gardes nationales de ce département, pour accourir au secours de la capitale, a été admirable. Nuits et jours me venaient des maires et commandants de bataillons de tous les points de Maine-et-Loire, m'offrant d'amener leurs gardes nationales à Angers ou à Paris.

La sage et honnête population de cette contrée a été quelque peu surexcitée par mille faux bruits. On a parlé sous toutes les formes de munitions et d'armes fabriquées par les émeutiers; le calme se va rétablir. On a, grâce à Dieu ! assez de confiance en moi pour que je puisse rasséréner tous les esprits.

Salut et respect.

Manche.

Saint-Lô, le 31 juin.

Citoyen représentant, j'ai l'honneur de vous adresser les originaux des dépêches télégraphiques parvenues à la préfecture de la Manche, à l'occasion des évènements de mai et de juin. Celles que j'ai fait afficher n'en étaient que la reproduction littérale, mais seulement manuscrite; l'impatience de la population m'aurait difficilement laissé le temps de les faire imprimer.

Je n'ai reçu la seconde dépêche du 24 qu'à une heure du matin. J'envoyai aussitôt des instructions dans les arrondissements, et le jour même, 1,200 volontaires, partis de tous les points du département, se dirigeaient sur Paris pour se mettre aux ordres de l'Assemblée Nationale. Le lendemain et jours suivants, j'en aurais décuplé le nombre, si les nouvelles n'étaient pas devenues plus rassurantes.

C'est vous dire, citoyen Représentant, combien les habitants de la Manche détestent ces odieuses attaques contre l'ordre social. Ils ont accepté, ou du moins l'immense majorité a accepté de bonne foi la République, mais ils la veulent avec un gouvernement régulier et fort, qui puisse réprimer l'anarchie, et disent bien haut que la propriété et la famille sont la base de toute société.

Aucun autre fait politique qu'on puisse rattacher d'une manière quelconque aux derniers évènements ne s'est produit dans le département.

Salut et fraternité.

Le Commissaire du Gouvernement. *Signé* : CESRODEY.

Marne.

Châlons, 2 juillet.

Citoyen représentant, conformément aux instructions qui ont fait l'objet de votre lettre en date du 27 juin dernier, j'ai l'honneur de vous adresser les documents et renseignements qui sont à ma disposition relativement aux évènements de mai et de Juin.

Ce sont, relativement aux évènements de Mai :

1° Deux dépêches télégraphiques en date des 15 et 17 Mai ;

2° Un exemplaire du journal *la Vérité*, dans lequel j'ai fait insérer ces dépêches.

Relativement aux évènements de Juin :

1° Une série de dépêches télégraphiques et de lettres et rapports, numérotés de 1 à 25.

2° Une série de cinq affiches, contenant les dépêches télégraphiques les plus importantes, et deux proclamations que j'ai adressées aux citoyens du département de la Marne.

3° Quatre exemplaires du journal *la Vérité*.

En ce qui touche les évènements de Mai, je me bornerai à vous faire connaître que j'ai transmis aussitôt dans toutes les communes du département les dépêches annonçant le triomphe de l'ordre sur l'insurrection, et la proclamation de l'Assemblée Nationale au peuple français.

Un cri général d'indignation s'est élevé contre l'attentat auquel l'Assemblée Nationale venait d'échapper. Du reste, je n'ai remarqué dans le département aucun mouvement qui se rattachât directement ou indirectement à l'insurrection de Paris.

Toutefois, une opinion, sourdement hostile jusque-là à la République, a commencé à se révéler par des paroles ou des actes plus manifestes, et, depuis cette époque, elle n'a fait que grandir. Ne pouvant attaquer les principes, cette opinion s'est attachée aux personnes, et elle les a attaquées d'autant plus vivement qu'elle agissait sous l'influence d'une multitude de journaux qui ne paraissaient avoir été créés que pour démoraliser le pays et livrer les agents du Gouvernement lui-même aux traits de la calomnie.

La plupart de ces journaux étaient transmis par la voie des diligences à des correspondants, qui les faisaient distribuer dans les rues, sur les places publiques, dans les cafés, et jusque dans les maisons particulières. L'envoi de ces journaux paraît avoir cessé depuis la dernière insurrection.

Il est certain que l'intempérance du langage de la presse a beaucoup ralenti l'attachement de la population à la République, et qu'elle a fourni à ses ennemis des armes pour l'attaquer.

Telle était la situation des esprits dans le département lorsque l'insurrection du 23 juin a éclaté.

Le bruit de cette insurrection a été apporté ici le 24 juin, par le courrier de la malle-poste, et confirmé bientôt après par les diligences.

L'inquiétude a saisi les esprits : elle a grandi d'autant plus rapidement, que le télégraphe ne transmettant aucune nouvelle, il y avait lieu de penser que les insurgés s'étaient rendus maîtres de la ligne pour empêcher de faire connaître la situation de la capitale et de réclamer le secours de la province.

La ville de Châlons était calme, ainsi que les autres villes du département. Il était à craindre néanmoins que les insurgés ne se fussent entendus avec les nombreux ouvriers de Reims. Dans cette prévision, je me concertai, dès le 24, en l'absence du commandant de la subdivision militaire de Châlons, avec le commandant de la place pour diriger sur Reims un escadron du 1er régiment de hussards, en garnison à Châlons. Cet escadron reçut l'ordre de se tenir à quelque distance de la ville, et de n'y entrer que sur la réquisition du Commissaire spécial de l'arrondissement, auquel j'avais d'ailleurs transmis les instructions nécessaires.

Le 25 juin, à neuf heures cinquante minutes du matin, j'ai reçu deux dépêches télégraphiques, l'une du citoyen Ministre de l'intérieur, en date du 24, à neuf heures du matin, et l'autre du général Cavaignac, chef du Pouvoir exécutif, datée du 24, à une heure et demie du soir. Cette dernière représentait la situation comme très-grave, et faisait un appel de secours aux gardes nationales des départements. Je la fis aussitôt publier dans la ville de Châlons, et j'expédiai des courriers pour la porter dans les autres chefs-lieux d'arrondissement.

Je me transportai chez le directeur de la ligne télégraphique, en résidence à Châlons, pour savoir quels étaient les motifs du retard des dépêches ; là, j'appris que la ligne était *en dérangement* à Belleville, et que la dépêche qui m'était parvenue n'avait de télégraphique que le nom, attendu qu'elle avait été apportée de Paris par le courrier de la malle-poste.

A deux heures, une convocation de la garde nationale de Châlons, préalablement concertée avec l'autorité municipale, eut lieu à l'Hôtel-de-Ville pour recevoir les enrôlements des citoyens disposés à marcher sur Paris. Un premier détachement de 110 hommes partit à huit heures du soir, au moyen de diligences préparées par les soins de l'autorité municipale. D'autres détachements devaient partir successivement, s'il en était besoin, et déjà des engagements avaient été pris à ce sujet par des gardes nationaux.

Je transmis, à tous les commissaires spéciaux, l'ordre de préparer le départ des volontaires de la garde nationale.

J'étais pendant tout ce temps en rapport avec mon collègue le préfet de la Moselle, qui me réclamait des nouvelles, n'en recevant aucune de Paris par la voie télégraphique, ainsi qu'avec le général commandant la 3e division militaire, pour assurer l'ordre.

Le 26 juin, dans la matinée, je fus informé que, de tous les points du département, excepté de Reims, qu'il n'était pas prudent de dégarnir, les gardes nationales envoyaient des détachements sur Paris. Dans la soirée, Châlons fut effectivement traversé par des colonnes de Vitry et des environs, ainsi que de Sainte-Ménéhould. Cette journée du 26 juin se passa sans autres nouvelles que celles qui étaient apportées par des fragments de journaux, et celles beaucoup plus récentes que donnaient les lettres particulières. Dès ce moment, on comprit que la lutte touchait à sa fin, et on suspendit l'envoi de nouveaux détachements.

Un bataillon du 14e régiment de ligne, en garnison à Reims, ayant reçu l'ordre de partir pour Paris, l'escadron de hussards, en station dans une commune des environs, le remplaça.

Le 27 juin, à 9 heures et demie, j'ai reçu, par le courrier de la malle poste, du général Cavaignac, chef du pouvoir exécutif, une dépêche autographiée, faisant connaître que l'insurrection était concentrée dans le faubourg Saint-Antoine. Cette dépêche, datée du 26 juin, confirmait une autre dépêche télégraphique du même jour, qui ne m'était pas encore parvenue. Cette dernière, datée du 26 juin, à deux heures du soir, ne me fut remise, en effet, qu'à midi et demi Elle annonçait la réduction des insurgés. Une seconde dépêche, du même jour, 26 juin, à quatre heures du soir, et parvenue également à midi et demi, s'exprimait dans le même sens. A partir de ce moment, la population s'est rassurée.

A quatre heures et demie du soir, le directeur du télégraphe m'adressa six dépêches venant de Paris, mais datées des 24, 25 et 26 juin. En me les adressant, le directeur m'informe qu'elles avaient été retardées par le télégraphe de Belleville, qui était en dérangement. La ligne venait d'être rétablie, et, à partir de trois heures, les communications étaient libres de Châlons à Paris.

Il résulte de ma correspondance avec le préfet de la Moselle, que Metz et Strasbourg étaient dépourvus jusqu'alors de toutes nouvelles télégraphiques depuis le commencement des événements.

Le 28 juin, à 10 heures du matin, le chef du Pouvoir exécutif, le général Cavaignac, ordonne de suspendre le mouvement des gardes nationales sur Paris. Un mouvement rétrograde s'était déjà opéré dans plusieurs directions, à partir du moment où les bonnes nouvelles commençaient à arriver.

Le calme était rétabli dans les esprits; les inquiétudes avaient cessé, lorsque le bruit se répand tout à coup qu'une forte colonne d'insurgés venait de se jeter sur Epernay, qu'ils étaient en train de livrer au meurtre, au pillage et à l'incendie. Quatre gardes nationaux à cheval, envoyés en observation sur la route d'Epernay, venaient de rentrer en ville, à grande vitesse, pour annoncer cette nouvelle. Aussitôt toute la population est sur pied, et la garde nationale sous les armes. Après quelques moments consacrés à l'organisation des moyens de défense et de porter du secours, au besoin, à la ville d'Epernay et des campagnes, je suis parti pour cette ville, accompagné d'un capitaine du 1er régiment de hussards. Sur la route, j'ai rencontré partout les populations de campagne très-alarmées, mais prêtes à une vigoureuse défense. Je n'étais pas parvenu à moitié du chemin, que déjà j'avais la certitude qu'il s'agissait d'une fausse alerte. Je continuai, néanmoins, jusqu'à Epernay, pour remonter, autant que possible, à l'origine de cette alerte.

Les bruits contradictoires qui circulaient dans ce moment d'agitation, ne me permettaient pas d'asseoir une opinion certaine. Depuis, j'ai appris, par les informations dont la justice a été chargée, que l'apparition, autour d'un bois, dans les environs d'Epernay, de quelques contrebandiers, portant probablement du tabac venant du Luxembourg, avait effrayé quelques personnes de la campagne, qui ont jeté l'alarme dans le pays, en racontant ce qu'elles avaient vu ou cru voir.

Bientôt le récit passa de bouche en bouche en se grossissant à tel point, que, dans beaucoup de villages, on a sonné le tocsin.

Une battue, faite par deux compagnies de la garde nationale d'Épernay, n'a amené aucun résultat. Depuis cette époque, on n'a rien remarqué d'extraordinaire; et il paraît certain que l'alarme de la population du département de la Marne, et même celle de beaucoup d'autres départements, ne se rattache à aucun fait politique.

Tels sont, citoyens président et secrétaire, les renseignements qui sont actuellement à ma disposition, en ce qui touche les deux insurrections de mai et de juin. Si quelques faits nouveaux venaient à se révéler plus tard, je m'empresserai de les porter à votre connaissance.

Salut et fraternité,

Le préfet de la Marne, *Signé* : LEMREUX.

Marne (Haute-).

Chaumont, le 29 juin.

Citoyens Représentants, je remplis mon devoir en répondant de suite à la demande de renseignements que vous m'adressez. Ils se divisent en deux parties : 1° ceux relatifs aux évènements du 12 mai, 2° ceux qui concernent l'insurrection de juin.

1° A l'égard des premiers, je n'étais pas encore préfet lorsqu'ils sont survenus; j'étais à Paris le 14 mai, j'ai fait mon devoir comme garde national de la 1re légion, je ne puis vous donner que les renseignements généraux que j'ai pu recueillir depuis mon arrivée ici, qui date du 9 juin dernier. Tout ce que j'ai appris, c'est que le département de la Haute-Marne a été unanime dans la réprobation du mouvement, que rien n'a pu indiquer une relation quelconque avec le complot de Paris, et que la plus grande tranquillité n'avait pas cessé de régner.

2° En ce qui concerne les évènements de juin, voici, citoyens Représentants, le résumé des faits jusqu'à ce jour.

La première dépêche télégraphique qui me soit parvenue de Dijon, est celle du Ministre de l'intérieur, en date à Paris, du 24 juin 1848, à 10 heures et demie du matin. Dès qu'elle m'est arrivée, je l'ai immédiatement transmise en expéditions multiples, dans les communes des arrondissements de Chaumont et de Vassy, par la gendarmerie, et je l'ai fait publier à son de caisse à Chaumont. Cette dépêche causa un grand émoi, mais comme la fin en était rassurante, le calme revint un peu.

La seconde, du chef du Pouvoir exécutif, à la date du 24, à une heure et demie, m'est arrivée vers deux heures de la nuit, le 25. Je l'ai de suite expédiée dans les communes. Cette première mesure prise, en attendant qu'elle pût être utilement proclamée (ce qui a eu lieu à 5 heures), j'ai convoqué le maire, l'adjoint et le commandant de la garde nationale de Chaumont, qui se trouvèrent réunis vers les quatre heures du matin. Il fut à l'instant décidé qu'il serait fait appel à la garde nationale dont les officiers furent réunis à l'Hôtel de Ville, et tandis que le conseil municipal votait les fonds nécessaires, les officiers de la garde nationale organisaient un détachement de volontaires, cavaliers, artilleurs et chasseurs. Pendant ce temps, je rédigeais et faisais imprimer et publier la proclamation dont je vous adresse ci-joint un exemplaire; elle fut à l'instant affichée et envoyée dans toutes les communes.

A une heure après midi le même jour, les volontaires étaient organisés, je les passai en revue, et après leur avoir adressé une allocution qui fut parfaitement reçue, j'eus le bonheur de les exhorter à leur départ qui eut lieu avec le plus grand enthousiasme. La journée du 25 fut terminée par l'arrivée d'un détachement de Langres qui repartit le lendemain ; jusqu'à ce moment, notre seul embarras était l'argent ; la caisse du receveur général était vide ; mais plus tard tout fut à cet égard régularisé.

Comme je l'ai indiqué, ma proclamation avait été répandue et affichée dans les campagnes, et, depuis le 29 jusqu'à hier soir des détachements de volontaires n'ont pas cessé d'arriver à Chaumont pour repartir vers Paris. Je les ai tous passés en revue, ils sont nombreux et je les ai tous félicités et vus partir avec enthousiasme.

Depuis cette date toutes les dépêches ont été à l'instant même copiées et publiées partout. Je vous adresse un journal qui les a recueillies et sur lequel j'appelle votre attention. La première partie me rend justice, la seconde contient des insinuations qui révèlent la malveillance qui s'adresse moins à moi qu'au Gouvernement. J'en avais été informé et j'y avais déjà répondu par la seconde proclamation que je vous adresse. Mais cette malveillance s'arrêta faute d'échos, et la tranquillité locale n'a été, jusqu'au 27 au soir, troublée par aucun incident. Toutes les communes ont marché d'accord et je ne connais qu'une seule exception. Le maire, plus maladroit que coupable, de la commune de Villiers-le-Sec, m'a donné sa démission que je lui demandais, et tout je pense peut s'arrêter là.

Enfin hier j'ai pu donner, après l'arrivée de la malle, communication de la dernière proclamation du général Cavaignac, et elle a été reçue au milieu des acclamations répétées.

Tel est le récit sommaire des faits jusqu'au 28, 7 heures et demie du soir ; et sous le rapport politique comme sous celui de la tranquillité, je n'avais jusque-là rien de grave à communiquer. Mais le même jour, à cette heure, une sorte de panique s'est emparée du département.

Une estafette m'est arrivée de la part d'un maire de la campagne, m'annonçant que des bandes d'insurgés s'étaient montrées, que le feu avait été mis dans plusieurs villages, et me demandant des secours. Comme il ne peut arriver ici un gendarme à cheval sans mettre en émoi la population, le bruit se répandit que toutes les communes étaient en feu. Je me rendis ensuite à l'Hôtel-de-Ville, et comme aucun raisonnement n'aurait pu arrêter la panique, j'ai donné l'ordre de former de suite une colonne mobile et de la diriger sur les points qu'on disait menacés. Cette colonne s'est mise en marche et depuis, tous les renseignements jusqu'au moment où je vous écris (9 heures du matin), me prouvent que ces bruits ne reposent sur aucune base qu'un commencement de feu de soir spontanément embrasé.

Cette panique va probablement cesser ; mais, dans tous les cas, toutes les précautions sont prises pour aider les campagnes, sans dégarnir et compromettre la ville.

Voilà, citoyens Représentants, mon rapport sommaire et sans doute incomplet ; je suis à votre disposition pour toutes les explications que vous voudrez me demander.

Recevez, citoyens Représentants, etc.

Signé : B. Pance.

Mayenne.

Laval, le 4 juillet.

Citoyen Président, j'ai honneur de transmettre à la Commission d'enquête politique une copie certifiée des dépêches télégraphiques qui sont parvenues à la Préfecture de la Mayenne depuis le 15 mai, à l'exception toutefois de celle du 15 mai, qui annonçait la tentative commise contre l'Assemblée Nationale et l'insuccès de l'insurrection. Il paraît que cette dépêche s'est égarée chez l'imprimeur à qui mon prédécesseur, le Commissaire intérimaire de la République, l'avait un instant confiée pour en prendre copie.

Je joins à cet envoi un exemplaire des placards imprimés que j'ai fait afficher à mesure que ces dépêches me sont parvenues, en y ajoutant quelques mots pour rassu rer la population et diriger l'esprit public.

Trois dépêches seulement, parmi celles que j'ai reçues depuis mon entrée en fonc tions qui a eu lieu le 17 juin, n'ont pas été publiées.

L'une, du 21 juin, cotée n° 6, se rapporte exclusivement aux cérémonies de la Fête Dieu, et n'a aucun trait aux évènements de Paris.

La seconde, du 24 juin à 7 heures, cotée n° 9, contenait les mêmes faits qu'un dépêche antérieure déjà publiée. La dernière phrase, annonçant que *l'autorité éta maîtresse de la situation*, a été placée dans le placard n° 3, en tête de la dépêche sui vante.

Enfin la troisième dépêche, cotée n° 18, qui contient la composition du Ministère était connue par les journaux de Paris avant qu'elle ne me parvînt. Il était don inutile de la faire afficher.

Vous remarquerez, citoyen Président, que la publication que j'ai faite des dépêch est souvent en retard de vingt-quatre heures sur le départ de Paris. Cette circonstanc très-fâcheuse, que j'ai signalée plusieurs fois au Ministre de l'intérieur et sur laquel j'ai fait faire une enquête, paraît tenir à la mauvaise organisation de la ligne télégra phique et du service des estafettes qui nous transmettent les dépêches; aussi im porte-t-il au plus haut point qu'une réforme y soit apportée.

Tels sont, M. le Président, les seuls documents que je puis vous fournir concernan les insurrections de mai et de juin.

Vous m'avez demandé un rapport sommaire sur ces pièces et sur les faits politique J'ai peu de choses à dire à la Commission, car si les événements ont causé dans c département, comme partout, une certaine émotion, les doctrines des insurgés n'o rencontré ici que des sentiments d'indignation et de colère. La population ouvrièr malgré la situation malheureuse où elle se trouve par suite de la crise industrielle, é restée calme. Quelques agitateurs ont vainement essayé de propager leurs princip anarchiques; ils ont échoué devant le bon sens un peu rude des habitants de ce pay Il n'ont trouvé d'écho que parmi un petit nombre d'ouvriers étrangers au départe ment ou d'hommes d'une conduite suspecte.

Sur les plaintes qui avaient été portées à ma connaissance contre un individu d Laval, nommé Derouet, une perquisition judiciaire a été ordonnée, mais l'on n'a rie trouvé qui se rattachât d'une manière quelconque aux attentats contre la Républiqu

Le procureur de la République de la Mayenne me donne avis, aujourd'hui mêm qu'un armurier de cette ville nommé Gobard, a été signalé comme un des ouvriers l plus exaltés et les plus dangereux par les discours qu'il tient dans les lieux public On prétend qu'il a des relations secrètes avec les clubs de Paris. Une perquisition do être opérée demain dans son domicile ; je vous en ferai connaître le résultat, s'il est d quelque intérêt pour l'enquête que vous avez ouverte.

Au surplus, d'après un ordre que je viens de recevoir du Ministère de l'intérieu des mesures ont été prises, dans tout le département, pour arrêter et mettre sous l main de la justice les auteurs ou complices de l'insurrection qui viendraient cherch refuge dans ce département.

Pour mettre la Commission à même de juger l'impression que les évènements d Paris ont causée dans la Mayenne, je ne puis mieux faire que de placer sous vos yeu un extrait de ma correspondance politique avec le Gouvernement.

Le 17 mai, le citoyen Legentil, Commissaire intérimaire, après avoir publié les dé pêches relatives à l'attentat commis contre l'Assemblée Nationale, écrivait ceci :

« Les nouvelles, concernant les tentatives insensées contre l'Assemblée National « ont trouvé le département de la Mayenne dans le calme le plus parfait.

« Partout l'esprit des populations est animé des plus excellentes dispositions, et l « chefs-lieux d'arrondissements ont appris, avec un grand bonheur, l'insuccès d'un « conjuration qui, prenant pour prétexte la défense de la Pologne, pouvait abus

« d'autant plus de citoyens que ce sentiment est cher à tous les patriotes français. »

Le 19 mai, en accusant réception de la dépêche cotée nº 2, en date du 17, il disait :

« Privé, depuis quelques jours, de correspondance ministérielle, je n'ai pas vu sans « émotion répandre le soir une nouvelle extraite des feuilles à la main, annonçant « l'apparition du duc de Bordeaux à Chambéry, la présence à Paris du duc de Join» ville accompagné du général de Rumigny.

« Ce qui m'a fait douter de la véracité de ces bruits, c'est qu'on ajoutait que la po« lice avait fait reconduire ce général à la frontière de Belgique, ce qui certes n'eût « pas été s'il eût ainsi tenté de nous amener la guerre civile. »

Le 15 juin, il se bornait à annoncer qu'il avait transmis les ordres reçus par la dépêche du 12 (cotée nº 3), pour l'arrestation du citoyen Charles-Louis-Napoléon Bonaparte.

Je suis entré en fonctions le 17 juin et, dès le lendemain, j'écrivais au Ministre de l'intérieur pour lui demander ses instructions relativement aux processions extérieures de la Fête-Dieu qui avaient été, en 1832, l'occasion de troubles très-graves. La dépêche télégraphique du 21 juin (nº 6), m'a transmis les instructions demandées, et les processions ont eu lieu le 25, suivant l'usage, avec l'ordre le plus parfait, malgré l'émotion causée dans la population par la nouvelle des évènements de Paris qu'on avait appris indirectement. J'avais pris des mesures pour empêcher tout désordre sérieux.

Dans la nuit du 24, j'avais reçu la dépêche n. 7 qui m'annonçait les troubles de Paris, et malgré les dangers que pouvait offrir le concours de la population des campagnes venue pour assister à la procession, j'ai cru devoir publier cette nouvelle pour faire taire les bruits faux et exagérés qui circulaient.

Le 25, dans la matinée, j'ai reçu la dépêche n. 8 qui a été publiée seulement à deux heures de l'après-midi, après l'achèvement de la procession, et j'écrivais au Chef du Pouvoir exécutif, qui me l'avait transmise :

« L'éloignement de Paris et la nécessité de conserver ici une force respectable pour suppléer et aider la troupe, composée en grande partie de recrues, me permettront difficilement d'envoyer à Paris une partie quelconque de nos forces civiques.

« L'ordre et la tranquillité la plus parfaite règnent dans ce département, malgré l'émotion que les nouvelles de Paris y ont causée.

« Une procession très-solennelle a lieu aujourd'hui suivant l'usage ; je n'ai pas à craindre qu'elle soit troublée par des désordres ; j'ai pris au surplus des mesures pour les réprimer au besoin et pour assurer à tous une énergique protection. »

Le même jour, 25, à 8 heures du soir, nouvelles dépêches du Ministre de l'intérieur et du Ministre des affaires étrangères ; (nºs 9 et 10) ; je leur en accuse aussitôt réception, je disais au citoyen Ministre de l'intérieur, en parlant de la dépêche de son collègue :

« Je publierai demain matin cette dépêche avec une proclamation adressée aux Gardes nationaux ; ils sont là plupart prêts à répondre à mon appel. Si je ne reçois pas de nouvelles tranquillisantes, je prendrai des mesures pour qu'une compagnie au moins, des villes principales se mette en marche. Je vais m'entendre avec les Préfets des départements voisins pour cet objet.....

« Il importe de ne pas priver un département, qui a été plusieurs fois agité par la guerre civile de toutes les forces vives dont il a besoin pour sa propre sécurité. Toutefois, comme manifestation du sentiment public contre l'anarchie, j'ai provoqué, parmi les gardes nationaux, la formation des listes de mobilisation où les citoyens de bonne volonté se feront inscrire pour marcher ensuite au premier signal. »

Dans la nuit du 24, je reçus, ensemble et par le même courrier, quatre dépêches télégraphiques émanées du chef du Pouvoir exécutif (nºs 11 et 12), et je lui écrivis cette même nuit :

« J'ai transmis, sur-le-champ, copie de vos dépêches aux sous-commissaires de Mayenne et de Château-Gontier, pour qu'elles puissent y être connues dès le matin, et rassurer les populations que le retard de ces nouvelles avait profondément agitées. A Laval, malgré l'heure avancée, une population nombreuse attendait l'estafette portant la dépêche télégraphique, et l'a suivie jusqu'à l'hôtel de la Préfecture. Je lui ai donné sur-le-champ connaissance de ces nouvelles, qui ont été accueillies au cri de : Vive la République ! Un grand nombre de gardes nationaux qu'il n'a pas encore été possible d'armer, à cause de l'insuffisance des fusils mis à ma disposition, réclamaient des armes avec la plus vive instance. Les compagnies d'artillerie de nos trois chefs-lieux se sont distinguées surtout par leur empressement. Ces compagnies sont animées du meilleur esprit ; et il serait bien important, pour soutenir leur zèle, que les canons et les mousquetons qui manquent à plus de la moitié de l'effectif, me fussent expédiés sans retard. »

Trois nouvelles dépêches me parvinrent, toujours par un message collectif, le 28 juin à huit heures et demie du matin, et je répondais le même jour au chef du Pouvoir exécutif :

« Des volontaires, en grand nombre, de la garde nationale du département de la Mayenne, avaient demandé à être mobilisés sur Paris, pour la défence de l'ordre et de la République. J'avais ordonne un mouvement de concentration sur Laval afin d'en former un bataillon complet. Cet ordre commençait à s'exécuter, et notre bataillon allait faire jonction avec celui d'Ille-et-Villaine, lorsque m'est parvenue votre dépêche qui prescrit d'arrêter le départ de tous les gardes-nationaux. Immédiatement, j'ai rendu un arrêté portant que les Gardes nationaux d'Ille-et-Villaine se replieront par l'itinéraire qui leur avait été tracé sur les diverses localités dont ils sont partis. J'ai fait publier les trois dépêches dans tout le département, comme je l'avais fait pour les précédentes ; elles y ont produit un effet excellent. L'émotion, qui avait un instant agité la population, a fait place à un sentiment de confiance qui est d'un bon augure pour la République. Toutefois, je ne dois pas vous dissimuler qu'une crainte sérieuse demeure encore dans les esprits : c'est qu'après avoir vaincu l'anarchie, on ne soit entraîné, par le désir de l'ordre, jusqu'à des mesures qui paraîtraient empreintes de réaction. Le département est calme. Votre nomination, comme chef du Pouvoir exécutif, a été accueillie avec faveur. Elle a beaucoup rassuré les esprits, on y a vu un gage de fermeté, d'ordre et de stabilité pour la République. Les insurgés n'avaient pas, ou n'avaient que peu d'intelligences secrètes avec ce pays Quelques hommes, cependant, passent pour être en relation, par une correspondance très-fréquente, avec les chefs du parti communiste. » (Ici, je rendais compte au chef du Pouvoir exécutif de la perquisition judiciaire faite chez le nommé Derouet.)

Je continuais ainsi : « Quelques agitateurs ont réussi à exciter une certaine effervescence parmi les ouvriers occupés aux travaux publics. Une députation s'est même présentée près de moi pour faire des réclamations sur les salaires. Je suis parvenu à les calmer, et comme leurs réclamations n'étaient pas sans fondement, à leur faire rendre justice, ce qui les a fait rentrer complètement dans l'ordre. Si j'en crois quelques symptômes, le parti légitimiste recommence ses menées sous l'impression des troubles de Paris. Je reçois du sous commissaire de Château-Gontier, du commandant de la garde nationale de Laval et d'une personne digne de foi, de l'arrondissement de Mayenne, la nouvelle que des réunions ont lieu dans ces trois arrondissements. Je ferai surveiller avec le plus grand soin. »

La composition du Ministère que m'annonçait la dépêche n° 18, et qui était déjà connue par les journaux, a été accueillie avec faveur. On com te beaucoup sur la direction à la fois ferme et modérée du Gouvernement, et sur sa stabilité, pour relever le crédit public et ramener la confiance dans les affaires.

Depuis quelques jours, la crainte de voir quelques uns des insurgés de Paris chercher un réfuge dans ce département et y provoquer des troubles, a causé une certaine agitation dans les esprits. Rien n'est venu, jusqu'à présent, justifier ces appréhensions.

et j'ai lieu de croire qu'il y a beaucoup d'exagération dans les bruits qui circulent. En tous cas, les autorités sont sur leurs gardes et suivront avec vigilance les menées des partis.

Ce rapport, Citoyen Président, ne fournira pas, je le crois, beaucoup de lumières à la Commission d'enquête, et l'aidera peu dans ses informations: mais il lui fera connaître quelle est, au vrai, la situation politique d'un département important de l'Ouest qui a été deux fois le berceau de la guerre civile, et qui paraît peu disposé désormais à rentrer dans cette voie anti-française. La modération de la République est de nature à ôter tout prétexte à la guerre civile. Salut et fraternité.

Le Préfet de la Mayenne, *Signé* : Dieu.

Meurthe.

Messieurs les Commissaires, en réponse à la demande contenue dans la circulaire que vous m'avez adressée le 27 juin dernier, j'ai l'honneur de vous transmettre : 1° les dépêches télégraphiques, au nombre de dix-huit, que j'ai reçues à l'occasion des événements politiques des mois de mai et de juin ; 2° un exemplaire de chacune de celles que j'ai cru devoir faire afficher et qui sont au nombre de treize.

Dans les moments graves où ces dépêches me parvenaient coup sur coup, leur publication a dû être précipitée, afin de calmer l'inquiétude des esprits ; cette circonstance a causé une confusion qui justifie l'absence des originaux des dépêches des 17 mai, 8 heures du matin, et 24 juin, 9 heures ; toutefois, j'ai lieu de croire que ces deux pièces sont les seules qui manquent à la collection.

Je dois aussi vous faire observer que plusieurs n'ont point été imprimées, et à cet égard vous remarquerez par les annotations que renferment notamment celles des 24, 25 et 26 juin, que l'arrivée tardive a rendu leur publication inutile, puisque des dépêches postérieures en date qui complétaient le contenu des précédentes, avaient déjà été affichées.

Ces explications m'ont paru nécessaires pour justifier ma conduite.

Je n'ai entre les mains aucune pièce ou document se rattachant aux insurrections au sujet desquelles vous opérez une enquête. Quant à présent, je n'ai aucun motif pour vous adresser un rapport sur les faits politiques concernant ces attentats.

J'ajouterai cependant que M. le procureur général près la Cour d'appel se met en mesure de faire parvenir incessamment un rapport développé sur les circonstances qui ont pu être recueillies, et toutes les mesures qui ont été prises dans le département pour arriver à la constatation des faits qui auraient pu être signalés à l'autorité udiciaire.

Salut et fraternité,

Le Préfet de la Meurthe, *signé*, E. Lorentz.

Meuse.

Citoyen Président, je m'empresse de vous transmettre, en réponse à votre lettre du 27 du courant, copie de dix dépêches télégraphiques relatives aux évènements des mois de mai et de juin.

Ces communications dont il a été adressé des copies aux Sous-Préfets, ainsi qu'aux maires des principales villes des départements, qui ont dû les faire placarder, sont les seuls documents existant entre mes mains qui aient un rapport direct ou indirect avec les deux insurrections.

Salut et fraternité.

Le Préfet de la Meuse.

Morbihan.

Il y a dans le Morbihan quatre à cinq républicains rouges. — Les napoléoniens n'y ont jamais fait parler d'eux, mais les orléanistes et les légitimistes sont parfaitement organisés.

Le 20 juin 1848, j'écrivais au Ministre de l'intérieur la lettre suivante :

« Citoyen Ministre, je tiens d'une source *confidentielle* mais *sûre*, qu'un grand « complot s'organise dans nos ports. — Ce complot a deux formes : l'une publique à « laquelle tous les marins qui ont servi sous le prince de Joinville, sont invités à « s'associer. — L'autre, *secrète*, à laquelle ne sont admis que les purs. — Pour déjouer ce complot il faut trois choses : — 1° de l'initiative et de la fermeté à Paris; — « 2° une grande surveillance sur les nominations qui vont être faites dans la marine ; » 3° des ordres sévères aux préfets et aux préfets maritimes des départements. Je réclame « comme complément dans le Morbihan, la nomination immédiate d'un sous-préfet à « Lorient, et j'y voudrais un homme ferme et sûr. Cette sous-préfecture est presque aussi « bien payée et presque aussi importante qu'une préfecture. Le sous-préfet actuel est « absent depuis sept semaines.

« Salut et fraternité. *Signé* A. GUEPIN. »

M. Lorois, ex-préfet du Morbihan, chef des orléanistes dans l'Ouest, était à Brest lors des évènements, sous prétexte de faire de la *conchyologie!* Il a voulu me faire du refus de l'impôt au sujet des 45 centimes, mais j'ordonnai aussitôt *par écrit* au receveur général de le poursuivre. — M. Lorois est un homme fort distingué, *nous sommes bien ensemble*, et je lui ai dit à lui-même ce que je pense de sa conduite politique.

Je n'ai aucune preuve matérielle des agissements des orléanistes morbihannais lors des évènements du 15 mai et de juin ; mais en juin, y a-t-il un homme de bien qui doutât du combat? J'étais à Paris du 7 au 14 juin. J'ai été surpris que le combat ne s'engageât pas le 10 juin, et je suis revenu de Paris, persuadé que *Cavaignac* et *Trouvé-Chauvel* étaient à la hauteur de leur position, persuadé qu'ils aideraient beaucoup à nous sauver ; mais sachant assez bien les hommes et les choses, pour comprendre que vous n'auriez guère besoin d'enquête.

Est-ce que le 10 juin toutes les mauvaises passions n'étaient pas dans la rue? *orléanistes, bonapartistes, légitimistes*, *république rouge*, et *gens de pillage*, tels que *forçats libérés*, tous se donnaient le mot.

J'ai vu cent placards contre le Gouvernement, en ai-je vu un seul du Gouvernement ou pour le Gouvernement.

Je dis le Gouvernement, c'est une mauvaise expression, il y avait *l'ombre d'un Gouvernement* et rien de plus.

J'avais alors pour secrétaire, le citoyen Blondeau, conseiller de préfecture à Vannes, qui, s'il n'a pas été tué, car c'était un bon et brave républicain, pourra vous édifier sur ce qu'il a vu le 10 juin à Paris ; faites-le connaître. Mon honorable ami, le citoyen Corbon, votre vice-Président, pourra vous répéter ce que nous lui avons dit sur l'absence de la vraie République, et la part des divers partis à l'agitation de ce moment. Lui aussi avait le cœur bien contristé.

Pardonnez moi cette digression. Les légitimistes n'ont pas cessé d'être organisés dans le Morbihan. Ils étaient prêts à exploiter de leur mieux le combat de juin, et ils ont toujours été admirablement instruits de tout. Ils ont cherché ici à faire passer pour fausse la dépêche télégraphique annonçant la victoire de la République. Immédiatement après la publication de cette dépêche, leurs voitures sont parties dans toutes les directions du Morbihan.

Le 24 juin, j'écrivais au Ministre de l'intérieur, d'après une lettre du sous-préfet de Ponthivy, que beaucoup de jeunes légitimistes actifs étaient partis pour Paris, où ils devaient s'enrôler dans la garde nationale. Cette lettre n'est arrivée que le 26 juin à Paris.

Je comprends aussi, mieux encore que par le passé, l'énorme activité, les voyages, le mouvement des chefs de ce parti dans le Morbihan, depuis le 15 juin. Si, du reste, j'ai contre eux une foule de preuves morales, de rapports graves, je n'ai pas une seule preuve judiciaire. *Cadoudal*, *le Maintier*, *le Marestier*, Gambert, ont cherché à empêcher les conscrits de partir, mais qui oserait déposer contre eux dans nos campagnes? L'histoire n'est-elle pas là ? Je sais, par les aveux d'un réfractaire, les réunions de Grand-Champ, mais ce réfractaire n'oserait jamais déposer en public. Je sais aussi qu'un réfractaire dangereux est allé vers le 20 à Angers, pour aller à Paris; qu'à Angers il a rebroussé chemin, mais qui prouvera le fait?

Est-ce que leurs journaux et les orléanistes n'ont pas contesté la vérité de tous nos rapports de maires, d'agents de police, de gendarmerie et de sous préfets?

Je sais que Cadoudal (le colonel) emprunte à des taux usuraires, pour organiser la guerre civile. Ce fait m'est connu depuis un mois, mais qui le prouvera? Et cependant il est de notoriété publique. Il m'a été répété à Grand Champ, à Vannes, à Auray.

Voici ma conclusion : J'ai la conviction que les orléanistes et les légitimistes du Morbihan songeaient à profiter du combat. Je n'en ai pas la preuve judiciaire.

Au surplus, si la Chambre et le Gouvernement n'ont pas plus *d'initiative* que par le passé, le combat devra infailliblement recommencer dans quelques mois. Un mouvement sage et raisonné pourra seul vaincre l'anarchie. Nous venons de remporter une victoire, mais elle sera perdue si de suite l'on ne s'occupe pas des intérêts moraux et matériels du pays. Des droits politiques ne donnent pas nécessairement le bonheur.

Salut et fraternité.

Signé A. Guepin.

Paris, le 7 juillet 1848.

Au citoyen Tarot, conseiller à la Cour d'appel de Rennes.

Nous, Président de la Commission d'enquête, de l'avis et de l'ordre de cette commission, donnons, par le présent, mission spéciale à M. Tarot, conseiller à la Cour d'appel de Rennes, d'informer sur-le-champ sur les faits suivants :

1° Quelle a été dans le département du Morbihan l'attitude des divers agents de l'autorité, en présence des populations et de la garde nationale, lorsque les faits d'insurrection sont parvenus à la connaissance du public ?

2° Les dépêches télégraphiques ont-elles reçu immédiatement de la publicité?

3° Ont-elles été publiées textuellement ?

4° Le préfet du Morbihan a-t-il facilité le départ des gardes nationales? n'aurait-il pas au contraire renvoyé dans leurs foyers celles de l'arrondissement de Ponthivy, qui s'étaient portées au chef-lieu du département ?

5° Le sous-préfet de Ploërmel aurait-il refusé des feuilles de route pour Paris? aurait-il, dans une réunion du conseil municipal et de la garde nationale, proposé une formule d'adhésion conditionnelle au Gouvernement et à l'Assemblée Nationale, portant ces mots : *En tant que l'Assemblée marcherait dans les voies d'une République démocratique et sociale*? Après avoir sinon approuvé, du moins excusé l'insurrec tion, le même sous-préfet aurait-il dit à un officier de la garde nationale qui lui en faisait des reproches : *Monsieur, je joue ma place sur la prochaine dépêche?* N'aurait-il pas argumenté des dépêches reçues par lui, pour annoncer que probablement la garde mobile et la garde républicaine étaient passées aux insurgés?

L'information pourra s'étendre aux faits annexés dont la constatation se rattacherait à l'objet de cette délégation.

Le conseiller délégué par la Commission d'enquête devra procéder sommairement. Il pourra entendre les témoins par lui mandés sur simple lettre ou même verbalement, sans s'astreindre aux formes d'une instruction judiciaire. Il devra accompagner l'envoi des pièces d'un rapport émané de lui, et dans lequel il appréciera l'ensemble des documents qu'il aura recueillis.

Le Président de la Commission d'enquête, *Signé* ODILON BARROT.

Le Secrétaire, *Signé* WALDECK-ROUSSEAU.

Vannes, le 14 juillet 1848.

Monsieur le Président, pour me conformer au désir exprimé par la Commission d'enquête, j'ai l'honneur de lui retourner, après la constatation et sans attendre la fin de l'instruction, les dépêches télégraphiques qui m'avaient été adressées.

Il résulte de mon procès-verbal qu'elles ont été textuellement publiées. La seule dépêche n° 1843, transmise de Paris, le 25 juin 1848 à quatre heures et demie, et retardée par le brouillard, n'a point eu de publicité. Le préfet l'avait reçue en même temps que trois autres, au nombre desquelles se trouvait celle no 1357, qui annonçait que l'insurrection était complètement vaincue. Cette dépêche ne fut pas dissimulée par lui, il la montra à quelques personnes, et il pensa qu'il était inutile de la faire publier, puisque la lutte était terminée.

Je suis avec respect, Monsieur le Président, votre très obéissant serviteur.

Le Conseiller à la Cour d'appel de Rennes, délégué par la Commission d'enquête,

Signé : F. TAROT.

Rennes, 29 juillet 1848.

Monsieur le Président, j'ai l'honneur de vous transmettre le rapport que la Commission d'enquête m'a chargé de lui adresser sur l'ensemble des renseignements que j'ai recueillis dans le département du Morbihan. Je me suis conformé autant qu'il m'a été possible, aux instructions qui m'ont été données dans l'acte de délégation.

Je me suis présenté dans les quatre arrondissements. J'ai dû particulièrement rassembler le plus d'actes administratifs que j'ai pu obtenir, convaincu que la vérité apparaîtrait beaucoup plus facilement par ce mode d'informer que dans des déclarations inspirées souvent par une prévention passionnée.

Tous les témoins ont prêté serment. J'ai cru devoir placer sous cette précieuse garantie, la sincérité de mon enquête. Je ne puis savoir si tous les témoins ont dit vrai, je n'ai pu lire au fond de leur conscience, mais je n'ai rien négligé pour parvenir au but que je me proposais d'atteindre. On m'a souvent cité des faits sans vouloir me désigner les personnes qui en auraient administré la preuve, je ne les ai pas constatés. Ma mission était délicate et difficile. J'ai pris les plus grandes précautions pour ne pas exciter les esprits que ma présence animait inévitablement.

1° Si l'on ajoutait foi à des bruits publics, l'attitude de l'autorité administrative supérieure aurait été indécise, lorsque les faits d'insurrection sont parvenus à sa connaissance. Il m'a paru résulter de l'information, que c'est par un mouvement spontané que dans les arrondissements du Morbihan, les gardes nationaux se sont levés pour courir à la défense de la capitale. L'initiative ne serait pas venue du préfet. Ce magistrat, dans la lettre qu'il écrivait au maire de Vannes, le 25 juin, *espérait que l'on pourrait se borner à une manifestation épistolaire.*

Le sous-préfet de Ploërmel, par ses lettres du 3 et du 18 juillet, apprend qu'il n'avait reçu l'ordre de réunir le Conseil municipal et les officiers de la garde nationale que pour provoquer de leur part un acte d'adhésion à l'Assemblée Nationale et à ses décisions.

A Lorient, il n'y avait pas de sous-préfet. On ne peut considérer comme revêtu d'un caractère public celui qui, dans ces jours difficiles, passait pour être à la tête de l'autorité administrative de cet arrondissement. Le citoyen Cournet, nommé sous-commissaire par le Gouvernement, était absent. Il avait délégué l'un de ses frères pour le remplacer, et celui-ci, à son tour, avait confié l'intérim à son autre frère, marchand de vin. Ces faits sont de notoriété publique, il était inutile de les constater. Cet état de choses si irrégulier a été signalé dans le temps à l'autorité administrative supérieure.

Depuis, des mesures ont été prises pour le faire cesser.

L'enquête apprend qu'à Pontivy, tous les officiers de la garde nationale se réunirent spontanément pour faire un appel au dévouement et à la bonne volonté des citoyens. Le lendemain, 26 juin, le sous-préfet passa la revue qui précéda le départ des volontaires. Il improvisa un discours dont on n'a pu me faire connaître les termes et qui a été diversement interprété par ceux qui l'ont entendu : quelques-uns disent qu'il s'éleva contre les anarchistes et les réactionnaires. Le discours prononcé par le maire fut généralement préféré. Ce magistrat, en ne parlant que d'anarchie, allait plus directement au but.

Suivant la déposition du même témoin, le préfet du Morbihan n'aurait pas été très-heureux dans les allocutions qu'il adressa aux gardes nationaux accourus de divers points du département, le 26 juin dernier. Monsieur Robiou, ancien élève de l'école normale supérieure et professeur d'histoire au lycée de Pontivy, est le seul qui m'ait donné quelques renseignements à cet égard. M. Daguillon, avocat à Pontivy, et se trouvant actuellement à Paris, chez le citoyen Fauveau, représentant du Finistère, m'a été indiqué comme ayant conservé un souvenir plus complet de ce qui s'était dit et passé à cette époque dans les villes de Vannes et de Pontivy.

2° Les seules dépêches télégraphiques qui n'ont pas été publiées à Vannes et à Pontivy, sont celles qui, dans les quatre dossiers que la Commission d'enquête m'a communiqués, portaient les numéros 1343 et 1347. Ces deux dépêches, avec deux autres numéros, 1355 et 1357, avaient été adressées au préfet du Morbihan, sous le même couvert et par la même estafette. Ce fait est consigné dans le rapport et l'état qui m'ont été remis par le directeur du télégraphe à Rennes. Ce fonctionnaire avait directement expédié ces mêmes dépêches au sous-préfet de Ploermël, qui les a publiées. Lorient les avait reçues de Brest, ainsi que je l'ai fait certifier par le maire de cette première ville.

Pourquoi ces dépêches numéros 1343 et 1347 n'ont elles pas été portées par le préfet à la connaissance de tous les citoyens? La réponse donnée à la 4e question posée dans la Commission rogatoire, expliquera le motif du silence gardé par M. le préfet à l'égard de ces deux dépêches.

3° et 4° Le 26 juin, à Vannes, M. le préfet ne dona que vers cinq heures du soir l'ordre de régulariser le départ des détachements réunis au chef-lieu, ou qui allaient y arriver. Il attendait, disait-il, une nouvelle dépêche qui ne pouvait manquer de lui parvenir dans la journée. Les gardes nationaux ayant insisté et M. le maire de Vannes ayant affirmé que le Conseil municipal avait voté un crédit suffisant pour le transport du détachement jusqu'à Nantes, le préfet invita alors le citoyen Ulric, chef de division de ses bureaux, à préparer la mobilisation des détachements de Vannes et de Pontivy.

M. le général Boullé, commandant le département du Morbihan, m'a donné la certitude que les dispositions administratives avaient été exécutées. La feuille de route que m'a remise le commandant de Pontivy en est la preuve.

M. le préfet maritime de Lorient m'a informé que M. le préfet Guépin lui avait écrit pour obtenir un bateau à vapeur; mais des dispositions faites avec la plus grande célérité pour le transport des gardes nationales de Lorient au Hâvre rendirent inefficace cette démarche du préfet du Morbihan. *Le Caïman*, seul bateau à vapeur disponible, était parti, dès le 25 juin à 10 heures du soir, emportant les 71 hommes composant le détachement des villes de Lorient et de Hennebon.

Le détachement de la garde nationale de Pontivy arrivait à Vannes, le 26 juin, vers huit heures du soir. Le préfet était allé devant et l'avait complimenté. Il ne put accélérer les moyens de transport, et le départ fut fixé à trois heures du matin. A deux heures trois quarts, M. le préfet reçut en même temps les quatre dépêches portant les numéros 1343, 1347, 1355, 1357. Il s'empressa de donner à tous les gardes nationaux près de partir lecture de la dépêche 1357 ainsi conçue : « L'insurrection est complè-« tement vaincue; tous les insurgés ont mis bas les armes ou s'enfuient dans les cam-« pagnes. La cause de l'ordre a triomphé. Vive la République! ».

Il lut ensuite la dépêche n° 1355 qui précédait.

Le Préfet voyant que cette lutte affreuse était terminée, ne jugea pas utile, m'a-t-il dit, de faire connaître les dépêches numéros 1343 et 1347. La première contenait ces mots: *La marche sur Paris ne doit pas être arrêtée*. La deuxième, ceux-ci : *De tous les départements des secours arrivent*. Ces deux dépêches furent, à leur réception, communiquées à quelques personnes qui entouraient M. le Préfet. Le sieur Ulric a déclaré ce fait dans sa déposition. Le directeur des postes à Vannes, qui était présent, m'a dit que le préfet avait cru que la publicité donnée à ces dépêches aurait pu, dans ce moment, atténuer l'excellent effet produit par celles que ce magistrat venait de lire.

Le citoyen Guépin prit alors sur lui de contremander le départ de tous les détachements. Il donna l'ordre à celui de Pontivy de retourner dans ses foyers, ce qui fut consigné, sur la réclamation du commandant, à la suite de la feuille de route dont cet officier était porteur.

On ne tarda pas, à Vannes, à savoir que les dépêches 1343 et 1347 n'avaient pas été publiées. Le 28 juin, des gardes nationaux de Vannes, précédés de leur commandant, réclamèrent auprès du préfet contre cette omission.

Le même jour, sans y être autorisé, le conseil municipal se réunissait extraordinairement, et protestait dans une délibération dont une ampliation est au dossier.

De ces démarches est resultée une excitation assez vive, et de la part du Préfet et de la part du Conseil municipal et de la garde nationale de Vannes. Ce secret gardé de deux dépêches a été suspect aux yeux de ceux qui, dans ces graves circonstances, ont jugé que le préfet avait eu peu d'initiative et avait hésité à accélérer le départ des détachements. Le mécontentement exprimé par le Conseil municipal et la garde nationale prend sa source dans un sentiment patriotique très-honorable. Ils ont pensé que, dans l'intérêt de tous et pour l'effet moral, une manifestation contre l'anarchie devait être complète et générale. Ils ont reproché au préfet d'avoir mis arbitrairement des bornes à leur dévouement, en révoquant sans ordre supérieur celui qui lui avait été donné *de ne pas arrêter la marche sur Paris*.

Pendant que j'informais, M. Guépin vint me trouver. Il soutint devant moi, avec énergie, qu'en ne publiant pas aussitôt qu'il les avait reçues, les deux dépêches, il avait cédé à un bon mouvement de son cœur : on aurait pu croire, me dit-il, que tout n'était pas terminé, et des familles entières auraient pu rester plongées dans une bien grande inquiétude.

J'ai joint aux pièces le n° 33 des actes du préfet du Morbihan, qui donne à ses administrés des explications sur la conduite qu'il a tenue pendant l'insurrection du mois de Juin dernier.

5° A Ploërmel, un seul garde national s'est présenté devant le sous-préfet pour demander à partir pour Paris. Le lendemain, quelques gardes nationaux ayant manifesté la même intention, et le sous-préfet ne pouvant leur accorder l'indemnité de route, il ne fut pas donné suite à cette faible manifestation.

J'ai écrit plus haut que le préfet du Morbihan avait invité le sous-préfet de Ploërmel à réunir le Conseil municipal et les officiers de la garde nationale, et à provoquer de leur part un acte d'adhésion à l'Assemblée Nationale et à ses décisions. La lettre du préfet était confidentielle; le sous-préfet ne l'a point communiquée.

Il a été appris par un grand nombre de témoins et par M. le sous-préfet lui-même, dans ses lettres du 3 et du 18 juillet, qu'il avait rédigé, au lieu d'un projet d'adhésion pur et simple, un projet de délibération ainsi conçu : « Les soussignés.... déclarent « adhérer à l'Assemblée Nationale et à ses décisions, tant qu'elles seront conformes « aux idées fondamentales de la République sociale et démocratique. »

Cette rédaction fut combattue par M. Pringué fils, docteur-médecin et chirurgien de la garde nationale, par M. Robert, juge de paix du canton de Ploërmel et par M. de Preaudeau, conseiller municipal et capitaine de la garde nationale. Dans leurs dépositions, ces messieurs, surtout les deux premiers, sont entrés dans des détails peu favorables à la conduite que le sous-préfet aurait tenue dans une partie de cette séance extraordinaire. Il était alors indispensable d'entendre tous les citoyens qui avaient pris part à la délibération. Ces derniers témoins ont déclaré qu'ils n'avaient pas entendu les paroles que le sous-préfet avait prononcées dans son exposé, ni celles que messieurs Pringué fils, Robert et de Preaudeau avaient proférées dans la séance. La discussion, ont dit quelques-uns, était confuse; il était difficile de saisir les discours qui étaient échangés.

M. Pringué fils m'a paru déposer avec une grande impartialité. Lorsque j'eus reçu sa déclaration, il fut le premier à m'indiquer les personnes qui assistaient à la réunion et qui pouvaient être utiles à la défense de M. le sous-préfet. Ce fut alors que, par un esprit de justice dont je ne pouvais m'écarter, je résolus d'appeler tous les délibérants. Deux seulement, pour cause d'absence, n'ont pas obéi à mon appel.

M. Robert, juge de paix à Ploërmel depuis le 24 février 1848, doit, dit-on, sa nomination au sous-préfet actuel. Tous les renseignements que j'ai pris sur ce magistrat m'ont fait penser que dans son témoignage il n'avait point été porté à altérer la vérité par le ressentiment qu'il aurait conçu d'une parole peu polie que, dans le cours de la discussion, M. le sous-préfet lui aurait adressée.

Le caractère honorable de M. de Preaudeau repousse aussi de sa part toute intention de nuire à M. le sous-préfet.

Tous les témoins sont unanimes sur ce point; c'est que le projet d'adhésion conditionnelle fut modifié par un amendement auquel le sous-préfet acquiesça sans hésitation, et qui avait pour objet de remplacer les mots *tant que* par ceux-ci : *convaincus que ses décisions seront conformes aux idées fondamentales de la République sociale et démocratique*.

La dénomination de *République sociale et démocratique* ne convenait pas à tous les adhérents. Plusieurs n'ont signé l'adresse qu'avec répugnance; M. Pringué fils a refusé de le faire, et il a donné sa démission de chirurgien de la garde nationale de Ploërmel.

M. le sous-préfet Lamarre repousse l'interprétation donnée à ses paroles; il les explique par cette réponse qu'il a faite dans la séance même, et dont voici les termes : « Nous ignorons ce qui se passe à Paris; nous ne savons pas si l'Assemblée n'a pas été envahie, ou ne délibère pas sous les baïonnettes. Je déclare que, si je recevais à l'instant une dépêche annonçant que Barbès et Blanqui sont chefs du Pouvoir exécutif, je ne la proclamerais pas, quelques conséquences que cela pût avoir pour moi; mais je déclare aussi que je ne proclamerais pas davantage aucun prétendant, quel qu'il fût, s'il m'était annoncé. »

Quant à ces mots : *je joue ma place*..., quelques-uns prétendent que le sous-préfet les a prononcés, lorsqu'on lui reprochait l'espèce d'injure qu'il adressait à l'Assemblée Nationale par son projet d'adhésion conditionnelle. D'autres, au contraire, soutiennent, et c'est le plus grand nombre, que M. le sous-préfet s'est exprimé ainsi au moment où il déclarait qu'il ne proclamerait pas un gouvernement au nom de Blanqui et de Barbès.

M. Houeix est le seul qui dépose que, dans un groupe dont il faisait partie avec le sous-préfet, celui-ci argumentait des dépêches télégraphiques pour annoncer que probablement la garde mobile et la garde républicaine étaient passées aux insurgés. Le témoin n'a pu me faire connaître les autres personnes qui étaient en ce moment auprès de lui. Mais il prévoit, d'après la rumeur publique, que des gens animés d'une mauvaise intention répétaient, dans des lieux fréquentés, la présomption d'un fait aussi alarmant. Les témoins, interrogés à cet égard, ont tous gardé le silence, à l'exception de M. le juge de paix Robert. Ce magistrat apprend que les mêmes discours ont été tenus devant lui par le sieur Béquet, commandant le détachement du 71ᵉ de ligne à Ploërmel, par M. Danet, adjoint du maire, et par M. Labruyère, agent voyer de l'arrondissement. Le capitaine Béquet aurait été beaucoup plus loin que les autres, et il aurait énoncé sa pensée sur les déplorables évènements du jour en des termes on ne peut plus violents, consignés dans la déposition du témoin. Les sieurs Danet et Labruyère ont maintenu n'avoir entendu ni proféré eux-mêmes de tels discours. Le sous-lieutenant Montmageur, qui n'était arrivé qu'à la fin de la conversation, en a rapporté quelques paroles, et il a terminé sa déposition en disant que le capitaine Béquet passait pour avoir des opinions très-avancées, et que sa tête s'exaltait facilement.

Les sieurs Béquet, Danet et Labruyère, signalés dans la déposition de M. Robert, pourraient être du nombre de *ces gens en place* mentionnés dans le journal *la Liberté*, du 2 juillet 1848, que j'ai joint au dossier D sous le n° 1.

On prétend que, dans le principe, certains hommes, dans le département du Morbihan, voulaient attribuer à ce qu'ils appellent *la réaction* la cause de l'insurrection qui venait d'éclater à Paris.

J'ai dû prendre alors tous les renseignements propres à éclairer la Commission d'enquête sur ces menées dont on s'entretenait vaguement.

Souvent il est arrivé et il arrive encore que des faits d'une nature assez grave ont été et sont dénoncés aux autorités administratives et judiciaires : tantôt c'est un débarquement d'armes qui doit se faire sur la côte de Cancarneau, tantôt c'est une flotte anglaise qui est en vue de Belle-Isle ; une autre fois ce sont des rassemblements nocturnes de plus de 300 légitimistes agissant, sous le prétexte d'un pèlerinage, dans les intérêts du prétendant ; les 26 et 27 juin, on signale un inconnu qui répand l'or dans les campagnes pour insurger le pays, etc.

M. le Préfet maritime de Lorient, et MM. les Procureurs de la République des quatre arrondissements m'ont démontré, *pièces en mains*, d'après les recherches approfondies qu'ils ont faites, que rien de tout cela n'était fondé, et que jamais le département du Morbihan n'avait joui d'une aussi grande tranquillité. M. Guépin me l'a affirmé lui-même, en me disant que sept hommes seulement ont manqué à l'appel de la dernière classe.

Le danger actuel n'est pas là. Il existe dans la propagation des doctrines anarchiques parmi les ouvriers. Aussi M. le Préfet maritime de Lorient, qui en a cinq mille sous sa direction, fait-il de louables efforts pour s'opposer à ce que le mal fasse de dangereux progrès parmi tous ceux qui l'entourent.

Ici se terminent mon rapport et la mission qui m'a été donnée par la Commission d'enquête de l'Assemblée Nationale. J'étais loin de m'attendre à recevoir un aussi haut témoignage de la confiance qu'elle a bien voulu m'accorder. Puissé-je l'avoir justifiée. Dans les temps où nous vivons, il est bien difficile de plaire à tous en remplissant exactement son devoir. Au milieu des passions qui s'agitaient autour de moi en sens divers, je suis resté calme pour arriver plus facilement et plus sûrement à la manifestation de la justice et de la vérité.

Qu'une administration ferme et considérée, sage et intelligente, veille toujours avec vigilance sur les intérêts du département que je viens de parcourir, et, je puis l'assurer, le concours de tous les hommes de bien ne manquera pas à consolider l'œuvre d'une bonne République.

Veuillez agréer l'expression des sentiments respectueux avec lesquels j'ai l'honneur d'être, etc.

Signé P. TAROT.

Moselle.

Metz, le 12 juillet.

Citoyens Représentants, j'ai l'honneur de vous adresser les découvertes qui se rattachent, pour le département de la Moselle, aux évènements de juin, et dont je vous ai annoncé l'envoi par ma dépêche du 7 de ce mois.

A Metz, comme ailleurs sans doute, on avait le pressentiment, non de ce qui est arrivé, mais au moins de quelque évènement grave qui se préparait. Les esprits étaient agités, la population était inquiète, et les journaux, à leur arrivée, étaient lus avec avidité. La nouvelle de l'insurrection du 23 juin nous est parvenue le 25 à 10 heures du matin, par dépêche télégraphique du citoyen Ministre de l'intérieur, datée de Paris, à 9 heures, le 24.

Une autre dépêche du chef du pouvoir exécutif, partie de Paris le même jour, à une heure et demie après midi, a annoncé la mise en état de siège et la démission de la Commission exécutive; mais la dépêche adressée le 24, à sept heures du soir, par le citoyen Ministre de l'intérieur et portant que l'Assemblée Nationale avait déféré les pouvoirs du gouvernement au général Cavaignac, Ministre de la guerre, n'a été reçue ici que le 27 à 4 heures 20 minutes du soir.

Ce retard doit sans doute être attribué à la suppression momentanée du télégraphe de Belleville.

Trois autres dépêches du 25, l'une du Ministre des affaires étrangères et les deux autres du chef du pouvoir exécutif, ne me sont également parvenues, probablement par la même cause, que dans la journée du 27.

Ne recevant pas de nouvelles de Paris, le 26, j'en ai demandé à mon collègue de la Marne, qui recevait le courrier 15 ou 18 heures avant moi, et ce n'est qu'à l'aide des renseignements qu'il m'a transmis que j'ai pu rassurer la population dont l'agitation et l'inquiétude augmentaient et qui commençait à se plaindre de l'incertitude dans laquelle on la laissait. Au milieu de cette agitation, un club nouvellement créé fit, le 25, placarder le manifeste joint aux pièces (pièce numéro 1). La proclamation dont je le fis suivre et mon rapport au Ministre de l'intérieur (pièces numéros 2 et 3), vous feront connaître la nature de cette société et la valeur de sa démonstration.

Ce ne fut que le 26 à 4 heures et demie du soir, que nous apprîmes le triomphe de l'ordre et le désarmement de l'insurrection. Je renonce à vous peindre les sentiments d'admiration et de reconnaissance qu'ont fait naître, dans la ville de Metz comme dans tout le département, l'attitude ferme, le dévouement de l'Assemblée Nationale, et l'héroïsme des gardes nationales de Paris, de la garde républicaine et de l'armée.

A la nouvelle de l'insurrection, les gardes nationales de plusieurs communes m'avaient offert d'envoyer des détachements à Paris pour porter secours aux défenseurs de l'Assemblée Nationale et de la société; mais l'éloignement des lieux n'a pas permis de profiter de leur bonne volonté, et le contre-ordre du chef du pouvoir exécutif est venu arrêter les préparatifs de ces généreux citoyens.

Toutefois, dès le 25 juin, j'avais déclaré au général de division qu'il pouvait diriger sur Paris toute l'infanterie qu'il avait à sa disposition, et que je me chargeais de faire faire le service militaire, dans les diverses places du département, par la garde nationale.

Depuis quatre mois et demi que j'administre le département de la Moselle, je n'ai pas eu l'occasion de céler au public une seule dépêche télégraphique. Celles que j'ai reçues durant les journées de juin ont été scrupuleusement portées à sa connaissance, ainsi que vous en pourrez juger par les divers imprimés que je réunis dans le dossier.

Outre ma proclamation du 28, j'ai fait placarder l'adresse à l'Assemblée Nationale par laquelle j'annonçais celle du conseil municipal de Metz (Je vous l'envoie sous le numéro 4).

Toutes ces publications, citoyens Représentants, ont produit le meilleur effet sur les esprits, et je me plais à croire qu'elles ont compté pour quelque chose dans les influences honnêtes qui ont maintenu l'ordre et la tranquillité parmi la population de la Moselle.

Frappés de la nécessité de faire disparaître toutes les causes d'inquiétude qui pouvaient planer encore à la surface du pays, les citoyens honorables qui formaient la presque unanimité du club Démocratique prirent la résolution de dissoudre leur société.

Un placard a annoncé cette dissolution (voir pièce numéro 5), et le journal l'*Ami du peuple,* qui représentait l'opinion des fondateurs et de quelques affiliés de cette association, a cessé lui-même de paraître. Tel est en ce moment l'état des choses dans le département.

Il me reste à vous parler d'un fait qui se rattache à l'insurrection des journées de juin et qui a dû nécessairement fixer mon attention particulière.

Le 2 juillet, le sous-préfet de Briey recevait l'avis suivant :

« Le nommé Haltez (Jean) de Vézin, vient de recevoir une lettre de son fils Haltez (Victor), parti de Vézin il y a environ 5 ans. Il travaillait comme ouvrier charpentier à Paris; mais, depuis la Révolution de février, il était sans ouvrage et faisait partie des ateliers nationaux. Il résulterait de cette lettre, que les parents ont eu la sottise de montrer à quantité d'habitants : que Haltez (Victor) était au nombre des inculpés, qu'il s'est battu aux faubourgs Saint-Denis et Poissonnière. Il se flatte d'avoir, avec ses camarades, détruit une quantité de nos braves gardes mobiles, d'avoir été de ceux qui manœuvraient une pompe alimentée avec de l'essence. Il ajoute que si *le peuple* a été vaincu, il pourra dire qu'il a eu l'honneur de tuer 100,000 hommes. Il paraîtrait que cet individu est aujourd'hui tranquille à Paris. »

Cette lettre qui a pour ainsi dire été rendue publique, a profondément indigné toute la population, et comme il importe, dans l'intérêt de la société, que tous les coupables soient atteints, j'ai cru devoir vous signaler cet homme. L'adresse qu'il donne à ses parents est : « Rue des Poissonniers, 13, chez le sieur Maladret, marchand de vin. »

En même temps que le sous-préfet de Briey me faisait parvenir cet avis, il en adressait copie au citoyen Préfet de police, et il ajoutait : « Je désirais que le citoyen procureur de la République saisît la lettre de l'insurgé comme pièce de conviction. Il doit, m'a-t-il dit, attendre une commission du magistrat instructeur. »

Je me suis empressé d'écrire au sous-préfet de faire saisir, sans aucun retard, la lettre qu'il m'avait signalée ; mais, par suite de l'hésitation maladroite du chef du parquet du tribunal, cette pièce si importante dans l'instruction a disparu, et il a été impossible, jusqu'à présent, de la découvrir.

L'insurgé Haltez (Victor), auteur de cette lettre, est arrivé à Vézin le 7; un mandat d'amener a été décerné immédiatement contre lui ; il est arrêté. Des témoins ont été entendus, et ils ont indiqué le contenu de la lettre écrite par Haltez à son père ; mais celle-ci, je le répète, n'a pu être saisie, et le juge de paix du canton a déclaré qu'il avait la conviction morale qu'elle avait été brûlée par suite des observations faites par le maire et l'instituteur aux frères de cet insurgé. Haltez n'a avec lui que les vêtements qui le couvrent ; on pense que ses effets sont restés chez son logeur à Montmartre.

Un autre individu du même arrondissement, le nommé François, natif de Crasnes, a été signalé comme nouvellement arrivé de Paris et fort suspect de participation à la sanglante levée de boucliers des anarchistes. Le substitut du procureur de la République et le juge d'instruction près le tribunal de Briey se sont transportés, le 10, dans la commune de Serronville pour opérer son arrestation. Cet individu est en ce moment avec Haltez dans la maison d'arrêt de Briey ; l'instruction contre eux se poursuit avec activité, et bientôt les deux prisonniers pourront être dirigés sur Paris. J'aurai soin, d'ailleurs, de vous faire connaître, dès que je l'aurai reçu, le résultat de l'instruction.

Tels sont, citoyens Représentants, les pièces et documents qu'il m'est possible de vous adresser sur les faits politiques se rattachant à l'attentat du mois de juin. Je désire vivement qu'ils répondent à la confiance dont la Commission d'enquête a bien voulu m'honorer, et qu'ils contribuent à porter quelque jour utile sur le drame cruel qui a mis la République et l'ordre social à deux doigts de leur ruine.

Agréez, citoyens Représentants, l'assurance de ma haute considération.

Le Préfet de la Moselle. *Signé* : Billaudel.

Nord.

Lille, le 30 juin.

Citoyens Représentants, en exécution de votre demande du 27 juin, j'ai l'honneur de vous adresser un paquet contenant onze dossiers.

Vous me demandez, en outre, un rapport sommaire sur ces mêmes pièces et documents, ainsi que sur les faits politiques se rattachant d'une manière quelconque aux deux attentats de mai et de juin contre la République.

Les explications que j'ai l'honneur de vous adresser ne peuvent porter que sur les faits postérieurs au 25 mai, époque à laquelle j'ai pris possession de l'administration du département du Nord.

Je me bornerai à vous dire que l'émeute qui a éclaté à Lille, le 21 mai (dossier n° 1), ne paraît, d'après ce que j'ai appris depuis mon arrivée dans le département, avoir eu aucun rapport direct ni indirect avec l'attentat commis à Paris le 15 mai sur l'Assemblée Nationale.

Les causes de cette émeute n'ont pu être attribuées qu'à l'état d'agitation que la révolution de Février avait fait naître dans la nombreuse population ouvrière de Lille, état d'agitation qui avait été, il faut le dire, entretenu par l'administration qui m'avait précédé, dans une pensée révolutionnaire que commandaient peut-être les circonstances du moment.

Je suis venu dans le département du Nord avec la résolution de faire cesser cet état d'agitation si fatal à l'industrie et à l'établissement pacifique de la République, et de faire naître, au contraire, dans tous les cœurs les sentiments de conciliation et de fraternité, qui sont à nos yeux la base du véritable gouvernement démocratique.

Mes efforts ont pleinement réussi à cet égard, et la tranquillité n'a pas été un seul instant troublée sur aucun point de mon département, depuis le jour de mon installation.

Ainsi que vous pourrez le remarquer par la lecture du dossier n° 2, certaines craintes avaient été manifestées pour la journée du 15 juin, que divers rapports et les renseignements recueillis par la police nous annonçaient comme menaçante pour la sûreté publique. Ces bruits, répandus à la suite des menées napoléoniennes qui avaient lieu à la même époque à Paris, n'avaient cependant, à vrai dire, pour origine, aucune cause politique. Les ouvriers paraissaient alarmés sur leur situation personnelle et sur la durée de la distribution des secours rendus, depuis quatre mois, nécessaires par le chômage de la plupart de nos grandes fabriques.

Ainsi que vous le verrez par la copie de mon rapport au Ministre de l'intérieur, en date du 17 juin (dossier n° 2, pièce n° 3), et par ma proclation du 13 juin (dossier n° 10), j'ai appelé à moi les ouvriers qui se plaignaient, je les ai rassurés sur l'objet de leurs inquiétudes, joignant au langage de l'affection et de la sympathie, celui de la résolution et de la fermeté, j'ai obtenu d'eux la promesse que la paix ne serait pas troublée.

Cette promesse a été tenue, elle l'a même été dans les cruelles et longues journées de la lutte engagée à Paris du 23 au 27 juin. Pendant ces cinq fatales journées, la population de Lille n'a manifesté d'autre sentiment que celui d'une consternation générale et d'une anxiété que la succession des évènements connus de Paris ne faisait qu'accroître d'heure en heure.

D'heure en heure aussi, comme vous l'attesteront mes nombreuses proclamations (dossier n° 11), je m'adressais à elle pour la maintenir dans la confiance du salut de la République.

La situation de Lille, citoyens Représentants, eût pu être terrible si l'insurrection de Paris avait trouvé ici de l'écho. Le départ successif des deux seuls bataillons de guerre composant la garnison de Lille et d'un bataillon de notre garde nationale nous laissait, en présence d'une population de 60,000 ouvriers, presque sans défense, mais non sans courage. L'honorable général Carrelet, commandant par intérim la 3e division militaire, et moi nous n'avons pas perdu un seul instant la confiance que nous parviendrions à maîtriser toutes les difficultés et que l'ordre serait maintenu, et notre confiance n'a pas été trompée.

Les rapports émanés des divers points du département, ma correspondance avec les sous-préfets et avec les maires n'ont cessé de me rassurer sur l'état général des esprits.

Le premier jour, j'ai cru devoir retenir l'élan d'une partie des gardes nationales qui demandaient à voler au secours de Paris ; je veux parler de celles plus rapprochées des points extrêmes de la frontière, tels que Valenciennes, Roubaix, Turcoing. Je devais craindre, en effet, que le mouvement qui éclatait à Paris n'eût des ramifications à l'étranger, et que la survenance inopinée de quelque prétendant ne pût lui donner une gravité nouvelle, ou même soulever sous mes yeux les populations, auxquelles je ne cessais de recommander le calme et le recueillement.

Gardien de la frontière du Nord, j'ai compris toute l'étendue de la responsabilité qui pesait sur moi et des devoirs que m'imposait le salut du pays; j'ai cherché à y faire face partout à la fois : mais la surveillance active que je faisais exercer sur la frontière m'a bientôt rassuré sur ce côté du danger; d'ailleurs la lutte se prolongeait à Paris. C'est alors, citoyens Représentants, que je me suis empressé de donner sur tous les points l'ordre de marcher sur Paris, ordre que j'ai dû arrêter aussitôt *que j'ai appris la fin de la lutte* (dossier n° 8), afin de ne pas produire sur la capitale un encombrement qui pouvait engendrer de nouveaux périls et faire naître de graves difficultés de subsistances.

Dès cet instant, d'autres préoccupations m'ont assiégé. Inquiété par l'entrée continuelle en France d'étrangers sans aveu, de vagabonds et de prétendus soldats polonais venant jusqu'aux portes de la République, *aux frais du trésor de la Prusse* (voir dossier n° 7, pièce 11), je me suis demandé si ce n'étaient pas des ennemis soudoyés que l'on entreprenait de jeter ainsi au cœur du pays pour y fournir des bras à l'insurrection. J'ai pris sur moi l'initiative d'interdire absolument l'accès de la France à ces étrangers et de faire reconduire à la frontière ceux qui, entrés récemment, nous imposaient d'ailleurs pour leur subsistance des sacrifices importants à réserver au profit des nombreuses misères qui accablent les populations du département du Nord (voir dossier n° 7, pièce 11, et dossier 6, pièces nos 2 et 3).

J'ai également, dans la prévision où des insurgés, fuyant de Paris, viendraient à se jeter dans nos campagnes, donné l'ordre à la gendarmerie et aux diverses autorités de mettre en arrestation préventive tous voyageurs qui seraient rencontrés dénués de papiers réguliers (voir dossier 6, p. 2 et 3).

Dans la journée du 28, j'ai été informé, par M. le sous-préfet de Valenciennes, d'un bruit annonçant qu'un groupe d'insurgés descendait sur Saint-Quentin (dossier n. 5, p. 12). J'ai aussitôt avisé ce fonctionnaire, ainsi que mon collègue de la Somme, des mesures à prendre pour porter assistance, en cas de besoin, à cette ville populeuse, qu'aucune garnison ne protège, et j'en ai rendu compte par le télégraphe à M. le Ministre de l'intérieur (dossier n. 6, pièce 1, et dossier n. 5, pièce 1).

Dans cette même journée du 28, j'ai fait célébrer, dans la principale église de Lille, un service funéraire en l'honneur des victimes des journées des 23, 24, 25 et 26 juin, suivi d'un *Te Deum* en l'honneur du rétablissement de la paix intérieure et du triomphe de la République sur l'anarchie.

J'ai fait convoquer toutes les autorités civiles et militaires, et tous les corps constitués pour assister à cette cérémonie, qui a été célébrée avec une grande pompe et au milieu du concours d'une immense population.

J'ai également prescrit que la même cérémonie fût célébrée dans les chefs-lieux d'arrondissement et dans les chefs-lieux de canton, et j'ai déjà reçu l'avis que mes ordres avaient été remplis sur un très-grand nombre de points.

Tel est, Citoyens Représentants, le court exposé des faits dont j'ai à vous entretenir. C'est un grand bonheur pour moi de pouvoir vous attester que ce département, incessamment soulevé pendant les trois premiers mois de la Révolution de février, jouit aujourd'hui d'une paix entière, et que la France attristée peut du moins tourner avec sécurité ses regards vers le département du Nord.

Mais, s'il m'est permis de vous affirmer que nos populations sont pures de tout contact avec les horribles attentats de mai et de juin, je ne puis vous dissimuler en même temps que la tranquillité dont nous jouissons est peut-être plus apparente que profonde. Les ouvriers ne comprennent encore, dans le fait dela Republique, que le faix de la misère qui les accable, est le produit inévitable de l'interruption complète du travail. Bien que cet ordre d'idées ne soit pas peut-être celui pour lequel l'Assemblée Nationale a formé sa Commission d'enquête, je croirais trahir la vérité à vos yeux si je ne vous disais qu'il est d'une urgence absolue que le Gouvernement de la République pourvoie aux besoins qui nous pressent, en venant sans délai au secours de l'industrie aux abois. Les ressources des villes et des municipalités, celles dues à la bienfaisance publique s'épuisent, et, si le travail n'est bientôt rendu à son activité, nous serons en face d'une population irritée par le besoin, et qui, sans mobile politique, se lèvera menaçante et armée pour chercher dans une lutte meurtrière une trève à ses souffrances.

Il ne m'appartient pas d'indiquer à la haute sagesse de l'Assemblée Nationale les mesures propres à nous garantir de tels maux et de tels dangers; mais je la conjure de me permettre d'adresser un pressant appel à ses lumières et à son patriotisme.

Salut et fraternité.

Le préfet du Nord, *signé* : A. Durand Saint-Amand.

Orne.

Alençon, le mercredi, 28 juin.

Citoyens, en réponse à votre circulaire du 27 courant, j'ai l'honneur de vous adresser les renseignements qui me paraissent se rattacher au dernier attentat commis contre la République.

Depuis quelque temps des espérances de restauration monarchique sont répandues dans nos campagnes, les calomnies les plus absurdes sont versées sur le Gouvernement de la République et sur les hommes dévoués qui sont ou qui étaient à la tête du pouvoir.

Pendant la nuit, à l'époque même des évènements de Paris, les arbres de la liberté ont été abattus, notamment à Flers, ville essentiellement soumise à l'esprit légitimiste et qui a une population nombreuse hors de travail. Dans les journées du 24 et du 25 juin des inconnus parcouraient les campagnes, disant que la République était abolie, et que Henri V était sur le trône.

D'un autre côté, dans la ville de Mortagne, dont la majorité des habitants est hostile à nos institutions, le sous-préfet a fait saisir, sur un colporteur, un ballot de biographies du prince Louis Napoléon Bonaparte (ci joint quelques exemplaires de cet écrit).

Un fait digne d'être signalé est celui-ci : une lettre particulière reçue à Alençon, dimanche soir, mit en mouvement le parti légitimiste de la ville; lundi, à cinq heures du matin, le rappel se battait dans les rues sans notre ordre. En arrivant sur la place d'armes, mon collègue, le citoyen Hérouard, trouva réunis environ trois cents hommes de garde nationale, dont le plus grand nombre nous avait été signalé comme d'anciens légitimistes. Lorsque, sur les renseignements fournis par l'aide-de-camp du général Cavaignac, nous eûmes annoncé que la République triomphait, et qu'on avait fusillé le comte de Narbonne, pris dans une barricade, et chargé d'argent, que nous eûmes engagé les plus ardents républicains à partir, nous vîmes les meneurs du parti légitimiste diminuer leurs prétentions, et au moment du départ ils avaient quitté les rangs.

Ci-joint une lettre du sous-préfet de Mortagne, et un rapport du commissaire de police d'Alençon.

Je dois ajouter, en terminant, que toutes les nouvelles que je reçois des diverses parties du département sont bonnes; nulle part l'ordre n'a été troublé, et l'enthousiasme, pour la République, grandit de jour en jour.

Salut et fraternité.

Le commissaire du département. *Signé :* BERRIER-FONTAINE.

Pas-de-Calais.

Arras, le 2 juillet.

Citoyen Président, conformément au désir que vous m'avez exprimé par votre lettre du 27 juin dernier, j'ai l'honneur de vous adresser une copie de toutes les dépêches que j'ai reçues à l'occasion des évènements qui viennent d'ensanglanter si douloureusement Paris.

Je joins à cet envoi les diverses proclamations que j'ai cru devoir afficher dans cette circonstance.

Comme vous le pensez bien, j'ai prescrit, à l'occasion de ces effroyables évènements, diverses mesures de recherches, de surveillance, à MM. les sous-préfets, procureurs de la République et maires des principales localités du département. Je n'ai rien appris, jusqu'à présent, qui me paraisse devoir être porté à votre connaissance.

Le Pas-de-Calais est presque unanimement rallié à la République, il désire, par-dessus toutes choses, le maintien de nos institutions sociales, et c'est parce qu'il reconnait que la République peut seule, aujourd'hui, les lui conserver, qu'il est bien décidé à lui prêter le concours absolu d'une adhésion complète et sans arrière-pensée. — Les hommes qui, en mai, ont attenté à la souveraineté de l'Assemblée Nationale, aussi bien que ceux qui, en juin, viennent d'attenter à la société elle-même, ont donc trouvé, dans ce pays, fort peu de sympathie. S'ils y venaient chercher un refuge, je suis persuadé qu'ils ne tarderaient pas à être découverts et signalés aux officiers de police judiciaires, auxquels les instructions les plus formelles ont été données sur les devoirs qu'ils ont à remplir en ce moment.

Si quelque fait, de nature à vous éclairer dans l'enquête politique que vous êtes chargé de faire sur les évènements des mois de mai et juin, arrivait à ma connaissance, je m'empresserait de vous en aviser.

Salut et fraternité.

Le Préfet du Pas-de-Calais. *Signé* : DEGOUVE DE NUNCQUES.

Arras, le 20 juillet, 1848.

Au Président de la Commission d'enquête.

Citoyen Président, j'ai l'honneur de vous adresser, avec la commission rogatoire que vous m'avez transmise en date du 18 de ce mois, le procès-verbal d'audition de témoins qui en a été la conséquence.

Veuillez agréer, citoyen Président, l'hommage de mon profond respect,

Le juge délégué, *Signé* : A. DORLENCOURT.

« L'an mil huit cent quarante huit, le vingt juillet,

» Devant nous, Alexandre Dorlencourt, juge au tribunal civil de l'arrondissement d'Arras,

Assisté du sieur Jean-Baptiste Choquet, commis greffier, assermenté près le dit tribunal;

Procédant en vertu d'une commission rogatoire à nous adressée sous la date du vingt juillet, présent mois, par M. Odilon Barrot, Représentant du peuple, Président de la Commission d'enquête instituée par décret du vingt-six juin, mil huit cent quarante-huit, à l'effet d'informer sur les faits que la dite commission rogatoire relate, concernant la dernière insurrection ;

Ont comparu en chambre d'instruction, les témoins ci-après nommés, mandés par nos lettres en date de ce jour;

Chacun desquels, après avoir prêté en nos mains le serment de dire toute la vérité, rien que la vérité, nous être enquis de ses nom, prénoms, âge, profession, qualité et domicile; après avoir de nous reçu indication précise des faits sur lesquels il est appelé à déposer, nous a fait oralement la déclaration suivante :

« Je me nomme Paul Emile Boutault, âgé de cinquante quatre ans, colonel commandant le premier régiment du génie, en résidence ou mieux garnison à Arras;

Dépose :

« Le dimanche, vingt-cinq juin, au soir, vers dix heures et demie, je me trouvais chez le général de Bois-le-Comte, où je m'étais rendu pour savoir ce qu'il pouvait y avoir de nouveau et pour prendre ses ordres, lorsqu'il lui est arrivé une dépêche de Lille; après l'avoir décachetée, il me dit : « Voilà du sérieux, il faut disposer mille hommes en deux bataillons qui seront envoyés immédiatement à Paris sous les ordres du lieutenant-colonel : » Il me donna en conséquence un ordre par écrit que je vous représente et dont voici la teneur ; il me disait : « Qu'en vertu des ordres du Ministre « de la guerre, j'eusse à faire partir le lendemain, vingt-six, au matin, mille hommes « de mon régiment pour Paris, sous les ordres de M. le lieutenant-colonel Levalois; « ces hommes devaient emporter vingt cartouches par homme et du pain pour deux « jours. Il me chargeait de recommander à M. le lieutenant-colonel Levalois, de pren- « dre les mesures pour pénétrer à tout prix dans Paris, sans toutefois compromettre « la sûreté de la troupe en négligeant de s'éclairer; il finissait en me disant que « l'heure du départ me serait indiquée plus tard. »

Il était dix heures environ, je me rendis immédiatement auprès de M. le lieutenant-colonel Levalois, et de là à la citadelle pour transmettre et faire exécuter mes ordres.

Vers onze heures, je reçus un billet de M. le général qui fixait à une heure après minuit l'heure du départ, le train du chemin de fer devant être prêt à cette heure. Ce billet m'imformait que l'ordre du général commandant la division, d'après ceux du Ministre, était que les bataillons arrivassent le plus matin possible.

A une heure tout était prêt, et le détachement s'est rendu immédiatement au chemin de fer, d'où il a dû partir vers deux heures. Je l'ai accompagné jusqu'à la porte de la ville, et j'étais rentré à la citadelle à deux heures.

A quatre heures du matin, mon domestique est venu me dire qu'un envoyé du Ministre de la guerre demandait à me parler. Je me levai et je reçus, en effet, des mains de M. Gibaut, capitaine du génie, attaché à la place de Paris, un ordre écrit du général Cavaignac, daté du 25 juin, au général commandant à Arras, qui enjoignait à ce dernier de faire partir immédiatement pour Paris, par la voie la plus prompte, chemin de fer ou marches forcées, tout ce qui serait disponible en mineurs ou sapeurs dans le premier régiment du génie. L'ordre demandait d'expédier en outre des outils, pioches, haches et instruments de pétardements, soixante cartouches par homme et six jours de vivres, s'il était possible; cet ordre recommandait la vitesse avant tout. Par un post-scriptum il était dit que le présent ordre serait expédié par un officier qui ramènerait le bataillon.

Un autre officier du génie, également attaché à la place de Paris, M. le capitaine Jobert, porteur d'un duplicata de l'ordre du général Cavaignac, vint retrouver chez moi le capitaine Gibaut, et je dis à ces Messieurs que depuis deux heures le détachement était parti sur l'ordre du général Bois-le-Comte. Je fis connaître à ces Messieurs que les soldats n'avaient emporté avec eux que les outils portatifs; et pour me conformer au nouvel ordre du général Cavaignac, je convins avec ces Messieurs de leur donner quatre caisses d'outils de mineurs, cinq cents sacs à terre, des saucissons de mine, etc... que je ferais accompagner d'un détachement de dix hommes et d'un sergent C'est en effet ce qui eut lieu; les hommes et les instruments du génie partirent le même jour, 26, à neuf heures du matin par le chemin de fer, sous la direction des deux capitaines du génie.

D. Sont-ce bien là tous les ordres que vous avez reçus, et n'avez-vous reçu aucun contre-ordre ?

R. J'ai rapporté tous les ordres que j'ai reçus et les ordres n'ont été l'objet d'aucun contre-ordre.

Lecture faite, le témoin a persisté dans sa déposition et a signé avec nous et le commis greffier approuvant la rature d'un mot nul.

Signé : A. Dorlencourt, Choquet, Boutault.

Je me nomme Alexandre Joseph de Bois-le-Comte, général de brigade, commandant la deuxième subdivision de la deuxième division militaire, en résidence à Arras;

Dépose :

Le vingt-cinq juin dernier, à neuf heures et demie du soir, je reçus une dépêche de Lille, datée du même jour, du général Carrelet, commandant provisoirement la division, portant ordre de faire partir le lendemain, vingt-six, au matin, mille hommes du régiment du génie en deux bataillons, sous le commandement du lieutenant-colonel pour se rendre à Paris par le chemin de fer ; ces hommes devaient emporter vingt cartouches et deux jours de pain.

J'écrivis de suite au colonel du génie de se rendre chez moi, et, dans le but d'éviter tout retard, j'écrivis en même temps à M. Stubert, chef du service de la gare, pour le prévenir de l'ordre que je recevais. J'appelai également chez moi le commandant de place et les sous-intendants militaires. Je donnai connaissance à chacun de ces Messieurs de la dépêche que je venais de recevoir ; je remis même au colonel du génie un ordre écrit énonçant ce qu'il avait à faire ; j'invitai chacun d'eux à transmettre et à exécuter les ordres qui les concernaient.

Peu d'instants après, je reçus du chef de la gare en personne l'avis que pour un départ aussi considérable, il craignait bien de ne pas avoir le matériel nécessaire immédiatement disponible ; que cependant il allait faire tous ses efforts, et qu'il espérait qu'on pourrait partir à minuit ; je fis part de cette disposition au colonel.

Quelques instants plus tard, un nouvel avis me fut donné, duquel il résultait que le départ au chemin de fer ne pourrait s'effectuer que vers une heure ou une heure et demie ; je renvoyai sur-le-champ au colonel du génie, l'ordre de faire conduire sa troupe pour une heure précise au chemin de fer. Les troupes s'y rendirent en effet à cette heure ; je les quittai en ce moment à la porte de la ville distante du chemin de de fer d'environ cinq cents mètres. Mais par suite de quelques retards causés par les embarras d'une telle opération, le départ de la gare n'eut réellement lieu que vers deux heures environ.

A quatre heures du matin, je fus réveillé par mon domestique qui m'annonça qu'un Monsieur, se disant aide-de-camp du Ministre de la guerre, demandait à me parler ; je reçus en effet ce Monsieur qui me dit se nommer Jobert, capitaine du génie attaché aux fortifications de Paris ; qu'il venait par ordre du Ministre pour faire partir deux bataillons du régiment du génie à Arras. Comme je n'avais pas l'honneur de connaître cet officier, je lui demandai de me communiquer l'ordre du Ministre ; il m'exhiba un ordre signé Cavaignac et Coffinières, c'est alors que je dus dire au capitaine qu'il était arrivé trop tard, que les deux bataillons étaient partis depuis deux heures. Je le renvoyai en outre au colonel du génie pour s'entendre avec lui sur les outils et engins que réclamait l'ordre du général Cavaignac, et je sus dans la matinée qu'un nouveau détachement de dix hommes, commandés par un sergent, étaient partis avec ces divers objets.

D. Veuillez dire si ce sont bien là tous les ordres qu'a reçus, à votre connaissance, M. le colonel du génie, et si ces ordres n'ont été suivis d'aucun contre-ordre ?

R. Je ne connais rien d'autre relativement aux ordres transmis par moi au colonel Boutault ; quant à leur exécution, il m'est revenu que beaucoup de lenteur avait été apportée dans le trajet ; que le détachement n'avait pas mis moins de douze heures ; mais j'ignore totalement à quelle cause il faut attribuer ce retard et même jusqu'à quel point le bruit qui m'est revenu se trouve fondé.

Lecture faite au témoin de sa déposition, il a dit persister et a signé avec nous et le commis greffier, approuvant cinq mots rayés nuls.

Signé : A. Dorlencourt, De Bois-le-Comte, général, Choquet.

Et à l'instant le témoin nous fait observer qu'après avoir rappelé ses souvenirs, il croit devoir nous signaler un fait nouveau :

Le même jour, vingt-six juin, vers cinq heures du matin, et quand M le capitaine Jobert était encore chez moi, le colonel l'heureux, attaché au Ministère de la guerre, s'y est également présenté, porteur d'ordres du Ministre prescrivant l'envoi à Paris de troupes de la division. Je lui ai répondu que, quant à Arras, le génie était parti dans la nuit, et le colonel immédiatement transmit l'avis de ce départ au Ministre de la guerre, et continua sa route vers Lille, chef-lieu de la division et but de sa mission.

Lecture faite au témoin de sa déposition, il y a persisté et a de nouveau signé avec nous et le commis greffier, approuvant un mot rayé nul.

Signé : A. Dorlencourt, de Bois-le-Comte, Choquet.

Puy-de-Dôme.

Clermont-Ferrand, le 30 juin.

Citoyen Président, j'ai l'honneur de vous adresser les dépêches télégraphiques qui ont été reçues à la préfecture du Puy-de-Dôme, à l'occasion des évènements des mois de mai et de juin. A ce même envoi je joins des exemplaires de celles qui ont été affichées.

Il n'existe pas, à la préfecture, d'autres documents ayant quelque rapport direct ou indirect avec les deux insurrections.

Salut et respect.

Le Préfet du Puy-de-Dôme. *Signé* : BEAUMETZ.

Pyrénées (Basses-).

Citoyen Président, je m'empresse, ainsi que vous me le demandez par votre lettre du 27 de ce mois, de vous envoyer les originaux des dépêches télégraphiques que j'ai reçues relativement aux événements de mai et de juin. — Toutes ont été rendues publiques *in extenso*, excepté celle qui avait trait à l'arrestation de Charles-Louis-Napoléon Bonaparte, qui a été communiquée aux autorités seulement.

Quant aux copies de ces mêmes dépêches publiées, elles deviennent inutiles, puisqu'elles ne seraient que la reproduction des originaux.

Enfin je joins ici le rapport que vous désirez, bien qu'il soit à peu près négatif.

Le Préfet des Basses-Pyrénées. *Signé* : GANARIN.

Rapport à la Commission d'enquête sur les événements de mai et de juin.

L'esprit du département des Basses-Pyrénées est une indifférence absolue en matières politiques, peu soucieux de la forme et du fond du Gouvernement général, mais attachés aux habitudes locales et soumis, depuis longues années, à des influences particulières que ceux qui les possédaient veulent conserver, et dont les hommes nouvellement produits veulent hériter pour les exploiter à leur tour.

De là, à l'avènement de la République, acceptation presque unanime, et, lors des élections de mai, lutte purement locale des intérêts de position. Un seul incident s'est produit en cette circonstance ; une interpellation, étrangère au département et légitimiste, a posé la question de l'abandon de Paris par l'Assemblée nationale, en cas de pression par les clubs ; c'était l'écho de cette mauvaise pensée qui a eu cours par toute la France, de la séparation de Paris et des départements. La majorité des candidats l'a énergiquement repoussé, et parmi les élus, les citoyens Sant-Gaudens et Lestapis en ont fait justice. Cette question a causé quelque émoi, l'étranger a disparu, et on n'y a plus songé.

Quelques promeneurs, se prétendant plus ou moins affiliés à certains clubs de Paris, ont passé en ce pays, mais, à part quelques propos, il n'y a pas eu de prédications démagogiques, ni productions suivies de doctrines anti-sociales ; les premières auraient échoué devant la tiédeur des esprits, les seconds devant la sagacité des travailleurs des villes et des campagnes, et les unes et les autres auraient été connues et aussitôt enrayées par le Commissaire, maintenant Préfet, démocrate prononcé, et aussi partisan de l'ordre dans le droit.

Deux questions, vives alors, existent encore qui auraient pu se compliquer d'une manière fâcheuse d'irritation politique.

La question forestière et de pacage, d'intérêt pressant pour les populations pastorales, n'a été nullement entachée de passions subversives d'aucune sorte.

Le recouvrement des 45 cent., très-difficile en ce pays agricole, pauvre et obéré d'impôts, n'est entravé par aucune espèce de manifestation.

Enfin, sous le rapport des journaux et des clubs, qui ont surgi en si grand nombre partout, ici il ne s'en est créé qu'un seul, à Bayonne, ville maritime et commerçante et naturellement plus avancée en démocratie.

Quant aux clubs, deux se sont constitués à Bayonne et leur tenue ne donne lieu à aucune critique.

Pour la polémique, elle continue par similitude d'opinions, d'intérêts, mais rien ne peut faire supposer qu'il y ait mot d'ordre.

D'après tout ce qui précède, il est constant que sous tous les rapports, anarchie, prétendants ou réaction, il n'y a aucune relation entre les petits accidents de cette contrée et les déplorables évènements de mai et juin, que tout ce qui se pase chez nous n'est que le contre-coup, très-affaibli, des crises de la capitale et qu'il n'y a en somme qu'une résistance à la dispersion des influences abusives, et à l'établissement du droit démocratique, mais localement, dans un intérêt étroit, et cantonné sans ramification à l'extérieur.

J'ai cru devoir, Citoyen Président, dans ce rapport négatif, entrer dans les plus petits détails pour ne rien laisser sans explication, et c'est en toute sincérité que je l'ai fait.

Le Préfet des Basses-Pyrénées, *Signé*, GANARIN

Pyrénées (Hautes-).

Tarbes, le 30 juin.

Citoyen Président, j'ai l'honneur de vous adresser les pièces et renseignements que vous me demandez par votre lettre du 27 juin, que j'ai reçue hier soir. Vous trouverez sous ce pli les copies, certifiées par moi, des 21 dépêches télégraphiques, que j'ai reçues depuis le 15 mai jusqu'à ce jour.

L'usage n'est point ici de faire imprimer et afficher les dépêches télégraphiques. On se borne à les faire publier à son de trompe et de tambour. On en envoie des copies aux autorités civiles et militaires et à tous les cercles. J'en ai expédié aussi aux sous-commissaires et aux maires de tous les chefs-lieux de canton. Les sous-commissaires, de leur côté, leur donne la plus grande publicité dans tout leur arrondissement. Je ne puis donc vous envoyer d'exemplaires imprimés de ces dépêches. Mais je vous affirme que toutes les copies, sorties de la préfecture, et qui ont servi aux diverses publications, étaient certifiées par moi.

Vous me demandez aussi les pièces et documents, qui pourraient exister entre mes mains, et qui auraient un rapport direct ou indirect avec les deux insurrections. Je ne puis vous envoyer que la copie d'une lettre anonyme, qu'on prétend avoir trouvée dans la vallée d'Aure, et qui a été rendue publique par son insertion dans quelques journaux du département. Cette lettre semblerait indiquer, que certaines réunions réactionnaires ont été organisées. Les initiales G et F qu'on lit à la première ligne, paraîtraient pouvoir se rapporter à MM de Goulard et Férand; celui-là, ex-député de l'arrondissement de Bagnères, celui-ci, son beau-frère. Je me suis livré à quelques investigations pour tâcher de reconnaître l'écriture de cette pièce, je n'ai pu y parvenir encore.

Je vous donne aussi communication d'une lettre, que j'ai cru devoir adresser le 24 juin au général qui commande la division de Bayonne, et dont j'envoyai le même jour copie aux Ministres de la guerre et de l'intérieur. Je ne puis rien ajouter à ce qui s'y trouve exprimé.

Quant au rapport sommaire que vous me demandez, il m'est impossible d'affirmer qu'aucun fait politique de ce département, se rattache d'une manière quelconque aux deux attentats contre la République, des 15 mai et 24 juin. Je crois même intimement que ces insurrections n'ont eu aucune espèce de ramification dans ce pays. Cependant, si les insurgés ont voulu établir des communications que j'ignore avec quelques habitants des Hautes-Pyrenées, ils ont pu y être engagés par les publications d'un journal réactionnaire, intitulé : la République de 1848. Ainsi ce journal a annoncé depuis bien des jours, que les habitants de ce département s'organisaient pour résister au paiement de l'impôt des 45 centimes ; que les communes correspondaient entre elles au moyen d'une espèce de télégraphe, que l'irritation était à son comble parmi nous. Tout cela n'était qu'erreur ou mensonge assurément ; mais néanmoins de telles publications ont pu avoir pour effet de faire croire aux mécontents de la capitale ou des autres villes, qu'ils trouveraient des adhérents dans les Hautes-Pyrenées ; et, dans tous les cas, ces publications ont eu pour résultat, de rendre momentanément impossible le recouvrement dudit impôt.

On cherche à organiser à Tarbes un cercle démocratique. Les noms de ses fondateurs principaux, sont des garanties d'ordre et de moralité. Il ne doit donner aucune inquiétude. Ici, toutes les attaques contre la République et ses agents, toutes les calomnies, toutes les fausses et alarmantes nouvelles, sont lancées dans la circulation par le journal réactionnaire déjà nommé.

Tels sont les renseignements qu'apporte en conscience à la Commission, un républicain sincère, mais modéré, qui veut fermement le maintien des institutions républicaines ; mais qui a horreur des doctrines subversives de la famille, de la propriété et de l'ordre public, autant que des menées de ceux qui voudraient rétrograder ou empêcher la République de s'établir sur ses bases vraies et raisonnables.

Salut et fraternité,

Le préfet, signé : Jouber.

J'apprends à l'instant qu'on a arrêté, hier à Tarbes, un individu se disant ouvrier jardinier, qui excitait les ouvriers du pays à ne pas se contenter du prix de 1 fr. 25 centimes pour leur journée et leur recommandait d'exiger 2 fr. 50 centimes.

Pyrénées-Orientales.

Perpignan, le 2 juillet.

Citoyen Président, conformément à votre lettre du 27 du mois dernier, j'ai l'honneur de vous envoyer, pour la Commission d'enquête dont vous êtes Président : 1° des copies certifiées des dépêches télégraphiques par moi reçues, à l'occasion des derniers évènements de Paris ; 2° un exemplaire de chacune de ces dépêches que j'ai fait afficher ; 3° copie également certifiée de trois dépêches télégraphiques relatives aux troubles du mois de mai, et reçues par mon prédécesseur ; 4° enfin, un exemplaire des affiches de chacune de ces trois dépêches.

Je n'ai en main aucune autre pièce, aucun document qui ait un rapport direct avec les deux insurrections.

N'ayant l'administration du département que depuis le 15 juin, je n'ai pu juger par moi-même de l'effet qu'y produisit la nouvelle de l'insurrection de mai. Toutefois, d'après les rapports qui m'ont été faits, je crois pouvoir assurer qu'elle ne donne lieu à aucun fait politique important.

Quant aux derniers évènements, ils ont bien occasionné, dans certaines localités, quelque germe d'agitation ; mais tout a été aussitôt réprimé que manifesté, et, malgré le désir qu'auraient eu certains meneurs du parti légitimiste de profiter de la circonstance pour fomenter quelque manifestation mauvaise, il n'y a eu rien de sérieux et qui puisse être signalé comme un fait politique digne d'attirer les regards de la Commission.

Salut et fraternité,

Le préfet des Pyrénées-Orientales, *Signé* : G. Vergers.

Rhin (Bas-).

Strasbourg, le 1er juillet.

Citoyen Président, par une circulaire du 27 du mois courant, la Commission chargée par l'Assemblée Nationale de faire une enquête politique sur les évènements des mois de mai et de juin dernier m'a prescrit de lui adresser 1° les dépêches télégraphiques que j'ai reçues et un exemplaire de chacune de celles que j'ai fait afficher dans les circonstances sus-mentionnées; 2° toutes les pièces et les documents qui pourraient exister, et qui auraient un rapport direct ou indirect avec les deux insurrections; 3° un rapport sommaire sur ces mêmes pièces et documents, ainsi que sur les faits politiques se rattachant d'une manière quelconque à ces deux attentats contre la République.

Pour me conformer à l'invitation de la Commission, je m'empresse de lui adresser ci-jointes des copies conformes des dépêches télégraphiques qui me sont parvenues depuis le 15 mai dernier, ainsi que des exemplaires de celles de ces dépêches que j'ai fait afficher.

Il n'existe entre mes mains aucune pièce ou document ayant un rapport direct ou indirect avec les deux insurrections.

En ce qui concerne les faits politiques se rattachant d'une manière quelconque à ces attentats contre la République, je ne puis citer à la Commission que l'attitude qu'a prise à Strasbourg le citoyen Fanjat, commissaire général envoyé dans les départements du Haut et du Bas-Rhin, avec des pouvoirs illimités que lui avait donnés le citoyen Ledru-Rollin.

Les manœuvres de cet agent, arrivé à Strasbourg le 2 mai, ont eu un but ostensible, celui de s'assurer le dévouement des ouvriers; il a cherché à mettre dans ses intérêts les présidents et vice-présidents des clubs, et tout ce qui se rapprochait du communisme; il se méfiait beaucoup des partisans reconnus du système républicain. Du reste, réservé et prudent dans la conversation, il n'a fait que peu de manifestations capables d'alarmer les amis de l'ordre; il s'appliquait principalement à faire adhérer les clubs à la déclaration des Droits de l'Homme, par Max. Robespierre.

Le citoyen Châtel, qui accompagnait le citoyen Fanjat, moins prudent, plus ardent, tenait les propos les plus significatifs. Ainsi, il annonçait qu'aussitôt son retour à Paris, il irait avec cinquante mille hommes, le fusil chargé sur l'épaule, signifier, à l'Assemblée Nationale, qu'elle ait à ordonner la sortie de la garnison de Paris dans les vingt-quatre heures.

Que Caussidière leur donnerait du fil à retordre (aux Représentants), etc.

Le citoyen Fanjat est resté à Strasbourg quinze jours après le 28 mai, époque de la cessation de ses pouvoirs; il était retenu par une indisposition très-réelle. Quoi qu'il en soit, il ne paraissait pas disposer de beaucoup de fonds, car, après avoir voulu m'emprunter de l'argent que je ne lui donnai point, il fit un billet de 1,080 francs au maître de l'hôtel de la *Ville de Paris*. Sur ce billet se trouvait indiqué un faux domicile, de sorte qu'il n'a pas été acquitté.

Salut et fraternité, *le Commissaire délégué.*

P. S. Le 15 juin, par dépêche télégraphique, j'avais signalé, au citoyen Ministre de l'intérieur, la maison Vérillon, rue du Cloître-Saint-Jacques, 8, à Paris, comme recevant de grandes quantités de lames de sabres et de poignards qui se fabriquent dans les Vosges.

Le 16 juin, je signalais encore au Ministre, par la même voie, des envois de lames de sabres, avec fourreaux, par la dame Birche de Boerich, près d'Obernai, savoir: une caisse à la dame Gévelot, rue Notre-Dame-des-Victoires, 24; deux caisses à M. Hermann, rue Transnonain, 6; deux caisses à M. Thoyer, rue Saint-Maure, marché Saint-Martin,

12 ; une caisse à M. Bès, place du Palais-de-Justice, cour Barnabé, 1 ; deux caisses à M. Courvoisier, rue Culture-Sainte-Catherine, 12.

Rhin (Haut-).

Colmar, le 3 juillet.

Citoyen Président, conformément à votre lettre du 27 courant, je m'empresse de vous adresser des copies certifiées des dépêches télégraphiques qui ont été transmises à l'administration, lors des évènements des mois de mai et juin.

J'y ai joint deux proclamations qui ont été affichées à l'occasion de l'attentat du 15 mai.

La série des dépêches télégraphiques relatives à l'insurrection du mois de juin courant est complète ; celles cotées 3, 4 et 5 n'ont pas été placardées, attendu qu'elles ne sont arrivées de Strasbourg qu'après la dépêche numérotée 6. La dépêche du 24 juin (une heure après midi) m'est parvenue d'abord par la ligne de Besançon, et ce n'est que quatre heures après qu'elle m'a été transmise par Strasbourg.

Je n'ai point entre mes mains d'autres documents se rattachant aux deux insurrections. Salut et fraternité.

Le préfet du Haut-Rhin. *Signé* : FAUTHIER.

P. S. Je crois devoir joindre à cet envoi des extraits des rapports que m'ont adressés les sous-commissaires d'Altkirch et de Belfort.

Rhône.

Lyon, le 30 juillet 1848.

Monsieur le Président, j'ai l'honneur de vous adresser sous ce pli le dossier contenant les pièces de l'information à laquelle j'ai procédé, en suite de la délégation que j'ai reçue de la Commission d'enquête de l'Assemblée Nationale. J'y ai joint un rapport qui résume sommairement les résultats de l'information.

Signé : Fleury DURIEU, conseiller à la cour d'appel de Lyon, délégué par la Commission d'enquête.

Rapport à la Commission d'enquête de l'Assemblée Nationale par son délégué à Lyon.

Je vais reproduire chacune des questions qui m'ont été adressées. A côté de chaque question je placerai la réponse telle qu'elle m'a paru résulter de l'information, en renvoyant à l'information même, par un numéro indicatif des pièces à consulter. Je terminerai par une appréciation sommaire de notre situation politique actuelle. Ce que je m'efforcerai de faire, c'est de rendre cet exposé court et net.

Première question. Les dépêches télégraphiques du Gouvernement ont-elles été publiées et affichées dans le département du Rhône aussitôt après leur réception ?

Les deux premières dépêches télégraphiques sont arrivées à Lyon aux jours et heures suivants (voyez pièces nº 10 et 13). La première : le 24 juin, à dix heures vingt neuf minutes du matin ; la seconde le même jour, à quatre heures vingt minutes du soir. Ces deux dépêches n'ont été publiées que le 25, à neuf heures du matin, simultanément avec la troisième (pièces nºs 11 et 12). Les dépêches subséquentes ont été publiées sans délai à Lyon. A Tarare, les premières dépêches télégraphiques ne sont arrivées officiellement que le 28 juin ; mais le Maire, par ses correspondances particulières, se les était procurées dès le 26, et les avait publiées. « Il a été très-heureux pour la tran-« quillité de notre ville, dit le Maire, que j'aie pu faire ces publications le 26... » (n° 16). A Beaujeu, elles n'ont été reçues que le 27 (n° 17).

Deuxième question. Ces dépêches ont-elles été publiées textuellement?

Elles ont été publiées textuellement et intégralement.

Troisième question. Les évènements insurrectionnels du département du Rhône ont-ils eu un rapport direct ou indirect avec les évènements insurrectionnels de Paris ou de Marseille?

On ne s'est entretenu à Lyon qu'à titre de nouvelles des évènements insurrectionnels de Marseille : toutes les préoccupations sérieuses étaient tournées du côté de Paris. Les insurrections qui ont éclaté à Paris en mai et en juin avaient un foyer à Lyon. Toutes deux y avaient été annoncées, toutes deux y étaient connues d'avance, toutes deux devaient y avoir un retentissement immédiat. Tout était prêt ici pour répondre au mouvement de Paris par une explosion semblable ; et si la même traînée de poudre n'a pas embrasé notre ville, c'est que l'insuccès des mouvements de Paris a enchaîné ceux de Lyon.

En mai il y eut même un commencement d'exécution : le 16 mai, avant qu'aucune nouvelle ne fût venue de Paris, on afficha publiquement à la Croix-Rousse la formation d'un nouveau gouvernement. Il se composait des citoyens Barbès, Blanqui, Ledru-Rollin, Caussidière et Louis Blanc. Dans la soirée du même jour on construisit des barricades. Pendant toute la nuit les clubs se tinrent en permanence, non-seulement à Lyon, mais à Givors, à Miribel, à Toissey, etc. A Givors le drapeau noir fut arboré le 15 mai pendant toute la journée. Mais toutes ces émotions tombèrent devant les nouvelles de Paris : la compression des troubles de Paris éteignit ceux qui s'allumaient à Lyon.

En juin, l'insurrection a été annoncée d'avance dans les clubs non-seulement à Lyon, mais à Saint-Etienne, à Villefranche, à l'Abresle, à Rive-de-Gier, à Givors, à Roanne. A la Croix-Rousse, le 24 juin, avant la publication des dépêches télégraphiques, on disait publiquement sur la place de la Mairie : « On se bat à Paris ; ça chauffe à Paris. » A Givors, l'un des meneurs parcourait la ville une lettre à la main, proclamant l'insurrection qu'on lui avait annoncée d'avance. A Anse, un fait plus singulier s'est passé : non-seulement on savait dans les chantiers nationaux qu'une insurrection allait éclater, mais on comptait tellement sur son succès, qu'on avait, d'avance, commandé, pour le célébrer, une fête baladoire et nautique !

A mesure qu'on approchait de l'époque fixée pour agir, la violence du langage redoublait dans les clubs et dans les sociétés secrètes. Les clubs se constituaient en permanence. « Enfants, tenons-nous prêts ! » tel était le mot d'ordre. Une agitation extrême, un mouvement inusité se remarquaient partout. Des affiches avaient été placardées dans toute la ville, pour convoquer les ouvriers à la Croix-Rousse ; les excitations n'avaient jamais été plus ardentes. A tout moment les chantiers nationaux recevaient des émissaires : un roulement de tambour réunissait les ouvriers, ils se formaient en cercle, on leur lisait les ordres ou les nouvelles.

Les forces que l'insurrection se disposait ainsi à faire mouvoir étaient considérables : leur centre principal devait être la Croix-Rousse ; elles se composaient de tout ce qui aurait été fourni par les clubs, par les sociétés secrètes, par les ateliers et par cette masse d'enfants, de repris de justice et de vagabonds toujours prêts à se jeter dans le désordre. Les ateliers nationaux surtout, répandus dans la banlieue de Lyon, offraient une armée nombreuse, redoutable, tout organisée.

Les munitions de guerre ne pouvaient pas manquer : on en avait fabriqué des masses considérables, spécialement à la Croix-Rousse, à Saint-Georges, Miribel, où plus tard elles ont été saisies.

Les fusils de guerre abondaient. Les ouvriers des chantiers nationaux avaient, à plusieurs reprises, arrêté et dévalisé des convois entiers d'armes de toute espèce, destinés soit à l'armée des Alpes, soit aux gardes nationaux.

Enfin, onze pièces de canon, avec leurs agrès et leurs munitions, étaient à la Croix-Rousse, au pouvoir des mécontents.

Les moyens de se réunir promptement et sûrement avaient été habilement préparés et déjà plus d'une fois mis en usage.

Ces moyens étaient au nombre de trois.

On tirait des coups de fusil à la Croix-Rousse ; on y répondait à la Guillotière, et, suivant le nombre des coups de fusil tirés, un nombre plus ou moins grand d'hommes armés se rendait instantanément sur la place de la Croix-Rousse.

On hissait un drapeau rouge au fort des Bernardines : ce drapeau en appelait un autre sur le fort de Montessu. Ces deux drapeaux constituaient un signal de convocation.

Enfin on envoyait aux clubs et aux chantiers nationaux des émissaires ; ces émissaires étaient indemnisés de leurs frais de route par une petite cotisation de 10 centimes, payée hebdomadairement par les corporations des voraces.

Il y avait aussi les inspecteurs fraternels. Les inspecteurs fraternels appartenaient à une Commission autorisée, par M. le Commissaire du Gouvernement, à visiter les chantiers nationaux. Ils en étaient, suivant M. le directeur, les plus fervents agitateurs. Plus tard on saisit, dans le lieu de leur réunion, une fabrique de balles et de poudre.

Enfin, parmi ceux dont les intentions étaient suspectes, figurait le corps des voraces. Les voraces sont devenus assez fameux à Lyon, même en France, pour qu'il soit permis de dire un mot, ici, de leur origine et de leur organisation.

A l'époque de la proclamation de la République, un certain nombre de citoyens se réunirent à l'Hôtel-de-Ville et se constituèrent en Comité exécutif municipal. L'une des premières mesures de ce comité fut le rétablissement de la garde nationale. Cette mesure ne plut pas également à tous les membres du Comité ; les plus exaltés ne voulaient pas que la bourgeoisie reçût des armes, ou du moins ils voulaient que les travailleurs fussent armés d'abord, les autres ensuite. Cette prétention n'ayant pas été admise, leurs adhérents firent bande à part et constituèrent des corps-de-garde indépendants, spécialement à la barrière de la Croix-Rousse, aux Bernardines, au Grand-Séminaire, etc. Plus tard, forcés de rendre ces postes, ils voulurent toujours rester indépendants et prirent le nom de *voraces*.

Ils prirent ce nom parce que la plupart d'entre eux appartenaient à une corporation ouvrière, à une sorte de compagnonnage, dont les membres portaient déjà cette dénomination.

Les voraces étaient administrés par une Commission ; ils se divisaient en bureaux. Pour chaque expédition, on nommait un chef qui, l'opération finie, redevenait soldat.

Les voraces avaient constitué à la Croix-Rousse un petit Etat indépendant. Leur Commission avait sa police, sa prison, ses agents d'exécution : elle ordonnait des visites domiciliaires ; elle délivrait des ordres d'arrestation et de mise en liberté, faisait arrêter dans les groupes, à Lyon, à la Croix-Rousse, à la Guillottière, les citoyens dont les discours lui paraissaient mal sonnants. Elle en vint à faire arrêter des agents de police, et même le premier substitut du Procureur de la République.

Les voraces avaient une existence quasi-officielle : le Commissaire du Gouvernement, le Comité exécutif de la municipalité empruntaient leurs secours ; ils avaient des postes à l'Hôtel-de-Ville et à la Préfecture.

Les voraces, par l'indépendance et la hardiesse de leurs actes, avaient vivement frappé l'imagination populaire : on leur prêtait une puissance et souvent des intentions qu'ils n'avaient pas.

Le corps des voraces a été officiellement dissous, mais les hommes restent, ainsi que le cadre d'organisation.

C'est au milieu d'un tel état de choses que l'insurrection commencée à Paris allait se continuer ici, si l'héroïque courage de l'armée et de la garde nationale, en sauvant la société à Paris, n'avait maintenu l'ordre public à Lyon.

Quatrième question. Des émissaires auraient-ils été vus se dirigeant de Lyon vers Paris et vers Marseille, ou réciproquement, à une époque voisine des insurrections qui ont éclaté dans ces deux villes ?

L'insurrection, qui se tenait prête à agir à Lyon, n'a pas envoyé de combattants à l'armée insurrectionnelle de Paris; elle avait besoin elle-même de conserver toutes ses forces. Aussi les rapports de la gendarmerie, les recherches faites dans les bureaux de passeports prouvent-ils qu'aucun déplacement extraordinaire de population n'a eu lieu entre Paris et Lyon, soit dans le mois de mai, soit dans le mois de juin.

Mais des émissaires destinés à relier les deux insurrections, à les encourager l'une par l'autre et à les faire converger vers un but commun, ont fréquemment circulé de Lyon à Paris et de Paris à Lyon. On peut voir même plusieurs noms propres cités dans l'information; rien ne m'a prouvé que des secours de route leur eussent été délivrés.

Cinquième question. Les clubs de Lyon ont-ils été en communication avec les clubs de Paris ou de Marseille?

Les clubs de Lyon, depuis le mois de février, sont en communication permanente avec les clubs de Paris.

Ces communications s'entretiennent par plusieurs moyens :

Par des émissaires circulant, comme on vient de le dire, de Paris à Lyon et de Lyon à Paris;

Par des lettres écrites de Paris à des époques périodiques par les meneurs et présidents de clubs. Quand la prudence le permet, ces lettres sont lues textuellement au sein des clubs. Quand il n'est pas prudent de les lire, il en est rendu compte avec des paroles mystérieuses qui en traduisent suffisamment le sens.

Enfin, par les procès-verbaux des séances des clubs de Paris, procès verbaux qui sont régulièrement envoyés à Lyon tous les cinq jours, et qui sont lus et commentés au milieu de nos clubs et de nos sociétés secrètes.

C'est ainsi que les espérances, les projets et les forces insurrectionnelles de Paris et Lyon se relient entre elles et s'exaltent par une réaction réciproque.

Sixième question. Est il vrai que, le 6 avril 1848, les fabricants de Saint-Etienne ont été autorisés à fabriquer et à vendre des armes de guerre, sans se conformer aux dispositions d'usage? En quelle quantité ces armes ont-elles été fabriquées et débitées à l'intérieur?..

Par arrêté du 2 avril dernier du citoyen Baune, Commissaire du Gouvernement dans le département de la Loire, tous les fabricants de Saint-Étienne ont été autorisés à fabriquer et à vendre des armes de guerre, sans se conformer aux dispositions d'usage, mais sous la condition que ces armes ne seraient livrées qu'à l'étranger ou aux communes de France, pour l'armement de leurs gardes nationales.

Ces fabrications, récemment montées, n'ont encore eu le temps de créer qu'une très-petite quantité de produits. Le débit de ces produits, soit à l'intérieur, soit à l'extérieur, a été jusqu'ici insignifiant; ce n'est donc pas là que l'insurrection a pu trouver des armes.

Mais, aujourd'hui, voilà ces produits qui s'achèvent en masses considérables et vont être livrés à la vente. C'est surtout en Italie que les fabricants espèrent les écouler. Ces armes sont, en général, d'une qualité détestable, et beaucoup de négociants, à Saint-Étienne, voient avec un vif déplaisir des expéditions qui, par la mauvaise qualité des marchandises, jetteront le discrédit sur le commerce de cette ville (33-24).

Quelle est aujourd'hui la situation politique de Lyon? S'est-elle améliorée?

On ne peut nier que les derniers évènements de Paris, la victoire éclatante de l'ordre sur l'anarchie n'ait produit ici le plus heureux contre-coup Le chef de l'armée et le chef du parquet, dont l'union et la fermeté ont été si longtemps, à Lyon, la seule garantie de l'ordre public, ont habilement profité des circonstances nouvelles pour en faire sortir des résultats depuis longtemps désirés : ainsi le désarmement de la garde nationale et sa réorganisation, la fermeture de certains clubs, l'arrestation des principaux meneurs, la reprise des bouches à feu qui, des hauteurs de la Croix-Rousse, tenaient la menace incessamment suspendue sur la ville de Lyon, sont autant d'événements heureux qui ont rendu aux bons citoyens un peu de confiance. Toute crainte d'une collision immédiate a cessé ; il n'y a plus d'agitation à la surface. Mais au fond, y a-t-il beaucoup de progrès accomplis, beaucoup de choses changées ?...

Nul n'a renoncé à ses prétentions. Au sein des masses bouillonnent toujours les mêmes pensées, les mêmes espérances, les mêmes passions. Chacun sent autour de soi quelque chose qui lui dit : « Ce que nous avons n'est pas la paix, ce n'est qu'une trêve ; ce n'est pas la conciliation, ce n'est que la compression : on courbe la tête aujourd'hui, prêt à la relever demain.

Le mal profond, fondamental, c'est la haine inexorable qui s'est établie entre l'ouvrier et le fabricant, entre le prolétaire et le bourgeois. Cette haine a pris naissance dans deux sources principales : d'abord dans ce mauvais penchant du cœur humain qui le porte à envier et à haïr celui qui possède des jouissances qu'il n'a pas ; ensuite dans ce frottement journalier d'intérêts qui existe entre l'ouvrier et le fabricant. Des intérêts contraires, journellement débattus entre les mêmes personnes, finissent par engendrer l'hostilité. Quelques négociants ont accru ces causes naturelles d'irritation par un abus tyrannique de leur position, par des exigences impitoyables, par des actes d'une cupidité brutale.

Le mal, comme on voit, est bien antérieur à l'avènement de la République ; il s'était déjà, avant elle, plusieurs fois traduit en catastrophes sanglantes.

Mais depuis cinq mois, il s'est aigri par la misère ; il s'est excité par les discours incendiaires des clubs et des journaux, il s'est exalté par ce mouvement désordonné et fiévreux qui s'est emparé de la société ; par ces espérances insensées et impossibles jetées à la crédulité des ouvriers ; enfin par ces excitations incroyables tombées, dans les premiers jours de la République, des lèvres du pouvoir lui-même. Aujourd'hui le mal est à son paroxysme ; il tient suspendues sur nos têtes les torches de la guerre civile.

Le temps, qui use tout, le temps qui amènera la lassitude et la dissolution au sein des partis, le retour au travail et au bien-être, les sentiments de fraternité largement pratiqués envers les ouvriers, les progrès du bon sens, dissipant de folles théories et de funestes préjugés ; enfin le secours de la Providence, qui ne voudra pas tenir ses enfants toujours divisés, nous ouvriront sans doute des jours meilleurs.

Mais aujourd'hui où l'émotion politique est encore palpitante, aujourd'hui, c'est sous la protection de la force armée qu'il faut placer la paix publique à Lyon ; toute autre pensée serait une illusion et un péril.

Lyon, avec ses 80,000 ouvriers, est dans une situation exceptionnelle. Le départ de l'armée des Alpes, au milieu des circonstances actuelles, serait un grand danger. Elle devrait être immédiatement remplacée par une garnison imposante. C'est à ce prix qu'est la tranquillité publique à Lyon, et la tranquillité de Lyon importe à la paix de la République.

Je n'ai pas parlé des populations du département du Rhône ; c'est que là tout est différent.

Dans nos campagnes, les doctrines anti-sociales ont été mal reçues ; en général, elles n'ont fait aucun progrès. Le respect de la famille et de la propriété n'y a subi aucune atteinte ; non-seulement ce sentiment y est resté intact, mais il s'est exalté par le danger même qu'on lui a fait courir, et souvent il a éclaté en explosions de colère contre les fauteurs de nos troubles civils. Nul doute que si nos campagnes recevaient une organisation qui leur manque, elles ne fussent prêtes à défendre par la force l'ordre social menacé.

La propriété, par ses divisions infinies, a donné au droit une force qu'on ne brisera pas ; c'est dans ce milieu résistant que la société fixera son ancre de salut.

Fait à Lyon, le 30 juillet 1848.

Le Conseiller délégué par la Commission d'enquête de l'Assemblée Nationale.

Saône-et-Loire.

Mâcon, le 3 juillet 1848.

Citoyen président, en réponse à votre circulaire datée de Paris, du 27 juin dernier, j'ai l'honneur de vous adresser les dépêches télégraphiques reçues à la préfecture, et un exemplaire de chacune de celles qui ont été affichées au moment des évènements des mois de mai et juin.

Quant aux pièces et documents qui pourraient exister entre mes mains, et qui auraient un rapport direct ou indirect à l'insurrection de mai, je ne possède absolument rien, mon prédécesseur, le citoyen Saint-Estienne-Cavaignac, n'ayant laissé à la préfecture aucun double de sa correspondance. Je n'ai rien trouvé dans celle des sous-commissaires qui ait trait aux événements, ou qui puisse jeter la moindre lumière sur une enquête à faire.

Quant à la dernière insurrection, il paraîtrait que les évènements de Paris, sans être précisément prévus, étaient dans les espérances et dans les projets d'une certaine partie turbulente de la population. L'attitude des clubs, le langage violent de leurs orateurs, l'agitation des campagnes au nom de Louis Napoléon, des menaces proférées, dit-on, par des vagabonds, et qui peuvent avoir quelque signification une fois qu'elles sont rapprochées de la lutte insensée, fratricide des insurgés de Paris, tout annonçait une crise prochaine; mais les rumeurs étaient si vagues, qu'elles étaient insaisissables.

Le département de Saône-et-Loire, que j'ai l'honneur d'administrer, est un de ceux dont le bon sens, dont l'intelligence sont assez grands pour flétrir tous ceux qui chercheraient, d'une manière ou d'une autre, à porter atteinte à la souveraineté du peuple, à la famille, à la propriété. à l'ordre et à la liberté.

Toutefois, les insurgés trouvent toujours quelques approbateurs; mais, je puis le dire en toute confiance, à part quelques citoyens exaltés, quelques individus flétris par l'opinion publique, à cause de leur immoralité politique ou privée, rien ne peut faire supposer qu'ils aient pu participer à un complot. Néanmoins je ne voudrais pas être affirmatif au même point, à l'égard de certains affiliés au club démocratique de Châlon; mais je n'ai encore, à cet égard, aucun renseignement positif à vous fournir; je fais seulement mes réserves, et je rappelle que, peu de jours avant les évènements de juin, le nom de Louis Napoléon y a soulevé des orages, la grande majorité des membres présents ayant manifesté des sentiments très-favorables à ce prétendant.

Tels sont, citoyen président, les seuls renseignements que je puisse vous transmettre, et je suis heureux, dans ce moment, de n'avoir à produire aucun document qui soit de nature à établir la participation de quelques habitants de mon département aux complots de mai et de juin, dont les résultats auraient pu être si fatals à la vraie République.

Je joins ici quelques pièces qui, quoique sans grande importance, pourront peut-être fournir des renseignements utiles à la Commission que vous présidez.

Salut et fraternité,

Le préfet de Saône-et-Loire. *Signé* : A. E. Cerfbeer.

Châlon-sur-Saône, le 26 mai.

Citoyen commissaire, je trouve en rentrant dans mon cabinet, à la suite de la délicieuse visite que je viens de vous faire, un rapport qui désenchanterait singulièrement mes impressions de voyage, si les faits qu'il contient ne m'étaient déjà connus. Je crois vous en avoir touché quelques mots aussi vagues que les bruits qui circulaient. La partie positive était celle de la dernière séance des clubs, dans la salle de spectacle. Vous n'en avez point oublié les circonstances sans doute. Le rapport dont je vous envoie copie vient à l'appui de ce que je vous en disais. Le voici :

Monsieur le sous-préfet,

J'ai eu l'honneur de vous entretenir de symptômes d'effervescence que je remarquais et que je remarque encore dans une certaine partie de la population de Châlon, et surtout de celle de Saint-Cosme. Ces indices, que j'ai suivis pas à pas, m'ont été confirmés, en dernier lieu, par tout ce qui s'est passé hier à la réunion des clubs, où des paroles de nature à menacer l'ordre public ont été proférées par des personnes dont l'exaltation est bien connue. J'ai lieu de croire qu'une collision pourrait avoir lieu d'un moment à l'autre. J'ai l'honneur de vous renouveler, par écrit, ce dont je vous ai entretenu concernant les dispositions hostiles d'un grand nombre de personnes de cette localité et de Saint-Cosme. Dans un moment aussi critique, cette manière de procéder me met à couvert de la responsabilité bien grande que j'assumerais sur moi, si j'avais mis quelque négligence à remplir le mandat dont je suis honoré.

Signé : Burgari, commissaire de police.

Comme à son ordinaire, la police ne m'apprend ici que ce que tout le monde savait, et dont je lui avais parlé moi-même avant son rapport. Il n'est que trop vrai que des agitateurs ont exalté l'esprit d'un certain nombre d'ouvriers ; il n'est que trop vrai que le défaut de travail aidant, et la misère à sa suite, cette population flottante, qui couvre nos ports, laisse percer la pensée d'un mouvement violent et insensé. Mais je ne m'en épouvante pas, j'ai foi dans le bon esprit de la masse de la population.

Les Châlonnais crient beaucoup, et sont meilleurs qu'ils ne le croient eux-mêmes. Les cœurs de ceux qui s'agitent peuvent être ulcérés par des déceptions, animés par quelques propos imprudents. Mais il y a loin de là à l'action ; et je suis convaincu que tous les efforts de quelques fous ne réussiront pas à jeter le trouble dans notre cité.

J'ai cru qu'il était de mon devoir de vous écrire à ce sujet, bien que je n'aie aucune inquiétude sérieuse ; je veillerai de mon mieux.

Signé : E. Perusson.

Saône (Haute-).

Vesoul, le 4 juillet.

Monsieur le Président, j'ai l'honneur de vous adresser, conformément aux prescriptions de votre lettre du 27 juin dernier, 1° copie, par moi certifiée véritable, des dépêches télégraphiques qui ont été envoyées au Préfet de la Haute-Saône, à l'occasion des deux insurrections des 15 mai et 23 juin ; 2° copie des proclamations par moi faites lors de l'arrivée de chacune de ces dépêches : toutes ces pièces ont été publiées et placardées dans les communes du département : j'ai pensé qu'une loyale publicité était ce qui convenait le mieux aux intérêts de la République ; 3° un rapport sur les évènements des deux époques précitées et toutes les pièces à l'appui de ce rapport, lesquelles pièces portent toutes un numéro d'ordre.

Je crois devoir vous faire observer que lors des évènements de mai, je n'étais point encore préfet de mon département; ce préfet était M. Carion, dont l'installation n'a eu lieu pourtant que le 23 dudit mois de mai. Il m'a donc fallu recourir, pour être instruit de ce qui s'était passé à Vesoul, lors des évènements du 15 mai, à des rapports de police et à des informations qui, dès lors, n'ont pas pour moi un caractère de certitude absolue.

RAPPORT.

Pour bien apprécier le caractère, la tendance et la portée de ces évènements si déplorables, je dois faire connaître à la Commission, le plus brièvement possible, l'état politique du département dont l'administration m'a été confiée, le 2 juin dernier.

Le département de la Haute-Saône renferme une population de près de 400,000 habitants, calme, sage, d'une grande modération, et peu susceptible d'enthousiasme; mais par cela même ferme, obéissante aux lois et d'un dévouement absolu à la patrie.

La République y a été accueillie sans nulle contestation et avec la ferme résolution de la défendre contre ses ennemis, de quelque côté qu'ils vinssent.

On verra plus bas que dans les fatales circonstances des évènements de juin, cette digne et honnête population n'a pas fait défaut à sa vieille réputation de loyauté.

Cependant, comme sur tous les points du territoire et dans chaque ville d'une certaine importance, il s'était formé un noyau d'hommes exagérant les principes et les conséquences de la Révolution de février, substituant les mots aux idées, et effrayant les bons citoyens par un retour aux choses, aux formules et aux doctrines d'une époque qui n'a rien de commun avec la nôtre, se croyant dans la voie du progrès quand ils n'étaient que rétrogrades, et souvent d'autant plus dangereux que quelques uns d'entre eux étaient de bonne foi.

Une forte organisation paraît être formée entre les hommes qui professaient ces fatales doctrines.

De l'ensemble des faits, il résulte pour moi la conviction que dans chaque chef-lieu de département ou d'arrondissement, on recevait de la capitale un mot d'ordre qui était rendu et distribué dans les plus petites localités du département.

La Commission connaîtra, Monsieur le Président, par les rapports de police que je joins à cet envoi, les noms, qualités et demeures des personnes qui paraissent avoir connu, par avance, les funestes évènements que nous déplorons tous, et y avoir coopéré. Il me répugnerait de les consigner sur une pièce en quelque sorte officielle; vous comprendrez, je l'espère, le sentiment de convenance qui me dicte cette retenue, lorsque vous connaîtrez la qualité de quelques uns des inculpés.

Insurrection du 15 mai. Vesoul. — Cette insurrection paraissait être connue en quelque sorte à l'avance, dans la ville de Vesoul. Vous verrez par un rapport de police, portant le n° 1, qu'un habitant de cette ville, fonctionnaire public, annonçait qu'il ne fallait pas croire aux dépêches télégraphiques, attendu que le télégraphe était au pouvoir de ses amis politiques. Il ajoutait : *soyons prêts.*

Ce même fonctionnaire était le fondateur d'un club qu'il avait d'abord constitué à l'aide des communistes de la localité.

Le président de ce club était, aux approches du 15 mai, parti pour Paris, où il avait été devancé et suivi par deux autres fonctionnaires qui, selon le rapport portant le n° 1, étaient informés des évènements qui s'y préparaient. La même pièce vous fera connaître les coreligionnaires et, en quelque sorte, les compagnons d'armes de ces hommes.

Villes de Lure, Héricourt et Luxeuil. — Il ne s'est produit dans ces villes, lors des évènements du 15 mai, aucune émotion qui pût faire croire à des relations avec les coupables de Paris.

Ville de Gray. — Aucun fait important n'avait, à l'époque du 15 mai, porté à supposer que l'insurrection eût des intelligences dans cette ville. La Commission verra néanmoins, par la lettre du commissaire de police de Gray, portant le n° 2 des annexes, quelles personnes s'étaient rendues à Paris à cette funeste époque.

Tout en tenant compte des indications fournies par ce commissaire de police, la Commission appréciera, sans doute pour en atténuer l'importance, l'incapacité de ce fonctionnaire qui, sans connaître la valeur des mots, fait, en quelque sorte, un crime à certains individus d'être des républicains de la veille, comme si sans eux il eût pu y avoir des républicains du lendemain ; ce sont de misérables distinctions qui jamais n'eussent dû être faites, et qu'il nous faut aujourd'hui oublier.

Insurrection du 23 juin. Arrondissement de Vesoul. — On retrouve les hommes signalés dans la pièce n° 1. L'un d'eux est à Paris depuis le 14 ou le 15 juin, les meneurs s'agitent, et je dois ajouter qu'à la nouvelle donnée de ce qui se passait à Paris, par le sieur Simonin à un sieur Parrot, avocat à Vesoul, celui-ci *déclara qu'il allait réunir son monde.* Heureusement l'autorité veillait, et tout mouvement est devenu impossible.

La pièce n° 1 signale encore plusieurs autres personnes comme dangereuses. Ce sera à la Commission à juger si ces renseignements doivent être mis à profit.

Il existe dans l'arrondissement une petite ville (Jussey), dans laquelle se réunissent les agitateurs ; ils étaient prévenus par leurs amis de Vesoul et se tenaient prêts à leur venir en aide.

Ceci résulte, non pas de pièces écrites, mais de nombreux rapports faits à l'autorité et qui pourraient avoir le caractère de présomptions graves et concordantes.

On parle aussi de cartouches qui auraient été fabriquées et transportées à Paris. Cet acte coupable n'est point à ma connaissance personnelle, et pour ne point ébruiter les poursuites avant le temps, la police n'a pas cherché à s'assurer de son exactitude.

Arrondissement de Gray. — Dans l'arrondissement de Gray, un fait d'une haute signification s'est produit, le lundi 26 juin ; toute la poudre qui existait dans la ville chef-lieu et une grande quantité de balles ont été achetées et enlevées

J'avais demandé au commissaire de police quels étaient les hommes présumés favorables à la révolte ; il me les signala dans sa lettre portant le n° 2, jointe au dossier.

Une lettre écrite le 28 juin, par le maire de la commune de Malans, à M. le sous-commissaire de Gray, semble indiquer des réunions de prêtres fort nombreuses et des manœuvres de leur part. Je dois faire savoir à la Commission que les réunions des membres du clergé pourraient s'expliquer par l'usage où ils sont d'avoir de fréquentes conférences dans le diocèse de Besançon. Je joins néanmoins les pièces au dossier pour que la Commission y ait tel égard que de raison.

Cependant un rapport, qui m'arrive aujourd'hui même, du lieutenant de gendarmerie dans la ville de Gray, semble donner un caractère politique dangereux à ces réunions. Je joins ce rapport, qui porte le n° 7, aux pièces et annexées.

Arrondissement de Lure. — Dans l'arrondissement de Lure, M. le procureur de la République m'a fait connaître, par une lettre du 1er juillet, présent mois, les circonstances de l'arrestation des sieurs Vinot et Perney, lesquels, en compagnie d'un nommé Baillay, cherchaient à embaucher des hommes qui, à un jour donné et à un signal venu de Paris, devaient se diriger sur le chef-lieu d'arrondissement d'abord et ensuite sur la capitale.

Cette lettre annonce une autre tentative du même genre dans la ville de Luxeuil.

La première affaire est suivie avec activité ; la seconde ne me paraît pas mériter l'importance qu'on a voulu lui donner.

Une lettre de M. le commissaire de police de Lure me confirme que l'instruction dirigée contre Vinot et Perney se poursuit sans relâche.

Conclusions.— Chacun des faits indiqués dans ce rapport, pris isolément, ne donnerait certainement pas lieu à des poursuites judiciaires dans les temps ordinaires ; mais à une époque de troubles et de désordres, lorsque la société est évidemment en péril, il n'est permis à aucun citoyen de substituer sa raison à celle de la puissance politique. J'ai dû, en conséquence, Monsieur le Président, faire tout connaître à la Commission d'enquête instituée par l'Assemblée Nationale.

S'il m'était permis, du reste, de vous soumettre mes impressions personnelles et celles de tous les hommes considérables, de tous les hauts fonctionnaires du département dont je suis entouré, je vous dirais que dans ma pensée et la leur, les anarchistes et les conspirateurs de Paris ont des correspondances établies presque dans toutes les localités importantes des départements, qu'ils ont des complices presque partout, dont une partie se trouve toujours à Paris dans le temps d'une insurrection, et l'autre se montre toujours menaçante dans les villes où une organisation est établie; ce sont ceux-là même que signalent les commissaires de police de Vesoul, Gray, Lure et autres lieux du département de la Haute-Saône.

J'ajouterais que la police, bien que représentée par des hommes actifs et dévoués, a été dans ces derniers temps presque complètement paralysée par la crainte qu'éprouvaient les agents de n'être pas soutenus, par la crainte que leur inspiraient des hommes qui se disent toujours prêts à arriver au pouvoir et à frapper ceux qui les auront poursuivis.

Il faut donc, dans l'intérêt de la République, rendre la confiance à ces serviteurs. Il suffira pour obtenir ce résultat, que le pouvoir se montre fort. Tous les bons citoyens espèrent aujourd'hui.

Si une commission rogatoire était adressée aux magistrats de tribunaux de Vesoul, Lure et Gray, à l'effet de délivrer des mandats de perquisition et de poursuivre les hommes signalés comme fauteurs ou complices des évènements de mai et de juin, les officiers de ces différents parquets paraissent convaincus qu'on arriverait à des découvertes utiles au salut du pays.

S'il vient à ma connaissance d'autres faits de nature à éclairer la Commission, j'aurai l'honneur de les lui adresser immédiatement.

Le Préfet de la Haute-Saône, *Signé* : CARRÉ.

Seine-et-Marne.

Citoyen Président, j'ai l'honneur, conformément à votre circulaire du 27 du mois dernier, d'adresser les pièces suivantes à la Commission chargée par l'Assemblée Nationale de faire une enquête politique sur les évènements des mois de mai et juin 1848 :

1° Copie d'une dépêche télégraphique, émanée du Ministre de la guerre, le 26 juin. Cette dépêche télégraphique est la seule transmise à la préfecture de Seine-et-Marne, au sujet des évènements politiques du mois de mai et du mois de juin; 2° copie des pièces et documents existant entre mes mains et ayant un rapport direct ou indirect avec les deux insurrections; 3° un rapport sommaire sur les pièces, documents et faits politiques, se rattachant d'une manière quelconque à ces deux attentats contre la République.

Salut, respect et fraternité.

Le Préfet de Seine-et-Marne.

RAPPORT SOMMAIRE DU PRÉFET.

Après la nouvelle de l'attentat du 15 mai, contre l'Assemblée Nationale, aucune dépêche ministérielle; aucun ordre de mettre en marche les gardes nationales ne lui étaient parvenus, le préfet accepta, dans la nuit, l'offre collective faite par le maire de Melun et quelques gardes nationaux d'aller provoquer ces ordres au Ministère de l'intérieur. Ces honorables citoyens partirent aussitôt; ils ne purent parvenir jusqu'au Ministre de l'intérieur, mais ils furent admis au palais de l'Assemblée, où l'un des membres de la Commission Exécutive les chargea verbalement de dire au préfet de diriger sur Paris la garde nationale de Seine-et-Marne. Le maire demanda cet ordre par écrit, suivant les instructions du préfet; mais il ne put l'obtenir. Dès le retour de cette députation, la garde nationale de la ville et des communes voisines se prépara à partir. L'enthousiasme était général, il se manifestait en même temps sur tous les points : Si le préfet l'excitait, le nombre des citoyens marchant sur Paris pouvait, au dire des hommes connaissant le mieux le pays, s'élever à plus de quarante mille; alors les campagnes restaient abandonnées au milieu d'ateliers nombreux et peu disciplinés : d'autre part, une pareille masse, dont un quart à peine était armé, pouvait devenir pour Paris un embaras d'autant plus grand qu'il n'était pas attendu.

Si, au contraire, le préfet modérait ce patriotique élan, il pouvait priver l'Assemblée et le Gouvernement de défenseurs utiles, quoiqu'ils ne fussent pas appelés.

Des deux côtés la responsabilité était grande. Dans cette situation pleine de perplexité, le préfet envoya en poste un conseiller de préfecture porteur de sa dépêche n° 1, par laquelle il sollicitait l'autorisation de faire marcher les gardes nationales et de se placer à leur tête. Le conseiller ne put voir le Ministre de l'intérieur; mais il fut introduit auprès du sous-secrétaire d'État, qui répondit, par une dépêche (n° 2), qu'il n'y avait plus qu'à rassurer et à remercier la garde nationale, et à l'inviter à la fête de la Concorde.

A la réception de cette dépêche, le préfet fit une proclamation (n° 3), pour faire connaître aux gardes nationales prêtes à partir ou déjà en marche, qu'elles n'arriveraient qu'après la victoire, et les remercier au nom de la patrie. Quelques détachements insistèrent; le préfet les laissa libres. D'autres retournèrent sur leurs pas, mais non sans un déplaisir marqué; tous témoignèrent les meilleurs sentiments pour la République; mais quelques individus blâmèrent vivement l'administration d'avoir attendu des ordres pour agir, et d'avoir exécuté les ordres après les avoir reçus.

Le préfet, par son rapport du 19 mai (n° 4), rendait compte au Ministre de tous les faits relatifs à cette manifestation.

La réponse du Ministre du 23 (n° 5) renferme l'approbation complète de la conduite du préfet.

Melun, le 1er juillet 1848.

Le Préfet de Seine-et-Marne.

Melun, le 1er juillet 1848.

La nouvelle des évènements de Juin est parvenue à Melun par les Messageries.

Au premier avis que le préfet en a reçu de divers voyageurs, le 23, il a réuni à la Préfecture le général, le maire de la ville, le procureur de la République, le commandant de la gendarmerie. D'accord avec ces fonctionnaires, il a décidé que des exprès chargés de rapporter les ordres du Gouvernement, seraient, sur-le-champ, envoyés en poste à Paris.

Deux citoyens, pris dans les rangs de la garde nationale, ont été, par les soins du maire, choisis et expédiés aussitôt. Ils sont revenus, dans la nuit, sans avoir pu franchir les barrières.

Le peu de succès de cette tentative n'a pas fait renoncer le préfet à se mettre en rapport avec le Ministre de l'intérieur. Dans la matinée du 24, le préfet a fait partir avec une dépêche (n° 1), deux hommes dignes de toute sa confiance, le citoyen Duclos, conseiller de préfecture, et le citoyen Hativet, lieutenant de gendarmerie.

A quelques heures d'intervalle, l'inspecteur des postes se rendant en courrier auprès de son administration centrale, pour essayer de rétablir le service, a été chargé d'une autre dépêche (n° 2).

Dans la nuit du 23 au 24, la sous-commission de Corbeil a demandé du secours (n° 3); les ouvriers d'Essonne, insurgés, formaient des barricades sur la route de Fontainebleau pour intercepter le passage des troupes qui se dirigeaient sur Paris. Le Préfet a requis le général d'envoyer immédiatement deux escadrons de carabiniers pour assurer la liberté des communications. Dès le 24 au matin, cette troupe était à Essonne, l'ordre y était rétabli et les barricades détruites par les citoyens eux-mêmes.

Malgré l'absence d'instructions ministérielles, toujours attendues, il fallait rassurer les populations et prendre certaines mesures de prudence. Dans ce but, le préfet a adressé aux sous-préfets une circulaire n° 4.

Il a répondu, en particulier, au sous-préfet de Fontainebleau, alarmé de l'éloignement d'une partie de sa garnison, la lettre (n° 5).

Par un billet écrit de Charenton, le citoyen Duclos annonçait son arrivée sur ce point, sa résolution de ne reculer devant aucune difficulté pour entrer dans Paris. Il faisait connaître que les détachements de la garde nationale, accourus spontanément, restaient aux barrières sans pouvoir passer outre (n° 6).

Des divers envoyés, le citoyen Duclos est parvenu seul à pénétrer dans la capitale, après des efforts persévérants et les plus grands dangers. A dix heures du soir il était dans le cabinet du Ministre. Le lendemain matin il remettait la dépêche (n° 7) par laquelle le Ministre invitait le préfet à diriger sur Paris quelques bataillons et le laissait libre de se metre à la tête du détachement.

Le préfet s'est empressé d'annoncer au Ministre qu'il prenait des mesures pour régulariser le mouvement des gardes nationales sur Paris, et qu'il allait marcher avec elles.

L'autorité départementale fait aussitôt un appel aux bataillons les plus rapprochés de Paris, en limitant le contingent de chacun d'eux au nombre des hommes armés suivant le tableau (n° 9).

Des ordonnances ont porté ces instructions aux maires et aux chefs de bataillon, et assigné les lieux de réunion (n° 10).

Le 26 au soir, le préfet est entré par la gare du chemin de fer de Corbeil, avec quatre ou cinq mille gardes nationaux des arrondissements de Melun et de Fontainebleau. Les détachements des autres arrondissements venaient par Pantin.

A leur arrivée devant le palais de l'Assemblée Nationale, les bataillons de Seine-et-Marne ont été passés en revue par le Président, accueilli aux cris de vive l'Assemblé! vive la République!

Ces bataillons ont été préposés à la garde des prisonniers, aux Tuileries, à l'École-Militaire. Ils ont répondu à ce témoignage de confiance par une excellente tenue et par une conduite irréprochable.

Tous les citoyens inscrits au rôle du service ordinaire, auraient voulu être appelés pour concourir au triomphe de l'ordre et des lois. Mais en dépassant, même de beaucoup, les limites assignées par le Ministre, le préfet a dû laisser dans leurs foyer un grand nombre d'hommes de bonne volonté, parmi lesquels il en est dont les regrets, honorables dans leur motif, vont jusqu'à l'injustice envers l'autorité départementale.

La rentrée des gardes nationaux s'est effectuée dans le plus grand ordre; les communes ont accueilli leur retour par de vives acclamations. Elles ont vu de quel péril les a préservés la victoire qui, dans Paris, vient de sauver la République et la France; ils ont vu quelle force invincible opposaient à l'anarchie la garde nationale et l'armée unies dans leur dévoûment et marchant à la voix des Représentants de la nation. Ce qu'ils ont vu, ils le racontent aujourd'hui. Leurs récits ranimeront la confiance et la sécurité et profiteront ainsi, il faut l'espérer, au retour de la prospérité publique.

La garde nationale de Seine-et-Marne a eu cinq hommes tués et six blessés.

Le Préfet de Seine-et-Marne.

Seine-et-Oise.

Versailles, le 6 juillet.

Citoyen Président, j'ai l'honneur de vous transmettre ceux des renseignements qui sont à ma disposition, et que réclame votre circulaire du 27 juin dernier.

1° En aucun cas, le département de Seine-et-Oise ne reçoit des dépêches télégraphiques : la situation du chef-lieu s'y oppose. J'ai reçu, relativement aux évènements des 15 mai et 23 juin, des ordres directs au nombre de trois, dont je vous envoie des copies certifiées. Dans ces deux circonstances, j'ai fait appel, par une circulaire, aux gardes nationales de Seine-et-Oise : tous les bataillons, sans exception, ont fourni leur contingent pour voler à la défense de Paris et de nos libertés menacées. Quelques uns en petit nombre, qui voulurent entrer dans Paris par la barrière d'Enfer ou par celles voisines, n'ont pu y pénétrer, faute de munitions et faute d'un armement suffisant ; mais le plus grand nombre a été appelé à contribuer au rétablissement de l'ordre, et quatre citoyens, dont un chef de bataillon, un capitaine et deux gardes nationaux, appartenant à trois bataillons différents, ont été tués ; un plus grand nombre ont été blessés.

2° Je n'ai aucune pièce, aucun document autres que ceux dont je vous envoie copie, qui se rattachent directement ou indirectement aux deux insurrections.

3° Quelques faits politiques, dont le détail suit, se rattachent à ces deux attentats.

Attentat du 15 mai.

Un citoyen qui habite Versailles depuis plusieurs années, le sieur Thumery, gérant de l'entreprise des pompes funèbres établie pour les environs de Paris, a été arrêté le 15 mai à l'Hôtel-de-Ville ou sur la place de Grève. Conduit au fort de Vincennes avec les autres prisonniers, il en a été relaxé après deux jours de captivité. Sa famille, très-inquiétée de sa disparition, s'était adressée à moi pour le faire rechercher, lorsqu'il lui a été rendu.

Attentat des 23 juin, etc.

Le même citoyen Thumery s'est absenté le 23 juin, dans la journée du samedi 24 ; il est rentré le soir même ; mais on a remarqué que depuis, et aussitôt cette époque, il a fait couper sa barbe, qu'il portait entière, et qu'il n'a conservé que des moustaches. Du reste, ce citoyen a toujours fait régulièrement son service de garde national dans la légion de Versailles.

Un grand nombre d'arrestations ont été opérées sur le territoire des divers cantons du département depuis le 25 juin. Les investigations auxquelles s'est livrée la justice font connaître que plusieurs des individus arrêtés sont gravement compromis, et ont pris part aux combats qui ont été livrés par les insurgés dans ces fatales journées. Deux individus de l'arrondissement de Corbeil sont signalés comme ayant pris part à l'assassinat du général de Bréa. Un sieur Malbranche, charretier de labour, dont la famille habite Autrin (Loiret), a été trouvé porteur d'une somme de 500 fr. en or et de billets de banque ; il s'est vanté de s'être battu avec les insurgés. Un jeune garçon de onze ans, Rigolet (Théodule), a déclaré avoir fait partie des insurgés avec son père, qui aurait reçu de l'argent, et un nommé Cavard (Claude), de Saint-Martin (Puy-de-Dôme), qui a été aussi arrêté.

Les chefs des divers parquets vous auront sans doute transmis, Citoyen Président, tous les renseignements que vous pouvez désirer obtenir sur les individus incarcérés dans les prisons de Seine-et-Oise, comme convaincus ou soupçonnés d'être les complices de ces attentats.

Je reçois à l'instant un rapport du commissaire de police de Pontoise, relatif à la recherche de l'ex-marquis de Civray, et à des caisses laissées en dépôt à Saint-Ouen-l'Aumône par un inconnu qui prenait le nom de Louis. Je m'empresse de vous en adresser copie.

Je joins également l'extrait d'un état nominatif des ouvriers employés aux ateliers nationaux établis pour les travaux d'amélioration de la navigation de la Seine entre Corbeil et la limite du département de la Seine, et qui indique les noms et le domicile de quelques uns qui ont pu prendre part aux troubles des 23 juin et jours suivants.

Salut et fraternité.

Le Commissaire du Gouvernement dans le département de Seine-et-Oise,

Signé : Hipp. DURAND.

Seine-Inférieure.

Rouen, le 8 juillet.

Citoyen Président, en réponse à la première partie de votre circulaire, du 27 juin, j'ai l'honneur de vous adresser les copies conformes des dépêches télégraphiques que j'ai reçues pendant les évènements de juin.

J'a déposé moi-même à la Questure, aux mains du citoyen Degousée, un exemplaire des proclamations et affiches que j'ai publiées pendant ces mêmes journées.

Quant aux pièces et documents relatifs aux insurrections de mai et juin et au rapport que j'ai à vous adresser sur les faits qui sont et viendront à ma connaissance, je réunis en ce moment tous les éléments dont il se composera, et j'attends des différentes communes du département les renseignements que j'ai demandés aux maires sur tous les faits se rattachant d'une manière quelconque aux deux attentats contre la République.

Ce travail terminé, je m'empresserai de vous envoyer mon rapport.

Salut et fraternité.

Le Préfet de la Seine-Inférieure, *Signé* : DUSSARD.

Deux-Sèvres.

Niort, le 5 juillet.

Citoyens Représentants,

Je vous adresse 1° onze dépêches télégraphiques et trois circulaires du Ministre relatives aux évènements de juin. Je n'ai pu trouver à la Préfecture et à l'imprimerie des exemplaires des dépêches qui ont été imprimées et affichées. N'étant entré en fonctions que le 16 juin, je ne puis vous donner des renseignements sur les évènements de mai; l'opinion publique s'est prononcée avec indignation contre l'attentat commis sur la Représentation nationale. 2° Douze exemplaires imprimés et deux copies manuscrites des dépêches arrivées à Niort depuis le 21 juin. La première du 24 juin neuf heures du matin, arrivée à Niort le soir, a vivement agité la population; les communistes manifestaient une satisfaction qui dénotait des projets hostiles.

Les dépêches des 24 juin, une heure et demie du soir et sept heures du soir, sont arrivées à Niort le 25 mai au matin par la même estafette. J'ai publié seulement celle de sept heures, parce qu'elle était plus rassurante que la précédente et que j'étais informé que les communistes avaient formé dans la nuit le projet de se lever à la nouvelle d'un avantage, ou d'un conflit décisif tel que la mise en état de siège ; par ce moyen je crois avoir évité la collision dont la ville de Niort était menacée.

La journée du 25 s'est passée dans l'anxiété. Chacun s'attendant à voir l'attaque s'engager, les communistes ont vainement cherché à s'emparer des dépêches, le directeur des postes avait pris des précautions pour faire arriver les courriers par des voies détournées.

La dépêche du 25 juin, cinq heures et demie du soir, est arrivée à Niort le lendemain au matin et a été affichée immédiatement; les anarchistes ont éprouvé un moment d'hésitation et il leur a fallu ajourner encore leur attaque en apprenant l'arrivée à Niort d'un régiment d'infanterie de marine se dirigeant sur Paris.

Les autres dépêches successivement affichées ont ralenti l'ardeur des anarchistes. Jusqu'à ce jour ils ont entretenu une agitation qui faisait craindre une attaque, aujourd'hui ils paraissent calmes et avoir ajourné leurs sinistres projets. Nombreux et énergiques, ils cherchent à faire des prosélytes; mais la police municipale étant désorganisée, son action est nulle et je ne puis découvrir leurs machinations.

Je les surveille, et jusqu'à ce moment je n'ai aucune pièce qui puisse prouver leur concert avec les anarchistes de Paris; mais pour moi, comme pour toutes les autorités, ce concert existe, il est certain : reste à en saisir la preuve matérielle ; croyez bien que j'apporterai tous mes soins à la saisir et à maintenir la paix publique.

Salut et fraternité.

Le Préfet des Deux-Sèvres, *Signé* : Morin.

Somme.

Amiens, le 3 juillet.

Monsieur le Président, j'ai l'honneur de vous envoyer les copies des dépêches télégraphiques qui m'ont été adressées à l'occasion des évènements du mois de juin, avec les affiches que j'ai fait publier immédiatement, et au fur et à mesure de l'arrivée des dépêches dans tous les arrondissements du département de la Somme.

J'ai reçu, le vendredi 23, dans l'après midi, l'ordre de la Commission Exécutive d'envoyer à Paris tout ce que j'aurais de disponible de la garde nationale d'Amiens. Les dispositions ont été prises immédiatement pour former le détachement le plus considérable possible. 400 hommes se sont présentés, j'y ai joint 100 hommes du 57e de ligne, et le 24, nos gardes nationaux étaient aux barricades. Le 24 et le 25, d'autres détachements sont partis, au nombre de 100 à 150. Je n'aurais pas rappelé le concours de nos gardes nationales, si je n'avais à dire que les transports se sont faits avec beaucoup de lenteur, et qu'il n'est pas possible de ne pas voir dans cette circonstance un symptôme qui manifeste les dispositions des mécaniciens du chemin de fer du Nord, toutes favorables aux insurgés. Plusieurs d'entre eux, en arrivant à Amiens, tenaient des propos très alarmants et de nature à porter le découragement et l'effroi parmi ceux qui étaient disposés à partir pour Paris. Nous en avons fait arrêter quelques-uns. Ils ont été relâchés quand l'effet de leurs paroles a été détruit par les dépêches publiées.

Si, ce qu'à Dieu ne plaise, Paris avait de nouveau besoin du secours de la Province, il me semble que les premières pensées du Gouvernement devraient se reporter sur la nécessité d'assurer le service des chemins de fer, et de s'affranchir de la coalition de quelques hommes qui peuvent mettre l'Etat en danger.

Tarn.

Albi, le 1er juillet.

Citoyen Président, j'ai reçu la circulaire que vous m'avez fait l'honneur de m'adresser le 27 juin.

Conformément à votre invitation, je m'empresse de vous faire parvenir un exemplaire de chacune des dépêches télégraphiques que j'ai cru devoir faire imprimer et afficher, et une copie de celles que je me suis borné à porter à la connaissance du public par la distribution de copies collationnées dans les lieux les plus fréquentés du chef-lieu du département que j'administre, et par l'envoi de copies pareilles dans tous les chefs-lieux d'arrondissements et de canton. Je les aurais fait imprimer et afficher comme les autres, mais le retard qu'on a mis à me les transmettre de la direction du télégraphe de Toulouse m'a fait juger inutiles ces moyens de publicité, vu qu'elles étaient insérées dans tous les journaux qui se publient dans cette dernière ville, avant même que j'en eusse reçu les expéditions.

Je n'ai à ma disposition ni pièces ni documents ayant un rapport direct ou indirect avec les deux insurrections sur lesquelles la Commission d'enquête a reçu la mission d'informer. Je n'ai donc pas de rapport à vous fournir à ce sujet.

Quant aux faits politiques se rattachant d'une manière quelconque aux deux attentats des mois de mai et juin, j'ai déjà porté à la connaissance du citoyen Ministre de l'intérieur ce que j'en ai pu recueillir jusqu'ici. Voici sommairement ce que j'ai eu l'honneur de lui dire :

Il existe à Alby, depuis quelques années, un certain nombre de partisans des doctrines communistes, propagées par le journal *le Populaire*, qui compte quelques abonnés dans le Tarn. Un club ayant été ouvert à Alby après les évènements de février, tous les communistes de cette ville, qu'on disait être au nombre de 100 à 102, s'y firent affilier dès les premiers jours ; ils tentèrent plusieurs fois d'y faire prévaloir leurs principes, en professant publiquement la haine contre les classes riches ou aisées de la société et le mépris de la propriété. Le bon sens des autres membres de cette réunion populaire fit généralement justice de ces tentatives ; toutefois, à force de persévérance et en exploitant toutes les ambitions et l'irritation de quelques mécontents, cette poignée de communistes, composée, du reste, d'hommes sans considération et sans valeur, a fait partout des prosélytes, et elle est devenue, dans les deux derniers mois surtout, assez forte pour faire tomber en dissolution le club, dont les débris ont servi à reconstituer, sous le nom de Société des Droits de l'Homme, une association secrète dans laquelle dominent les doctrines du communisme.

L'un des principaux chefs de cette société est le nommé Holtz, arquebusier, étranger établi depuis quelques années à Alby, qui passe ici pour être en correspondance très-suivie avec le citoyen Cabet.

Cette organisation secrète se rattache, dans ma conviction, à une organisation plus vaste ayant son centre au sein de la capitale et des ramifications étendues dans les départements. Ce qui me prouve qu'il en doit être ainsi, c'est que les démonstrations des mois de mars et d'avril avaient été annoncées ici quelques jours à l'avance, c'est que l'attentat du 15 mai y avait été précédé, dès le 12 ou le 13 du même mois, par des pétitions en faveur de la Pologne et par des motions dans le même sens, faites dans une des séances du club par l'organe de l'un des membres les plus actifs de la nouvelle société.

Il résulte enfin de quelques rapports qui m'ont été faits depuis le 23 juin, que, dans un café d'Alby que fréquentent habituellement les membres de cette société, il aurait été annoncé, vers le 13 ou le 14 juin, que des évènements graves se passeraient à Paris le 21 ou le 22 du même mois, et que, dans la prévision de ces évènements, le citoyen Holtz, déjà nommé, aurait fait des tentatives d'embauchage auprès de quelques soldats du 41ᵉ de ligne. J'ai chargé le lieutenant-colonel de ce régiment de faire une enquête à ce sujet ; dès que le résultat m'en sera connu, je vous en ferai part s'il me paraît digne d'être communiqué à la Commission dont vous êtes le chef.

Voilà, citoyen Président, tout ce qu'il m'est possible de vous dire, en ce moment, touchant l'objet de votre circulaire. S'il arrivait à ma connaissance des documents ou des faits de quelque gravité, je serais exact à vous les signaler dans mes rapports ultérieurs.

Salut et fraternité.

Le Préfet du Tarn.

Tarn-et-Garonne.

Montauban, le 5 juillet.

Citoyen Président, conformément à votre circulaire du 27 juin dernier, j'ai l'honneur de vous adresser les dépêches télégraphiques que j'ai reçues et un exemplaire de chacune de celles que j'ai fait afficher dans le département de Tarn et Garonne, à l'occasion des évènements de Paris pendant les mois de mai et de juin.

Vous trouverez, par conséquent, sous ce pli, 12 paquets séparés et numérotés, et sous chaque numéro l'exposé sommaire que vous réclamez en même temps.

Vous remarquerez que plusieurs dépêches ont été publiées et imprimées sur la même feuille, par la raison qu'arrivées dans la nuit ou à des intervalles trop rapprochés, il y a lieu de ne pas en faire un placard distinct Au surplus, on a indiqué à quel numéro il fallait avoir recours pour retrouver la dépêche imprimée correspondant à la dépêche manuscrite.

Quant aux autres pièces et documents qui auraient un rapport direct ou indirect avec les deux insurrections, il n'en existe aucun en mon pouvoir; je ne puis non plus vous signaler des faits politiques qui se seraient produits dans ce département et qui se rattacheraient d'une manière quelconque à ces deux attentats contre la République. Tout ce que je puis dire, c'est que ces événements, à jamais déplorables, ont excité parmi nous la plus vive et la plus douloureuse indignation, et qu'il n'y a eu qu'une seule et même voix pour s'élever avec énergie contre les auteurs de ces désordres et pour applaudir au triomphe de la République contre l'anarchie. Ces sentiments sont exprimés dans une adresse qui vient d'être faite par la garde nationale de Montauban à celle de Paris, et sont ceux de tous les citoyens de notre département.

Salut et fraternité,

Le Préfet, *Signé* : Delmas.

Var.

Draguignan, le 5 juillet.

Citoyen Président, j'ai l'honneur de vous adresser, 1° toutes les dépêches télégraphiques qui ont été affichées dans le département du Var, aussitôt après leur réception, et qui se réfèrent aux évènements du 15 mai et du 23 juin et jours suivants.

N'ayant plus aucune affiche, je vous envoie les copies conformes.

2° Il n'existe à la Préfecture aucune pièce, ni aucun document se référant directement ou indirectement à l'une ou l'autre de ces insurrections.

3° Quant aux faits politiques qui se rattachent d'une manière quelconque à ces deux attentats contre la République, voici ce que j'ai recueilli de plus précis à cet égard :

Le 19 mai, vers deux heures du soir, une manifestation très-tumultueuse eut lieu à Draguignan : une foule d'individus, après avoir envahi la mairie, se porta à la Préfecture, le maire s'y était retiré. On lui arracha sa démission par des menaces; le prétexte était qu'il avait rétabli sur les boissons les droits d'octroi. Le courage du citoyen Jules Poulle, remplissant alors les fonctions de commissaire du Gouvernement, en imposa aux émeutiers, qui avaient proféré des cris de mort contre le maire; ils se retirèrent.

On reçut presqu'au même instant les lettres de Paris, où il y avait encore beaucoup d'agitation dans les esprits; nul doute que la tentative de Draguignan n'ait été produite par le contre-coup de ce qui était arrivé le 24 mai. Le 24 mai au matin, je fus installé préfet à Draguignan. Quant aux évènements du 23 juin et jours suivants, les dépêches télégraphiques se succédaient rapidement et calmaient les esprits inquiets; la certitude que la cause de l'ordre et de la vraie République avait triomphé empêcha que l'agitation des têtes méridionales se transformât en aucun acte de turbulence.

Draguignan et presque tout l'arrondissement est agricole. Les travailleurs sont propriétaires ou métayers; ils vivent avec un peu d'aisance.

Les filatures de cocons sont en activité à Draguignan, à Cogolin et dans presque toutes les villes de l'arrondissement; elles procurent beaucoup de travail aux enfants et aux femmes, qui reçoivent un salaire de 1 franc par jour.

A la Garde-Fresnel, on fabrique des bouchons provenant des chênes-lièges. Ces fabriques occupent beaucoup d'ouvriers. L'établissement d'un comptoir d'escompte facilitera l'exploitation de ces manufactures. J'espère qu'il sera bientôt en activité.

Les évènements de juin ont produit de l'agitation; quelques individus, mais en petit nombre, sont dangereux; on s'alarme ici trop facilement. Les principes proclamés par le club démocratique sont conformes à ceux émis par moi à mon arrivée à Draguignan.

A Toulon, la population et les nombreux ouvriers de l'arsenal ont plus d'une fois essayé des scènes de désordre, mais la garde nationale et la force armée assurent à cette ville importante et à tout l'arrondissement le maintien de l'ordre et la sécurité des citoyens, dont l'immense majorité est animée des meilleurs sentiments républicains.

La ville de Grasse et tout l'arrondissement ne présentent jamais que des citoyens paisibles, presque tous industriels, dévoués à la République d'ordre, et incapables de toute effervescence politique.

Brignolles et les communes de cet arrondissement forment une population presque toute agricole. Toutes les opinions ne sont point républicaines, m'a-t-on dit, mais aucun acte contraire au Gouvernement républicain n'a été manifesté, et s'il en était autrement il serait à l'instant réprimé.

Les habitants du Var sont républicains et animés d'un patriotisme sincère, et pour la plupart attachés aux institutions républicaines conquises en Février pour la gloire et le bonheur de la France.

Salut et respect.—Le Préfet du Var. *Signé* : Colas DE LANOUE.

Vaucluse.

Paris, le 10 juillet.

Nous, Président de la Commission d'enquête, de l'avis et de l'ordre de cette Commission, donnons, par le présent, mission spéciale à M. Thourel, Président à la cour d'appel de Nîmes sur les faits suivants :

1° Les dépêches télégraphiques du Gouvernement ont-elles été publiées et affichées dans le département de Vaucluse aussitôt après leur réception?

2° Ont-elles été publiées textuellement?

3° Aux environs du 20 juin, plusieurs ouvriers renvoyés des ateliers nationaux, passant à Avignon, ont-ils été reçus un soir à la Préfecture par le citoyen Gent, commissaire du Gouvernement, en même temps qu'un certain nombre d'Italiens, lesquels se rendaient à Marseille ainsi que les susdits ouvriers?

4° Le citoyen Gent a-t-il, à la même époque, fait un voyage furtif à Marseille sans en prévenir ses administrés, bien plus, en donnant l'ordre de dire pendant son absence qu'il était malade et ne pouvait recevoir?

5° Après son retour, le 23 au soir, un de ses émissaires, le citoyen Cautour, est-il reparti immédiatement pour Marseille?

6° Doit-on conclure des faits précédents qu'il y a eu connivence entre le citoyen *Gent et les insurgés* de Marseille?

Pour extrait *à parte in qua* conforme à la Commission.

Le greffier en la cour. *Signé* : MONTAGNON.

Vendée.

Napoléon, 29 juin 1848.

Citoyen Président,

Votre lettre du 27 juin m'a été remise par le directeur de la poste de Napoléon, cette nuit, à deux heures et demie.

Je m'empresse d'y répondre ce matin même et de vous envoyer,

1° Toutes les dépêches télégraphiques que j'ai reçues dans les mois de mai et de juin sur les évènements politiques, savoir :

Attentat du 15 mai;

Election de Louis-Bonaparte;

Insurrection des 23, 24, 25 et 26 juin;

2° Toutes les proclamations que j'ai fait répandre et afficher dans le département, à l'occasion et pour l'explication de ces dépêches.

La Vendée est un pays d'exception, pays plein de souvenirs que les uns disent glorieux, les autres funestes, souvent cruels, que je voudrais effacer et que les partis, au contraire, réveillent. Ces partis, loin de diminuer, s'augmentent. Il n'y en eut longtemps que deux, rangés sous deux bannières, sous deux couleurs : le *blanc* et le *bleu*; mais aux patriotes et aux légitimistes, que seuls longtemps on désigna, il faut joindre à présent le parti *constitutionnel* ou de *la Régence* ou du *prince de Joinville*, et le parti de *Louis Bonaparte*, qui s'est tout à coup révélé : ces opinions s'agitent, s'entre-choquent, et les hommes qui les professent, s'armant des troubles de Paris, des inquiétudes sur la guerre étrangère, jettent des embarras et des entraves dans l'établissement de la République, qui pourtant a de nombreux et solides amis.

La masse des gardes nationales veut la République modérée et pure, mais par là même forte et durable.

On veut la famille, on veut la propriété, on a horreur du communisme.

Le pays est agricole surtout. Le commerce est celui des bestiaux, des chevaux, du blé. Le commerce souffre, on vend peu, on est mal payé, et pourtant le recrutement se fait admirablement; l'impôt, avec résignation, s'acquitte.

Le clergé, qui exerce ici un grand empire, a, dans les premiers jours de la révolution, montré des dispositions favorables : frappé de terreur, il cédait; mais il s'est tranquillisé depuis; il a relevé la tête, et, dans les élections, il s'est montré faux, ardent et hostile. On a parlé même, il n'y a pas longtemps, d'allées et venues, de conciliabules; on a parlé de quêtes qui avaient été faites et d'argent amassé pour le semer à propos dans des circonstances données et toutes fatales. La gendarmerie a tenu mon attention éveillée sur ce point, mais rien ne s'est traduit au grand jour; aucun fait n'a été assez positif pour qu'il y eût lieu de ma part à lier ces bruits aux trames et aux manifestations qui viennent d'assombrir la capitale.

Non, je ne vois pas chez nous de complices pour les insurgés de juin ou de mai. Si la lutte s'était prolongée, le contre-coup s'en serait, je n'en doute pas, fait sentir en Vendée. Mais la victoire remportée, prompte et complète a eu cet avantage que nos ennemis n'ont pas eu l'idée ou le moyen de faire de démonstrations sérieuses d'aucune manière.

Tout s'est vivement ému aux premières nouvelles de cette commotion soudaine qui venait ébranler l'ordre social ; mais le succès rapide de nos armes et la répression vive de la rébellion ont ramené le calme.

J'ai une forme d'administration qui tend à tout réduire et attacher par la conciliation. Je me regarde comme un missionnaire de paix et de concorde. Je prêche l'union, la justice, la liberté. Je rappelle dans toutes mes publications quelle est la nécessité où nous sommes, pour relever le crédit, de nous faire des concessions, de nous entendre, et j'ai eu la douceur d'obtenir des résultats au-delà de mes espérances. Je poursuivrai cette tâche d'autant mieux qu'une plus grande délégation me sera accordée. Je crois mériter la confiance, et plus le Gouvernement voudra m'en donner de témoignages, plus je ferai de bien, plus je serai heureux, plus je serai certain de conserver intact à la République le beau et bon pays que des mesures tranchées, rigoureuses, imprudentes, auraient pu sans retour et en peu d'heures lui enlever.

Je désire que ces réflexions vous semblent, citoyen Président, de nature à être (avec les pièces et renseignements qui les accompagnent) mises utilement sous les yeux de la Commission d'enquête.

Agréez, citoyen Président, l'hommage de mon profond respect,

Le Préfet de la Vendée, Signé F. Gresse.

Vienne.

Poitiers, le 30 juin.

Aux citoyens membres de la Commission d'enquête instituée par décret du 26 juin 1848.

Citoyens,

Conformément à votre circulaire en date du 27 courant, j'ai l'honneur de vous adresser les originaux et les exemplaires des dépêches télégraphiques que j'ai reçues depuis le 15 mai dernier.

Je les accompagne de quelques observations sur les faits qui se sont passés dans le département de la Vienne, et qui peuvent avoir quelques rapports avec ces deux attentats contre la République.

Quelques jours avant le 15 mai, huit ou dix individus de la ville de Poitiers, et à peu près le même nombre appartenant aux quatre arrondissements du département, notoirement connus par leurs opinions communistes, et obéissant probablement à un mot d'ordre, étaient partis pour Paris ; j'ai appris que quelques-uns d'entre eux avaient figuré dans les rangs des émeutiers, qui envahirent, le 15, la salle de l'Assemblée Nationale. Depuis leur retour, je les ai fait surveiller activement. Ils n'ont pas cessé de travailler, d'exciter la classe ouvrière, heureusement d'une nature pacifique, mais fort malheureuse par suite de la stagnation des affaires et le manque d'ouvrage ; mais, c'est surtout depuis ces derniers jours, qu'ils continuent leurs menées et qu'ils sèment l'inquiétude et la crainte, en répandant les bruits les plus alarmants.

Quant aux légitimistes, beaucoup plus nombreux à Poitiers que les communistes, à la nouvelle des terribles évènements de Paris, il y a eu parmi eux une vive agitation ; de nombreuses et fréquentes réunions ont eu lieu chez quelques-uns d'entre eux ; elles m'inspirèrent quelques appréhensions, d'autant plus que, pendant ce moment, Poitiers était complètement dépourvu de garnison ; je n'avais pas un seul soldat de disponible, et chaque jour cinq ou six cents conscrits de passage, en grande partie remplaçants, sur lesquels les meneurs pouvaient facilement avoir action.

Dès les premières dépêches télégraphiques, je m'étais occupé, conjointement avec l'honorable maire de Poitiers, de faire marcher le plus grand nombre possible de gardes nationaux sur Paris ; mais, avant de les faire partir, je crus qu'il était de mon devoir, eu égard à la situation toute particulière de la ville, de demander au citoyen Ministre de l'intérieur, si je devais me priver de la partie la plus énergique et la plus dévouée de la garde natio ale ; qu'en attendant nous nous occupions activement de l'organisation, de la mobilisation de 800 hommes, des moyens de transport, etc., que tout serait terminé dans quelques heures, et les hommes prêts à partir. Moins de deux heures après le départ de la dépêche télégraphique, je recevais, du Ministre, l'ordre de suspendre le départ.

Les conciliabules légitimistes, qui m'avaient d'abord inspiré des craintes assez vives, n'avaient pas tout à fait le caractère que je leur supposais ; j'ai dû me convaincre depuis que, dans ces réunions, ils avaient particulièrement pour but, de se concerter entre eux pour se défendre contre les attaques possibles de la classe ouvrière.

Maintenant, citoyens, il me paraît démontré que les légitimistes de Poitiers n'avaient aucune connaissance, ni du mouvement du 15 mai, ni de celui des jours derniers; tandis que les communistes étaient parfaitement au courant de ce qui devait avoir lieu ; les indiscrétions de quelques-uns d'entre eux m'en donnent la conviction; le 15 mai, ils avaient certainement reçu l'ordre de se rendre à Paris ; pour le dernier attentat, ils devaient rester ici, pour agir en raison des résultats obtenus à Paris par leurs adhérents. Ils sont fort abattus en ce moment ; cependant ils continuent leurs manœuvres, ils répandent à chaque instant les rumeurs les plus alarmantes, et épouvantent la population, naturellement assez facile à s'effrayer.

Quoi qu'il en soit, ils sont par eux-mêmes fort peu dangereux, leur nombre n'étant pas fort considérable ; mais je redoute l'influence de leurs menées sur les ouvriers sans travail.

Salut et fraternité.

Le préfet de la Vienne, *Signé* : Paul Mabrun.

Vienne (Haute-).

Limoges, le 30 juin.

Citoyen Président, conformément aux prescriptions de votre lettre du 27 courant, j'ai l'honneur de vous adresser ces originaux des dépêches télégraphiques par moi reçues, du 17 mai au 29 juin. J'ai cru ne devoir faire imprimer que celles de ces dépêches relatives aux événements de juin, et me suis borné à répandre autour de moi et à transmettre au dehors des copies des autres faites à la main. Vous trouverez, sous ce pli, un exemplaire de chacune des premières.

Quant aux pièces et documents ayant un rapport direct ou indirect avec les deux insurrections, et que vous me demandez aussi, je n'en connais ni ne peux vous en envoyer aucune, car, entre les insurgés de mai ou de juin à Paris et leurs partisans dans la Haute-Vienne, quelques nombreux et audacieux qu'y soient ces derniers, il n'y a eu, dans ces deux circonstances, qu'une complicité morale. Je ne dois pourtant pas vous laisser ignorer que le parti communiste, qui est ici nombreux, et dont j'ai plusieurs fois signalé au Gouvernement l'existence et les projets, paraissait instruit, dès le 22, de ce qui devait se passer les jours suivants dans la capitale, et que, s'il n'a secondé, à Limoges et dans ses environs, ce désastreux mouvement qu'il appelait de ses vœux, ce n'est que grâce aux mesures de précaution que m'a permis de prendre, pour déjouer ses menées, l'imposante force militaire dont je dispose dans ce chef-lieu du département confié à mon administration.

Salut et fraternité.

Le Préfet de la Haute-Vienne. *Signé* : G. Duché.

Vosges.

Citoyen Président, je m'empresse, pour répondre aux demandes contenues dans votre dépêche en date du 27 de ce mois, de vous adresser, dans l'ordre où je les ai reçues, copie des dépêches télégraphiques de Paris qui me sont parvenues depuis le 25 de ce mois jusqu'aujourd'hui inclusivement, par l'intermédiaire du citoyen directeur des télégraphes de Metz, Strasbourg et Besançon.

Je joins à ces pièces, 1° un exemplaire de chacune des affiches au moyen desquelles j'ai cru devoir porter à la connaissance du département les évènements dont Paris était le théâtre; 2° la copie des rapports adressés par moi, chaque jour, au citoyen Ministre de l'intérieur, ainsi que celle des rapports que m'ont adressés trois des sous-commissaires des arrondissements. Je n'ai rien reçu encore du sous-commissaire de Remiremont, mais son arrondissement, j'en suis certain, est animé du meilleur esprit, et ne me donne, quant à présent, aucune inquiétude.

Si j'adresse toutes ces pièces à la Commission d'enquête, c'est que je tiens à rétablir deux choses: que le département des Vosges, d'abord, ne laisse rien à désirer dans le moment sous le rapport de l'ordre et du patriotisme, et, ensuite, que, chargé accidentellement et par délégation d'une tâche pénible, j'ai fait tout ce qu'il dépendait de moi pour apaiser les inquiétudes et assurer, dans le pays, le triomphe de la République et de la vraie liberté.

C'est le 25 juin, à sept heures du matin, que la nouvelle de l'insurrection, déjà connue par des lettres particulières. est parvenue dans les Vosges par une dépêche télégraphique de Paris, en date du 24 juin, à neuf heures du matin. Réunie pour un exercice, la garde nationale d'Epinal était dans le moment sous les armes. Je suis allé moi-même lui donner connaissance de cette dépêche, après, toutefois, avoir donné des ordres pour leur impression.

Le soir du même jour, à neuf heures et demie, une seconde dépêche, annonçant la mise de Paris en état de siége, la permanence de l'Assemblée Nationale et sa délégation du pouvoir exécutif au général Cavaignac, m'est parvenue par une estafette venant de Metz. Le passage de cette estafette dans la ville l'avait agitée, et une grande partie de la population s'étant réunie devant la préfecture, je lui ai communiqué, aux flambeaux, les nouvelles que je venais de recevoir.

La première dépêche avait été adressée en placards à chaque commune où elle est parvenue dans les journées du 25 et 28. Je me suis borné, pour la seconde, à l'adresser aux sous-commissaires, en leur recommandant de lui donner toute la publicité possible.

Il en a été de même de la troisième, arrivée ici le 26, à dix heures du matin, et par laquelle M. le Ministre des affaires étrangères appelait tous les bons citoyens à se lever en masse pour en finir avec les ennemis de l'ordre et de la République. Elle a été immédiatement transmise à tous les sous-commissaires du département, et la Commission que vous présidez pourra s'en convaincre par la copie de la lettre que je leur ai adressée et qui accompagne les pièces que j'ai l'honneur de vous transmettre.

Depuis ce moment jusqu'au 27, à huit heures et demie du soir, nos inquiétudes ont été grandes, car aucune nouvelle officielle des horribles évènements qui ont ensanglanté la capitale ne nous est parvenue. Durant ce temps, les gardes nationales, sous l'impulsion de leurs chefs et des municipalités, organisaient leur départ. Ainsi, le 26, cent hommes partaient de Neufchâteau; le 27, cent quarante quittaient Epinal; il en partait en même temps de Mirecourt, de Saint-Dié, de différents cantons et de toutes parts, tant l'élan était unanime. Je recevais des demandes verbales et écrites de mettre en marche les bataillons ruraux; c'étaient, du reste, les maires et leurs chefs qui m'adressaient les demandes. Il en serait parti un grand nombre, le 28, si je n'avais pas reçu, la veille de ce jour, à huit heures et demie du soir, par une estafette que m'adressait mon collègue de la Meurthe, la copie d'une dépêche de Paris, en date du 26 juin, à deux heures, qui annonçait la prise du faubourg Saint-Antoine, dernier point de la résistance.

Lue immédiatement par moi à la foule assemblée devant la préfecture, cette dépêche a été accueillie avec enthousiasme et aux cris de vive la République! Quelques instants après elle était publiée dans Epinal, où elle était reçue avec bonheur, et, à minuit, des estafettes, dirigées sur tous les points du département, allaient porter une consolante nouvelle aux sous-commissaires et à tous les directeurs de la poste aux lettres qui devaient, le 28 au matin, transmettre à toutes les communes rurales les affiches que je leur avais adressées.

Les dépêches qui ont suivi celle dont je viens d'avoir l'honneur de vous entretenir étaient trop rassurantes pour ne pas être livrées à la publicité. Je me suis empressé de les faire, par la même voie, parvenir aux communes qui, dans le moment, ont repris leur calme et leur aspect habituel.

Je n'ai rien à ajouter en ce qui concerne les renseignements réclamés par la première partie de votre dépêche. Quant à la seconde, il n'existe entre mes mains ni pièces ni documents ayant un rapport direct ou indirect avec les deux insurrections. On a appris, généralement avec peine, que la bannière des Vosges avait été aperçue dans la salle des séances de l'Assemblée Nationale lors de l'attentat du 15 mai, mais je ne sais rien de relatif à cet événement, et je ne puis attribuer qu'à l'effet d'un hasard à jamais regrettable la présence, dans le sanctuaire de la nation, d'un drapeau qui a toujours abrité des hommes de cœur et de dévouement absolu à la France.

Je ne connais aucun fait politique se rattachant d'une manière quelconque à l'attentat du 15 mai et à celui du 23 juin. Les rapports qui me sont parvenus sur l'état des esprits dans ce moment signalent tous l'accord unanime des populations pour blâmer, avec une énergique indignation, l'épouvantable drame auquel la France vient d'assister. A Epinal, cependant, quelques individus m'ont été signalés comme ayant exprimé le regret d'avoir été les témoins de l'élan passionné de nos gardes nationaux qu'ils auraient traités de lâches, de bourreaux des ouvriers, de leurs frères; mais, outre que ces individus sont en très-petit nombre et sans influence aucune, je me félicite de pouvoir vous dire qu'ils sont repoussés par la population. Peut-être, si l'insurrection avait eu l'espoir de triompher à Paris, auraient-ils tenté d'agiter les esprits dans notre ville; mais leur tentative, j'en ai la conviction, serait restée sans succès.

Quoi qu'il en soit du peu d'importance que l'on doit attacher à ces hommes et à leurs discours, je viens de transmettre au citoyen procureur de la République, à Epinal, les renseignements qui me sont parvenus aujourd'hui seulement, et je le prie, en même temps, de rechercher jusqu'à quel point ces hommes, que je ne crois qu'égarés, peuvent être coupables.

Je m'empresserai, soyez-en convaincu, citoyen Président, de vous transmettre tous les documents qui me paraîtraient de nature à fixer l'attention de la Commission nommée par l'Assemblée Nationale, et si des investigations auxquelles le procureur de la République et moi nous allons nous livrer, il résulte des indices de culpabilité contre les personnes qui m'ont été signalées, veuillez croire que je ne faiblirai pas à un devoir d'honneur, et que je saurai vous rendre compte de leurs paroles et de leurs actes.

Salut et fraternité.

Le conseiller de Préfecture, secrétaire général délégué.

Signé : Henri GIRARDIN.

Yonne.

Auxerre, le 4 juillet.

Monsieur le Président, j'ai l'honneur de vous adresser des copies des trois dépêches télégraphiques que j'ai reçues du Ministère de la guerre, à l'occasion des évènements de juin : l'une, datée du 26, m'est parvenue le 27 par la poste; les deux autres, datées du 28, me sont arrivées le 29 par la même voie. Je n'ai reçu aucune communication du Ministère de l'intérieur, ni par le télégraphe, ni par la poste. Le 25, j'ai écrit pour me plaindre qu'on me laissait sans nouvelles ; je n'ai pas reçu de réponse. Je n'ai connu les évènements que par des lettres particulières, mais j'avais beaucoup de peine à faire croire à la population qu'il ne me parvînt aucun avis officiel. Le silence gardé par le gouvernement a produit ici un mauvais effet et a créé à l'autorité une position difficile. On savait, dans le public, que la malle-poste arrivait à son heure ordinaire, et l'on ne voulait pas croire que je ne reçusse aucune communication du Ministère ; on était persuadé que celles qui me parvenaient étaient tellement désastreuses que je jugeais prudent de les tenir cachées. Il en est résulté, dans la ville d'Auxerre, une grande fermentation et même des tentatives pour m'enlever par la violence toutes les lettres qui pouvaient m'être adressées.

Manquant de renseignements positifs, je n'ai pris conseil que des circonstances ; j'ai publié les nouvelles particulières qui me parvenaient, quand elles paraissaient dignes de foi. J'ai autorisé et même excité le départ des gardes nationales pour Paris, quand j'ai cru que cela pourrait être utile ; je l'ai arrêté sur certains points où il me semblait que tous les gardes nationaux prêts à partir n'étaient pas animés du même esprit. Enfin, le 27, j'ai reçu par la poste, du Ministère de la guerre, une lettre dont copie est ci-jointe. En même temps, M. le procureur de la République, à Auxerre, a reçu de M. le procureur général une lettre qui lui annonçait la fin de la lutte ; je me suis empressé de faire imprimer et afficher ces documents.

Je suis persuadé que l'insurrection avait des affidés dans les départements, et que, notamment à Auxerre, une partie de la population n'attendait que l'arrivée de nouvelles tout-à-fait mauvaises pour imiter le mouvement. Les dispositions des complices de l'anarchie étaient si publiquement inquiétantes, que le détachement de garde nationale que le chef-lieu envoyait à Paris a dû renoncer à partir, dans la crainte, soit d'être suivi par des compagnons peu sûrs, avec lesquels il faudrait en venir aux mains pendant la route, soit de laisser sans protection suffisante les maisons, les familles des citoyens qui les auraient abandonnées. Il en a été de même à Sens ; à Joigny, des manifestations mauvaises ont eu lieu ; cependant elles étaient moins graves, et un petit détachement de gardes nationaux a pu partir pour Paris. A Avallon et à Tonnerre, l'esprit de la population est bon, et aucune sympathie sacrilège ne s'est produite pour les ennemis de la liberté et de l'ordre social.

J'ai remarqué qu'à Auxerre les clubs étaient très-agités ; le chef du club le plus ardent, un nommé Berthelin, était allé à Paris pendant les jours qui ont précédé immédiatement l'insurrection, et on ne lui connaît aucune raison pour avoir fait ce voyage; je crois qu'il était allé chercher un mot d'ordre.

Ces clubs étaient établis dans des locaux appartenant à la ville, que l'autorité municipale avait mis à leur disposition dans les jours qui ont suivi la révolution de Février. Elle vient de les leur retirer pour les mettre à la disposition de la troupe que la caserne est insuffisante à loger.

J'ai fait surveiller toutes les routes du département, j'ai invité les maires de toutes les communes à organiser un service de sûreté ; on n'a remarqué aucune trace positive du passage d'aucun débris de l'insurrection. Cependant un assez grand nombre d'individus isolés a été arrêté ; mais l'instruction commencée par l'autorité judiciaire fait présumer que ces individus n'ont pas pris part à la lutte. Un seul d'entre eux, nommé Marshi, se disant Corse et ancien officier au 20e de ligne, donne lieu à des soupçons sérieux ; il était arrivé à Auxerre, il est vrai, avant le commencement de l'insurrection ; mais il est vraisemblable qu'il y venait dans un but politique. Je vous ferai part, monsieur le Président, du résultat de l'instruction à son égard.

Tels sont les seuls renseignements que je puisse fournir jusqu'à présent sur les relations de l'insurrection avec le département de l'Yonne.

Quant au fait du 15 mai, les commissaires qui ont administré le département avant moi ne m'ont laissé aucun document à ce sujet, ni aucune dépêche télégraphique ou autre. Ils ne paraissent pas avoir rien publié à cette époque. Il résulte des renseignements que j'ai pris, que ce fait n'avait excité qu'un sentiment de réprobation unanime, et que la funeste scission que j'ai pu remarquer sur quelques points, pendant les évènements de juin, n'avait pas alors eu le temps de se produire.

Agréez, etc. *Signé* : ROUCOQ.

II

DOCUMENTS

FOURNIS

PAR LES COURS D'APPEL.

DOCUMENTS

FOURNIS

PAR LES COURS D'APPEL.

Agen.

Au citoyen président de la Commission d'enquête.

Agen, 21 juillet.

Citoyen, pour me conformer au vœu exprimé dans votre lettre du qui m'est parvenue le 1er de ce mois, j'ai dû interroger tous les procureurs de la République de mon ressort. Tous se sont empressés de me transmettre les renseignements qui étaient en leur pouvoir, afin d'éclairer mon opinion sur les causes et les caractères des évènements des 15 mai et 23 juin. Je vais, à cet égard, résumer leur pensée et la mienne.

Il ne s'est produit, dans le ressort de la cour d'appel d'Agen, aucun fait, il n'a été instruit aucune procédure criminelle se rattachant directement aux évènements en question. Quelques condamnations correctionnelles seulement ont été prononcées pour des propos ou des actes empreints d'une couleur politique, dirigés soit contre la garde nationale, soit contre de simples citoyens.

Dans le département du Lot, la commune du Vigan a été le théâtre d'une grave collision, accompagnée de désordre et de pillage. La maison du maire de la commune a été saccagée, ainsi que celles de quelques autres particuliers. Cette affaire était le résultat de l'agitation produite par la nomination d'un maire au sujet duquel la commune était divisée d'opinions. L'information faite par la cour elle-même a donné lieu à la mise en accusation de onze individus, qui seront incessamment jugés par la cour d'assises du Lot. Ni mes substituts ni moi n'avons vu, dans ce fait, rien qui se rattache aux évènements dont les causes politiques sont l'objet de vos recherches.

Dans le département du Gers et sur quelques autres points du ressort, des rébellions et des soulèvements d'une extrême gravité ont éclaté à l'occasion de l'impôt des 45 centimes. Dans l'arrondissement de Mirande, notamment, l'action de la justice a été suspendue, et ses mandats n'ont pu être exécutés, à cause de la résistance des communes, réunies au nombre de plus de cent, pour s'opposer à main armée à la perception de l'impôt; mais ces faits, quelque graves qu'ils soient à un autre point de vue, n'ont encore aucune connexité nécessaire ni même probable avec les émeutes de Paris.

On a beaucoup parlé, à Agen, dans ces derniers temps, d'une fabrication et d'un dépôt d'armes, de propos tenus qui sembleraient indiquer des projets de complot tendant à la guerre civile. La cour d'appel s'est préoccupée de ces bruits; elle a ordonné des poursuites. Une procédure s'instruit dans ce moment; elle n'a produit jusqu'ici rien de bien significatif. C'est une enquête vague, qui aboutit plus à signaler les pensées et les vœux de quelques hommes inconséquents ou dangereux, que des faits que la loi puisse atteindre.

Cependant, au milieu de tout cela, une chose est digne de remarque, c'est l'intelligence à peu près certaine des meneurs de Paris avec les hommes du parti en province. Deux faits très-significatifs ne permettent pas de douter ici de cette intelligence : ainsi, le dimanche 14 mai, veille du jour de l'envahissement de l'Assemblée Nationale, on sut et on répandit publiquement dans Agen tout ce qui devait se passer le lendemain à Paris. Toute la ville fut pleine de la nouvelle qu'une dépêche télégraphique venait d'arriver à la préfecture, annonçant que, à la suite d'un mouvement fait contre l'Assemblée Nationale, Blanqui et Barbès avaient été nommés chefs du nouveau gouvernement provisoire. On alla aux renseignements; aucune dépêche n'était arrivée; mais, le lendemain, on apprit l'évènement du 15 mai, dans lequel Blanqui et Barbès avaient joué les principaux rôles.

Même chose s'est reproduite plus tard : le 23 juin, avant qu'aucune dépêche eût fait connaître l'état de la capitale, on publia encore dans les campagnes que, en ce moment même, on se battait à Paris, et que, dans cette lutte engagée, les riches n'auraient pas beau jeu.

Sans pouvoir donc justement préciser jusqu'où s'étendent ces ramifications partant de Paris, ni quelle est la masse et l'importance du parti qui aurait soutenu en province les efforts des émeutiers de la capitale, on doit admettre comme à peu près certain que le triomphe de ceux-ci aurait été le signal d'un mouvement analogue en province, opéré par des hommes avertis et qui se tenaient prêts.

A l'égard des causes qui ont amené les évènements des 15 mai et 23 juin, il ne faut peut-être pas les rechercher trop près de ces évènements mêmes; elles sont venues y aboutir toutes sans doute; mais elles arrivaient de plus loin, et, pour les bien connaître, il faudrait les démêler et les suivre dans la marche des idées et des faits à partir du mois de février. Je ne puis que les indiquer.

A cette époque, tout le monde se rattachait sincèrement ou avait la prétention de paraître se rattacher à la République; la confiance entourait le Gouvernement provisoire; on était reconnaissant envers lui de tant d'efforts faits pour soutenir le poids d'une administration difficile, pour contenir tant de passions effervescentes.

Deux grands dangers semblaient seuls menacer alors la République; c'était, d'un côté, la crise financière, de l'autre des hommes ardents appelant une République à leur façon, et disposés à mettre en pratique des théories que la France réprouvait; car la France en masse avait bien accepté un Gouvernement républicain avec ses conséquences raisonnables, mais elle se soulevait à l'idée de tout ce qui pouvait sérieusement porter atteinte à la famille, à la propriété, deux choses qu'elle aime et qu'elle respecte avant tout, auxquelles elle tient comme à son existence, qui composent à ses yeux son existence et son bonheur.

De ces deux dangers, le premier était le plus imminent. Pour parer aux embarras financiers, pour faire marcher l'administration, il fallait nécessairement établir de nouveaux impôts; il le fallait d'autant plus que, pour donner satisfaction aux intérêts de la Révolution sur certains points, on était obligé de sacrifier les ressources de l'Etat.

L'établissement de ces impôts fit naître les premières difficultés. L'impôt de 45 centimes, l'impôt sur les créances hypothécaires, les mesures touchant les caisses d'épargne et les bons du Trésor, donnèrent le signal des plaintes que firent entendre ceux qui nourrissaient un peu de rancune contre la République, et surtout contre les républicains, qui les avaient forcés à accepter un état de choses que, au fond, ils n'aimaient pas. Au lieu d'encourager des sacrifices nécessaires, ils se plaisaient à contester au Gouvernement provisoire le droit de les imposer.

L'impôt de 45 centimes surtout fut un levier puissant dont on s'arma contre le Gouvernement pour accroître ses embarras; il était facile d'en tirer un grand parti dans les campagnes. De la difficulté de payer, au mécontentement, à la sédition, il n'y a qu'un pas, et ce pas a été bientôt franchi. On a eu beau chercher à adoucir l'effet de a mesure à l'égard du pauvre, l'Assemblée Nationale a eu beau sanctionner plus tard un impôt que beaucoup de ses membres avaient ouvertement attaqué avant leur entrée à la Chambre, dont la critique avait même servi à quelques uns de titre d'admission: le coup était porté; les difficultés financières, au lieu de s'aplanir, s'étaient aggravées; la désaffection avait commencé.

Quant au mal qui nous est arrivé du côté des socialistes, des communistes, des organisateurs du travail, la chose est trop claire pour avoir besoin d'être expliquée, et, lors même que les preuves n'en seraient pas sous nos yeux, il faudrait bien y croire, car tout le monde le reconnaît et le proclame à la fois.

Il est certain que, sous prétexte, ou même, si l'on veut, avec le désir sincère d'éclairer et de rendre praticables certaines théories tendant à assurer le sort des travailleurs, on a fait naître et développé des illusions fatales.

Ces réunions du Luxembourg, si pacifiques d'abord, d'un caractère pour ainsi dire évangélique, empreintes en apparence de philanthropie d'un côté, de douceur et de résignation de l'autre, ont cependant produit les plus fâcheux effets. Espèce de pierre philosophale, on y cherchait une chose introuvable peut-être. Les espérances trompées ont fait place au mécontentement dans le cœur de ces hommes, que leur nombre et leur position devaient rendre dangereux.

Ceux qui s'étaient faits les apôtres de ces doctrines, voyant qu'elles n'étaient ni approuvées ni même comprises, forcés de descendre du piédestal où ils se sont placés, se sont sentis froissés et humiliés à leur tour.

Ainsi, maîtres et disciples ont cru voir dans ceux qui ne partageaient pas leurs idées, plutôt des ennemis contre lesquels ils se sont irrités, que des hommes sincères, bienveillants comme eux pour le peuple, désirant aussi son bonheur, mais ne jugeant pas qu'il pût arriver par la voie qu'on essayait de lui ouvrir.

Une grande et profonde scission a commencé à s'opérer alors. Aussitôt que les parties ont vu le désaccord naître entre les Républicains, le pouvoir s'affaiblir et prêt à échapper aux mains qui avaient fondé la République, l'Assemblée elle même témoigner ses défiances et ses hésitations, ils se sont tous ranimés et chacun s'est mis à travailler de son côté. Ils n'osaient pas encore appeler ouvertement la guerre civile, cela était trop odieux, mais ils proclamaient qu'elle était inévitable, et par l'accueil fait à cette idée, ils en préparaient la réalisation.

La situation est devenue ainsi de plus en plus périlleuse, et pour comble de mal, au milieu de l'agitation, du mécontentement, de la misère, se trouvait toute organisée, toute disciplinée, une armée puissante de soi-disant travailleurs, composée d'hommes inquiets, audacieux, n'ayant rien à perdre, auxquels il ne fallait que des chefs qui ne devaient pas longtemps se faire attendre.

Il s'est rencontré des hommes ambitieux, assez fanatiques pour croire qu'il leur était permis de tenter une nouvelle révolution. Ils ont oublié qu'il venait d'être fait la plus grande épreuve de la liberté par le suffrage universel, et ils ont osé mettre au-dessus des volontés de la nation, leurs passions, leurs ambitions, leurs caprices.

Leur tentative du 15 mai n'a pas été heureuse, elle ne les a pas cependant découragés; au contraire, dès ce moment, ils semblent avoir tout préparé pour livrer avec plus de chances de succès, une grande bataille, une bataille décisive.

Par quels hommes le plan en a-t-il été si habilement conçu et dirigé? Par quel moyen a-t-il été mis en exécution? On est à Paris bien mieux placé qu'en province pour le savoir, et l'enquête le fera sans doute connaître.

Quant à moi, je ne pense pas que ce soit à une seule pensée politique, à quelques hommes, à un parti, qu'il faille exclusivement attribuer l'horrible lutte du mois de juin. Il me semble voir, au contraire, tous les mauvais instincts, toutes les mauvaises passions, tous les intérêts anarchiques poussés sur le champ de bataille, où on leur avait donné rendez-vous pour détruire, sans trop savoir encore ce qu'il serait possible d'élever sur les ruines qu'ils auraient faites.

Je ne puis me défendre de cette idée, lorsque je songe à tout le bruit fait pendant quelque temps dans l'intérêt de tous les prétendants plus ou moins déguisés, bruit aujourd'hui si complètement évanoui; quand je rappelle le nom de Bonaparte remplissant tout à-coup la France, et cherchant à s'imposer d'une manière presque ridicule et dans ce qu'il y avait de moins glorieux, à un pays qui venait de faire une révolution au nom de la liberté; quand je réfléchis à cet or, à ces billets de banque trouvés en la possession des insurgés, dont nos ennemis s'étaient servis sans doute pour solder, chez nous, la guerre civile, et se venger ainsi par nos embarras et nos malheurs des inquiétudes que nous leur avons données.

Oui, une foule de causes me paraissent avoir exercé leur fatale influence, et c'est peut-être un sujet d'espérance pour nous, car il semble plus difficile de renouer tous les fils d'une trame aujourd'hui rompue.

Le résultat de cette guerre atroce a été le triomphe de l'ordre sur l'anarchie. Nous devons nous en féliciter. Nous nous en féliciterions bien plus encore, s'il n'avait été acheté par le sang de tant de braves généraux, de tant de courageux soldats, de tant d'honnêtes citoyens; si, dans ces horribles combats, ne s'étaient pas produits des actes d'une barbarie si sauvage, que la France s'en étonne et en rougit presqu'autant qu'elle s'en indigne.

Un des caractères distinctifs de la lutte engagée le 23 juin, est en effet la colère qui animait les assaillants. On eût dit qu'ils ne combattaient pas seulement pour le triomphe de leur cause, mais encore pour satisfaire un sentiment de haine et de vengeance contre la société. Ce sentiment manifesté avec tant de violence date peut-être de plus loin. Les rigueurs de la justice et de la politique avaient, depuis 1830, aliéné bien des esprits, ulcéré bien des cœurs. Peut-être retrouve-t-on dans les excès des combattants de Juin, une nouvelle preuve du danger qu'il y a à jeter imprudemment une semence qui peut, en certains temps, produire de si exécrables fruits.

Vous m'avez demandé, Citoyen, mon opinion, je vous la donne avec franchise mais en toute humilité; car, du point où je suis placé, je comprends que l'on ne peut guère hasarder que des conjectures; toutefois, l'assentiment donné à mes idées par la plupart de mes collaborateurs du ressort, leur prête un caractère de vraisemblance qui peut m'encourager à les émettre.

Permettez-moi d'ajouter encore ceux-ci : la France a eu le bonheur d'échapper aux maux que lui préparait l'anarchie. Préservons-la de ceux que pourrait lui réserver, pour l'avenir, un usage imprudent de la victoire. C'est en vous, c'est en l'Assemblée Nationale dont vous faites partie, que les hommes modérés, mais sincèrement attachés à leur pays, mettent à cet égard leur espérance. Après avoir sauvé l'ordre, vous sauverez la République. Il se trouve, je n'en doute pas, beaucoup d'hommes auxquels les deux intérêts sont également précieux; mais ils pourraient devenir de jour en jour plus rares. Hâtez-vous donc de constituer le Pouvoir sur des bases solides, avant que ce temps d'agitation, qui use si vite les hommes, ait emporté ce qu'il nous en reste d'éprouvés.

Le sang versé à flots dans la dernière lutte où l'anarchie a été terrassée, prouve incontestablement combien les intérêts de l'ordre sont chers à la nation; mais les efforts faits depuis plus d'un demi-siècle par ses généreux enfants, tant de combats livrés, tant de révolutions opérées dans le même esprit, ne permettent pas non plus d'oublier le prix qu'elle attache à la conservation des conquêtes faites au nom de la liberté, à la réalisation complète de sa noble devise, dont les trois mots resteront gravés d'une manière plus ineffaçables dans le cœur des Français que sur leurs monuments.

Recevez, Citoyen, l'expression de mes sentiments dévoués et fraternels.

Le Procureur général, H. Chiquebal.

Aix.

Aix, le 1er août.

Citoyen président, citoyen secrétaire,

Depuis le 22 juin, premier jour des évènements de Marseille, j'ai été tantôt à Marseille, tantôt à Aix, tantôt à Toulon, et, obligé d'agir jour et nuit, je n'ai pu répondre plus tôt à la lettre que vous m'avez fait l'honneur de m'écrire. Toutefois, depuis l'avènement de la République, l'ordre n'a été gravement troublé dans mon ressort qu'à Marseille les 22 et 23 juin : toutes les réponses des autres arrondissements à ma circulaire, contenant votre lettre, sont négatives. J'avais tout fait pour prévenir partout et n'avoir à réprimer nulle part.

Quant à Marseille, à la première nouvelle, le 22 juin, je fis évoquer l'affaire par la cour, et je partis immédiatement avec M. Lerouge, président de la Chambre des mises en accusation, M. Lieutaud, conseiller, et M. Perdrix, mon substitut. Quelques jours après, arrivèrent, sur notre demande, M. le conseiller de Portis et M. l'avocat-général Roumieux; tous magistrats de la cour d'Aix et magistrats du tribunal de Marseille, nous n'avons cessé d'agir pour la justice, l'ordre et la République, dans le plus parfait accord. — Nous avons tout communiqué avec empressement à M. le conseiller Marquézy, votre délégué spécial, qui a fait une enquête spéciale, que je ne connais pas encore, mais qui, certainement, répondra à votre confiance et rend inutile mon rapport.

Cependant il me paraît indispensable de mettre sous vos yeux les extraits suivants du dernier exposé que je reçois de Marseille :

« L'assimilation des insurgés de Marseille aux insurgés de Paris et l'application des mêmes mesures de répression aux uns comme aux autres, semblent toujours, aux membres de la Commission d'instruction de la cour, non-seulement convenable, mais même nécessaire au point de vue de l'intérêt public.

« D'abord, il y a connexité évidente entre les évènements des 22 et 23 juin à Marseille, et ceux des 23 et jours suivants à Paris. — Ensuite, la connexité légale ne fût-elle pas établie péremptoirement sur des documents juridiques dans le sens rigoureux de l'article 227 du Code d'instruction criminelle, il importerait, dans l'intérêt de la vindicte sociale, de provoquer et d'obtenir de l'Assemblée Nationale un décret semblable à celui dont Paris a été l'objet...

« Les éléments de l'instruction qui conduisent à l'assimilation, à la liaison des évènements, peuvent se résumer ainsi :

« 1° Une lettre venant de Paris a été lue, le 18 juin, à Marseille, sous les charmilles du Prado ; elle n'a point été saisie, mais on en a constaté le sujet ; elle contenait, en substance : « Bien que le banquet à 25 cent. ait été indéfiniment ajourné, les évène-
« ments doivent avoir lieu à Paris pour la Saint-Jean ; souvenez-vous que la Saint-
« Jean est le 24... Tenez-vous prêts... »

« 2° Le 21 juin, plusieurs jeunes gens, ayant inscrit sur leurs casquettes ces mots : Légion italienne, voyageaient sur un bateau à vapeur descendant le Rhône de Lyon à Valence, et disaient qu'ils faisaient partie de l'expédition de Chambéry ; que si, dans cette expédition, ils n'avaient pas réussi, il pourrait en être autrement à Marseille, et qu'il y ferait chaud demain et après demain (le 22 et le 23 juin).

« 3° Un assez grand nombre de Parisiens, volontaires pour la Légion italienne, délégués ou autres, est arrivé à Marseille quelques jours avant le mouvement insurrectionnel.

« Le 18 juin, entre 10 et 11 heures du soir, plusieurs centaines d'hommes envahissent violemment la cour de la préfecture, insultent et menacent le préfet.

« Les Parisiens étaient présents, drapeau en tête... Ce n'est qu'après une scène des plus tumultueuses, et en en soudoyant quelques uns avec mystère, qu'on parvient à les faire retirer.

« Le 20 juin, les délégués parisiens sont reçus au club de la Montagne. L'un d'eux y prend la parole à diverses reprises, et son langage est très-significatif. Le procès-verbal de la séance a un trait si direct à la question que nous examinons, qu'il est utile de le lire en entier (voir cette pièce ci-jointe).

« Le 21 juin, les doctrines prêchées par les Parisiens au club de la Montagne, le sont également à l'extérieur et dans les rues. — Dans la soirée, un rassemblement tumultueux de 1,000 hommes environ parcourt la cité aux cris de : Vive Barbès ! — A bas les carlistes !

« 4°. Dans le mouvement insurrectionnel du 22 et du 23, soit à la Canebière et à la place Janquin ou aux OEufs, soit à la Palud et à la place Castellane, l'instruction a constaté que les émeutiers avaient à leur tête des hommes inconnus, qu'ils nommaient les Parisiens.

« On en a arrêté quelques uns.

« 5°. Il résulte aussi des informations, que plusieurs membres de la manufacture des tabacs, en correspondance avec la capitale, ont déclaré que les évènements de Paris avaient été annoncés d'avance, et qu'on les engageait à se tenir prêts.

« 6° Une quinzaine de jours avant l'insurrection de Marseille, Ricard, qui joue un rôle principal dans cette insurrection et dans l'organisation du corps spécial des tirailleurs, disait au restaurant où il prenait ses repas, qu'il allait partir pour Paris, qu'il avait une mission importante à y remplir, etc.; et, sur quelques marques d'incrédulité de son auditoire, il insistait, et se prétendait appelé par le citoyen Arago (motif non accepté comme sérieux par le témoin qui en a déposé).

« 7° Dans la soirée du 22 juin, le capitaine en second de la compagnie, Gilet, mécontent de la lutte déjà engagée, et de son issue à la place Janquin, s'écriait qu'il était incapable de tirer sur le peuple, rejetait ses épaulettes, et finissait par ces mots : « Demain, demain matin, il nous arrive 1,200 voraces de Lyon. »

« En réunissant toutes ces particularités, en réfléchissant sur la simultanéité des évènements, sur leur origine, leur physionomie, leur caractère intrinsèque et extrinsèque, leur tendance enfin, qui sont évidemment les mêmes à Marseille et à Paris, on reste convaincu non-seulement du complot, mais encore de la connexité.

« Quoi qu'il en soit, il ne faut pas perdre de vue le second aspect sous lequel peut être envisagée cette question ; il a été simplement indiqué en commençant :

« Lors même que les documents de l'instruction ne constateraient pas légalement la connexité avec les conditions de l'art. 227 du code d'instruction criminelle, article qui, d'ailleurs, n'est pas limitatif, que la doctrine et la jurisprudence ont expliqué de manière à en étendre l'application, même sans concert formé à l'avance, les embarras de toute nature qu'éprouverait la justice régulière, le grand nombre des accusés qu'il y aurait à soumettre au jury..., mille raisons enfin semblent se réunir pour amener Monsieur le Ministre à provoquer, et l'Assemblée Nationale à décréter, à l'égard de Marseille, les mêmes mesures de répression ou de sûreté générale qu'elle a déjà sanctionnées au sujet des événements de Paris.

« D'après tous les rapports qui nous parviennent, l'opinion publique le demande et en serait satisfaite.

« Voici de plus un document précieux : c'est une copie de lettre, en date du dimanche 4 juin, saisie au domicile de Louis Combe, secrétaire du club de la démocratie. Extrait : « Le *Représentant du Peuple* de Proud'hon, auquel je suis abonné, nous apporte une liste de candidats, qui, si elle passe, peut améliorer la situation. Je pense que vous aurez tous voté pour celle-là. J'ai peur que nos élections ne soient encore mauvaises, par suite des intrigues des contre-révolutionnaires. Nous avons formé, en dehors de la garde nationale officielle, une légion de tirailleurs démocrates, qui est déjà forte de 4,000 hommes, et qui se grossit tous les jours. — Dans le principe, cela avait pour but de forcer l'autorité à dissoudre une foule de corps spéciaux qui s'étaient formés et à organiser la garde nationale par quartiers. Il y avait, par exemple, le bataillon des portefaix du port, composé d'une majorité carliste, et d'une minorité républicaine.... Maintenant que nous sommes constitués, nous resterons ainsi, et l'autorité ne pourra pas nous dissoudre, car nous ne montons pas la garde en corps, nous restons dans la compagnie de notre quartier. — Seulement, si la réaction levait trop la tête, comme nous avons nos chefs élus, nos places d'armes désignées d'avance, nous abandonnerions nos compagnies et nous nous réunirions.

« Je suis étonné qu'on n'ait pas encore pensé à cela à Paris : on pourrait ainsi organiser une force formidable et capable de faire face à la garde bourgeoise.

« Ils ont empoisonné Pierre Leroux !... les infâmes coquins !!... etc., etc. »

(Voir aussi les deux pièces ci-jointes sur l'organisation des tirailleurs, qui a réussi à Marseille et échoué ailleurs.

« La conduite, surtout des compagnies Ricard, Richand, Etienne et Meynier, dans le mouvement insurrectionnel du 22 juin, a complètement vérifié les enseignements et les prévisions de cette correspondance. — Toutes les quatre se trouvaient sur la Canebière, et formaient presque un carré, au milieu duquel le général Saint-Michel (chef de la garde nationale elle-même) a failli être assassiné.... Immédiatement après le coup de feu qui l'a atteint au visage, et la fusillade qui a blessé son cheval, plusieurs personnes de son escorte, et tué le capitaine Robuste, tous les membres de ces compagnies, chefs et soldats, se sont enfuis et dispersés en tout sens !...

« L'instruction marche toujours avec activité; mais elle devient un peu élastique, à raison des nouvelles arrestations qui se font chaque jour. Quant aux détenus, il serait encore impossible aujourd'hui d'indiquer avec précision les charges qui pèsent sur chacun d'eux... L'information est loin d'être complète... Nous avons une population de 250 hommes environ, toujours disséminés à l'hospice, dans les prisons de la ville, dans les ports Saint-Jean et Saint-Nicolas, et au château d'If. »

Tel est, citoyens Président et citoyen secrétaire, le dernier exposé des motifs qui rendent la Commission d'instruction de la cour unanime et persévérante à réclamer de l'Assemblée Nationale un décret d'assimilation des insurgés de Marseille aux insurgés de Paris.

Avant mon dernier départ de Marseille, je visitai encore partout tous les détenus présumés coupables à divers degrés. Il est nécessaire que la justice soit prompte, ferme et humaine. Ah ! les auteurs des théories impossibles, les chefs des clubs, les meneurs cupides, ouverts et secrets, les provocateurs à la violence contre l'Assemblée nationale, et à l'insurrection contre la société, MALGRE LE SUFFRAGE UNIVERSEL, sont les plus funestes ennemis de la République et de l'humanité ! La liberté, l'égalité, la fraternité veulent l'ordre, la paix et la religion.

Respect, salut et fraternité,

Le procureur général, *Signé* : COURRENT.

P. S. J'ai été presque constamment à Marseille; je ne suis revenu à Aix que pour les affaires de mon ressort, et je vais retourner à Marseille.

Amiens.

Amiens, 25 juillet.

Citoyen Président, plusieurs informations sont suivies, dans le ressort de la Cour d'appel d'Amiens, contre des individus inculpés d'avoir pris part aux insurrections des 15 Mai et 23 Juin. S'il fallait qu'elles fussent terminées pour vous adresser le rapport que vous m'aurez fait l'honneur de me demander, il me serait difficile de me conformer à vos instructions, puisque indépendamment des témoignages à recueillir encore en divers lieux sur les applications des prévenus, nous devrons, je le suppose, nous dessaisir de ces poursuites pour les faire joindre, à raison de la connexité, à celles qui sont dirigées à Paris contre les mêmes attentats. J'ai cru remplir, autant qu'il est en moi, les vues de la Commission d'enquête que vous présidez, en me faisant rendre compte par les procureurs de la République des informations préliminaires pour vous signaler ce qu'elles auront déjà pu constater, sauf à vous faire connaître, dans un rapport supplétif, ce que la suite des procédures relèverait d'important.

Arrondissement de Chateau-Thierry. (14 inculpés.) — 1° Salmé (Louis-Casimir), âgé de 59 ans, maçon, demeurant à Gland, arrondissement de Château-Thierry.

Outre son domicile à Gland, Salmé avait à Paris, depuis le 5 mai, un débit de vin, rue Quintaine, à peu de distance de la barrière de Pantin.

C'est *un forçat libéré;* en 1813, il avait été condamné à vingt ans de travaux forcés pour pillage de grains. Il avait été gracié peu de temps après. Il confesse avoir travaillé aux barricades, en soutenant que des hommes armés sont venus chez lui pour l'y contraindre, ainsi que d'autres locataires; mais un témoin, le nommé Bombard, messager à Château-Thierry, qui reconnaît avoir été forcé lui-même de travailler pendant une demi-heure à la barricade de La Vilette, déclare y avoir vu Salmé tenant un drapeau qu'il a été planter sur cette barricade. Le drapeau était tricolore et portait ces mots : *Vive Napoléon et la bonne République!* Il s'y trouvait trois points disposés en équerre, et Salmé a dit à Bombard que les francs-maçons connaissaient cela. Il lui a dit aussi qu'ils voulaient Napoléon.

Le fils de Salmé, âgé de douze ans, a travaillé à la barricade. Royer, son gendre, y a été blessé.

Salmé est signalé comme un esprit exalté, un caractère turbulent et partisan de toutes les révolutions. On dit qu'il fréquentait assidûment les clubs, qu'il était en relation avec le citoyen Matton, alors sous-commissaire, dont le conseil municipal a depuis exigé la démission, et qu'on le soupçonnait d'être son agent soldé. On lui attribue aussi d'avoir exprimé le regret qu'on n'eût pas mis le feu à Paris et culbuté l'Assemblée Nationale. Les témoins entendus ont atténué le sens du propos. Il y aura lieu, dans la poursuite à Paris, de le confronter avec les locataires de la maison qu'il habite.

2° Briand, entrepreneur de maçonnerie à Château-Thierry. Il paraît s'être rendu à Paris pour obtenir une place au chemin de fer de Strasbourg, du moins il produit un certificat qui s'exprime ainsi.

Le 23 juin, il était logé à l'hôtel du Vert-Bois, rue Saint-Martin; il n'y a plus reparu qu'après les journées de l'insurrection.

Quand la garde nationale de Château-Thierry, qui avait été combattre à Paris, fut passée en revue, Briand s'était placé dans ses rangs. Il en fut chassé par le commandant, à qui il avait été signalé comme ayant été parmi les insurgés, et, par suite, mis en état d'arrestation.

Il reconnaît avoir passé une heure environ dans les rangs des insurgés. Il aurait été contraint par eux de travailler aux barricades, en culbutant des voitures, et de charger des fusils, ce qu'il aurait fait *avec des imprimés portant le nom d'Henri V.* Cela se serait passé en face de la rue Bellefond. Il aurait profité d'une alerte pour s'esquiver, et il aurait passé les jours suivants au cimetière du Père-Lachaise, sans pouvoir rentrer à son hôtel. Mais plusieurs témoignages assignent à Briand une coopération plus grande et volontairement prise à l'insurrection.

Un témoin (Linet-Buirette) l'a vu dans les barricades de La Vilette, à la vérité sans fusil; il lui a fait lire une affiche portant : « Nous voulons la République démocratique et sociale. » Suivant le témoin, il ne paraissait pas retenu malgré lui.

Lors de l'arrestation d'un nommé Papelard, qui paraît avoir été livré à la justice à Paris, cet insurgé aurait dit que Briand était avec eux, « que c'était un bon, » que s'ils avaient « été tous comme lui, ils auraient été les maîtres. » Papelard ajoutait que « ce n'était que le premier acte, et (faisant allusion aux gardes nationaux du dehors) qu'il leur faudrait revenir. »

Suivant plusieurs témoins, Briand lui-même se serait vanté de s'être battu pour les insurgés : « Ce sont des ouvriers comme vous, disait-il, qui se battaient pour avoir du pain, de l'ouvrage, de l'argent (déclaration du trésorier de Ledermoi); il a expliqué comment ils faisaient de la poudre et des balles avec du plomb arraché sur les toits; qu'on était en sûreté dans les barricades (Eugène-Laurent Viet); qu'ils avaient des « créneaux obliques, de manière qu'un homme pouvait, en fumant sa pipe, en tuer une cinquantaine; » qu'il y avait peu de monde aux barricades; que les insurgés préféraient se tenir dans les maisons pour tirer : donnant ainsi une foule de détails sur les procédés des combattants, en expliquant comment ils tiraient sur les gardes nationaux et la troupe, et couraient ramasser les fusils de ceux qui tombaient; il aurait aussi montré une balle aplatie et annoncé que les insurgés distribuaient des morceaux de papier sur lesquels il y avait : Demandez Henri V (Eugène Laurent).

Enfin une lettre écrite par Briand de Paris, et saisie chez lui, donne sur l'insurrection des détails qui ne peuvent s'accorder avec son assertion sur le peu de part qu'il y a prise; il invoque de nouveaux témoignages, tant pour expliquer cette lettre que pour contredire les témoins qu'il accuse d'exagérer ce qu'il leur aurait dit.: l'information devra se terminer à Paris.

2° Dodement (Joseph), fondeur en cuivre, demeurant à Paris. Il y faisait partie des ateliers nationaux.

Le 27 juin, venu dans sa famille à Villers-sur-Fère, il est arrêté comme ayant reconnu avoir pris part à l'insurrection.

Selon l'adjoint de Villers, Dodement aurait dit : « Nous nous sommes battus pour « notre cause, pour la *République socialiste*, qui avait pour but d'abaisser les fortunes « et de mettre tout le monde sur le pied de l'égalité. »

Le garde-champêtre rapporte cet autre propos : « Je n'ai pas voulu marcher avec la « garde nationale ; c'est malheureux que le coup soit manqué. Le Pouvoir exécutif nous « avait promis beaucoup d'argent; maintenant nous sommes victimes, et nous n'avons « rien. »

Dodement a expliqué qu'il avait dit seulement que les *ouvriers s'étaient battus* pour la République démocratique et sociale ; que M. Lamartine passait pour avoir trompé le peuple. Il a repoussé le surplus. Dans son interrogatoire, il répond qu'il n'a pas marché avec la garde nationale parce que les chefs eux-mêmes (8e légion) n'ont pas marché ; il soutient qu'il n'a pris aucune part ni à la lutte, ni à la confection des barricades; qu'il a même soigné des gardes nationaux blessés, témoin le concierge de son logement, rue Saint-Sébastien, 40 ; il ajoute qu'il devait partir le 23 juin pour Villers, dont la fête est le 24, et qu'il en a été empêché par les barricades.

Son projet de se rendre le 23 à Villers paraît établi.

On a saisi deux lettres : l'une du 3 juin, adressée par Dodement à son père. On y lit : « Je vous dirai que les affaires ne sont pas plus avancées qu'il y a trois mois. L'on « est toujours au même point. Je suis toujours rentré dans les ateliers nationaux en « attendant que l'on rentre dans les ateliers bourgeois, et pourtant on espère, après « les élections du 4 juin, que ça donnera un débouché aux affaires, si les Représentants « du département de la Seine et de plusieurs autres départements que l'on va envoyer « sont populaires ; la classe ouvrière murmure parce que l'aristocratie veut violer les « droits que nous avons conquis en Février, et, ma foi, personne ne peut répondre de « ce qui peut arriver ; ça serait très-malheureux si l'on était obligé de recommencer, « car ce serait un combat sanglant dans toute la France entière. »

La deuxième lettre saisie est du 2 juillet 1848, adressée au prévenu par son frère Jean-Baptiste Dodement : on y trouve : « C'est pour répondre à ta lettre du 1er juillet « que tu me demandes une réponse de suite. *C'est pour affirmer que je ne suis pas*

« *mort*..... On a dit que l'état de siège durera jusqu'au 15 juillet, et on fait souvent de « perquisitions à domicile. Je ne peux pas vous donner de plus longs détails, parce « qu'on ne sait pas comment ça tournera. »

Il résulte de cette information que l'inculpé Dodement a des opinions politiques exaltées, et qu'il forme un sujet dangereux en temps d'insurrection. A-t-il coopéré à celle du 23 juin? c'est ce que la suite de l'information aura à rechercher ; jusqu'ici cette preuve ne paraît pas faite.

4° Jacquier (Eugène), vitrier-peintre, à Château-Thierry, se trouvait à Paris pendant les journées de l'émeute, et a été amené devant le magistrat à la suite de propos compromettants. Il résulte de son interrogatoire qu'il a fait de fréquents voyages à Paris depuis la révolution de Février; son but, dit-il, était d'y chercher de l'ouvrage. Il s'y trouvait huit ou dix jours encore avant le 29 juin, et a travaillé chez M. Martincourt, rue du Chaume, n. 2. Il a cessé d'y paraître à partir du 23, ayant été retenu dans un autre quartier par les insurgés qui avaient construit une barricade, rue des Francs-Bourgeois, en face la maison n° 4, où il se trouvait avec sa femme chez un ami. Il serait resté là sans sortir et sans prendre part à aucun des faits de l'insurrection. Le 27, il aurait été, avec d'autres, se mettre à la disposition de la gendarmerie qui les a conduits à la mairie du 8e arrondissement, où ils ont monté la garde. Il nie avoir dit que si l'émeute triomphait, il y avait à Château-Thierry une trentaine de maisons à piller; il aurait seulement dit qu'en cas de besoin il saurait où trouver de l'argent. Il avoue que c'était là un propos imprudent dans les circonstances. Il a vu depuis les évènements le nommé Briand, deuxième inculpé ci-dessus, qui lui aurait dit avoir fait des barricades et fondu des balles. Il produit plusieurs pièces et certificats dans le sens de ses assertions Ses déclarations pourront être facilement vérifiées à Paris. Il n'est pas en état d'arrestation ; les trois premiers sont sous mandat de dépôt.

Le Procureur de la République de Château-Thierry a écrit à son collègue de la Seine pour savoir s'il peut maintenant, à raison du nombre des détenus dans les prisons de Paris, diriger ces prévenus sur la capitale.

Arrondissement de Clermont (Deux inculpés). 1° Salmon (Louis Henri), âgé de 19 ans, menuisier-sculpteur, né à Lyon, demeurant à Paris, cité Bufflers, n. 4. Le dossier ne contient encore que le procès-verbal de son arrestation, opérée par la gendarmerie, le 7 juillet, à la Neuville-en-Her, canton et arrondissement de Clermont (Oise), et son interrogatoire du même jour par le juge d'instruction. Il résulte de ses déclarations qu'il était à Paris depuis le 27 avril pour trouver de l'ouvrage, possesseur de 60 francs, produit de son travail antérieur. Le 23 juin, il aurait été arrêté, rue Mouffetard, par quarante insurgés environ, défendant une barricade, qui lui auraient dit de rester là, et qu'il aurait le fusil du premier d'entr'eux qui succomberait. Un individu arrêté avec lui, ayant voulu se sauver, aurait été tué par les révoltés. Il eut bientôt le fusil d'un insurgé qui était tombé. Il confesse avoir tiré sur la garde nationale et la garde mobile, et il n'en a pas de regret, dit-il, parce qu'ils tiraient également sur lui. Il n'a pas cessé de se battre du 23 au 25 *pour le peuple*, ce sont ses expressions, de barricade en barricade. Il en a compté 22 de la Bastille à la porte Saint-Martin. Le dimanche soir, voyant que *cela allait mal pour eux*, il s'est esquivé derrière un corbillard et est resté trois ou quatre jours chez un marchand de vins, à la barrière de Fontainebleau. Sur la question s'il y avait *des chefs*, il a répondu n'en avoir pas connu, ajoutant que quand il en connaîtrait il ne les nommerait pas. Il a expliqué seulement qu'un individu habillé en bourgeois lui avait dit, chez un marchand de vins des environs de Notre-Dame, de crier *Vive Napoléon*, et lui avait donné 50 francs ; qu'il en aurait eu davantage s'il avait voulu. Salmon montre beaucoup d'exaltation. Il s'irrite contre ceux qui ne partagent pas ses idées ; ils les appelle *des blancs*. Il vocifère contre l'Assemblée Nationale, qui, dit-il, « passe son temps à rien et ne s'occupe nullement du sort des ouvriers. » On lui avait fait remarquer que ces discours l'exposeraient a être maltraité par les gardes nationaux des campagnes, il répond qu'il n'en a pas peur, que la plupart pensent comme lui. Plus tard, sur la réflexion qu'ils l'ont pourtant arrêté, il explique qu'il faisait allusion à d'autres qu'à ceux de la Neuville-en-Hez; que ceux-ci sont de la crapule. Il nie s'être trouvé aux barricades, où l'archevêque de Paris et le général Bréa ont été tués. On lui demande s'il a pris part au pillage ; il s'en défend vivement en déclarant qu'il *n'est pas du parti communiste*. Copie des pièces a été adressée au parquet de la Seine, en demandant s'il ne convenait pas de mettre Salmon à sa disposition.

2° Alix (Eugène), arrêté à Clermont le 26 juin, s'est dit déserteur de la garde mobile de Paris, où il était incorporé dans la 2e compagnie du 21e bataillon. Il était porteur de 100 francs, qu'il prétend avoir volés à son capitaine. Il assure n'avoir pas été des insurgés, en ajoutant qu'il avait même quitté Paris avant le 23. M. le procureur de la République de la Seine est également averti, et l'on attend sa réponse.

Arrondissement d'Amiens. (Un inculpé.) Le nommé Vasset, domicilié à Sains, ouvrier du chemin de fer du Nord, signalé comme ayant été à Paris lors des de l'insurrection, et en avoir rapporté une somme d'argent de plusieurs centaines de francs. Il déclare s'être trouvé accidentellement à Paris et avoir été forcé par les insurgés de travailler à leurs retranchements. Il aurait entendu dire sur les barricades mêmes, que tout travailleur aurait 10 francs ; cependant il assure n'avoir rien reçu pour son compte. Il se serait enfui quand il aurait vu la tournure grave que prenaient les évènements. Dans le fait, il est rentré à Sains le 24 juin au soir. La procédure qui le concerne a été envoyée au parquet de la Seine et Vasset tranféré à Paris.

Arrondissement de Saint-Quentin. (Un inculpé.) Lesourd (Manassès-Aimé), âgé de vingt-trois ans, tisseur, né à Nauroy, demeurant à Paris. Il avoue avoir pris part à l'insurrection du 23 juin et avoir tiré des coups de fusil derrière les barricades. Il faisait partie des ateliers nationaux et était caporal dans la 3e compagnie, 4e bataillon, 5e légion de la garde nationale. Il assure que toute la compagnie a combattu parmi les insurgés; qu'elle a construit une barricade dans le faubourg du Temple, commandée alors par son capitaine en premier. Lesourd déclare qu'il avait pris la fuite pour éviter d'être arrêté. Le dossier a été envoyé en communication au procureur de la République de Paris, afin de vérifier l'exactitude de ses réponses et le mettre ensuite lui-même à la disposition de qui de droit.

Arrondissement d'Abbeville. (Un inculpé.) Truquet (Florentin), âgé de vingt-six ans, ouvrier cordier, né à Abbeville, demeurant à Paris, à la Chapelle-Saint-Denis, avait quitté Abbeville depuis son enfance. Il y a reparu le 26 juin avec sa femme ; il il a été arrêté par suite de ses propos. Selon les témoins, il disait dans un café, que le 23 juin 25 gardes nationaux de la Chapelle-Saint-Denis étaient venus le chercher, l'avaient contraint de prendre un fusil et de venir avec eux ; qu'ils avaient marché sur la barrière, qui était fermée et où se trouvaient de la garde natinnale mobile et des gardes nationaux de Paris ; qu'ils avaient reçu une décharge de coups de fusil suivie de coups de canon; que 75 à 80 des leurs étaient tombés, et qu'alors il avait fait le coup de feu avec les autres. Il paraissait fort animé et disait qu'il s'était battu pendant deux jours. Dans un interrogatoire, il a nié avoir tenu ces propos, en ajoutant qu'en tout cas il ne l'aurait fait que par vanterie et bravade. Sa femme a avoué que son mari s'était battu sans savoir contre qui. Truquet a prétendu ignorer la part que la garde nationale de la Chapelle-Saint-Denis, et spécialement sa compagnie, avait prise aux évènements qui se sont passés dans cet endroit. Il a soutenu avoir quitté la Chapelle dès la matinée du 24 juin, et être venu à pied à Abbeville; mais il ne peut indiquer aucun lieu ni maison où il se serait arrêté en route.

Une circonstance de sa déclaration a une importance particulière. Il dit qu'un ouvrier garde national qui l'accompagnait chez lui pour qu'il prît son fusil lui avait communiqué que les « gardes nationaux (de la Chapelle sans doute) avaient des munitions, et que la mairie avait délivré trois cartouches » à chacun d'eux.

Arrondissement de Montdidier. (Deux inculpés.) — 1° Parvillers (Alexandre-

Omer); 2° Parvillers (Jean-Baptiste-Romain), tous deux employés comme ouvriers selliers au chemin de fer du Nord, et demeurant à la Chapelle Saint-Denis, Grande-Rue, n° 118. Arrêtés à Montdidier le 29 juin, ils ont dit avoir quitté Paris le 25 pour ramener leur sœur dans leur famille, à Rosières ; qu'ils retournaient à Paris pour reprendre leurs travaux, et qu'ils étaient restés étrangers à l'insurrection, bien que plusieurs fois *on se fût présenté à leur domicile pour les engager à y prendre part.*

Ils ont été remis en liberté sur ces explications, appuyées de justifications suffisantes; mais cette dernière partie de leurs déclarations, relatives aux sollicitations dont ils avaient été l'objet, m'a paru devoir faire mentionner ici cette affaire. On leur a, en effet, demandé d'indiquer les auteurs de ces provocations criminelles, et ils ont signalé comme ayant excité les ouvriers à se mettre dans les rangs des insurgés, le sieur Lavallée, commandant en premier, et le sieur Langlois, corroyeur, commandant en second de la garde nationale de la Chapelle Saint-Denis.

Le rapport de mon substitut de Montdidier, où je puise ces détails, signale aussi un nommé Casimir Seigneurgens-Mentel, domicilié à Paris, rue des Francs-Bourgeois, n. 22 ou 12, comme soupçonné d'avoir participé à l'insurrection. On lui impute, dans tous les cas, une lettre écrite à un habitant de Caux, arrondissement de Montdidier, dans laquelle il aurait dit, en parlant de l'attentat du 15 mai : « Nous avons perdu cette partie ; nous voilà manche à manche ; nous espérons bien gagner la belle. »

Arrondissement de Beauvais. — Vingt-deux individus avaient été arrêtés pour participation à l'attentat du 23 juin ; plusieurs paraissaient gravement inculpés, puisqu'ils reconnaissaient, de la manière la plus formelle, les faits qu'on leur imputait. Dans ce nombre étaient les nommés Beaucourt (Jean-Baptiste), âgé de 59 ans, domestique, né à Niel (Pas-de-Calais) ; Cojon (Louis), âgé de 20 ans, maçon, né à Bray (Seine-et-Marne), et Petit (Xavier), garçon chapelier, à Argenteuil, que, sur le rapport de mon substitut de Beauvais, j'avais même déjà signalé à M. le Ministre de la justice.

Il résulte d'un rapport subséquent du procureur de la République de cet arrondissement, qu'aucun de ces inculpés n'était coupable ; que leurs premiers aveux devant la justice étaient mensongers, suite de faux écrits qu'ils avaient fait publiquement *pour se vanter*, et qu'ils n'avaient osé rétracter d'abord. D'après de nouvelles déclarations, l'emploi de leur temps a été vérifié, et il s'est trouvé complètement justificatif. La plupart ont donc été déjà remis en liberté. Il en sera sans doute de même des trois susnommés après la vérification de leurs dossiers que je veux lire et que j'ai demandés.

Il reste toujours établi, comme fait digne d'attention, qu'indépendamment des insurgés véritables, il y a quantité d'hommes encore qui se vantent d'avoir participé à cet attentat, et, par conséquent, un public devant lequel on peut s'en glorifier! Il est demeuré constant, du reste, que le nommé Petit avait dit : « Nous avons gagné la première manche ; nous venons de perdre la deuxième, bientôt nous aurons notre revanche, que nous espérons bien gagner. Puis nous aurons à combattre contre les communistes, car nous sommes pour la vraie et pure République ; et, si ces derniers sont battus, je sais de bonne part qu'ils brûleront la moisson qui est dans la plaine. »

Je crois devoir ajouter que le parquet de Beauvais signalait comme un utile témoin, sur l'attentat du 15 mai, le sieur Vanderbergue, tailleur, à Beauvais, indiqué comme ayant le premier arrêté Barbès à l'Hôtel-de-Ville, et ne l'ayant quitté qu'à Vincennes.

Arrondissement de Péronne. (Un inculpé.) — Prosper Jourdain, âgé de 18 ans, ouvrier des ateliers nationaux, demeurant à Paris, avec ses père et mère, rue des Trois-Couronnes, faubourg du Temple, était venu à Moilains (arrondissement de Péronne), chez sa sœur, où il racontait que les insurgés avaient envahi son logement et l'avaient forcé, le 26 juin, à défendre une barricade, de laquelle il avait tiré des coups de fusil sur la troupe. Arrêté porteur de 29 fr., il a nié avoir tenu ces propos. Il a été signalé au parquet de la Seine.

Arrondissement de Compiègne. — Aucune arrestation, mais communication au parquet de Paris d'un procès-verbal de la gendarmerie de Noyon, en date du 4 juillet

1848, duquel il résultait que le nommé Charles Coupet, demeurant à Paris, rue du Faubourg Saint-Antoine, n° 3, aurait participé à l'insurrection du 23 juin.

Voici la copie des parties importantes de ce procès-verbal : « Coupet père, en remettant aux gendarmes la lettre de son fils, déclare qu'il n'était coupable de rien, attendu qu'il ne savait ce que contenait cette lettre. Blondeau (Jean-Louis-Charron), à Pontoise, canton de Noyon, dépose que, le 9 juin dernier, Coupet (Charles), charpentier à Paris, était venu chez lui, lui avait présenté un papier rose qu'il n'avait pas lu, mais que Coupet lui avait dit être la formule du Gouvernement qu'il voulait et qui était le Gouvernement de Barbès ; que ceux qui s'y opposaient étaient des brigands et des gens qui cherchaient à voler le Gouvernement. Il aurait ajouté, en parlant du papier rose : Je vais vous le laisser, à condition que vous vous mettrez de notre côté ; qu'il avait deux fusils chez lui, à Paris, et deux sabres, mais qu'il n'en gardait jamais qu'un ; il cachait l'autre sous le parquet en levant une planche qu'il remettait ensuite comme si rien n'était ; de cette manière on pouvait faire des perquisitions dans leur demeure, on ne retrouvait pas leur fusil.

« Jean-Baptiste-Désiré Cochon, âgé de 21 ans, demeurant chez son père Jean-Baptiste, cultivateur à Pontoise, se trouvait, le 9 juin dernier, chez le sieur Blondeau ci-dessus nommé ; son beau frère Coupet a fait la déclaration ci-dessus en sa présence. Cochon lui ayant fait observer qu'il était soldat et que, s'il allait à Paris et qu'on lui commandât de tirer sur lui, il faudrait qu'il le fît, Coupet lui aurait répondu que, s'il pensait cela, il le tuerait de suite ; que s'il voulait qu'il ne lui arrivât rien, à lui Cochon, il devrait mettre la crosse de son fusil en l'air et passer avec eux ; qu'il ne lui serait rien fait ; qu'il en viendrait à bout quand ce serait dans cinquante ans d'ici.

« Coupet (Jean-Baptiste), tailleur d'habits à Pontoise, cousin de Coupet (Charles), déclare que, le 9 juin dernier, Victor Coupet est venu chez lui, lui a présenté une formule de gouvernement : Barbès, Louis Blanc et Caussidière, et qu'il avait donné sa voix, avant de partir de Paris, pour ce dernier. Baptiste Coupet a lu cette formule dont il ne se rappelle pas. Son cousin Charles Coupet lui ayant dit qu'ils étaient tous armés, sur la réponse que lui fit Jean-Baptiste qu'on devait les désarmer, attendu que les armes ne devaient pas être entre leurs mains, il ajouta que l'on pouvait faire des perquisitions autant comme on voudrait dans leurs demeures, on ne trouverait point leurs fusils, attendu qu'ils les cachaient sous le parquet de leurs chambres en levant une planche qu'ils remettaient ensuite comme si rien n'était. Sur l'observation que lui fit Jean-Baptiste Coupet, qu'ils ne parviendraient pas à établir ce gouvernement, il lui dit : » Nous ferons des barricades, et il faudra de la poudre pour nous les enlever. »

« D'après la déclaration de Jean-Baptiste Coupet, Charles Coupet paraissait être venu à Pontoise pour y établir un club. On avait saisi chez Coupet (Jean-Pierre), père du précédent, charpentier à Pontoise, canton de Noyon (Oise), une lettre de Charles Coupet dans laquelle il rend compte de l'insurrection de juin, et de la part qu'il y a prise. Plusieurs passages de cette lettre sont des plus dignes d'attention. « Le « lendemain des barricades se sont fait dans tous les quartiers populeux en ouvriers ; « on a commencé par la porte Saint-Denis et Saint-Martin, à la porte du Temple et de « Saint-Antoine ou la Bastille, dans le faubourg Saint-Marceau. De tous ces quartiers, « je n'ai vu que le faubourg du Temple et le faubourg Saint-Antoine, dont j'y ai fait « partie pendant deux jours, pensant défendre la bonne cause ; mais notre voleur de « Gouvernement trouvant toujours de nouvelles intrigues quand il voit que le peuple « connaît trop bien ses droits, il s'est muni d'une arme que nous n'avons pas pu briser « parce qu'elle était invisible, c'était l'argent, parce que sans cela il se voyait per- « du. La troupe de ligne et la garde mobile venaient déjà à nous, la crosse du fusil en « l'air, pour nous dire qu'ils se rendaient. . . . Trois légions de la garde nationale « sont désarmées, dont celle que je fais partie, qui est la 8ᵉ, en est une, et la 9ᵉ et la « 12ᵉ sont les deux autres. Ainsi après avoir été battus de notre bon gré, puisque « si nous avions voulu, dimanche, tenir une heure de plus, la victoire était à nous,

« puisque la troupe nous a demandé deux heures de repos, qu'elle ne pouvait plus tenir; « notre plus grande faute est de le leur avoir accordé... Après tant de désastres, la lutte « recommencera avant qu'il soit deux mois, si notre position ne change pas...

« Pour ma part, si je n'eus eu que mon corps à penser, j'aurais préféré rencontrer la « mort dans le combat que de survivre après des trahisons semblables. »

Je mettrai aussi sous vos yeux ce passage d'un rapport du commissaire de police de la ville de Compiègne, en date du 4 juillet, dans lequel se trouve la révélation suivante :

« Le citoyen Jussy (Lazare), âgé de 32 ans, né à Troyes (Aube), maître de pension à Compiègne, rue Portail-Saint-Jacques, a, sans prévenir personne, abandonné son établissement, qui est dans un état florissant; et a disparu depuis le 23 juin. Le matin de ce jour, il reçut par la poste une lettre autographiée non affranchie. Cette lettre fut lue, mais sans attention, par le prédécesseur de Jussy, le citoyen Bayard, qui, invité par moi de rappeler ses souvenirs, m'assure que cette lettre était datée de Paris, *portant convocation aux affiliés de se réunir à Paris* dans un lieu désigné, dont il ne se rappelle pas, *mais dans la rue ou quartier Saint-Sulpice*. Le jour de cette circulaire, Jussy reçut la visite d'un étranger à la ville, avec lequel il s'entretint assez longtemps dans sa chambre, et qui sortit avec lui; il rentra quelque temps après seul, paraissant s'être livré à quelques libations; l'étranger ne reparut plus. Cet homme a environ trente ans, taille moyenne, assez bien mis, barbe rousse, dure et longue. La circulaire portait aussi un imprimé séparé, que des raisons avaient empêché d'affranchir. Jussy est un homme très-instruit, avec des idées exaltées. Depuis quelques temps, il se livrait à la boisson et s'énivrait. Dans sa chambre rien n'est dérangé; il est vêtu de ses plus sales habits. Je n'ai rien trouvé dans ses papiers qui indiquât son projet de fuite, ni son affiliation à quelque société secrète.

Arrondissement de Soissons.

(Deux arrestations.) — 1° Villemenot (Étienne-Auguste), *forçat libéré*, en surveillance à Soissons, a quitté furtivement sa résidence le 24 juin au matin pour se rendre à Paris ; il est revenu le 28, et s'est présenté de lui-même au parquet pour justifier de l'emploi de son temps; il prétend avoir été d'abord fait prisonnier par les insurgés à la Chapelle-Saint-Denis, mais s'être évadé et avoir été combattre l'insurrection dans la cinquième légion de la garde nationale. Il produit le certificat d'un capitaine.

2° Napoléon-François-Adrien *Charles*, arrêté le 30 juin à Vrély, porteur d'une lettre écrite par lui le 24 de Belleville, à un marchand de vin d'Orléans nommé Léon, où se trouve ce post-scriptum :

« On assassine les Français ! Plaignez la Nation ! A bas l'infâme garde nationale et l'armée ! Que votre cœur s'oûvre sur le peuple mourant sur le noble champ de bataille ! »

Après la défaite des insurgés de Belleville, il se rendit précipitamment à Versailles et y loua pour 70 francs, lui, simple ouvrier menuisier, un cabriolet pour venir à Vailly, Le résultat de l'information ne m'est pas encore connu.

Tel est l'ensemble des poursuites dans ce ressort. Vous me faites l'honneur de me demander mon opinion personnelle sur le caractère et la nature de ces attentats dont vous avez à déterminer la cause aux yeux du pays.

Les faits constatés par les informations dont je viens de rendre compte ne sont ni assez nombreux, ni assez significatifs pour avoir pu me faire apprécier suffisamment l'ensemble de cette criminelle insurrection. Ce n'est pas trop de tous les éléments qu'aura recueillis la Commission d'enquête, sur un attentat si grave et qui a offert des proportions si vastes, pour le juger avec certitude dans son but et dans ses moyens.

En ne m'attachant qu'aux faits patents et livrés jusqu'ici au public, je crois reconnaître que le fond de ces déplorables évènements appartient à une lutte sociale du plus dangereux caractère.

Quelle part y ont prise l'ambition toujours impitoyable des prétendants ou de leurs seïdes, les haines et les jalousies machiavéliques de l'étranger? Nous n'avons aujourd'hui sur ce point, sauf le résultat de l'enquête, que des hypothèses et des probabilités. Il y a dans tous les partis, des consciences qui répugnent à l'emploi des moyens si odieux, dans tous il y en a qui les admettent. L'or trouvé sur les insurgés semble un indice, et peut néanmoins provenir, selon les sommes, de malversations dans les salaires des ateliers nationaux; les noms de Napoléon sur quelques drapeaux et de Henri V sur quelques imprimés (1), ont le même sens, avec les mêmes doutes, puisqu'ils pourraient n'être que des moyens de désordre exploités dans l'intérêt de tout autre parti attendant son heure.

Ce qui est le plus probable, c'est que le *communisme* était du complot, puisque la guerre qui en est sortie paraissait dirigée contre l'état social actuel (2).

Quels qu'aient été les meneurs, et au profit de quelque cause que cette lutte sanglante et impie ait été provoquée, ce qui la caractérise, suivant moi, c'est l'élément qui y a servi, c'est la *classe* qui a pris les armes, c'est cette *population ouvrière* si nombreuse, et qui a combattu avec un acharnement si désespéré. Là est le fait capital, et le danger permanent qu'il faut conjurer.

Il n'est peut-être pas sans intérêt de savoir que du 25 mai au 23 juin, il est passé par Péronne 200 individus dits Polonais venant de Lille avec la destination de Meaux, de Fontainebleau, Melun, Paris, etc., et ayant droit aux secours de route. La plupart étaient des Français dont les noms avaient été polonisés par l'addition de la terminaison *ki*. Ils ne le cachaient pas; plusieurs paraissaient fort pressés de se rapprocher de Paris. N'allaient-ils pas s'y mettre au service de l'insurrection.

A qui la faute de n'avoir pas détourné cet orage? Je n'oserais le dire. Je ne sais pas si quelque main d'homme avait le pouvoir de rompre l'enchainement fatal des circonstances, et notamment si des mesures de rigueur plus tôt prises, n'eussent pas eu pour résultat la plus terrible défaite, alors que la force publique et peut-être aussi les révolutions de certains corps armés n'étaient pas encore ce qu'elles sont devenus depuis.

Quoi qu'il en soit, l'ordre et la République ont triomphé, et en combattant ensemble sous le même drapeau, ont resserré le lien qui doit les unir. Mais l'armée qu'ils avaient en face n'est pas détruite. La justice va prononcer sur le sort des insurgés prisonniers. Qu'elle soit plus ou moins elémente, le nombre des vaincus restés libre est immense. On y peut comprendre encore ceux qui attendaient le résultat de la lutte pour se prononcer. Ajoutons que plusieurs cités en France contiennent des populations très-accessibles aux idées d'insurrection. Je l'ai vu à Amiens, pendant nos journées d'angoisses, Tandis que se livrait à Paris la bataille sociale, l'émotion gagnait déjà nos classes ouvrières, on y disait, je l'ai entendu moi même: il ne s'agit pas de la République, il s'agit d'un combat entre les maîtres et les ouvriers, et nous devons aller nous battre pour les ouvriers contre les maîtres. Ces mots révèlent, je le crains, le sens trop vrai de cette guerre, et le péril de la situation.

Cette situation me semble exiger deux ordres de mesures qui sont, s'il m'est permis d'exprimer ma pensée, également nécessaires, les unes pour prévenir par une surveillance sans relâche, ou pour réprimer au besoin par une force toujours prête, le retour possible de ces criminels attentats; les autres pour atteindre le mal dans sa source

(1) Indépendamment des imprimés mentionnés plus haut portant le nom d'Henri V (voir la déclaration de l'inculpé Briand), nous avons eu connaissance de deux notes manuscrites ainsi conçues:

« Pour la seule chance de salut qui reste à la France, on propose de mettre sur son bulletiu, pour l'election du Président de la Repubique: Henri V, roi de France; vous êtes prié d'envoyer une lettre comme celle-ci dans chaque canton du département à quelqu'un de connaissance, avec prière de la propager.»

Elles étaient écrites de la même main; toutes deux mises à la poste au bureau d'Etretat, étaient parties de celui de Triquetot-Lenival, arrondissement du Havre, le 29 juin 1848. Elles avaient été adressées, l'une au sieur Dumesnil, instituteur à Framerville, arrondissement de Péronne, l'autre, au sieur Delachapelle, avoué à Clermont. Ce dernier nom était erroné.

(2) Quelques réunions communistes avaient lieu dans les arrondissements de Vervins et de Saint-Quentin. On a remarqué qu'elles avaient cessé depuis les évènements du 23 juin.

même, en éclairant les classes laborieuses sur leurs véritables intérêts, en les moralisant, en les tirant de la misère, en les rendant heureuses autant qu'il se peut. Le plus grand nombre de ces révoltés doivent n'être qu'égarés; il s'agit, chacun le reconnaît, de la guerre contre ceux qui possèdent par ceux qui ne possèdent pas; mais chez ceux-ci même tout n'est pas convoitise et mauvaises passions; il faut voir si leur révolte, toute criminelle qu'elle est, n'est pas issue en partie de besoins véritables, et auxquels la société n'aurait pas jusqu'ici donné une suffisante satisfaction; on doit repousser leurs attaques à main armée, avec une vigueur énergique; mais leurs plaintes doivent être écoutées, et la fraternité républicaine ne doit pas demeurer un vain mot.

En attendant le progrès social, qui ne peut, avec la sûreté, résulter que des lois et du temps, il y a un secours immédiat à porter aux travailleurs, et il importe que l'hiver ne les trouve pas dans la détresse où les tiennent la stagnation du commerce, et la fermeture des ateliers de l'industrie privée. Les villes aussi bien que l'Etat ont des moyens à cet égard, dans une foule de travaux d'utilité publique auxquels il serait préférable de recourir, plutôt qu'à ces terrassements sans valeur, dans lesquels tant de trésors sont déjà enfouis. On peut aller, s'il le faut, jusqu'à des prêts ou des commandes aux industriels, au moyen de sacrifices auxquels chaque citoyen doit consentir de s'associer comme contribuable, puisqu'en définitive il s'agit du salut commun; ce serait tout à la fois œuvre de justice et de prudence. On agirait ainsi sur la cause même de ces déplorables soulèvements.

Salut et fraternité.

Le procureur général, *signé* : DUMAS.

Angers.

Angers, le 5 juillet 1848.

Citoyens Commissaires,

Par une lettre sans date qui m'est parvenue le 30 juin dernier, vous m'avez invité, 1° à vous adresser tous les documents qui pouvaient exister entre mes mains sur l'insurrection du 15 mai et sur celle du 23 juin; 2° à vous dire si des instructions judiciaires avaient été commencées dans mon ressort à l'occasion de ces déplorables évènements, et quel avait été le résultat de ces instructions; 3° et enfin, à joindre à tout cela un rapport exprimant mon opinion personnelle sur le caractère et la nature des attentats dont vous êtes chargés, par le décret du 26 juin, de déterminer les causes.

Je n'ai entre les mains aucun document sur les deux insurrections dont il s'agit. Seulement, j'ai sous les yeux les réponses de tous les procureurs de la République du ressort à la circulaire que, dès la première nouvelle de la collision du 23 juin, je leur adressai pour leur recommander un redoublement de vigilance, et une observation attentive du mouvement des esprits et de l'attitude des divers partis au retentissement de la lutte engagée à Paris.

Il résulte de toute cette correspondance que nulle part aucun mouvement n'a été tenté pour venir en aide à l'insurrection parisienne; que l'élan des gardes nationaux en faveur de la cause qui a triomphé a été général et à peu près le même partout, et que des détachements nombreux de volontaires se sont formés au premier appel pour marcher sur Paris, et sont partis en effet, excepté dans quelques-unes des localités les plus éloignées où la nouvelle du rétablissement de l'ordre a fait juger ce départ superflu; que, dans cette circonstance, les divers partis qui n'aspirent pas à la subversion de tout ordre social, ont fait taire un instant leurs dissensions pour se porter à l'envi au secours de la société qu'ils considéraient comme menacée dans son existence même par une horde de barbares; que les jeunes gens connus pour appartenir au parti légitimiste, se sont signalés parmi les plus empressés dans les rangs des volontaires de la garde nationale, soit parce que, hommes de loisir, ils trouvaient moins d'obstacles pour un départ précipité, soit parce que, riches pour la plupart, ils avaient un sentiment plus vif du danger dont la propriété était menacée.

Toutefois, en regard de cette unanimité entre les citoyens honnêtes, la correspondance des procureurs de la République signalait, de la part d'un grand nombre d'ouvriers soumis, dans les centres importants de la population, à l'influence des clubs socialistes, communistes ou seulement démagogiques, et de la part des chefs ou membres marquants de ces sociétés, une agitation extrême, des sympathies ouvertement exprimées pour la cause de l'insurrection, des propos haineux et menaçants envers la *bourgeoisie* et la garde nationale, qualifiée de *garde bourgeoise*, enfin tous les symptômes d'une disposition à une agression imminente. Cette disposition, grâce à l'annonce du triomphe définitif de l'ordre sur l'anarchie, ne s'est traduite nulle part en actes matériels; mais elle se révélait par des paroles si caractéristiques et si précises, que l'alarme était universelle, et que dans plusieurs villes, telles qu'Angers, Saumur, Mamers et Mayenne, on croyait généralement à un coup de main organisé pour le 26 ou le 27 juin, et le bruit de la fabrication clandestine d'un grand nombre de cartouches par les membres de certaines sociétés communistes y était accrédité. Aucun document judiciaire n'a encore démontré l'existence d'un complot destiné à éclater à jour donné dans telle ou telle ville du ressort de la Cour d'Angers; mais il n'est pas impossible que cette preuve soit obtenue par les investigations de la justice qui s'efforce dans chaque localité de remonter à la source de toutes les versions qui ont cours à ce sujet. Ne voulant apporter à la Commission d'enquête que des faits vérifiés, je ne crois pas devoir m'étendre ici sur les défiances ou les alarmes inspirées dans quelqees arrondissements, suivant les rapports des procureurs de la République, par la conduite équivoque ou suspecte de certains sous-commissaires pendant les évènements de Paris, et leurs accointances avec les clubs menaçants. Ces plaintes ont été transmises à M. le Ministre de l'intérieur, qui y donnera la suite qu'il jugera convenable. Je dirai seulement que l'un des griefs élevés contre le sous-commissaire de Mamers est de s'être abstenu de faire publier trois dépêches télégraphiques qui lui avaient été transmises du 23 au 27 juin.

Il n'a été commencé, dans le ressort de la Cour d'appel d'Angers, que deux instructions judiciaires qui puissent se rattacher plus ou moins directement aux complots et attentats des 15 mai et 23 juin. Mais j'ai recommandé de nouveau à mes substituts d'avoir l'œil ouvert sur tous les faits qui pourraient fournir des indices d'une ramification de ces complots dans les trois départements de Maine-et-Loire, de la Sarthe et de la Mayenne, et d'intelligences à ce sujet entre les clubs de Paris et ceux des pays, et dans le cas où il s'en produirait, de recourir à tous les moyens d'investigation légaux.

L'une des instructions commencées a eu lieu à Laval. Elle se fait contre un nommé Drouet, inculpé d'avoir excité à un soulèvement à Laval pendant les évènements de Paris, je ne puis encore en indiquer le résultat à la Commission d'enquete, car l'information continue, mais le procureur de la République déclare que l'inculpation est vague et fondée sur une rumeur publique peu importante. Il ajoute, toutefois, que Drouet était membre d'une société secrète organisée à Laval, dans le temps des dernières élections, par le secrétaire du club de Paris, ayant Huber pour président, venu exprès pour cela à Laval, et composée d'ouvriers à l'*exclusion formelle des maîtres*, et qu'une perquisition, opérée à son domicile, a mis sous la main de la justice la liste des sociétaires au nombre d'une quarantaine, et le registre des procès-verbaux des séances. Ce magistrat ne paraît pas d'ailleurs attacher une grande importance au contenu de ces procès-verbaux, et considéré la société dont il s'agit comme actuellement dissoate. Cependant il m'informe de bruits alarmants, de bruits d'un coup de main pour un jour déterminé qui agitent en ce moment encore la ville de Laval, où se trouverait, dit-on, ce secrétaire du club Huber que la police cependant n'a pu rencontrer.

L'autre instruction se fait au tribunal d'Angers; voici à quelle occasion :

Le 26 juin, le citoyen Préfet de Maine-et-Loire fut informé par un voisin du local occupé à Angers par le club dit *des Travailleurs* ou *de l'Union industrielle et agricole*, que la veille à dix heures et demie du soir, ce club s'était séparé aux cris de : vive Barbès ! Ces cris dans les circonstances du moment, me parurent, ainsi qu'au Préfet, avoir une haute signification séditieuse, d'autant plus que le journal intitulé *le Travailleur*, organe du club en question, venait de publier une adresse a Barbès où ce personnage était glorifié dans les termes les plus hyperboliques. Je prescrivis au procureur de la République de saisir le juge d'instruction et de requérir une perquisition au domicile du président du club des *Travailleurs*. Celui-ci déclara que le 25 au soir, le club des *Droits et Devoirs* aussi établi a Angers et présidé par le sieur Riotteau, s'était, en partie du moins, réuni au club des *Travailleurs*.

La part que le sieur Riotteau et ses associés avaient dû prendre, d'après cette déclaration, aux cris séditieux proférés à l'issue de la séance du club des *Travailleurs*, détermina le juge d'instruction à faire également une perquisition au domicile de Riotteau et à celui de Priou, secrétaire du club des *Droits et Devoirs*, Priou prévoyant, à ce qu'il paraît, cette mesure, avait pris les devants et fait disparaître tous les papiers de son club, on ne trouva plus qu'un registre des délibérations dont tous les feuillets avaient été enlevés. Mais chez Riotteau, l'on découvrit une pièce dont l'importance a donné une nouvelle face à cette affaire, et qui semble de nature à faire naître une inculpation devant la gravité de laquelle s'effacerait presque l'inculpation primitive. C'est une lettre datée du 8 avril 1848, adressée à Riotteau par son oncle Grandménil, ancien gérant de la *Réforme*, vice-président de la *société des Droits et Devoirs de Paris, secrète quant à l'action*, dit Grandménil lui-même, lettre qui se termine par la vive recommandation faite a Riotteau de la part d'un personnage désigné seulement par le prénom de « Marc, de fabriquer dans le plus grand secret, et rapporter quelques-unes « de ses bombes, et de garder à ce sujet le silence chez lui et ailleurs. » Ce passage devait naturellement faire supposer qu'il s'agissait de confectionner des projectiles destinés a l'exécution d'un complot contre la sûreté de l'Etat, d'autant plus que Riotteau est à la tête d'une fabrique très importante d'allumettes chimiques dans laquelle il se fait un grand emploi de matières fulminantes et incendiaires. Interrogé sur le sens de cette phrase, il n'a pu trouver qu'une explication dérisoire, et a dû être placé sous mandat de dépôt. Une nouvelle perquisition exercée dans le local de l'usine dont il vient d'être parlé, à l'effet de rechercher des traces de la fabrication des bombes désignées dans la lettre du 8 avril, a été sans résultat. Au surplus si cette lettre était susceptible d'une explication plausible et de nature à refuter l'inculpation, l'on ne pourrait désormais l'attendre que de Grandménil, que cette inculpation atteint d'ailleurs tout le premier. Aussi un mandat d'amener, décerné contre lui, allait être mis a exécution lorsque les journaux ont annoncé son arrestation à Paris, et une commission rogatoire va être expédiée, si déjà elle ne l'a été, pour procéder à son interrogatoire.

Je crois devoir, Citoyens Commissaires, afin que vous puissiez pénétrer plus avant dans les détails de cette affaire, joindre ici un rapport que m'a adressé le procureur de la République. Dès que cette instruction sera terminée, si toutefois elle n'est pas revendiquée par les magistrats instructeurs de Paris, j'aurai l'honneur de vous donner connaissance du résultat.

Un dernier point me reste à traiter pour répondre à la demande qui m'est faite. Je dois exprimer mon opinion personnelle sur le caractère et la nature des attentats des 15 Mai et 23 Juin.

Vous reconnaitrez, Citoyens Commissaires, que la situation du siége où je réside et l'inachèvement de toute instruction judiciaire, offrant quelque rapport avec la question qui m'est posée, ne me donnent guère le moyen de répondre avec une parfaite assurance à cette question. Tout ce que je puis affirmer, c'est qu'à en juger par l'attitude de mon ressort, pendant les péripéties de la lutte du 23 juin, l'attaque impie dirigée contre la souveraineté nationale n'aurait pu compter sur d'autres sympathies, sur un autre appui, sur une autre coopération que sur ceux des associations démagogiques, communistes et hostiles, sans un nom quelconque, à l'ordre social fondé sur la famille et la propriété. Tous les autres partis, divisés sur la forme politique, se sont montrés réunis dans une exécration commune contre l'attentat qui mettait en question la société elle-même. Le procureur de la République du Mans m'a bien annoncé que le cri de : « Vive Napoléon ! » avait été proféré par un bataillon de la garde nationale composé presqu'entièrement d'ouvriers, mais il ajoutait que la population avait vu dans ce cri, beaucoup moins une adhésion à la cause d'un prétendant quelconque, qu'une menace contre l'ordre public.

Le premier avocat général. *Signé* : DURONCERAY.

Angers.

Angers, le 30 juin 1848.

Monsieur le procureur-général,

J'ai l'honneur de vous transmettre quelques documents qui m'ont semblé pouvoir être soumis utilement à la Commission de l'Assemblée Nationale chargée de faire une enquête sur les attentats des 15 mai et 23 juin.

La ville d'Angers avait deux clubs, l'un dit *de l'Union ouvrière et agricole*, ou *des Travailleurs*; l'autre dit *Société des droits et devoirs*. Dimanche soir, 25 juin, ces deux clubs se réunirent ; on fit l'éloge de Barbès, et la séance se termina par les cris de : *Vive Barbès!* longuement et chaleureusement répétés.

Le lendemain, M. le juge d'instruction et moi, nous nous transportâmes au lieu de la réunion commune ; sur la porte nous vîmes écrits avec de la craie ces mots : *Aujourd'hui à 2 heures au bateau, et à 8 heures, ce soir, ici*. Ces mots avaient dû être écrits la veille ; la veille en effet, le 25, on savait que des gardes nationaux d'Angers devaient partir, vers 2 *heures*, par un *bateau* à vapeur, pour aller au secours de la garde nationale et de l'armée qui combattaient à Paris.

Nous trouvâmes : 1° Un certain nombre d'exemplaires du journal *le Travailleur ;* j'en joins un à ce rapport ; 2° Les procès-verbaux des séances du club des Travailleurs ; 3° Un cachet dont voici l'empreinte à laquelle il ne faut peut-être pas attacher d'importance ; des renseignements, que l'aspect du cachet semble confirmer, font supposer qu'il a appartenu à un bataillon de gardes mobiles, vers 1794.

Au club des droits et devoirs, nous trouvâmes : 1° Quelques cartes portant l'empreinte sèche : *Société des droits et devoirs ;* sur chacune était un nom de sociétaire avec deux numéros ; 2° Une lettre signée *Morel*.

Un portrait moulé de Robespierre était appendu au-dessus de la cheminée.

De nouvelles indications nous étant parvenues, nous fîmes immédiatement perquisition chez divers membres de ces clubs : chez un fabricant d'allumettes, Maxime-Valère Riotteau, président du club *des Droits et devoirs*, nous avons trouvé deux exemplaires du règlement imprimé de la société de ce nom, ayant pour président, à Paris, l'Héritier (de l'Ain), pour vice-président Grandménil (oncle de Riotteau), pour secrétaire Brunellière. Ce règlement a été arrêté à Paris, le 15 mars 1848.

A côté d'un de ces exemplaires se trouvait une lettre datée de Paris, du 8 avril dernier ; je la copie textuellement :

Palais-National du Luxembourg.

RÉPUBLIQUE FRANÇAISE. — Liberté, Egalité, Fraternité.

Paris, le 8 avril 1848.

« Mon neveu,

« Je vous adresse ci-inclus deux règlements de la société des Droits et devoirs.

Cette société qui est à moitié *secrète, quant à l'action*, a pour but : 1° D'associer tous les combattants de Février et tous les républicains de France qui voudront se joindre à nous pour anéantir la mauvaise volonté de la bourgeoisie ; 2° D'éclairer ces braves citoyens sur leurs véritables devoirs et droits, afin de leurs démontrer les immenses avantages qu'ils ont à retirer du système républicain (c'est toujours l'ancien plan de la *Réforme*).

« Voilà huit jours que nous passons les nuits à la Préfecture avec *Marc et Aulis* à travailler à notre déclaration des droits et à notre profession de foi. Cela est très-difficile ; cependant nous touchons à la fin de notre travail. Nous le ferons imprimer avec une instruction pour l'établissement des clubs de province, et lorsque tout sera prêt, nous vous l'adresserons, puis nous vous enverrons des commissaires qui vous feront part de nos secrètes intentions. Nous ne pouvons guère nous mêler des élections départementales, tous nos efforts se portent sur celles de Paris. Nous voulons avoir 20 ouvriers au moins et 14 bourgeois bien connus, dans la nouvelle Convention. Nous avons l'assurance de réussir. Avec ce moyen et notre société nous sommes complètement les maîtres. Si j'avais eu le temps, j'aurais pris une mission extraordinaire pour les 14 départements de l'Ouest. J'irai après les élections monter la société.

Vous savez sans doute qu'il nous a été prouvé que *Lucien Delahodde* était mouchard depuis dix ans, nous le tenons au cachot, il a tout avoué. Aujourd'hui, nous jugeons *Blanqui* : nous n'avions pas tout-à-fait les pièces convaincantes, mais Barbès est convaincu que c'est aussi un mouchard ; dans quelques jours nous saurons à quoi nous en tenir. Il faut laver notre linge sale et que la justice du peuple se fasse.

« Vous ferez bien de venir avant les élections passer deux jours, vous en apprendrez plus dans une heure que dans cent lettres. *Marc* vous recommande vivement de fabriquer dans le plus grand secret et d'apporter quelques unes de vos bombes. Vous ne craignez plus rien, mais silence chez vous et ailleurs à ce sujet. Je cours à la poste. Salut et Fraternité. GRANDMÉNIL. »

Près de cette lettre, je vois une enveloppe que Riotteau semblait vouloir cacher, et qu'il nous dit avoir contenu la lettre saisie ; il ajouta qu'il n'en avait pas reçu d'autre. L'enveloppe ne porte pas le nom de Riotteau, mais celui de Charton, son contremaître ; elle porte cette estampille : *Rép. fr. Commission des récompenses nationales.* Elle est timbrée à la poste de Paris, bureau des franchises, à la date du 11 avril. Il est extrêmement probable qu'elle n'a pas dû contenir la lettre du 8 terminée par ces mots : *Je cours à la poste*. Quoi qu'il en soit, nous n'en avons pas trouvé d'autres.

A la première lecture de la lettre, M. le juge d'instruction prononça le nom de *Marie* au lieu de *Marc*, qu'on dit être le prénom de l'ancien Préfet de police. Riotteau voulut exploiter cette erreur et dit : Vous voyez bien, un des chefs du Gouvernement, M. Marie lui-même dirige notre société.....

La Commission d'enquête sera mieux à portée que moi d'apprécier tout ce que pourrait avoir de grave les recommandations du dernier paragraphe de la lettre.

Riotteau a été arrêté et interrogé, voici le résumé de ses déclarations. Il se reconnaît le président de la société des *Droits et devoirs* formée vers la fin d'avril à Angers ; les sections devaient être de cinquante ; une seule était formée ; le registre lacéré par le secrétaire Previs, contenait les statuts de la société calqués sur le règlement imprimé de celle de Paris, les noms des membres inscrits et huit ou dix délibérations.

Il pourrait se faire que l'enveloppe saisie ne fût pas celle de la lettre saisie ; il en a reçu plusieurs à la même époque (il avait dit le contraire chez lui). En s'associant contre la mauvaise volonté de la bourgeoisie, ils ne s'associaient que contre les philippistes et carlistes qui voudraient renverser la République.

Il ne sait pas de quoi son oncle Grandménil a voulu parler dans le passage de la lettre qui nomme *Marc et Aulis*, il ne les connaît pas. Grandménil n'est pas venu depuis plus de deux ans à Angers.

De Lahodde était mouchard sous M. Delessert ; on en a eu des preuves convaincantes en trouvant des lettres écrites par lui au préfet de police. Caussidière, arrivé à la Préfecture, le mit au cachot pour lui faire tout avouer ; il a été relâché depuis.

Quant à Blanqui, nous avons toujours pensé qu'il était l'agent de la monarchie; nous croyons encore qu'il est un agent monarchique, soit des philippistes, soit des carlistes. Voilà, je crois, le sens des dernières expressions de la phrase. Comme il n'y a pas de loi qui punisse les mouchards, je crois qu'on voulait le faire expatrier ; c'est le sens du moins que j'ai attaché à ces mots : *Que la justice du peuple se fasse.*

Il est allé à Paris le 4 mai, il y est resté jusqu'au 12, à l'hôtel Molière; il est allé ensuite à Châteauroux, La Châtre, Guéret et Limoges, où il était le 15 ; le 16, il y a appris les évènements de Paris, où il n'est rentré que le 17 au soir pour y rester jusqu'au 23 mai.

Il ne comprend rien à la dernière phrase de la lettre de son oncle Grandménil, relative aux bombes, « à moins, dit-il, qu'il n'ait voulu parler d'expériences chimiques qui résultent de l'effet produit par des gouttelettes qui s'échappent des allumettes tombant sur le sable que nous brûlons, et qui font un très-bel effet ; je lui avais parlé de cet effet, et je pense qu'il a voulu faire allusion à cela. Du reste, j'avais si peu fait attention à cette conversation que nous avions eue à mon avant-dernier voyage, en lui annonçant que je lui en apporterais pour qu'il en vît l'effet, que nous n'en avons même pas parlé à mon dernier voyage. »

Il n'a pas fait antérieurement l'essai des bombes avec ces produits chimiques, « à moins, dit-il encore, qu'on n'ait pris pour bombes confectionnées, soit des résidus de pâtes, soit des pâtes avariées que nous brûlons, dans la crainte d'accident. »

Il s'est fait adresser les lettres de son oncle, comme toutes ses autres lettres particulières, sous le nom de son contre-maître Charton, afin de les recevoir plus tôt.

Dans le cours de la perquisition, Riotteau nous avait dit que les registres de la société étaient chez Priou, marchand de chocolat, à Angers, qui en est le secrétaire; déjà nous y avions envoyé des agents, assistés de gardes nationaux, avec de sévères recommandations.

A notre arrivée, Priou nous dit qu'en apprenant qu'on s'occupait des clubs, sa femme et lui avaient déchiré tout ce qu'il y avait d'écrit sur le registre de la société ; en effet, sur celui qu'il nous présenta, il ne reste que des feuilles blanches ; il ajouta qu'il était phalanstérien; mais qu'il ne voulait que des réformes pacifiques.

Nous avons fait arrêter en même temps plusieurs membres des clubs, Morel, Brugevin, Barbot, et d'autres. Morel est l'auteur de la lettre saisie au club des Droits et devoirs ; dans cette lettre, datée du 22 mai, sans adresse, mais destinée évidemment aux directeurs de ce club, il commence par se plaindre de l'inexactitude de certains membres du Comité central, de ceux du bureau, et des membres sectionnaires ; puis il termine ainsi :

« ... A tous les nouveaux membres, prêchez de la discrétion; que ce que l'on dit dans la section, que cela n'en sorte pas ; s'occuper de nos délégués qui sont à Paris ; nous donner connaissance pourquoi ils n'écrivent pas, pourquoi ils ne viennent pas ; nous sommes entièrement dans l'ignorance; il y a de certains membres du comité central qui ne doivent pas en être ignorants, ils doivent s'en occuper toujours, s'ils ne connaissent rien, car dans nos réunions que faisons-nous? Rien, parce que nous attendons des nouvelles de Paris, et que l'on ne peut pas faire grand chose sans.

« Salut et fraternité. « MOREL. »

Le journal *des Travailleurs* contient aussi une adresse à *Barbès*, envoyée au journal *La vraie République.* Cette adresse a été adoptée sans discussion dans la séance du 14 juin ; on y lit :

» De tous temps les Révolutions ont eu leurs martyrs ! soyez fiers d'avoir été choisi pour la seconde fois...

« Apôtre de la république démocratique et sociale, votre emprisonnement ramène à vos croyances bien des citoyens qui les craignaient jadis, qui les aiment maintenant

« Qui sait si vous ne serez pas condamné pour avoir trop aimé votre pays? »

Cette adresse parait avoir été provoquée par la lecture faite le 10 juin, d'un article de Georges Sand, inséré dans le journal *La vraie République* du 9 ;

Ce procès-verbal (Barbot secrétaire) rend compte de cet article qui, dit-il, a comprimé tous les cœurs ; le développement et les hautes vues du caractère de *notre ami Barbès* y sont si bien peints, qu'il serait téméraire de vouloir faire des réflexions, quelque bien bienveillantes qu'elles soient ; nous nous contenterons donc de prier l'arbitre de toutes choses de ne point donner à l'un des grands amis du travailleur une fin aussi triste, quoique glorieuse, comme celle prédite par l'écrivain de *La vraie République*. »

On lisait habituellement, dans le club, le père Duchêne, « Journal qui par son style et son pur patriotisme doit faire et fera toujours des prosélytes (séance du7 juin). L'esprit de ce journal a été trop bien compris par le citoyen Croissant dans sa rédaction du procès-verbal du 7, pour que nous ne nous contentions pas de l'admettre sans restriction. (Séance du 10 juin.)

Le 7 juin, on apprécie, à un certain point de vue, la tentative du 15 mai, dans cette adresse au citoyen Louis Blanc :

« Citoyen,

« Votre vie passée, comme votre conduite actuelle nous disent assez que vous ne cesserez jamais d'être pour la cause des travailleurs, un infatigable appui.

« Eussiez-vous prononcé les paroles que des insensés osent vous imputer à crime, vous n'auriez été encore que le fidèle interprète des intérêts du peuple.

« Le droit que nous possédions jadis et que possèdent plusieurs nations, le droit d'envoyer, par délégations, l'expression des désirs ou besoins d'un certain nombre de citoyens, de déposer des pétitions sur le bureau du Président, de le prier d'inviter les Représentants désignés par les délégués, de *venir lui-même* lire et défendre à la tribune les demandes exprimées dans les pétitions, doit être imprescriptible.

« Quelle que puisse être, dans l'Assemblée Nationale, l'opinion des ennemis des principes que vous défendez avec tant de persévérance et de courage, la *Société des Droits et devoirs* et celle de l'*Union ouvrière et agricole* de Maine-et-Loire, vous prient d'accepter cette adresse comme étant l'expression de leur éternelle reconnaissance. »

Le 24 juin, le procès-verbal (Barbot, secrétaire) s'exprime ainsi sur les évènements de Paris : « La séance a continué par la lecture du *Précurseur du* 24 (journal rédigé dans le même esprit que le *National* de Paris) le compte-rendu des évènements de Paris nous a vivement impressionnés, et malgré que nons pensions qu'il juge les faits avec partialité, nous prévoyons une lutte dont *nos frères* seront toujours les victimes. »

Il me reste à parler de l'agitation qui s'est manifestée dans la rue, et chez une partie, heureusement peu nombreuse, des ouvriers, surtout dans les journées des 25 et 26 juin.

Certaines réflexions faisaient comprendre le déplaisir avec lequel on voyait des gardes mobiles partir pour Paris, et le dé sappointement avec lequel on accueillait les nouvelles annonçant que l'autorité restait maîtresse de la situation.

Après avoir lu publiquement l'une de ces dépêches, le 25, M. le Préfet s'écria : vive la République !

Riotteau, qui était là entouré de quelques adhérents, s'approcha du Préfet, et comme s'il eût voulu, lui aussi, planter son drapeau à côté de celui de la France, il cria : vive la République démocratique ! Il insista avec une violence qui inspira des craintes à beaucoup da'assistants ; et M. le Préfet répondit : ni rouge, ni blanche, vive la République Françise ! n'ajoutons rien à ce noble mot !

D'énergiques réclamations s'associèrent à ce cri national.

Le mardi matin, 27, une dépêche télégraphique annonçant le *rétablissement de l'ordre*, fut encore lue publiquement ; mais des individus, s'adressant à des groupes d'ouvriers, semblaient chercher à détruire l'effet de cette heureuse nouvelle ; on disait : Le préfet vous trompe; des milliers de Lyonnais et Rouennais vont au secours des insurgés, qui tiennent bon, nous le savons par une lettre arrivée à l'instant. Un individu ayant fait partie de la société des *Droits et devoirs*, mais qui n'a pu être qu'un docile instrument, a été arrêté tenant ce propos : Nous tâcherons de savoir à quelle inspiration il a obéi.

En résumé, certains chefs de clubs me semblent avoir été en correspondance avec les chefs de l'insurrection du 23 juin et de la tentative du 15 mai ; mais je ne crois pas qu'il y ait eu, de la part de la généralité des membres, autre chose qu'une disposition favorable aux insurgés.

Veuillez agréer, Monsieur le Procureur général, l'expression de mon respectueux dévouement.

Pour le procureur général de la République. COUTRET, substitut.

Bastia.

Paris le 15 juillet 1848.

Citoyen Président de la Commission d'enquête,

J'ai le bonheur de n'avoir découvert dans ce pays que vous avez traversé il y a deux ans, aucun document propre à éclairer l'Assemblée Nationale sur les causes politiques des attentats des 15 mai et 23 juin.

La Corse, vous le savez, citoyen Président, ne ressemble pas aux autres pays : Française avant tout, elle s'abandonne quelquefois avec élan, mais toujours avec confiance aux inspirations, aux mouvements, aux transformations politiques de la France.

Sans doute, ici comme partout, l'esprit de désordre et d'anarchie a bien ses représentants; mais tandis qu'ailleurs ils peuvent être assez nombreux sur quelques points et quelques uns appartenir à la classe éclairée, on pourrait les compter ici s'ils osaient se montrer. Ils m'apparaîtraient, et alors ils ne seraient bien redoutables pour les personnes riches et honnêtes, que si Paris, ce que Dieu ne veuille, tombait au pouvoir, seulement pour une heure, des ennemis de la Patrie.

Il est vrai qu'à la première nouvelle des derniers évènements, le club démocratique de cette ville, composé d'insensés, dans un entraînement auquel je ne saurais quel nom donner, s'est permis, sur la proposition du Ministre du Dieu de paix, de déclarer que les insurgés de Paris avaient bien mérité de la Patrie, proposition que, pour n'avoir pas la honte de la rapporter, ils se sont vus obligés de confirmer le lendemain.

Mais en vérité, s'il fallait pénétrer au fond de cette déclaration, nous n'aurions pas à craindre pour l'humanité, mais à rougir pour elle. Quelques ambitieux obscurs, espérant un autre Gouvernement, pour s'en faire un titre auprès de lui, avaient provoqué cette démonstration barbare, si elle n'eût été aveugle et stupide.

Il n'y a donc pas à chercher dans ce fait étrangement déplorable, la trace d'une ramification avec les évènements qui ont ensanglanté la capitale. On avait bien dit que quelques membres de ce club avaient reçu des lettres leur annonçant cet audacieux attentat contre la République. Lorsque je suis allé à leur source, ces bruits se sont réduits en propos inconsidérés ou mal compris, ou mal interprêtés, auxquels, dans tous les cas, la malveillance n'avait pris aucune part.

Quant à mon opinion personnelle, citoyen Président, sur le caractère et la nature de l'attentat, je suis bien loin pour les juger ; mais que votre profonde observation et votre expérience des partis qui depuis soixante ans retardent les destinées civilisatrices de la France, veuillent bien me permettre une courte réflexion. Elle ne sera peut-être pas sans prix de la part d'un homme qui par sa famille a appartenu au parti légitimiste.

Selon ma faible raison, les éléments de l'insurrection sont complexes, hétérogènes, et quelque complexes, quelque hétérogènes qu'ils soient, la pensée de leur réunion, leur organisaton, de leur soulèvement, leurs moyens d'attaque et de résistance, l direction, leur impulsion, leur persévérance, sont l'œuvre d'un parti aidé peut-ê d'une puissance étrangère, dont le regard absolu depuis 20 ans surtout est consta ment fixé sur le monument de la liberté en Europe.

Quel est ce parti ?

Le philippisme a disparu avec l'ex-roi, c'était une opinion singulièrement chang Très-faible reflet d'un royalisme souverainement éclipsé, il ne peut se survivre dans quelques rares serviteurs, dont même le dévouement n'a pas laissé la plus lég trace au 24 février.

Le bonapartisme? Il fut le parti de la gloire, jamais celui du désordre. A la mort des idole, il se fondit avec le parti national. A l'avènement de Charles X, il ne fit aucu démonstration, ni à l'avènement de Louis-Philippe, ni tout récemment à celui de République !

C'est le légitimisme qui a cherché à réveiller le bonapartisme pour faire naître ou ra ver la question des prétendants.

Le légitimisme surtout attendait la mort du roi.

Pendant dix-huit ans, ses journaux ont demandé le suffrage universel.

Il l'a obtenu en février.

Pendant trois mois et jusqu'aux élections, le calme a régné en France sans ê troublé en apparence par une réunion armée de quatre cent mille hommes sous enseignes déployées de la République.

Après les élections, et lorsque l'esprit de l'Assemblée Nationale a été connu, u lourde rumeur s'est manifestée au sein de Paris ; une terreur, une défiance effrayan ont plané sur lui, et se sont étendues au loin.

Le légitimisme a soufflé sur tous ces besoins, sur toutes ces peurs, sur toutes passions, et les évènements de Mai ont surgi, et ceux de Juin, en étourdissant le mon et en soulevant l'indignation de la France entière, n'ont peut-être pas encore déco vert toute la profondeur de l'abîme où on voulait nous plonger.

Veuillez bien agréer, etc.

Le premier avocat-général. *Signé* D'AIGNY.

Besançon.

Lure, le 15 juillet 1848.

Monsieur le Président,

Ensuite de votre lettre du 10 juillet courant, j'ai l'honneur de vous fournir un ra port sur l'instruction suivie à Lure, à l'occasion de faits accomplis dans cet arro dissement pendant le mois de juin, et qui paraissent se rattacher à l'insurrection p risienne.

Je vous l'aurais envoyé d'office, et aussitôt que la procédure a permis d'appréci l'ensemble des faits, si je n'avais pensé que des instructions particulières allaient êt adressées à cet égard aux chefs des parquets d'instance. J'avais vu en effet dans l journaux que la Commission réclamait, par une circulaire, aux Procureurs générau l'envoi à Paris de tous les dossiers des procédures suivies en province et paraissant rattacher aux attentats de Mai et de Juin : et comme j'avais moi-même, à la date d 29 juin et 5 juillet, fait deux rapports au parquet de la cour d'appel sur les faits do mon arrondissement a été le théâtre, j'attendais toujours que la communication d pièces me fût demandée.

Ainsi que je l'énonce à la fin du rapport ci-joint, la procédure peut être considér comme complète. Je désirerais donc, M. le Président, que vous me fissiez connaît le plus tôt possible l'opinion de la Commission sur la suite dont cette procédure l paraît susceptible ; car si elle pense que l'affaire doit être jugée à Lure, et si elle n ucun document utile à me communiquer, je requerrais, sans délai, e règlement de ffaire et son renvoi devant le tribunal compétent pour le juger.

Je suis, avec respect, etc.

Le Procureur de la République. *Signé* J. PION.

Citoyens Représentants,

Le 13 juin 1848, je fus instruit que les nommés Laurent Vinot, agent de remplacement, Auguste Perney, boucher à Lure, et Joseph Ballay, meunier à Lomont, parcouraient les communes rurales pour y recruter une bande qui, vers le 20 juin et à un gnal donné, se dirigerait sur Lure, mettrait cette ville au pillage, et marcherait enite sur Paris avec des intentions analogues.

J'écrivis le même jour au sieur Latruffe, maréchal-des-logis de gendarmerie à Hécourt, homme sûr et intelligent, de se rendre dans les communes de Reverne et de omont, où ces tentatives d'embauchage paraissaient avoir été spécialement pratiées, et d'y recueillir tous les renseignements utiles.

Le 16 juin, cet agent m'écrivit que les informations que j'avais reçues étaient exacs; mais comme, d'une part, il n'apparaissait pas très-clairement qu'une bande eût été gulièrement organisée, et que, de l'autre, la provocation à former cette bande ne semât pas revêtir le caractère de publicité suffisant pour constituer un délit, j'invitai on auxiliaire à se livrer à de nouvelles démarches, et de mon côté je cherchai aussi à cueillir, notamment à Lure même, de plus amples renseignements à cet égard.

Sur ces entrefaites arrivèrent les évènements de Paris. La conduite de Vinot et de erney confirma les soupçons dont ils étaient l'objet, et le 26 juin, je requis information sur cette affaire. Le même jour des mandats furent décernés contre les trois inlpés: Perney et Vinot furent arrêtés le 27 juin; Ballay n'a pu l'être que le 12 illet.

Plus de 40 témoins ont été entendus, et voici le résumé de leurs déclarations.

Dès le premier jour de juin 1848, Vinot, Perney et Ballay parcoururent les comunes de l'arrondissement de Lure, et notamment celles du canton d'Héricourt. Ils saient publiquement que vers la fin du même mois, les communistes feraient une rélution; qu'il y aurait des troubles à Paris et dans d'autres villes de France; que aris serait pillé et incendié, et que le premier coup de canon tiré dans cette ville seit le signal pour toute la France.

Ils se rendirent dans plusieurs auberges et sur une route en construction, où traillait un assez grand nombre d'ouvriers. Ils cherchèrent à y embaucher des indivis, en leur disant qu'on formait une compagnie de corps francs, dont Vinot était le ief, et qui s'élevait déjà à plusieurs centaines d'hommes; que tous devaient se munir armes et de munitions; qu'à un signal venant de Paris et qui serait donné vers le 0 juin, ils marcheraient sur Lure; qu'ils pilleraient les bureaux de l'enregistrement des hypothèques, afin de détruire tous les titres des créances et de payer ainsi leurs ettes et celles de bien d'autres; qu'ils passeraient au fil de l'épée tous les blancs et us les riches.

Les inculpés manifestèrent l'intention d'acheter des fusils, et ils proposèrent à des aréchaux ferrants, de confectionner, moyennant bonne rétribution, des piques et des aïonnettes; mais ces ouvertures ne furent pas agréées.

Ils se disaient en relations habituelles avec des *messieurs* de Lure qui leur payaient boire et à manger, et leur faisaient part des nouvelles qu'il recevaient chaque jour e Paris. Ces *messieurs* les préviendraient quand il serait temps d'agir: car si Paris e bougeait pas, ils ne devraient pas bouger non plus.

Le dimanche, 25 juin, Vinot se trouvait avec deux autres hommes restés inconnus, ans une auberge, sur la route, à mi-chemin de Lure à Vesoul. Il disait que les nouelles expédiées de Paris par le Gouvernement étaient fausses, et que les insurgés vaient le dessus: que le moment était venu de faire sauter les chouans et les riches;

que pour son compte il se chargeait d'en pendre plusieurs, notamment la femme maire de Lure; qu'il y avait bien six millions enterrés dans la ville, mais qu'il s rait bien les décrotter ; et qu'il allait descendre sur Lure avec ses douze cents c francs.

Le lundi 26, alors qu'on s'occupait du départ des gardes nationaux pour Pa Perney cria : *Vive Napoléon !* disant que c'était en faveur de celui-ci que les vo taires marchaient sur la capitale, et qu'il enfoncerait sa baïonnette dans le ventre celui qui prétendrait le contraire.

Tels sont les faits résultant de l'information. L'époque fixée dès les premiers jo de juin par les inculpés pour l'exéution de leurs projets, la coïncidence existant e cette indication et la date de l'insurrection parisienne, les relations que les préve disaient avoir avec des *messieurs* de Lure, sont une présomption suffisante que Vi Perney et Ballay n'agissaient pas de leur propre mouvement, mais qu'ils étaient liés à une vaste conspiration dont Paris était le centre, et qui s'étendait dans les partements. Les recherches des magistrats ont donc eu principalement pour bu découvrir les intermédiaires locaux par lesquels les chefs parisiens correspondai avec les agents subalternes, tels que Vinot, Perney et Ballay. Malheureusement le investigations n'ont amené aucun résultat satisfaisant.

Le 16 juin, le maréchal-des-logis Latruffe, en m'adressant son procès-verbal, disait dans la lettre d'envoi :

« Je n'ai pas signalé dans mon procès-verbal que Ballay dit que c'est M. Huguer avocat à Lure, qui est en tête de ce coup de main. Il (Ballay) dit hardiment qu'il tout ce qui se passe à Paris. Il paraît qu'ils ont un lieu, à Lure, où ils se réunisse — Que M. Huguenin serait dans cette réunion. »

En suite de cette donnée, Ballay a été questionné, dans son interrogatoire, sur relations avec M. Huguenin; mais cet inculpé a prétendu que les messieurs de Lure d il avait parlé, n'étaient autres que Vinot, et qu'il n'avait pas vu Huguenin dep plusieurs années.

Les trois prévenus se sont renfermés sur ce point dans un silence complet; et seul témoin, qui a dit avoir entendu nommer à Ballay un monsieur de Lure, n'a pu ou n'a pas voulu se rappeler le nom prononcé par Ballay.

En cet état de choses, et sur des indices aussi vagues, les magistrats n'ont cru pouvoir diriger des poursuites contre le sieur Huguenin, ni procéder, chez à des perquisitions qui, eu égard d'ailleurs à l'époque où elles auraient été fait n'auraient certainement produit aucun résultat.

Les inculpés nient les faits articulés à leur charge par les témoins; ils cherchen expliquer la tentation d'embauchage, en disant qu'il s'agissait seulement d'une as ciation pour la contrebande. Tous trois sont des gens tarés et perdus de réputati En 1841, Vinot a été condamné à un an de prison pour escroquerie. Du reste, il paraît pas que leurs démarches aient eu un grand succès, et l'immense majorité la population leur est évidemment hostile, ainsi qu'à ceux dont ils étaient les agen

En résumé, je crois, et cette opinion est générale dans la ville, que les insurgés la capitale avaient, dans ce pays, des affiliés qui, en cas de succès à Paris, aurai organisé le pillage et la dévastation dans le département. Je crois aussi que les tr inculpés étaient au nombre des affiliés, qu'ils recevaient des instructions, et peut-ê de l'argent, non pas des chefs, mais d'agents intermédiaires qui, vraisemblableme se trouvaient à Lure. La clameur publique désigne à cet égard quelques personne mais aucun fait matériel n'appuie les présomptions morales qui s'élèvent con celles-ci.

Peut-être la Commission d'enquête, qui possède des renseignements plus compl sur l'ensemble des faits qui se sont produits en mai et juin, y trouvera-t-elle preuve matérielle des relations qui existaient entre Paris et les départements, pourra-t-elle signaler les personnes qui, dans l'arrondissement de Lure, devraie être poursuivies pour leur coopération à ces faits. Quant à moi, je ne puis me livrer, à leur égard, qu'à de simples conjectures.

Pour compléter l'exposé des faits dont ce pays a été le théâtre, j'y ajouterai que, le 29 juin, je fus averti que des tentatives d'embauchage, en faveur du duc de Bordeaux, paraissaient avoir été pratiquées à Luxeuil quelques semaines auparavant. Le même jour, je me transportai en cette ville, et j'interrogeai un ouvrier nommé Py, signalé comme l'objet de ces tentatives.

Il me dit que, quinze jours ou trois semaines avant, un monsieur de Luxeuil l'avait conduit dans sa maison, l'avait fait boire, et lui avait remis trois francs, plus une médaille en plomb, présentant, d'un côté, l'effigie du duc de Berry, et, de l'autre, une inscription relative à l'assassinat de ce prince. — Qu'il avait voulu, en outre, lui faire signer son nom sur un livret où sept autres étaient déjà inscrits : ce à quoi il s'était refusé ; que, plus tard, après avoir parlé de cette rencontre à plusieurs personnes, il s'était décidé à rendre au monsieur les trois francs, mais non pas la médaille, et que le monsieur lui avait dit qu'il se repentirait d'avoir divulgué cette affaire. Py ajouta qu'il craignait la vengeance de cette personne, et que, pour ce motif, il n'en voulait pas dire davantage.

J'ai saisi la médaille qui est ancienne, et qui a été frappée à l'époque de l'évènement auquel elle se rapporte. Cette circonstance, jointe à ce que Py est dans le besoin, et qu'il avait sollicité des secours de l'autorité, m'a fait penser que cette médaille étant tombée par hasard en ses mains, il avait voulu en profiter pour se rendre intéressant et obtenir ainsi ce qu'il désirait. Je n'ai donc pas attaché grande importance à ces faits, qui, fussent-ils exacts, ne constitueraient aucun délit.

Tels sont les évènements parvenus à ma connaissance. Bien que la procédure suivie contre Vinot et consorts ne soit pas entièrement terminée, et qu'il y ait encore quelques témoins à entendre, je ne pense pas que leur audition jette un jour nouveau sur cette affaire, que l'on peut considérer comme complètement instruite dès à présent, à moins qu'il ne se produise quelque nouvelle et importante révélation.

Au parquet de Lure, le 15 juillet 1848.

Le procureur de la République, *Signé* : J. Pion.

P. S. Au moment où je venais de transcrire ce rapport, M. le juge d'instruction me communique la déclaration d'un témoin, signalé tout récemment, et entendu aujourd'hui même (15 juillet). Ce témoin dépose qu'il y a un mois environ, les trois prévenus s'arrêtèrent à son auberge, et que l'un d'eux (il ne sait lequel) dit : « Huguenin sait tout ce qui se passe à Paris. Si Napoléon est empereur, son affaire est faite ; il aura une bonne place... » Le lendemain, ce témoin ayant encore vu Ballay, celui-ci lui dit que c'était ce dernier qui les commandait.

Bien que ce témoignage constitue une certaine présomption de complicité contre Huguenin, je persiste à croire, comme je le disais tout-à-l'heure, que cette présomption n'est pas suffisante pour motiver une poursuite contre cet avocat, ni même une visite domiciliaire, qui aujourd'hui serait certainement sans résultat.

15 juillet 1848.

Signé : J. Pion.

Bordeaux.

Bordeaux, le 18 juillet 1848.

Citoyens Représentants, après avoir interrogé les seize procureurs de la République du ressort de la Cour d'appel de Bordeaux, je viens répondre aux questions posées par votre circulaire du 29 juin.

Bien que Bordeaux était la seule ville où aient eu lieu des poursuites sur des faits qui pouvaient se rattacher aux attentats de mai et de juin, je crois rentrer dans le but de l'enquête, en fournissant à la Commission quelques renseignements sur la situation politique des trois départements du ressort.

Département de la Gironde. — Un immense cri d'indignation et de douleur s'est élevé dans ce département à la nouvelle des déplorables évènements qui ont menacé l'existence de la République et de la société. Il est pénible d'avoir à dire, cependant, que des espérances parricides avaient pénétré dans quelques cœurs, et que le triomphe de l'ordre a changé ces espérances en d'odieux regrets.

Des clubs nombreux étaient ouverts à Bordeaux avant les élections générales; partout, les séances étaient publiques. Quatre seulement ont survécu aux élections, savoir : le club *Lamartine*, le club *Ledru-Rollin*, le club de *Therpsichore* et le club la *Sentinelle du Peuple*. Ils furent bientôt réduits à trois par la réunion des clubs Lamartine et la Sentinelle du Peuple.

Ces trois clubs n'ont cessé de correspondre ensemble ; ils se réunirent momentanément pendant l'insurrection de juin. Les affiliés seuls ont le droit d'assister aux séances.

Les doctrines les plus odieuses y ont eu des organes; la spoliation *des riches*, le retour du régime sanglant de la terreur ont trouvé des préconisateurs.

Un incident, qui eut quelque retentissement à Bordeaux, doit être signalé :

Le club la *Sentinelle du Peuple* discutait un projet de règlement. Chaque affilié devait être astreint à jurer qu'il défendrait la République par tous les *moyens possibles*. Un membre, le sieur Etienne, peintre-vitrier, demanda qu'on ajoutât le mot *et honorables*. Sa proposition n'ayant pas été agréée, il se retira, et fit connaître le lendemain, par une lettre signée de lui et insérée dans les journaux, ce qui s'était passé.

Dans une séance suivante, le club comprit qu'il devait, à l'opinion publique d'accepter l'amendement qu'avaient fait les exécuteurs de ses ordres.

Ces clubs se déclarèrent en permanence. — Cette permanence qui irritait, exaspérait la population, n'a cessé que plusieurs jours après le retour de l'ordre, sur l'invitation officieuse de M. le préfet. Cela était urgent pour prévenir une collision.

Du reste, l'esprit d'ordre qui anime l'immense majorité des habitants de Bordeaux, les sages précautions prises par le préfet, le général et l'administration municipale, le dévouement empressé de la garde nationale, ont prévenu tout désordre pendant la crise terrible des journées de juin. — La procession de la *Fête-Dieu* parcourait la ville au milieu d'un pieux recueillement.

Toutefois, dans la soirée du dimanche 26, quelques arrestations eurent lieu.

Un nommé *Dubosc* s'était écrié au milieu d'un rassemblement : *En avant les ouvriers, enfonçons les lions*. Il prétendit avoir été provoqué par le cri : *à bas la République !* ce qui n'a été nullement justifié. Un autre ouvrier, nommé Saingès, discutait avec chaleur dans les mêmes groupes, et soutenait que tout ce que possédaient les riches au-delà du superflu était *un vol*.

En général, il règne dans ces clubs une extrême exaltation qu'y entretiennent quelques hommes tarés, quelques ambitieux de bas étage.

Enfin, des affiliations ont été organisées avec certaines corporations d'ouvriers, de manière à assurer, au besoin, une prompte et assez nombreuse réunion sous les ordres des chefs de clubs.

Telles étaient leurs dispositions, lorsque Bordeaux reçut, le samedi 25 juin, la nouvelle télégraphique qui révélait les immenses proportions de l'insurrection.

Le 26, le président des Clubs réunis, le sieur Dacosta, adresse aux affiliés une convocation dont je joins ici une copie (pièce n° 2).

Le sentiment intime que m'inspire la lecture de cette lettre, est que son auteur sympathisait avec les insurgés. L'attitude du club, pendant les jours de crise, n'a fait que me confirmer dans cette pensée. Certainement, de là seraient sortis les auxiliaires de l'insurrection triomphante. Brunet, coiffé d'un bonnet rouge, proférait ce cri : *Vive la République rouge !*

Traduits devant la police correctionnelle, Dubosc et Saingés ont témoigné leur repentir ; ils sont pères de famille ; il n'a pas apparu de preuves d'un complot. Le tribunal s'est borné à les condamner en trois jours d'emprisonnement.

Rouges n'est pas encore jugé.

Postérieurement, et le 8 juillet, un portefeuille fut trouvé dans une rue de Bordeaux et déposé à la mairie. Il renfermait deux cartes d'électeurs au nom de Pierre-Charles Lambert, deux listes de candidats à l'Assemblée Nationale, une liste d'affiliations au club Ledru-Rollin, un projet ou une copie d'adresse aux *insurgés de Paris*. (Voir ci-joint, pièce n° 3.)

Lambert fait partie d'un des clubs que nous avons indiqués ; c'est un homme extrêmement violent, particulièrement signalé pour ses opinions communistes et anarchistes. Il est exactement surveillé, et l'on saisira le moment convenable pour faire une perquisition à son domicile.

A côté des républicains rouges et des communistes, les partisans des monarchies déchues ont-ils levé leur étendard ? ont-ils travaillé à la destruction du Gouvernement républicain ?

J'affirme que nul indice d'une alliance des légitimistes ou des orléanistes avec les démagogues, ne s'est manifesté. Incontestablement, il existe à Bordeaux un parti réactionnaire, nombreux et fort. Leurs organes, et particulièrement *le Courrier de la Gironde*, frère de *la Presse*, cherche, par son langage haineux et violent, à ruiner le gouvernement démocratique, en exploitant nos malheurs actuels, qui sont signalés comme les conséquences nécessaires des institutions républicaines ; mais le besoin de sauver la *société* menacée a, momentanément du moins, réuni sous la bannière de l'ordre les honnêtes gens de tous les partis.

En me résumant :

Je crois que l'insurrection de juin avait été trop habilement préparée, pour ne s'être pas assuré des auxiliaires dans les départements. Je suis convaincu que le mot d'ordre avait été donné aux frères Rouges des clubs anarchistes de Bordeaux, et que des mesures y étaient déjà arrêtées pour l'application des détestables doctrines dont les barricades ont donné le secret. Mais Bordeaux n'aurait pas souffert ce joug oppresseur et humiliant.

Enfin, sans vouloir dire que tous ceux qui fréquentent les clubs dont j'ai parlé, partagent les opinions insensées qui s'y sont produites, je pense que les réunions doivent être sévèrement surveillées.

Les arrondissements de *Lesparre* et de *Bazas* sont remarquables par l'ordre parfait qui n'a cessé d'y régner. — Dès le 27 juin, Lesparre faisait partir un détachement de gardes nationaux au secours de Paris.

Libourne est resté calme, malgré les excitations d'un ouvrier nommé Barrelou, président d'un club correspondant avec les clubs les plus exaltés de Bordeaux. Au mois d'avril, un rassemblement tumultueux, provoqué par cet individu, nécessita son arrestation momentanée. — Une perquisition fut faite à son domicile, mais sans résultat.

Barrelou ne se livre plus au travail de sa profession, et, quoique n'ayant aucun moyen d'existence, il vit, depuis la Révolution, dans une certaine aisance, n'ayant d'autre occupation que celle de visiter les ouvriers, de les réunir, et de leur inspirer de mauvais sentiments. — On le surveille.

Blaye et La Réole ont eu dans leurs clubs quelque retentissement des doctrines anti-sociales que l'insurrection de juin voulait faire triompher ; mais ces manifestations ont été sans écho.

En résumé, le département de la Gironde présente, dans les villes comme dans les campagnes, une population dont l'immense majorité est dévouée à l'ordre, et qui défendra un gouvernement républicain, honnête et modéré, contre ses ennemis de toutes couleurs.

Les attentats de mai et de juin ont reçu les applaudissements d'un certain nombre d'anarchistes prêts à profiter des succès des frères de Paris; mais il n'existe pas de preuve juridique d'une conspiration.

Département de la Dordogne.— Le département de la Dordogne a été livré à une excessive agitation, qui, tout en mettant en mouvement ce qu'il y a de pur et de généreux dans le sentiment démocratique, a soulevé les plus mauvaises passions.

Le communisme y a été prêché, dans certains clubs, comme une sainte doctrine au triomphe de laquelle l'emploi des moyens les plus odieux était légitime.

A Périgueux, l'attitude insolente des anarchistes, lorsque les premières dépêches firent connaître la gravité de l'insurrection, l'abattement qui suivit la nouvelle de la défaite des insurgés, l'exaspération manifestée contre la garde nationale de Paris, tout cela fit comprendre aux honnêtes gens, c'est-à-dire à presque toute la population de Périgueux, que l'insurrection avait de fanatiques adhérents dans le chef-lieu de la Dordogne, et que les démagogues s'étaient préparés à agir.

Dans l'arrondissement de *Sarlat*, les mêmes circonstances ont été signalées, notamment à Sarlat même, où l'on aurait délibéré, dans une réunion nocturne, sur les mesures à prendre pour seconder, le cas échéant, le succès des frères de Paris.

De semblables manifestations se sont produites à Saint-Cyprien (même arrondissement de Sarlat).

Dans l'arrondissement de Nontron, reproduction exacte des mêmes faits au chef-lieu. *Nous sommes perdus!* disait un Montagnard, en apprenant la défaite des insurgés.

La petite ville de Thiviers (arrondissement de Nontron), tourmentée depuis longtemps par un communiste frénétique, autour duquel se sont rangés quelques adeptes, a remarqué, à l'approche du 23 juin, leur attitude presque joyeuse, et a été témoin de leurs démonstrations sympathiques pendant la lutte dont la prolongation entretenait de folles espérances.

Arrondissement de *Ribérac*.— Là, la haine de la bourgeoisie a été enseignée par la parole du maître, M. Marc Dufraisse, dont il est si regrettable que le mérite éminent et la parole tribunitienne n'aient pas été consacrés à la propagation des véritables doctrines républicaines démocratiques.

Je manquerais à l'appel que m'a fait la Commission d'enquête, si je ne plaçais sous ses yeux le n. 43 d'un journal qui se publie à Ribérac sous le titre : *La Ruche de la Dordogne*, et qui reproduit presque textuellement un discours prononcé dans le club ultra-démocratique de cette ville par M. Marc Dufraisse.

J'y joins une lettre adressée au journal l'*Écho de Vésone* par M. Numa Brulatour. Ce que renferme cette lettre est exact, avec cette explication, toutefois, que le drapeau souillé du bonnet rouge et arboré au balcon de M. Dufraisse était un hommage qu'il venait de recevoir d'une foule d'ouvriers de Ribérac et des environs.

La *Ruche de la Dordogne* est un journal essentiellement anarchiste et terroriste; il était sous la direction d'un sieur Roussel, le plus ardent propagateur des doctrines communistes. Ce journal a récemment cessé de paraître, faute de cautionnement. Un club de la même couleur était le complément nécessaire de l'organisation montagnarde qui a effrayé la ville de Ribérac.

Et néanmoins, la plus grande partie des habitants de la ville et des campagnes est restée pure et aurait prêté main-forte pour le maintien de l'ordre et de la République.

Bien que quelques paroles imprudentes aient donné lieu de penser que les terribles explosions de mai et de juin avaient été annoncées à Ribérac, il n'en existe pas de preuve.

L'arrondissement de Bergerac n'a pas été témoin d'aussi vives agitations, comme s'il avait subi la salutaire influence de l'esprit d'ordre qui anime le département de la Gironde, dont il est limitrophe dans une grande étendue.

En résumé, le département de la Dordogne, profondément travaillé par des ultra-démocrates ardents, aurait fourni à la République rouge un contingent important; mais les masses sont animées de sentiments républicains contre lesquels viendront se briser les tentatives de l'anarchie comme les efforts de la réaction.

L'autorité a besoin d'être raffermie, dans ce département, par une main prudente, conciliante et ferme.

Département de la Charente. — Les rapports qui me parviennent des cinq arrondissements de la Charente me permettent d'assurer que les manifestations politiques y ont été, presque partout, empreintes de modération et de sagesse, et que, à quelques rares exceptions près, l'exaltation même du sentiment démocratique ne s'est presque jamais changée en emportements démagogiques.

Le sentiment le plus développé, chez les habitants de la Charente, est celui de la propriété. Il y a de l'aisance; le travail agricole suffit, dans la plupart des arrondissements, à l'occupation de tous les bras. Les idées communistes y seraient mal accueillies. La Charente eût envoyé de nombreux défenseurs au secours de Paris et de la République.

Je dois ajouter ici que nulle part l'imposition extraordinaire de 45 centimes ne trouve une plus vive résistance que dans ce département. L'opinion républicaine semble en avoir reçu, dans l'arrondissement de Ruffec, une sensible altération, et les cultivateurs, comme entraînés par leurs voisins de la Charente-Inférieure, tournent leurs espérances vers Louis Napoléon.

Après tant d'expériences déplorables du gouvernement monarchique, après cette longue suite d'humiliations au dehors, de déceptions et de corruptions au dedans, la France acceptait presque unanimement la République, les uns par raison, les autres par amour et conviction.

Les idées démocratiques étaient en germe partout; il suffisait de les développer avec sagesse et fermeté.

Mais bientôt l'égoïsme est mis au cœur du peuple prolétaire; on lui crie officiellement que la révolution a été faite par lui (ce qui n'est pas tout à fait exact) et pour lui (ce qui serait absurde et injuste). La Révolution a trouvé dans tous les rangs des bras pour l'élever et doit profiter à tous les Français. On a donc montré au prolétaire un bien-être considérable actuel, et le peuple n'a plus eu d'autre pensée que la réalisation soudaine de ces séduisantes illusions.

Or il est arrivé que la commotion politique de février, dont le contre-coup s'est fait ressentir dans toute l'Europe, a subitement arrêté le commerce et l'industrie, et que le sort des travailleurs, loin de s'améliorer, est devenu pire. La peur, resserrant le crédit et fermant le coffre-fort des capitalistes sans patriotisme, est devenue une cause nouvelle de misère.

Il est facile de concevoir ce qu'une telle situation devait donner d'ardeur à des exigences soulevées, encouragées et non satisfaites. Quel puissant levier dans les mains de chefs audacieux et impurs pour soulever les prolétaires!

De là la réclamation par les uns d'une législation socialiste; de là, lorsque la majorité connue de l'Assemblée Nationale n'a plus permis d'espoir de ce côté, l'invocation du massacre et du pillage pour arriver au but. Nos grandes révolutions ont toujours reposé sur des principes généreux et patriotiques, la conquête de la souveraineté du peuple, de la liberté, de l'égalité, la haine de la tyrannie et de l'étranger. La Révolution de Février ajoutait le principe de la fraternité à toutes les anciennes conquêtes. — Mais l'insurrection de juin, c'est l'avidité brutale des jouissances matérielles, c'est le vol combiné sur une vaste échelle, fatales conséquences, il faut le dire, des habitudes matérialistes et corruptrices du dernier règne.

Ce caractère s'est développé dès les premiers jours de la Révolution de Février.

Les anciens journaux conservateurs l'ont rendu plus violent par leur langage réactionnaire; mais ce n'est certainement pas ce langage, tel criminel qu'il soit, qui a déterminé les attentats de mai et de juin.

L'intervention des partis réactionnaires n'apparaît nulle part d'une manière sérieuse comme excitant à ces déplorables événements. Le nom d'aucun prétendant n'a servi de ralliement à l'insurrection. Peut-être avaient-ils semé leurs intrigues, peut-être leur or, mais ce n'est pas eux qui avaient organisé le combat; ce n'est pas à eux que la victoire devait profiter. L'or soudoie des conspirateurs ténébreux, il ne crée pas des soldats; il n'inspire pas cette résolution indomptable, cette férocité désespérée, cette sombre énergie qui animaient les insurgés de juin.

Ce qui se cachait, ce qui combattait derrière les barricades, c'était le communisme avec ses théories de sauvage égalité. Le pillage, voilà le prix de la victoire! l'abolition de la famille et de la propriété, voilà la charte des combattants!!

Depuis la guerre *servile* des Romains et la guerre des paysans d'Allemagne au 16e siècle, je ne crois pas qu'une aussi redoutable question ait été posée dans un État

Et comment l'insurrection n'aurait-elle pas éclaté!

Au lieu d'exciter les passions populaires, il eût fallu, dès le lendemain de la Révolution, s'efforcer de *les contenir*, après avoir choisi partout des fonctionnaires patriotes et purs. L'ordre suffisait pour répondre du salut de la République, car, je le répète, avec une profonde conviction, la République était presque unanimement accueillie

L'ordre d'une part, des instructions sagement démocratiques d'autre part, et la patrie était sauvée.

Mais les enseignements du Luxembourg, les provocations ardentes de la presse et des clubs anarchistes,

Les encouragements donnés à la violence par la fameuse circulaire n. 16,

Les erreurs du Gouvernement provisoire dans les nominations de certains commissaires,

L'organisation des ateliers nationaux, garde prétorienne au service de l'émeute,

Devaient nécessairement amener l'horrible explosion de juin dont l'attentat de mai ne fut que le prélude.

Ces deux attentats ont été commis sous l'invocation des mêmes doctrines; les moyens seuls ont été différents. Celui du 15 mai fut un audacieux coup de main tenté par les chefs les plus entreprenants, qui comptaient sur l'indécision du Gouvernement, le défaut d'énergie de la part de la garde nationale, la trahison de quelques-uns des chefs de cette brave milice.

L'insurrection du 23 juin est un vaste complot habilement organisé, pourvu des plus redoutables moyens d'exécution, dirigé par des chefs habiles et résolus, exécuté par des hommes recrutés parmi tout ce que l'ignorance, la misère, la fièvre des utopies, l'égarement des mauvaises passions et la corruption des grandes villes mettent à la discrétion de tous les ambitieux,

La pensée des insurgés n'était plus *vivre libre ou mourir*, mais *le partage des biens ou la mort*.

Il ne m'appartient pas d'indiquer ce qu'il convient de faire pour donner satisfaction aux vœux *légitimes* de la classe la plus pauvre, pour adoucir ses souffrances et sa misère, je dirai seulement que c'est une *pressante nécessité*.

Puissent ceux qui sont en position de faire des sacrifices ne pas oublier ce que leur commande la sainte loi de la fraternité!!!

A côté de la force pour contenir, l'instruction et le travail pour éclairer et moraliser.

Que la Commission me permette de dire, en terminant, que les résolutions énergiques de l'Assemblée Nationale, la fermeté patriotique du chef du Pouvoir exécutif, les garanties proposées pour le maintien de l'ordre, garanties que presque tout le monde s'accorde à juger indispensables, ont déjà ranimé la confiance. Les relations commerciales se renouent, les capitaux reparaissent, des organes de l'ancienne presse conservatrice sentent la nécessité de se rallier. Il y a maintenant *réaction républicaine.*

Personne ne s'effraie, si ce n'est les fauteurs de désordres, d'une dictature temporaire décernée par l'Assemblée, issue du suffrage universel, et dont cette Assemblée peut marquer la fin quand elle le voudra.

Salut respectueux et fraternité,

Le procureur général, *Signé :* TROPLONG.

Bourges.

Monsieur le Président,

Conformément aux prescriptions de votre dépêche en date du 30 juin dernier, j'ai interrogé MM. les procureurs de la République de mon ressort, sur les causes des déplorables évènements qui ont ensanglanté Paris, en leur enjoignant de me faire connaître si des instructions avaient été commencées à l'occasion des attentats des 15 mai et 23 juin. Je m'empresse de vous transmettre les renseignements qui me sont parvenus.

Bourges. — A Bourges, pays essentiellement calme, et de mœurs douces, je ne puis signaler, à la Commission d'enquête, qu'un seul fait. Un sieur Roland, qui était maître de quartier au lycée de cette ville à l'avènement de la révolution de Février, s'est fait remarquer par des discours violents dans les clubs. Renvoyé du lycée, il est parti pour Paris, d'où il a écrit, assure-t-on, quelques jours avant les évènements, à une personne que je n'ai pu découvrir, une lettre, où on lisait ces mots : « On va servir aux Parisiens un bouillon qui sera chaud, et mêlé de petits pois. »

On ajoute que plusieurs personnes ont lu la lettre. Malgré les informations prises par le commissaire de police, je n'ai pu découvrir le nom d'aucune d'elles ; toutes reculent devant la crainte de s'entendre traiter de dénonciateur.

Le sieur Roland est employé à Paris à la rédaction d'un journal intitulé : *La République napoléonienne.*

Je suis convaincu que, si une instruction était commencée, MM. les professeurs et maîtres de quartier du lycée, donneraient, sur ce fait, tous les renseignements désirables.

Saint-Amand. — M. le procureur de la République de cette ville, m'ayant fait part de quelques propos, tenus dans des lieux publics, desquels on pouvait induire que plusieurs individus de Saint-Amand s'étaient associés, au moins par la pensée, aux tentatives criminelles, faites contre l'Assemblée nationale, j'avais ordonné dès le 29 juin, de commencer une instruction et d'opérer, au besoin, des visites domiciliaires. Je dois ici vous faire connaître sommairement les faits qui sont parvenus à ma connaissance.

Pendant que l'insurrection éclatait à Paris, le pays était fort agité. La Commission administrative assure que les esprits ont été travaillés, pendant un mois environ, avant le 23 juin. Les propos les plus fâcheux, les provocations les plus déplorables ont lieu en attendant l'issue de la lutte qui éclatait à cette époque. Ces provocations étaient si directes que quelques bons citoyens pensent qu'elles étaient le résultat d'instructions venues de Paris et qu'il devait exister des correspondances criminelles entre les provocateurs de Saint-Amand et les insurgés de Paris. Cette opinion est généralement répandue dans le public, et plusieurs individus sont signalés, ce sont :

Le sieur Foultier, maire provisoire de Meillaut, parti pour Paris quelques jours avant le 15 mai. On rapportait qu'il avait écrit être entré avec l'émeute dans la salle de l'Assemblée Nationale ; il ajoutait qu'il faisait partie de la société des Droits de l'Homme, section Saint-Merry, et que c'est à ce titre qu'il avait marché.

Le sieur Foultier a tenu dans un café, à l'époque des derniers évènements, les propos les plus provocateurs.

Le 3 juillet, M. le procureur de la République de Saint-Amand s'est transporté au domicile de cet homme, afin de procéder à son interrogatoire et à une visite domiciliaire s'il y avait lieu. Cette démarche a eu des résultats assez importants pour que je vous les fasse connaître de suite, et je crois devoir joindre ici une copie certifiée de l'interrogatoire du sieur Foultier (pièce n. 1).

Il était vrai, cela résulte de l'interrogatoire, que Foultier était à Paris le 15 mai, et qu'il avait pénétré dans le palais de l'Assemblée Nationale; reste à savoir en quelle compagnie et dans quelles intentions.

Le sieur Foultier, se sentant compromis, a spontanément raconté comment les choses se sont passées, et surtout les scènes auxquelles il a assisté. Ce point de sa déclaration est grave; si grave, que la personnalité insignifiante du sieur Foultier m'a paru disparaître devant de pareilles révélations. L'interrogatoire a presque pris la forme d'une déposition, et nous avons accepté, comme satisfaisantes, les explications fort peu précises de cet homme. Quant à sa conduite personnelle, nous avons même évité de relever certaines contradictions dans sa justification Ainsi il dit avoir été par hasard à l'Assemblée Nationale, y être entré seul et y être demeuré en compagnie d'une seule personne, le capitaine B.... Or on a saisi la minute d'une lettre que nous espérons saisir elle-même, écrite par lui sur les lieux. Dans cette lettre, Foultier dit être entré avec soixante de ses frères de Saint-Merry.

Foultier n'a été pressé sur aucun point; on a voulu lui laisser toute sa sécurité et obtenir de lui une déclaration spontanée et non une dénonciation arrachée à la crainte. La manière dont il a mis sous les yeux des magistrats tous ses papiers, sans qu'ils les lui aient demandés, pour y chercher quelques lettres, qu'il leur a remises, a fait juger une perquisition inutile. Ou il n'existait pas de correspondances, ou elles étaient détruites; dès lors il fallait éviter des investigations vexatoires, et toujours fâcheuses, quand on ne doit arriver à aucun résultat.

Le sieur Foultier avait annoncé à l'avance l'attaque du 23 juin. Le fait est avoué! Vous verrez, Monsieur le Président, comment il l'explique. Vous verrez encore comment il explique la prédiction d'une nouvelle prise d'armes pour le 14 juillet prochain. Espérons que cette prédiction ne se réalisera pas comme la première. Quoi qu'il en soit, prédiction ou menace, il était de mon devoir d'appeler votre attention sur ce fait.

En résumé, je pense qu'il ne serait pas habile de poursuivre Foultier; sa présence comme témoin serait plus utile que sa condamnation, fût-il coupable. Les renseignements qu'on peut tirer de son indiscrétion sont précieux; à moins d'ordres contraires, je procèderai envers lui avec une extrême réserve. C'est, d'ailleurs, un homme sans portée, facilement entraîné, et digne d'indulgence.

Le sieur Eugène Bidault, clerc de notaire, a été le principal agitateur. Au moment de la réunion de la garde nationale, il s'écriait: « Vive la République! mais la République des ouvriers! » Plus tard, dans un groupe, il disait « qu'il fallait en finir avec cette misérable Assemblée Nationale, composée de brigands, etc., etc., et qu'il voudrait pouvoir tuer six sents de ses membres. »

Ces propos ont été répétés par les citoyens les plus graves, et notamment par M. Massé, sous-Commissaire, qui les a entendus.

On cite encore Jules Benoit, clerc d'avoué, et Borguin, tanneur, récemment arrivé de Paris, mais sans que je puisse aujourd'hui rien préciser à leur égard.

Il y a encore dans cet arrondissement un autre individu auprès duquel on pourrait prendre encore d'utiles renseignements. C'est un nommé Merlin, dit Monte-au-Ciel; c'est une espèce de chevalier d'industrie de bas étage, qui, après avoir vécu d'escroqueries toute sa vie, se dit instituteur privé à Morlac et à Marceau. C'est en jouant auprès des sectateurs de la nouvelle Jérusalem (secte religieuse formée à Saint-Amand depuis quelques années, et qui a pour chef M. Leboys de Gais, ancien sous-chef) le rôle d'inspiré, et en vivant à leurs dépens à l'aide de manœuvres parfaitement frauduleuses, que cet homme a gagné le ridicule sobriquet de Monte-au-Ciel.

Aujourd'hui Merlin est en correspondance avec M. Cabet, et cherche à répandre ses doctrines dans les campagnes : il a même un dépôt de ses publications, et il en lit des fragments sur la place des villages, à l'issue des offices. Ces faits et la situation de Merlin, en contravention ouverte avec les lois sur l'instruction publique, sont une cause très-légitime d'investigations. C'est d'ailleurs un homme sans moralité et qui n'a droit à aucun ménagement.

L'instruction contre les auteurs des propos dont il est parlé plus haut se poursuit; nous serons donc toujours à même de reprendre cette affaire. Il a donné l'ordre d'instruire contre Merlin, et s'il résultait, soit de cette dernière instruction, soit de celle déjà commencée contre les auteurs des propos, la connaissance de faits dignes d'appeler l'attention de la Commission d'enquête, je m'empresserais, monsieur le Président, de vous les faire parvenir.

Chateauroux et le Blanc. — Des bruits vagues de révolte et de pillage s'étaient répandus : cependant, quoique les ouvriers et les vignerons soient très-nombreux dans ces arrondissements, aucune manifestation hostile, aucun fait d'excitation au désordre ne m'ont été signalés par mes substituts.

Issoudun. — Pour répondre aux désirs de la Commission d'enquête, je ne puis mieux faire, Monsieur le Président, que de vous adresser un rapport général sur ce qui s'est passé dans cette ville, pendant les journées des 24, 25 et 26, à l'occasion des malheureux évènements de Paris.

Des rumeurs vagues, m'écrit mon substitut, ont un instant semblé prédire des succès de désordre et de pillage ; les informations prises par lui-même ou par ses soins et dont il m'assure avoir vérifié, en grande partie, l'exactitude, me permettent de mettre sous les yeux de la Commission le tableau de la situation morale de cette localité.

Après l'attentat du 15 mai contre l'Assemblée Nationale, et l'échec subi par l'émeute, la figure de quelques hommes n'a pas semblé respirer la même satisfaction que celle des vrais républicains amis de l'ordre, désireux de voir fonder la République sur les bases qui n'excluent pas le respect de la propriété. Toutefois, ces hommes à l'esprit inquiet, peu satisfaits de leur position, et qui, s'ils ne rêvent pas le communisme, éprouvent néanmoins contre le riche une jalousie qui peut devenir dangereuse à l'occasion, sont si peu nombreux qu'ils ne pourraient inspirer de craintes sérieuses. La masse des vignerons, classe nombreuse, possède et n'aiderait pas ces hommes à commettre des attentats contre la propriété. Elle pourrait seulement se laisser entraîner à tout ce qui semblerait l'élever au niveau de ceux dont elle ne veut reconnaître la supériorité sous aucun rapport.

Dans l'intervalle du 15 mai au 25 juin, les sentiments hostiles ne se sont manifestés que par un placard qui a été trouvé affiché dans plusieurs quartiers de la ville, le 17 juin, que je transcris ici.

« Peuple, veux-tu être le maître? Point de roi! point d'empereur! point de consul!
« point de Président! vive la République démocratique et sociale! vive Barbès! c'est
« lui seul qui abolira les 45 centimes et toute cette vermine de commis qui mangent
« tout ce que nous gagnons à la sueur de notre front.

« *Signé* : Un ami du Peuple. »

L'information à laquelle il a été procédé n'a fait découvrir ni l'auteur ni l'afficheur, li y aura au moins, quant à présent, ordonnance de non-lieu.

Peu de jours après la production de cette affiche, ont eu lieu les combats livrés par l'anarchie; elle en était, en quelque sorte, l'annonce. A la première nouvelle des évènements, arrivée le samedi 24, les officiers de la garde nationale furent convoqués par le maire; la réunion eut lieu à huit heures du soir. Presque tous furent d'avis que l'on fît immédiatement un appel au patriotisme des citoyens et qu'on volât au secours de l'ordre si dangereusement menacé. Le sous-préfet y fut appelé : le maire, en sa présence, applaudit à la manifestation. Le sous-préfet déclara qu'il ne donnerait pas son autorisation au départ, et qu'il ne requerrait pas le transport par le chemin de fer;

il ajouta que la garde nationale serait désarmée, puis il se retira. Ceci se passa en moins de cinq minute peut-être; il paraît certain, d'après ce qu'ont dit des personnes qui sont cependant disposées à juger sévèrement le sous-préfet, qu'en parlant de désarmement, il ne s'agissait que de faire rentrer les armes à la mairie, afin d'opérer une nouvelle distribution plus égale de ces armes dans toutes les compagnies.

Le lendemain dimanche, trois officiers et un garde national se rendirent à Châteaudun auprès du préfet, pour demander une autorisation de départ, des armes, des munitions et un réquisitoire au chef de gare pour les moyens de transport. Sur ces entrefaites, le maire ayant écrit au sous-préfet pour l'engager à seconder le zèle des gardes nationaux, ce fonctionnaire lui répondit la lettre dont je joins ici une copie certifiée. (pièce n° 2)

Le soir même de l'arrivée des citoyens qui avaient fait une démarche auprès du Préfet et qui avaient obtenu l'autorisation de départ et un réquisitoire pour les moyens de transport, ils furent accueillis par les cris : *A bas les royalistes!* proférés par des ouvriers inconnus.

A onze heures, une nouvelle réunion d'officiers et de gardes nationaux eut lieu à la mairie; le sous-Préfet y vint et demanda la liste des citoyens qui se proposaient de partir; on éluda de la lui remettre, et on ne la lui remit même pas plus tard. Sa demande n'avait cependant rien d'extraordinaire; il lui appartenait de former le rôle des partants. On a supposé qu'il voulait connaître les noms pour exposer les personnes à des vexations. C'est aux yeux de mon substitut une erreur et à la fois une injustice. Ce fonctionnaire peut, dit-il, avoir commis des fautes, mais il croit qu'il faut les attribuer à son inexpérience des affaires administratives, et aussi à son caractère, qui souffre difficilement la contradiction.

Le lendemain, 26, nouvelle réunion dans la cour de la mairie, pour les enrôlements volontaires. Soixante et un s'étaient fait inscrire la veille; il ne s'en présenta pas un seul de plus. On devait partir à midi; il n'y avait pas, à ce qu'il paraît, entente parfaite. Le départ n'eut lieu qu'à sept heures du soir; on avait perdu vingt-quatre heures en vaines discussions depuis l'autorisation accordée par le Préfet.

Dans l'après-midi, il se forma des attroupements qui se portèrent aux abords de la station du chemin de fer; à l'arrivée d'un train spécial transportant un détachement de vingt-six pompiers de la garde nationale de Châteauroux, on s'écria qu'on ne laisserait partir ni ces pompiers, ni la garde nationale d'Issoudun; qu'on ne leur permettrait pas d'aller jusqu'à Paris pour tuer leurs frères, et qu'on arracherait plutôt les rails, qu'on briserait les wagons, etc., etc. En ce moment, plusieurs individus voulurent, dit-on, enfoncer la barrière en face des plaques tournantes pour s'introduire auprès du train qui contenait les pompiers; cinq montants de cette barrière paraissent avoir été brisés ou décloués. Quelques employés du chemin de fer arrêtèrent cependant les agitateurs par le raisonnement; quatre de ces derniers sont désignés.

Sur un autre point, environ deux cents personnes envahirent l'enceinte du chemin de fer. Le Commissaire spécial prit son écharpe et il fit sommation à cette foule de se retirer; il parvint à la faire sortir; aucun acte de violence, du reste, n'a été commis.

Tels sont les faits relatifs au départ de la garde nationale d'Issoudun; mon substitut croit pouvoir garantir l'exactitude de ce que je viens de rapporter.

On a accusé le sous-Préfet de s'être opposé au départ de la garde nationale; on a semblé insinuer qu'il sympathisait avec les insurgés : je ne connais pas le fond de sa pensée, mais d'après sa lettre au maire, il se serait retranché dans un simple défaut d'ordre supérieur, et il n'aurait pas voulu prendre sous sa responsabilité de requérir le transport des gardes nationaux par le chemin de fer. On a prétendu que par sa conduite il en avait empêché quelques-uns de partir; mais je dois dire qu'on n'a cité aucune démarche de lui vis-à-vis de qui que ce soit pour arriver à ce but.

Quant à l'état des esprits dans la ville d'Issoudun, mon substitut me le fait connaître en ces termes :

« Il existe peut-être dans les classes infimes une centaine d'hommes qui désiraient ardemment le triomphe de l'anarchie; on en compterait à peine une demi-douzaine parmi ceux qui ont quelque intelligence, encore n'en pourrais-je consciencieusement nommer qu'un seul qui a déclaré que, s'il partait comme garde national, ce serait pour se mettre du côté des insurgés. Je le fais surveiller. La classe riche qui, jusqu'à présent, n'a pas fait preuve, dans diverses circonstances, d'une extrême bravoure, combattrait, je crois, pour le maintien de l'ordre, non par amour pour la République, mais pour la conservation de sa fortune. Si une collision, ayant quelque apparence de succès, dans le but de rétablir la monarchie, venait à avoir lieu, j'ai la conviction qu'elle ferait des vœux pour la réussite, mais qu'elle jugerait prudent de rester l'arme au bras. Le commerce, les ouvriers, les vignerons, les citoyens d'une portée d'esprit plus élevée et dégagés d'égoïsme, désirent en général le maintien de la République. Ils pensent avec raison qu'elle n'est pas le gouvernement des priviléges, mais le gouvernement protecteur de toutes les positions, de tous les intérêts : ceux-là forment ici une grande majorité. »

Nevers. — Il s'est passé un fait grave dans cet arrondissement, et qu'il n'est peut-être pas inutile de porter à la connaissance de la Commission.

Le 25 juin, M. de Bouillé fils, officier d'ordonnance de M. le général Cavaignac, et porteur de dépêches pour l'armée des Alpes, a été arrêté, par ordre des sieurs Rat et Lapeyre, le premier, maire, le second, adjoint de la commune de Saint-Pierre-le-Moutier. Les dépêches dont il était porteur ont été ouvertes, et, malgré cette violation qui mettait sous les yeux des magistrats la preuve de la sincérité de cet officier, il a été retenu, d'abord pour êre conduit à Nevers; enfin, sur ses instances, on a consenti à ne point le faire rétrograder, et il a été dirigé, sous escorte, jusqu'à Moulins, où le général commandant la subdivision s'est empressé de le faire mettre en liberté. Le même jour, M. de Bouillé père, qui s'était rendu à Saint-Pierre-le-Moutier pour avoir des nouvelles de son fils, a été également arrêté, jeté en prison, où il a passé la nuit couché sur la paille. M. de Bouillé père habite à quelques kilomètres de Saint-Pierre ; il est connu de tout le pays : cependant le maire et l'adjoint ne se sont pas contentés de le détenir illégalement et de lui refuser tout ce qu'il fallait pour écrire et réclamer le secours de ses amis, ils ont poussé l'inhumanité jusqu'à lui refuser toute espèce de nourriture.

La vérité de ces faits, consignés dans la plainte de M. de Bouillé, n'a été attestée que par le juge de paix du canton de Saint-Pierre. Au reçu de cette plainte, et conformément aux articles 479, 480, 483 et suivants du Code d'instruction criminelle, 114 et 341 du Code pénal, des poursuites ont été dirigées contre le maire et l'adjoint de Saint-Pierre, ainsi que contre ceux qui les ont aidés dans l'accomplissement des faits incriminés. L'instruction est commencée et sera activement suivie; j'ai donné à cet effet les ordres nécessaires, je m'empresserai d'en faire connaître le résultat à la Commission d'enquête, s'il y a lieu.

Clamecy. — Pendant les combats qui se livraient à Paris, le pays était profondément agité, les ouvriers des ports semblaient accueillir avec sympathie les paroles que quelques exaltés prononçaient en faveur des travailleurs de Paris. Cependant le parti d'une République sage et modérée triomphait. Les ouvriers flotteurs étaient sans ouvrage; les marchands de bois de Paris avaient transmis à leurs facteurs l'ordre de suspendre tous les travaux des ports. La partie saine de la population craignait que le calme qu'on avait reconquis, après la longue grève des flotteurs, ne fût de nouveau troublé. Mais le récit des évènements, la révélation des projets des insurgés ont causé une notable amélioration dans l'esprit du pays. La population accorde toutes ses sympathies à la garde nationale et à l'armée, qui ont préservé la France d'horreurs incalculables. Le nombre des exaltés qui se complaisent dans des pensées de pillage et de ruine irait sans cesse en s'affaiblissant, si le funeste esprit qui les anime ne s'entretenait dans un club, qui ne cause aucun bien et nuit à l'ordre.

Un journal, intitulé *le Peuple*, a cessé de paraître à Clamecy. Cette publication, assez pauvre, consacrée aux doctrines démocratiques et sociales, s'est éteinte devant la nécessité du cautionnement.

Dans les autres arrondissements du ressort, les gardes nationales sont parties avec enthousiasme pour la défense de la République et de l'ordre. Rien n'a été dit, rien n'a été fait qui puisse faire supposer la moindre complicité avec les insurgés de Paris.

Plusieurs individus ont été arrêtés dans les cantons des Aix d'Henrichmont, de Saint-Amand, de Château-Chinon, etc. Veuillez, Monsieur le Président, me faire savoir si ces hommes doivent être dirigés sur Paris, dans le cas où il serait établi qu'ils étaient dans les rangs des insurgés.

La Commission d'enquête me demande en dernier lieu mon opinion personnelle sur le caractère et la nature de l'attentat dont elle doit déterminer les causes aux yeux du pays. J'avoue que je suis dans l'impossibilité de répondre catégoriquement à cette question, ou du moins que je ne puis le faire qu'en termes généraux.

Je n'ai point assisté à la formation de l'orage affreux qui vient d'éclater sur le pays. Le bruit ne nous en est parvenu que de loin ; nous n'avons connu que par le récit des journaux les détails de ce drame sanglant dans lequel les hommes reconnus, les lieux explorés, la manière de combattre, la férocité ou la cupidité, le dénuement ou l'argent ont pu signaler la tendance des passions et la couleur des partis. Nous n'avons pu voir sur les physionomies de nos localités, les plus agitées, qu'un pâle reflet des luttes terribles qui ensanglantaient Paris.

Toutefois il m'est resté dans la pensée que la journée du 15 mai a été, en grande partie, l'œuvre d'hommes qui ne comprennent la République qu'avec un bouleversement général de la société. Les uns croient que la régénération de l'Europe ne peut sortir que d'un cataclysme universel : ils le disent dans leurs écrits ; les autres hommes d'action et d'entraînement veulent se faire un nom en se jetant dans les entreprises les plus hasardeuses. Les uns et les autres n'ont calculé ni les résultats du bouleversement, ni les moyens d'établir à la place de la République qu'ils veulent renverser, un gouvernement régulier, reposant sur des bases solides ; et je doute que parmi les insurgés il se fût rencontré, même en cas de succès, un homme assez grand pour faire reculer l'anarchie et fonder un état digne des respects universels, un homme enfin capable de créer tout-à-coup et par un effort de son génie, un gouvernement démocratique honnête et assez puissamment organisé pour que les mauvaises passions s'éteignissent dans l'amour et la pratique des vertus républicaines.

A mes yeux l'attentat des 15 mai et 23 juin a eu pour but le renversement de la bonne République, de celle qui ne doit marcher que graduellement, quoiqu'aussi promptement que possible, à la réforme de la société, et pour tout dire, en un mot, le radicalisme le plus absolu a combattu en dernier lieu de concert avec les ambitieux de tout rang, avec les mécontents de haut et de bas étage, qui au 24 février s'étaient enivrés de folles espérances et que la nouvelle révolution a laissés sans fortune, sans position et sans pouvoir ; et, bien que le triomphe nous laisse l'espoir de ne plus voir d'aussi mauvais jours, la France ne doit pas cesser d'être en garde contre les tendances de certains esprits aventureux très-disposés à détruire, mais peu capables d'édifier.

Le procureur général près la Cour d'appel de Bourges.

Bourges, le 1er juillet 1848.

Messieurs les membres de la Commission d'enquête,

Une lettre timbrée du sceau du secrétariat de la questure m'est parvenu hier : elle était à mon adresse ; j'ai dû l'ouvrir. Elle contenait une circulaire aux Procureurs généraux. J'ai remis cette circulaire au procureur général de Bourges; mais, comme il serait possible que cette circulaire m'eût été adressée à dessein, et pour connaître mon opinion sur les causes des évènements épouvantables dont la capitale a été témoin et victime, je crois de mon devoir de vous faire un bref rapport à cet égard, en ce qui concerne mon ressort.

Généralement, dans les départements du Cher, de la Nièvre et de l'Indre, l'ordonnance du Gouvernement provisoire, qui proclamait la république, a été reçue, je ne dirai pas avec enthousiasme, mais avec l'approbation calme et sincère de tous les citoyens.

A partir de la promulgation, aucun parti de l'Est ne s'est manifesté dans les trois départements, jusqu'au moment de l'envoi des commissaires.

Le Commissaire de Nevers s'est conduit de manière à calmer tous les esprits, à faire cesser toutes les appréhensions.

Il en a été de même dans le Cher.

Dans l'Indre, il s'est manifesté un peu plus d'opposition, opposition qui n'avait cependant rion d'hostile pour le Gouvernement.

Des clubs se sont ouverts à Bourges, pour préparer les élections des Représentants : c'est alors que les têtes se sont un peu exaspérées et que les opinions se sont tranchées.

Tous ceux qu'on avait désignés sous le titre de légitimistes, de constitutionnels, de juste-milieu, des républicains s'étaient réunis sous la même bannière : tous voulaient ou acceptaient la République; mais la République modérée, honnête, respectant la propriété et les personnes.

D'autres, et c'était le très-petit nombre, demandaient une République ardente et s'armant d'un bras de fer pour écraser les riches.

Malgré ces démagogues et quelques excès commis par eux dans certains cantons, les élections ont produit un résultat favorable à l'ordre et à la saine liberté.

Depuis les élections, aucun des anciens partis n'est apparu : une fusion complète s'était opérée.

Le succès du 15 mai fut généralement salué avec enthousiasme, et les quelques démagogues dont je viens de parler, furent les seuls qui ne parurent pas satisfaits du triomphe de l'Assemblée Nationale.

Au premier bruit des derniers évènements, les gardes nationales de nos trois départements, se sont offertes pour marcher au secours de Paris.

Elles seraient parties en plus grand nombre et plus promptement si, dans quelques localités comme à Bourges et à Issoudun, les nouvelles autorités municipales n'avaient pas refusé d'autoriser le départ et ralenti leur zèle.

Les ennemis de l'ordre et de la République modérée seuls, sont restés inactifs au milieu de ces graves évènements, et leur satisfaction personnelle ne se déguisait pas lorsque des nouvelles favorables aux insurgés arrivaient jusqu'à nous.

L'opinion générale dans ces contrées est donc que la cause principale de l'attentat qui a eu lieu, prend sa source dans les projets de ces hommes qui convoitent la propriété, et qui n'ayant ni le goût du travail, ni aucune idée d'économie, envient le sort des travailleurs honnêtes et des propriétaires économes.

Pour ne pas être trop long, je me bornerai à citer quelques faits qui viennent à l'appui de l'opinion générale et de la mienne.

1° Le Gouvernement provisoire avait nommé pour sous-commissaire à Issoudun (Indre), un sieur Cousin, fils d'un vigneron aisé, qui lui a donné quelque éducation.

Cet homme a, dans une vie assez aventureuse, dissipé sa fortune.

Dernièrement, il a été nommé sous-commissaire dans cette même ville d'Issoudun, et en a tourmenté les habitants honnêtes par ses exentricités.

C'est lui qui, avec les hommes dont il s'entoure, s'est opposé au départ de la garde nationale, et c'est malgré lui que cette garde nationale est partie deux jours après.

2° Un sieur Rollant, maître d'études au collége de Bourges, qui faisait dans les clubs les propositions les plus subversives, qui déclarait hautement que, s'il s'élevait une collision, il tirerait sur la garde nationale, qui s'est vu forcé par sa conduite de quitter le collège et de courir chercher fortune à Paris, où il s'est mis au service du journal *le Napoléon républicain* et qui écrivait une dixaine de jours avant l'attentat, à un autre maître d'études du collège, en parlant de la République modérée :

« Nous leur préparons un fameux bouillon : on aura soin de le servir chaud, avec « accompagnement de petits pois. »

3° Des nouvelles sinistres nous arrivaient chaque jour de Paris, pendant ces scènes de désordre. Ces nouvelles étaient apportées par les employés du chemin, et répandues avec empressement par les prôneurs du drapeau rouge.

Pendant ce temps-là, les anciens légitimistes, les constitutionnels, ceux qui avaient soutenu le Gouvernement déchu, se groupaient avec les républicains sages et modérés, et volaient au secours de la capitale.

On ne peut donc pas, ou du moins dans nos contrées, leur imputer les attentats des insurgés.

Tel est, Messieurs, la situation du pays. Le Procureur général, de son côté, vous rendra compte des faits à sa connaissance, et de son opinion.

Le premier président de la cour d'appel de Bourges.

Signé MATER.

Caen.

Caen, le 4 juillet.

Citoyen Commissaire,

Par votre dépêche du ...., qui m'est parvenue le 1er de ce mois par l'intermédiaire du citoyen premier Président de la Cour, vous me demandez : 1° de vous adresser tous les documents qui peuvent exister entre mes mains sur les insurrections des 15 mai et 23 juin ; 2° d'interroger tous les procureurs de la République de mon ressort, et de vous dire si des instructions judiciaires y ont été commencées à l'occasion de ces déplorables évènements ; 3° de vous faire un rapport qui exprime mon opinion personnelle sur le caractère et la nature de ces attentats dont vous devez déterminer les causes aux yeux du pays.

§ 1er. Dès le 26 juin, j'adressai au Ministre de la justice un rapport sur l'effet que produisaient à Caen les malheureux évènements qui se passaient à Paris ; je vous en envoie une copie.

Il en résulte qu'avant le 23 juin, il y avait des agitations dans les partis légitimistes et orléanistes qui, dans les trois départements du ressort de la Cour, comptent de nombreux adhérents.

Mais, à ma connaissance, il n'existe aucun indice, judiciairement saisissable, qu'ils aient pris part aux complots qui ont produit l'insurrection, ni qu'ils l'aient matériellement favorisée.

Au contraire, ils ont montré une grande ardeur pour engager les gardes nationaux à aller combattre les insurgés. Toutefois, ils expliquaient, avec grand soin, que ce n'était point pour la République qu'ils agissaient ainsi, parce qu'elle n'a point leurs sympathies ; mais uniquement pour la conservation et le maintien de l'ordre.

Cet empressement avait même d'abord inspiré quelques inquiétudes à l'autorité locale, qui ignorait la nature du mouvement insurrectionnel qui se produisait à Paris.

Pour que vous puissiez, citoyens commissaires, mieux apprécier l'esprit qui anime dans ce pays la fraction du parti légitimiste la plus active et la moins prudente, je vous adresse quelques numéros du journal *l'Intérêt public*, publiés depuis la Révolution. Il lui sert d'organe. Je vous envoie également la collection du journal *l'Ordre et la Liberté*, qui est rédigé par des professeurs de la faculté de droit, et qui est l'organe du parti orléaniste ultra-conservateur

Il ne me paraît rien y avoir dans tout cela qui se rattache directement ni matériellement à la conspiration qui a amené les déplorables événements des 15 mai et 23 juin ; mais comme j'ignore absolument quels sont les faits que révèlera l'enquête, j'ai cru utile de mettre ces éléments à votre disposition.

Je ne connais dans tout mon ressort aucune organisation politique de travailleurs qui soit hostile à l'Assemblée Nationale, ni à une République sage, honnête et modérée. Je ne crois pas qu'aucune des associations d'ouvriers qui peuvent y exister ait été informée de ce qui se projetait avant les événements qui viennent d'avoir lieu.

Cependant, je ne dois pas omettre un fait qui est parvenu à ma connaissance :

Le 21 juin, je reçus une lettre d'un nommé Mauduit. Il m'annonçait que le citoyen Blavette, ouvrier menuisier, demeurant à Falaise, lui avait confié qu'il connaissait une réunion de conspirateurs orléanistes, qui devaient être à une très-faible distance de Paris, au nombre de douze à treize mille, organisés par *compagnies, divisions et escadrons.*

Dans cette lettre, Mauduit proposait de me mettre en rapport avec le citoyen Blavette, qui pourrait faire mettre la main sur l'organisation et sur les hommes.

Je m'empressei de faire part de cette communication, au Citoyen préfet du Calvados. Il m'apprit que déjà les mêmes avertissements lui avaient été donnés, et que son administration les avait transmis au Ministre de l'intérieur dont il attendait des ordres.

Du reste, j'écrivis à Mauduit de se rendre à Caen avec Blavette, mais ils n'y vinrent que le dimanche 25, lorsqu'il était trop tard pour prendre aucune mesure préventive. Blavette me dit qu'il ne savait rien personnellement de la conspiration, mais qu'il avait un parent, ancien garde municipal, qui en faisait partie ; que ce parent n'avait aucun secret pour lui et qu'il lui révèlerait, ainsi qu'il l'avait dejà fait, toute l'organisation et le nom des conspirateurs.

Cet homme me disait que son but unique était de sauver son parent des dangers qu'il prévoyait pour lui.

J'ai dû, citoyens commissaires, vous les signaler, pour que, si vous leur accordez quelqu'importance, vous puissiez diriger l'instruction de ce côté.

Je joins à ce rapport l'original de la lettre.

§ 2. — J'ai écrit à tous les procureurs de la République de mon ressort, pour leur demander des rapports sur l'état moral et politique de leur arrondissement. — Je vous envoie ceux qui me sont déjà parvenus.

Aucune instruction judiciaire pour des faits relatifs aux événements des 15 mai et 23 juin, n'a été commencée dans son étendue. Cependant, je suis informé à l'instant même par le procureur de la République, de dire qu'un ouvrier du faubourg Saint-Antoine a été arrêté et mis en état de dépôt dans la maison d'arrêt de cet arrondissement, et que des renseignements ont été demandés au citoyen procureur de la République de la Seine.

§ 3. — Eloigné du théâtre de l'insurrection, je n'ai pas la connaissance assez complète des faits particuliers qui s'y rattachent, pour vous exprimer avec certitude une opinion personnelle sur son caractère et sa nature, pour vous aider à en déterminer les causes aux yeux du pays ; mais s'il m'était permis de vous faire part de simples conjectures et de mes impressions, je vous dirais que la cause générale de la révolte est dans l'inquiétude occasionnée par la cessation des travaux, inquiétude qui a donné aux ambitieux et aux misérables de la République rouge et de tous les partis, l'idée d'exploiter des passions et une exaltation produite de la misère présente et de la crainte de l'avenir.

Ces tentatives impies me semblent aussi avoir été déterminées par les retards que l'Assemblée Nationale a mis à constitner le gouvernement définitif. Il semble, en effet, que ces retards ont donné le temps aux partis ennemis de la République honnête, sage et modérée, de se reconnaître, et de se concerter peut-être pour une attaque qu'ils n'auraient pas osé tenter contre un gouvernement définitivement et énergiquement établi.

Salut et fraternité.

Le procureur-général, *Signé* : Bonnesoeur.

Caen, 26 juin 1848.

Monsieur le Ministre,

Je vous dois des renseignements sur l'effet que produit à Caen la crise dans laquelle nous nous trouvons. — Quelques jours avant que nous en fussions instruits, d'assez singuliers symptômes se manifestaient dans le pays; le journal légitimiste de Caen s'efforçait de démontrer, dans chaque numéro, que la continuation de la République est impossible; que l'épreuve est faite et qu'elle est malheureuse; que tout a péri dans les trois mois précédents ou est sur le point de périr : industrie, travail, aisance, propriété, famille, civilisation. Cela se répétait parmi tous les légitimistes. On disait assez hautement, même sur la place publique, que Henri V pouvait seul nous tirer de cet étrange embarras et sauver la France d'un anéantissement social inévitable.

D'un autre côté, des journaux réactionnaires, napoléoniens et orléanistes, se répandaient comme un déluge, par l'intermédiaire de colporteurs et crieurs publics.

Les napoléonistes et orléanistes affectaient des airs de triomphe et de dédain contre la République et les républicains, contre lesquels on répondait à l'oreille les plus bases et les plus hideuses calomnies. Il était clair qu'il y avait en l'air quelque chose d'extraordinaire.

Je réclamai, par une instruction adressée au procureur de la République, l'exécution des lois sur les crieurs et afficheurs publics. Les avertissements préalables, donnés à propos, ont fait disparaître la vente des journaux dans la rue, non pas sans mécontentement, mais sans procédure judiciaire; l'action comminatoire des commissaires de police a suffi.

Nous en étions là, lorsque, dans la journée de samedi, 24, vint nous surprendre la nouvelle de collisions sérieuses à Paris entre la troupe de ligne, les gardes nationales et les ouvriers des ateliers nationaux.

Des hommes bien connus pour appartenir aux partis orléaniste et légitimiste se mirent en avant pour demander que la garde nationale fût immédiatement dirigée sur Paris. Les nouvelles de l'insurrection n'avaient point encore ému le reste de la population. Les progrès et l'étendue de cette insurrection étaient encore inconnus, même de l'autorité. Il ne se présentait pour partir que des hommes qui, peut-être, auraient fourni un élément nouveau aux perturbateurs. Le Préfet et l'autorité municipale furent d'accord pour refuser l'autorisation et pour temporiser.

Le lendemain, les choses avaient changé : une première dépêche télégraphique avait fait comprendre l'utilité du départ de la garde nationale; un détachement de cette garde s'est embarqué sur le bateau à vapeur du Havre, aux cris de vive la République! Toute la population accumulée sur les deux rives de l'Orne y répondait par des acclamations répétées.

Ce qu'il y a de remarquable, c'est que le détachement est composé d'éléments différents de ceux qui s'étaient présentés la veille.

Immédiatement après le départ de ce convoi, les dépêches télégraphiques qui se sont succédé, ont jeté une grande agitation dans la ville. Les orléanistes et les légitimistes ont agi sourdement sur des portions de la classe la plus infime des travailleurs. (Les ouvriers sont ici, en général, républicains modérés.) Ils ont fait répandre des bruits calomnieux sur les autorités républicaines, et notamment sur le Préfet. On a craint un instant que la tranquillité ne vînt à être troublée, et que la préfecture ne fût envahie; mais la bonne contenance de la majeure partie de la garde nationale et les bonnes dispositions de l'autorité militaire, ont empêché toute tentative.

On craignait des perturbations après le départ du 9e léger, qui s'est embarqué ce matin; mais, Dieu merci, rien n'est venu réaliser ni aggraver ces craintes.

Des détachements de gardes nationales du département de la Manche arrivent et vont s'embarquer. Cela occupe et distrait l'attention publique, et les nouvelles que l'insurrection touche à son terme, paraissent avoir calmé les dispositions hostiles des partis réactionnaires.

Aucun trouble ne m'est annoncé dans aucun des arrondissements de mon ressort.

Le Procureur-général,

Signé : BONNESOEUR.

Colmar.

Colmar, le 13 juillet 1848.

Monsieur le Président de la Commission d'enquête,

Je n'ai pu répondre plutôt à la circulaire que vous m'avez adressée, et qui par suite d'une erreur ne m'est parvenue que le 5 du courant.

Vous me demandez 1° si des instructions judiciaires ont été commencées dans le ressort de la Cour, à l'occasion des attentats des 15 mai et 23 juin; 2° mon opinion personnelle sur le caractère et la nature de l'attentat dont la Commission d'enquête doit déterminer les causes aux yeux du pays.

J'ai interrogé les procureurs de la République sous mes ordres ; leurs rapports sont dénués d'intérêt et ne peuvent apporter aucune lumière dans les investigations de l'Assemblée Nationale ; je ne puis signaler que quelques symptômes d'agitation qui ont été remarqués dans la population ouvrière de l'Alsace; à la nouvelle de la dernière insurrection, les ouvriers de l'un des établissements les plus considérables de Mulhouse se sont mis en grève, alors que les chefs venaient de recevoir une commande qui leur permettait d'imprimer à leurs ateliers une activité qu'ils n'avaient plus depuis la Révolutions de février ; à Thann, beaucoup d'ouvriers demandèrent des passeports pour Paris, que l'autorité administrative leur a refusé ; j'ai dû m'en tenir à des mesures de surveillance. Bien que la population ouvrière d'Alsace n'ait pas pris une attitude hostile lors des événements de juin, je suis convaincu que des meneurs qui s'effaçaient encore pour se soustraire à l'action de la justice, étaient dans la confidence de l'insurrection qui devait éclater. Quant à mon opinion personnelle, Monsieur le président, je puis vous-la donner en peu de mots ; dans les tristes journées de juin, Paris a été le champ de bataille et du socialisme qui s'égare dans les utopies, et des prétendants de toutes couleurs, qui aspirent à s'élever sur les ruines de la République ; en un mot, tous les partis étaient réunis pour le combat, sauf à se séparer pour recueillir les fruits de la victoire.

Salut et fraternité.

Le premier avocat général. *Signé*, LAURENT.

Douai.

Paris, 12 juillet.

Monsieur le Président,

Les recherches et informations que j'ai prescrites sur les différents points de mon ressort, en exécution des instructions de la Commission d'enquête, n'ont amené aucun résultat très-essentiel à signaler. A Lille, il y a eu le 22 mai quelques troubles : des meneurs avaient été remarqués dans les groupes, des arrestations furent opérées, une vingtaine d'individus comparurent en police correctionnelle et furent condamnés pour rébellion, bris de clôture, etc., etc. à des peines différentes dont la plus élevée ne dépassait pas six mois d'emprisonnement.

On a pu croire que ces désordres se rattachaient à l'attentat du 15 du même mois ; mais il ne paraît pas cependant que ces deux évènements, bien différents dans leur partie, aient eu entre eux une connexité certaine.

Depuis l'attentat de juin, on a constaté, dans l'arrondissement de Cambrai, la disparition de deux individus qui avaient annoncé la révolte prochaine, qui avaient quitté leur domicile pour se rendre à Paris et y prendre part : une information est commencée ; les signalements ont dû être transmis à Paris, mais aucun résultat n'a encore été obtenu.

A Douai, on a arrêté un mendiant belge qui a avoué avoir contribué à élever des barricades : il était porteur d'un faux certificat : on a demandé à M. le procureur général de la Seine ce qu'il convenait de faire de cet inculpé.

Ces circonstances, ainsi que j'ai eu l'honneur de le dire plus haut, n'ont rien de bien concluant; ce qui me paraît plus important à signaler, et ce qui, du reste, a été transmis en temps opportun à la connaissance de M. le Ministre de la justice et de M. le Préfet de police à Paris, c'est que l'on cherche à introduire de la Belgique en France de grandes quantités de poudre; c'est que, sur un point de l'arrondissement d'Avesnes, un individu resté inconnu a offert à un employé des Douanes un billet de 1,000 francs, pour faciliter une introduction de 500 kil. de poudre : ce sont là des indices certains qui donnent à craindre que l'anarchie vaincue n'a pourtant pas renoncé à toute tentative nouvelle, et qu'il est nécessaire que ses menées secrètes soient sévèrement recherchées.

Il me sera plus difficile de répondre à la seconde partie de la lettre de la Commission d'enquête : plus éloigné qu'elle des évènements sur le caractère desquels elle veut bien réclamer mon opinion et des hommes qui ont pris part à ces évènements, je ne saurais qu'émettre une appréciation incomplète et quelque peu hasardée pour laquelle je crois devoir faire toutes mes réserves.

Lors de l'attentat du 15 mai, plusieurs membres du Gouvernement provisoire avaient été éloignés des affaires, et l'Assemblée Nationale, qui ne s'était pas fait illusion sur le danger des idées qu'ils représentent, n'était nullement disposée à les y laisser revenir.

Toutes les ambitions déçues, tous les intrigants qui fourmillent dans les bas-fonds de notre société et que les révolutions font surgir, ont dû croire que ces hommes, qui avaient goûté du pouvoir répondraient facilement s'ils leur faisaient appel ; et qu'à leur aide, ils prendraient aussi part au gâteau gouvernemental et s'imposeraient à la société. C'est de cette pensée qu'est sortie, à mon avis, la journée du 15 mai, qui n'a été pour la masse qu'une journée de dupes, qui se sont laissé conduire aux pieds de l'Assemblée Nationale, par suite d'une intrigue et sous un prétexte de mensonge. Quant aux évènements de juin, ils me paraissent avoir un caractère bien autrement grave et inquiétant, non-seulement à cause de leurs déplorables conséquences, mais surtout à cause de leur raison d'être qui existait et qui existe encore.

L'amélioration du sort des masses doit être la préoccupation constante de tous les cœurs honnêtes; chacun a un droit égal à vivre sous le soleil et à y vivre avec les bienfaits de la liberté et de l'aisance qui rendent la vie plus précieuse ; mais ces théories, vraies en elles-mêmes, demandent à être développées avec sincérité et avec toute la réserve que comporte la raison sociale. Il n'en a point été ainsi. Depuis dix ans, on répète aux ouvriers qu'il n'ont rien fait pour améliorer leur sort; on les fanatise, on les exalte; et à ceux que la souffrance rend plus accessibles aux mauvais conseils, on dit qu'il est un moyen bien simple de rétablir l'inégaliée dont ils se plaignent; qu'il suffit pour les pauvres de prendre à ceux qui sont riches. On leur montre la propriété comme un vol organisé, et l'abolition de ce principe éternel comme une légitime restitution.

Ces idées ont germé et portent à l'heure qu'il est une déplorable fécondité.

Sans aucun doute, l'ambition et l'intrigue ont eu leur part dans l'épouvantable collision de juin : j'admets même que des distributions d'argent ont pu être un des ressorts de cette guerre impie; mais la seule cause n'est pas là, je n'en voudrais pour preuve que l'énergie déployée dans le combat.

La véritable cause est dans l'effet produit sur les masses par ces mauvaises doctrines que je signalais plus haut : la vraie cause est dans l'oisiveté à laquelle les a réduits pendant longtemps la crise politique et financière. La vraie cause est encore dans les ateliers nationaux où se perpétuait cette oisiveté, et où on donnait aux ouvriers les plus détestables enseignements. Les théories sauvages qui n'avaient fait que se produire théoriquement jusqu'au mois de février furent, à partir de cette époque, plus audacieusement professées ; au mois de juin, elles se traduisirent en actes et s'incarnèrent dans les faits.

De là cette lutte qui n'a plus pour motif des opinions ou des principes, mais qui tend à un bouleversement social ; de là cette guerre terrible qui a souillé de sang le pavé de Paris et qui n'en est qu'à sa première période, si l'énergie de l'Assemblée Nationale n'en sait conjurer le retour.

La victoire est, en effet, restée au parti de l'ordre et de l'humanité; mais les ouvriers qui lisent ces milliers de pamphlets, qui entendent ces innombrables déclamations jetées en pâture à leur avidité intellectuelle ; ces prolétaires qui ont vu avec quel dédain mérité on a repoussé les utopies de leurs prétendus amis demeurent en péril permanent pour la société : le seul moyen de le combattre est d'éclairer les masses et de les prémunir contre les mauvais conseils auxquels elles cèdent toujours facilement. Ce qu'il faut surtout, c'est de les arracher à l'oisiveté et au besoin : que la confiance continue à renaître, qu'un gouvernement fort et loyal ramène le crédit et les transactions commerciales, et nous aurons trouvé l'un des meilleurs moyens pour parer au mal que je signale pour parer au retour de cette guerre de barbares dont la France portera longtemps le deuil.

Pour me résumer, Monsieur le président, à mon avis, le maldu passé a été produit par les doctrines de socialisme, par l'oisiveté des ateliers nationaux; le péril de l'avenir serait dans les mêmes doctrines et dans le manque du travail ; mais la France ne demande qu'à reprendre confiance, et l'Assemblée Nationale voudra veiller pour elle.

Signé : Demeyer, avocat général.

Metz.

Metz, le 1er août 1848.

Monsieur le Président, votre circulaire, adressée à M. le premier président de la cour d'appel de Metz, vient seulement de m'être remise par ce magistrat qui l'a reçue à la campagne, et qui l'avait conservée pour lui, n'ayant pas remarqué qu'elle m'était destinée.

Je m'empresse d'y répondre en vous priant, monsieur le Président, d'excuser ce retard qui n'est pas de mon fait et qui n'entraînera d'ailleurs aucun inconvénient.

Si l'attentat du 15 mai et l'insurrection du 23 juin sont le résultat d'un vaste complot, dont les ramifications se sont étendues dans toute la France, rien ne prouve que les auteurs de ce complot aient eu, à Metz, des complices prêts à poursuivre l'exécution de leurs projets. Le bon esprit de l'immense majorité de la population, son amour de l'ordre et ses sympathies pour tout ce qui est juste et honnête, auraient d'ailleurs rendu bien difficile la réalisation d'un pareil dessein.

A la vérité, il s'est formé, à Metz, dans les premiers jours du mois de juin dernier, un club qui a pris le nom de *Club Démocratique*, et qui s'est recruté dans les rangs des républicains se prétendant les plus avancés. La création de ce club, qui ne répondait à aucun besoin du moment et qui n'était motivée par aucun évènement survenu dans la localité, a paru être un moyen dont se servaient les promoteurs de cette réunion pour tenir constamment à leur disposition les agents les plus énergiques et les plus ardents des doctrines qu'ils cherchent à propager. Lorsqu'arrivèrent, à Metz, les premières nouvelles de la lutte qui ensanglantait Paris, et, lorsque l'issue de cette lutte était encore incertaine, le club démocratique fit placarder sur les murs de Metz, le lendemain matin, 26 juin, une affiche portant la signature de tous ses membres, et contenant une sorte de déclaration dans laquelle il était dit qu'en présence des graves évènements de Paris, les membres du club juraient de défendre énergiquement jusqu'à la mort les principes de la République démocratique et sociale.

Cette déclaration était suivie d'une sorte de protestation contre toute espèce de *dictature*. Enfin le club promettait son concours dans des termes comminatoires aux autorités de la ville, pour le cas où celle-ci défendrait la République contre tous ses ennemis.

Ce placard excita une vive émotion parmi les habitants qui y virent, à tort ou à raison, un acte préparé pour le cas où l'insurrection aurait réussi à Paris. Quelques discours tenus dans le club, et quelques actes commis au dehors, ne firent que donner plus de crédit à cette pensée. Mais, il faut le dire, rien n'a, depuis lors, justifié cette supposition, et aucun indice n'a établi que les membres du club, ou quelques-uns d'entre eux, aient été initiés au complot dont s'occupe la Commission d'enquête. L'annonce du triomphe de l'ordre a, d'ailleurs, fait cesser toute démonstration extérieure propre à révéler les desseins secrets de ceux des membres du club qui auraient été affiliés aux sociétés de Paris. Bientôt de nombreuses démissions ont été adressées aux fonctionnaires du club et insérées dans les journaux ; enfin, dès le 6 juillet, le club lui-même a prononcé sa dissolution. A part le fait, il ne s'est rien passé, à Metz, qui ait quelque rapport avec les attentats des 15 mai et 23 juin dernier.

Dans mon ressort, quelques faits peu importants se sont produits sur différents points.

A Vouziers (Ardennes), où existe une société des Droits de l'Homme, affiliée à celle de Paris, l'un des membres les plus ardents de cette société, le sieur Percheron, ancien avoué, quitta cette ville, peu de jours avant le 15 mai, annonçant, dans des discours vagues et à double entente, qu'il se rendait à Paris pour une cause qu'il était facile de deviner. Le sieur Percheron, qui est en relation assez intime avec Caussidière, et aussi, dit-on, avec M. Ledru-Rollin, a dû loger, pendant son séjour à Paris, rue de la Jussienne, à l'hôtel où descendent les voitures dites Chalonnaises. A son retour à Vouziers, qui eut lieu peu de jours après le 15 mai, le sieur Percheron publia, dans un journal de la localité, une lettre dans laquelle il affecta de se montrer bien informé des projets de ceux qui ont dirigé le mouvement du 15 mai, et affirme que Barbès était opposé aux actes qui se sont produits lors de l'envahissement de l'Assemblée Nationale.

D'autres discours, tenus par le même sieur Percheron, peu de jours avant le 23 juin, ont encore fait supposer qu'il était tenu au courant de ce qui se passait à Paris; mais, cette fois, il n'a pas quitté Vouziers, et sa conduite, à part quelques propos bizarres, n'a pas été de nature à attirer, plus que de coutume, l'attention de la justice.

A Rethel (Ardennes), où il existe aussi une section de la société des Droits de l'Homme, un nommé Bernard-Godard a tenu, le *21 juin dernier*, devant diverses personnes, des propos qui prouvent que cet homme était informé du mouvement insurrectionnel qui devait éclater à Paris le lendemain. Arrêté le 25 juin, on a saisi chez lui, entre autres papiers, une lettre *en date du 19 juin*, qui lui était adressée par un nommé Alexandre, son parent, et dans laquelle ce dernier annonce « qu'il va se faire un grand coup, que Barbès et ses amis vont sortir de prison, que cela se fera avant quinze jours, et que tout le monde commence à se comprendre. » La procédure, instruite de cette affaire, vient de m'être adressée hier seulement pour être soumise à la Chambre des mises en accusation, devant laquelle le nommé Bernard est renvoyé sous prévention d'excitation à la haine et au mépris d'une classe de personnes. L'instruction n'a rien établi qui permît de formuler contre lui l'accusation de complicité de complot, dont il avait été d'abord inculpé.

Ces deux faits de Vouziers et Rethel sont les seuls qui m'autorisent à penser que les attentats du 15 mai et du 23 juin étaient dans mon ressort connus à l'avance de certains individus initiés sans doute aux projets des émeutiers.

Depuis le 26 juin, on a arrêté, dans le ressort, trois hommes soupçonnés d'avoir pris part aux combats des journées de juin, savoir : deux dans l'arrondissement de Briey (Moselle), les nommés Victor *Hallet* à Vezin, et Louis *François* (Ardennes), le nommé *Dorizy* à Apremont. Pour chacune de ces affaires, il a été fait une information, de laquelle le tribunal s'est dessaisi, et les prévenus ont été ensuite dirigés sur Paris pour être remis à la Commission d'instruction. Je n'ai pas pris connaissance de ces procédures qui viennent seulement d'être terminées; mais à en juger par les renseignements qui m'ont été transmis, les trois prévenus que j'ai désignés plus haut seraient assez gravement compromis et ne pourraient guère se défendre d'avoir fait partie des insurgés.

Je vous prie d'agréer, Monsieur le Président, l'assurance de mon respectueux dévouement.

Pour le Procureur général. *Signé :* E. SEROT.

Montpellier.

Montpellier, le 11 juillet 1848.

Citoyen Président, conformément aux prescriptions contenues dans votre dépêche (sans date), j'ai demandé à tous mes substituts du ressort si des instructions judiciaires ont été commencées, dans leurs arrondissements respectifs, sur les attentats des 15 mai et 23 juin derniers. Ils m'ont tous répondu négativement. Sur l'invitation que je leur ai faite de me communiquer tous les faits pouvant avoir quelques relations avec les déplorables évènements, qui seraient parvenus à leur connaissance, je n'ai reçu que les renseignements suivants.

A Limoux (Aude), une partie de la population ouvrière semble avoir été prévenue d'avance qu'un mouvement insurrectionnel devait avoir lieu à Paris. Mais c'étaient des bruits vagues dont on n'a pu découvrir la source. On prétendait que les bruits venaient de Carcassonne, et l'on désignait plusieurs individus de cette ville, qui, par des relations constantes avec les ouvriers, les entretenaient dans un état de sourde irritation. Ces ouvriers sont, pour la plupart, dans une misère affreuse.

A Carcassonne (Aude), lorsque le procureur de la République eut appris les évènements du 15 mai, il fut frappé de leur coïncidence avec un soulèvement de 500 ouvriers, qui avait eu lieu, le même jour, dans cette ville. Mais il est résulté de l'instruction, que la cause de ce soulèvement n'avait rien eu de politique, et qu'il avait été fait dans le seul but d'obtenir une augmentation de salaire.

A Castelnaudary (Aude), le procureur de la République a appris d'un employé de la mairie qu'il avait ouï dire à deux ouvriers de passage dans cette ville, quelques jours avant le 23 juin, qu'ils devaient être rendus à Paris pour ce jour-là, mais qu'il ne pouvait désigner ceux qui avaient tenu le propos. Une autre personne digne de foi aurait entendu un propos semblable sortir de la bouche d'un homme de mauvaise mine, voyageant avec un autre sur la grande route; mais mon substitut n'a pas une connaissance personnelle de ce dernier fait.

A Céret (Pyrénées-Orientales), le cri de Vive Barbès! a été proféré, le 3 juin dernier, à Port-Vendres, à l'issue d'une séance de club. Le 25 juin, le même club fit une illumination lorsque la nouvelle de l'insurrection du 23 fut arrivée à Port-Vendres.

Le 28 juin, le juge-de-paix d'Arles écrivit au procureur de la République, à Céret, pour l'informer que, dans la soirée du 27, un sieur Bory, de Perpignan, était arrivé à Arles, porteur d'une lettre pour le parti légitimiste, qu'il aurait remise chez le vicaire, où avait eu lieu une réunion nombreuse de légitimistes; que cette lettre portait en substance.

« La lutte qui a eu lieu à Paris a été engagée, parti Barbès et Bonaparte. — Les in-

« surgés étaient 165,000. Il y a eu 14,000 morts. — Ceux qui voulaient le drapeau « rouge ont été battus ; — mais un mouvement carliste va avoir lieu, et le drapeau « blanc flottera bientôt. »

Sur cet avis du juge de-paix, mon substitut, accompagné du juge d'instruction, se rendit à Arles, fit des perquisitions chez le vicaire et chez le sieur Desolaux, secrétaire du club légitimiste ; mais les perquisitions n'eurent aucun résultat. Le juge-de-paix reconnut qu'il avait été induit en erreur, et plusieurs personnes connues pour leur dévouement à la République déclarèrent qu'elles croyaient que le magistrat avait été dupe de quelque mystification.

Le procureur de la République de Béziers, celui de Montpellier et celui de Perpignan m'ont adressé des rapports qui contiennent des faits nombreux et d'une nature plus grave. Je crois devoir vous les transmettre en entier, par ampliation, avec les pièces qui y sont annexées.

Pour avoir complètement repondu à votre invitation, il ne me reste plus, citoyens Représentants, qu'à vous faire connaître mon opinion personnelle sur le caractère et la nature des deux insurrections qui ont si profondément affligé les vrais amis de la République. Cette tâche est fort difficile pour un magistrat fort éloigné du théâtre des évènements, assidu à ses fonctions et qui a été obligé de se déplacer souvent pour rétablir l'ordre et l'empire des lois dans diverses localités de son ressort. Je ne puis vous donner que le résultat des impressions faites sur mon esprit par la lecture des journaux, ou de mes propres réflexions sur la marche des événements.

Les attentats des 15 mai et 23 juin étaient dirigés contre la souveraineté du peuple, que l'Assemblée exerce par délégation. C'étaient des attaques directes contre le principe du suffrage universel et du Gouvernement des majorités. Leur caractère était donc essentiellement anti-démocratique. Avaient-elles pour but le pillage et la dévastation ? Cela me paraît impossible à admettre, si l'on considère le nombre de ceux qui y ont pris part. Il serait désespérant de penser que tant de Français aient pu s'organiser dans un but aussi sauvage, pour des motifs aussi vils. Les insurgés voulaient-ils réaliser ces théories sociales pleines de promesses menteuses, que le bon sens public a longtemps dédaignées comme des rêveries innocentes, comme les jeux bizarres des imaginations vives ? Je n'ai pas les notions nécessaires pour répondre à cette question ; je ne sais quels progrès réels des idées aussi insensées ont pu faire dans les masses, à quels points elles ont pu les démoraliser. Avant les événements de juin, il ne me paraissait pas possible qu'elles eussent été accueillies assez sérieusement pour mettre la société en danger, pour amener une aussi terrible conflagration. Ces idées ont-elles servi d'instrument aux partis ennemis du Gouvernement républicain, qui regrettent les institutions des temps passés ? les manœuvres des cabinets étrangers ont-elles fomenté le désordre ? La misère des ouvriers a-t-elle contribué à les rendre accessibles à de criminelles excitations ? Dans quelles proportions chacune de ces diverses causes a-t-elle concouru à produire les malheurs affreux qui ont mis la patrie en deuil ? Ce sont des problèmes insolubles pour nous et que la Commission d'enquête aura seule le pouvoir de résoudre. Puissent-elle découvrir les vrais ennemis de la France ; rendre à la Révolution de Février son caractère généreux ; et fournir à l'Assemblée Nationale les moyens d'assurer pour toujours le salut de la République.

Tels sont les vœux que je vous transmets, citoyen Représentant, au nom de tous les magistrats du parquet de la Cour. Salut et fraternité. Pour le Procureur général, le premier avocat général, *Signé* : Boyer.

Nantes

Nantes, 11 juillet 1848.

Messieurs,

L'insurrection qui vient d'ensanglanter Paris n'est pas un fait instantanément produit et développé par des causes accidentelles ; depuis longtemps prévue, elle s'annonçait chaque jour comme plus imminente, et des menées sourdes, qui s'agitaient dans les provinces, donnaient à penser qu'elle avait poussé en dehors de la capitale de profondes racines. Telle est ma conviction, et cependant je n'ai pas de preuves de ce que j'avance, si par preuves on doit entendre seulement un ensemble de faits matériels et certains ; mais des indices trop vagues pour pouvoir être saisis par la justice, un mouvement, une agitation inaccoutumée parmi ceux que l'opinion publique signale comme prêchant le désordre, quelques faits isolés qui se sont produits sur différents points, et dont le rapprochement seul peut faire l'importance, des rumeurs sinistres qui traversaient l'air, grossissant un instant et s'évanouissant aussitôt que l'on veut remonter à la source, tels sont les signes qui, depuis un certain temps, avertissaient l'autorité de redoubler de vigilance et de se tenir sur ses gardes, sans cependant lui permettre de recourir immédiatement à des mesures énergiques.

Il est certain que les clubs de Paris avaient envoyé en province des agents chargés de passionner les esprits et de discréditer d'avance les résultats de l'élection à laquelle la nation entière était appelée.

L'un d'eux, un sieur Billot, qui se disait même envoyé par M. Ledru-Rollin (sans avoir pu cependant, quoiqu'il en ait été sommé par un club, justifier de cette mission) avait choisi la ville de Toul (Meurthe) pour sa résidence habituelle ; dans une séance il avait engagé ses amis à s'armer, leur promettant, « quand le moment serait venu, de « leur donner de la poudre et des balles. »

A Bar (Meuse), un chef de club, nommé Carrier, également venu de Paris et qui depuis a disparu, était gravement soupçonné d'avoir, à la même époque, mystérieusement procédé, dans une maison que l'on signalait, à une distribution de cartouches.

Dans la même ville, il y a sept semaines environ, un autre chef de club, nommé Colas, jetait la terreur dans les esprits en annonçant, dans une des séances qu'il présidait, « que la Révolution était à recommencer, que le sang allait couler de nouveau, et « qu'il fallait se tenir prêt au premier signal, pour seconder les frères de Paris. »

Ces trois faits ont été l'objet d'instructions qui ne sont pas encore terminées, et qui aboutiront difficilement à des preuves ou qualifications précises.

Depuis le 23 juin, un employé des contributions indirectes de Bar a trouvé dans la poche de son habit un billet qui, sans doute, y avait été glissé la veille, lorsqu'il attendait dans la foule l'arrivée de la malle ; ce billet, signé Wenzel, était ainsi conçu : « Citoyens, tout est prévu ; les ordres sont donnés ; au premier signal convenu, imitons nos frères de Paris ; point de *cartier* ; rendons-nous dignes de ces martyrs de la liberté ; vous connaissez les mots d'ordre et de ralliement : République démocratique, du pain, de l'ouvrage ou la mort, à bas l'aristocratie, les armes et les munitions sont prêtes et l'argent est distribué. Demain je serai parmi vous ; 26 juin 1848.

A Mirecourt (Vosges), une certaine partie de la population qui professe hautement les opinions communistes reconnaît pour chef un nommé Julien Chambry, qui, il y a deux mois, a été appelé à Paris par le citoyen Cabet. Depuis il a disparu ; les adeptes sont demeurés en correspondance avec lui, et, dans les premiers jours du mois de mai, une caisse renfermant des poignards lui était expédiée par les messageries dont le siége est rue Coq-Héron, à l'adresse de l'*Émigration icarienne, rue Saint-Sauveur*. Aussitôt averti, le parquet de Mirecourt s'est empressé d'en donner avis au procureur de la République près le tribunal de la Seine ; on ignore quels ont été les résultats de cette communication.

Le parti communiste, qui ne forme du reste qu'une faible fraction de la population de Mirecourt, annonçait à l'avance les tristes événements du 23 juin, et laissait plus tard éclater sa joie, au moment où arrivait la nouvelle de l'insurrection. Aujourd'hui encore il répand le bruit que tout n'est pas fini, et que bientôt il y aura un nouveau mouvement.

Dans les derniers jours, des rumeurs alarmantes ont circulé dans les principaux centres de population du ressort; à Toul, une lettre anonyme avertissait l'autorité de l'existence d'un complot qui devait éclater par le pillage et l'incendie.

A Nancy, des bruits de la même nature avaient un instant pris de la consistance et nécessité un redoublement de surveillance. Tout s'est évanoui devant l'appareil de la force.

Si, sortant du cercle des indices et des faits dont l'ensemble révèle l'existence de machinations coupables, on remonte aux causes qui les ont fait naître et leur ont donné quelque force ou quelque consistance, on arrive facilement à les découvrir.

Madame de Staël a dit, il y a 40 ans : « La base la plus solide de l'ordre social est « la patience du pauvre. »

Mais les Gouvernements, qui auraient dû s'inspirer de cette observation si profonde et si juste, n'ont jamais accordé aux besoins matériels et moraux des classes laborieuses l'attention et l'intérêt dont ils étaient dignes : livrées à elles-mêmes, abandonnées à leurs inspirations, ces classes eussent peut-être compris que le grand principe de fraternité proclamé en février ne pouvait, dans l'état actuel de la société, que leur assurer des améliorations progressives; mais bientôt, quelques utopistes vinrent exagérer leurs espérances et surexciter leurs passions : l'industrie et le commerce furent à l'instant paralysés et suspendus, et la misère apporte chaque jour de nouveaux aliments à la fermentation des esprits. Aujourd'hui, grâce aux déclamations violentes dont ont retenti certains clubs, en province comme à Paris, grâce aux publications périodiques qui, chaque jour, font un appel à toutes les passions, les notions du juste et de l'injuste paraissent confondues, et bien des pauvres et des ouvriers qui auraient continué à supporter avec résignation les difficultés de leur condition, ne reculeraient peut-être pas aujourd'hui devant les plus coupables excès pour obtenir la réalisation du bien-être dont on les a bercés.

Voilà, je crois, au moins en partie, l'état réel des choses; quelque grave qu'il soit, il n'est pas sans remède. Le Gouvernement et l'Assemblée peuvent compter sur les vives sympathies de la grande majorité des populations; celles des campagnes surtout au sein desquelles le sentiment de la propriété a des racines profondes, sont unanimes pour repousser et combattre les tentatives de désordre que des doctrines ou des passions insensées pourraient chercher à susciter au sein des villes. Mais, malgré le contre-poids et l'appui qu'on peut être certain d'y trouver, il ne faut pas fermer les yeux sur le danger. La sagesse, l'énergie, l'harmonie du Gouvernement et de l'Assemblée pourront seules assurer le salut du pays.

Salut et fraternité. Signé : POIREL, procureur général.

Nancy.

Nancy, le 20 juillet.

Monsieur le procureur général, j'ai l'honneur de vous transmettre des pièces qui me paraissent se rattacher à l'attentat du 15 mai et qui constatent que, à la date du 6, un sieur Louis Deplanque, au nom du Comité révolutionnaire, envoyait un mandat de 120 fr. à un sieur Barbillat, de Remiremont, en lui disant de revenir de suite.

Barbillat est un ancien avocat réduit, par son inconduite, à un état voisin de la misère. D'après des renseignements qui m'ont été donnés ici, il avait, dans ces derniers temps, été placé dans le service intérieur de l'Institut comme huissier, ou dans des fonctions analogues qu'il avait dues à l'intervention de M. Siméon, ancien directeur des tabacs et député de l'arrondissement de Remiremont, et telle était la position dans laquelle il se serait encore trouvé à la Révolution de Février.

Vous n'ignorez pas, sans doute, que, dans les commencements de mars, un des clubs formés à Paris envoya dans tous les départements des agents chargés d'y continuer le mouvement révolutionnaire, et, autant que j'en puis juger d'après ce qui s'est fait pour notre département, ces agents appartenaient, par leur naissance ou des relations personnelles, aux localités dans lesquelles ils étaient envoyés.

C'est probablement ainsi que Barbillat aura été envoyé à Remiremont.

D'un autre côté, il est également certain que, aussitôt après les élections et quelques jours avant le 15 mai, un certain nombre d'individus, connus par l'exaltation de leurs opinions, se rendirent à Paris, quelques uns même avec le titre de délégués, et c'était probablement en vue de cette réunion que Deplanque écrivait, le 6 mai, à Barbillat : « Veuillez revenir de suite. »

Signé : Poirel, procureur général.

A monsieur le Juge d'instruction près le tribunal de première instance séant à Remiremont.

Le procureur de la République soussigné expose : qu'il est informé que le directeur de la poste aux lettres de Remiremont aurait reçu, au commencement du mois de mai dernier, une lettre venant de Paris, à l'adresse d'un sieur Barbillat à Remiremont; qu'il aurait aussi reçu, de la direction générale des postes, l'avis qu'il pouvait payer au sieur Barbillat la somme de cent vingt francs, montant du mandat qui lui avait été adressé; que le destinataire aurait fait un ou deux voyages de Paris à Remiremont *depuis les élections*, paraissant avoir été chargé, on ne sait pas positivement par qui, d'une mission secrète; qu'il était à Paris avant le 15 mai; que, depuis ce temps, personne ne s'était présenté au bureau de la poste pour réclamer la lettre ou le montant du mandat qu'elle doit renfermer; qu'enfin il circule maintenant dans le public que le sieur Barbillat aurait été récemment arrêté à Paris comme ayant pris part à l'insurrection du 23 juin.

On dit aussi qu'il y a quelques mois il était sans ressources à Paris, et que, lorsqu'un peu avant l'évènement du 15 mai il avait reparu à Remiremont, il était pourvu d'or et d'argent.

Il serait très-important que la dépêche restée au bureau de la poste fût ouverte; elle ferait connaître et l'expéditeur et peut-être aussi des instructions *se rattachant à la mission dont a dû être chargé celui qu'elle concernait*.

La nécessité et la légalité de l'ouverture et de la saisie de la lettre, le cas échéant, sont incontestables; ces mesures sont justifiées *en fait* par la nature même, et le but des attentats des 15 mai et 23 juin dernier et par les circonstances de la position particulière du sieur Barbillat; *en droit*, par les articles 87 et 88 du Code d'instruction criminelle qui s'appliquent, en effet, à tous les objets qui sont jugés utiles à la manifestation de la vérité.

En conséquence, le soussigné requiert qu'il plaise à monsieur le juge d'instruction ordonner qu'il sera informé des faits ci-dessus, dans l'objet de constater soit la coopération de l'inculpé, soit sa complicité, et qu'à cet effet il sera fait au bureau de la poste à Remiremont, et ailleurs s'il est nécessaire, toutes perquisitions dans le but de découvrir la dépêche signalée, laquelle sera ouverte et saisie s'il y a lieu.

Fait au parquet, à Remiremont, le 18 juillet 1848, le Procureur de la République,

Signé Perrin.

Vu le réquisitoire de M. le Procureur de la République, en date du 18 juillet courant;

Vu notre ordonnance du même jour;

Vu les articles 87 et 88 du Code d'instruction criminelle,

Nous, Charles-François Fachot, juge d'instruction de l'arrondissement de Remiremont (Vosges), accompagné de M. Perrin, Procureur de la République, et assisté de M. Pierre Gérard, notre greffier, nous sommes transporté aujourd'hui, 19 juillet 1848, à huit heures du matin, dans les bureaux de M. Labarre, directeur des postes, à l'effet d'y procéder à la recherche et saisie de tous mandats et lettres d'avis pouvant se rattacher aux attentats commis à Paris les 15 mai et 23 juin dernier. Après avoir fait part à M le directeur des postes de l'objet de notre mission, il nous a fait la déclaration suivante :

« J'ai reçu, le 10 mai dernier, une lettre sous enveloppe fermée, portant le timbre de Paris, à l'adresse du citoyen Barbillat, à Remiremont (Vosges), poste restante. J'ai reçu, le même jour, de la direction générale des postes, un avis de paiement qui m'autorise à payer à vue, à M. Barbillat, un mandat de 120 fr. délivré le 7 mai 1848, sous le n° 289, par le bureau K. Cette lettre est datée de Paris, du 8 du même mois. Elle est signée par le chef des articles. Le destinataire ne s'étant pas présenté pour retirer la lettre à son adresse et toucher le montant du mandat qu'elle devait nécessairement contenir, j'ai dû, conformément à mes instructions, la conserver pour la retourner ensuite à Paris.

Requis par nous de nous remettre et l'avis de paiement ci-dessus mentionné, et la lettre à l'adresse du citoyen Barbillat, M. le directeur des postes nous a répondu qu'il était prêt à déférer à notre réquisition.

Cette remise nous ayant été faite, nous avons constaté que l'avis de paiement, portant le n° 6747, était en tout point conforme à la description que nous en avait faite M. le directeur dans sa déclaration ; puis, en sa présence, nous avons ouvert la lettre qui renferme le mandat n° 289, expédié par le comité révolutionnaire de Paris au sieur Barbillat, et portant somme de cent vingt francs. A ce mandat se trouvait jointe une lettre ainsi conçue :

« Ce Comité est formé des délégués de « tous les clubs et de toutes les corpora- « tions d'ouvriers.

« Objet de la lettre :

«

République française, liberté, égalité, fraternité. Comité révolutionnaire pour les élections générales.

« Citoyen,

« Nous vous envoyons ci-joint un mandat de 120 francs.

« Veuillez revenir de suite.

« Salut et fraternité,

« Louis DEPLANQUE.

6 mai 1848.

Cette lettre et l'avis de payement nous ayant paru de nature à se rattacher, non plus aux élections générales qui étaient terminées, mais bien aux attentats commis à Paris les 15 mai et 23 juin, et surtout au premier ; si l'on réfléchit à la recommandation faite au sieur Barbillat de revenir de suite, et aussi à la date du 6 mai, si rapprochée des événements du 15, nous avons déclaré à M. le directeur des postes que nous en opérions la saisie.

Les quatre pièces saisies ont été cotées et paraphées *ne varientur*, par nous et par toutes les personnes désignées au procès-verbal, après lecture, et avons aussi signé les jour, mois et an avant dits : *signé*, Fachot, Perrin, Labarre et Gérard.

Pour copie conforme, délivrée à M. le procureur de la République française.

Remiremont le 19 juillet 1848.

Pour le greffier du tribunal : Signé, GIRARD, premier greffier.

Nîmes.

Aux citoyens membres de la Commission d'enquête instituée par décret du 26 juin 1848.

Citoyens commissaires,

Il ne m'a pas été possible de vous transmettre plus tôt les renseignements que vous m'avez demandés par votre circulaire sans date, qui m'est parvenue le 18 juillet dernier.

Dès sa réception, je m'empressai, pour me conformer à vos ordres, d'interroger les Procureurs de la République du ressort sur les faits qui pourraient être parvenus à leur connaissance, et je les invitai à se livrer à toutes les investigations qui seraient de nature à jeter quelque lumière sur les causes et l'origine des complots qui avaient éclaté à Paris et sur les ramifications qu'ils pourraient avoir dans nos contrées.

Douze d'entre eux me répondirent, peu de jours après, qu'ils n'avaient rien découvert qui pût les porter à penser que ces effroyables désordres eussent quelques racines dans leurs arrondissements et y eussent trouvé faveur. Tout le monde, me disaient-ils, sans distinction de culte et d'opinions politiques, a déploré ces malheureux événements; tout le monde a vu avec enthousiasme la cause de l'ordre, de la civilisation, de la République triompher de l'anarchie. Et telle était l'unanimité des sentiments sur ce point que, partout, à Nîmes même, les dissensions locales ont fait trêve tant qu'a duré la lutte; le danger commun avait réuni tous les esprits dans une même et unique préoccupation, la conservation de l'ordre social.

A Mende, chef-lieu du département de la Lozère, mon substitut crut d'abord être sur la voie d'une des branches du complot. Le bruit s'était répandu qu'une caisse de poignards avait été adressée de Paris à certains ouvriers du pays; on ajoutait qu'une société politique et secrète, affiliée à celles de Paris, s'y était organisée. L'autorité administrative et l'autorité judiciaire ont fait procéder à de nombreuses visites domiciliaires, se sont livrées à des recherches longues et minutieuses, et mon substitut m'annonce qu'on n'a trouvé aucune trace d'armes prohibées ni d'association illicite. Tout porte donc à croire que ces rumeurs n'avaient aucun fondement sérieux et n'étaient que le résultat d'une terreur panique qui s'était répandue dans cet arrondissement à la suite des terribles événements dont Paris venait d'être le théâtre.

A Alais, la voix publique accusait certains hommes, soit dans la ville, soit aux Hauts-Fourneaux, soit dans les mines de Bénèges, d'entretenir des correspondances secrètes avec les meneurs de Paris et de tenir des réunions nocturnes; deux de ces individus étaient spécialement signalés comme chefs de complot, un troisième comme recevant chez lui les conjurés.

Des visites domiciliaires, des perquisitions actives ont eu lieu, des mandats d'arrêt ont été lancés et mis à exécution contre les deux chefs présumés et contre celui qui passait pour leur donner asile. Une instruction judiciaire a été faite; de nombreux témoins ont été entendus, on n'a trouvé ni papiers compromettants ni armes, ni munitions; aucune charge sérieuse ne s'est produite contre les prévenus, et une ordonnance de non-lieu vient de les rendre à la liberté.

Ici encore, comme à Mende, la terreur avait grossi les objets; on avait pris pour indices d'un complot contre l'État quelques démonstrations d'hostilité de la part de certains ouvriers français contre les ouvriers étrangers.

Ainsi j'ai la satisfaction de pouvoir vous assurer que la conspiration n'avait aucune ramification dans les quatre départements qui composent le ressort de la Cour, et j'ai la confiance que les rapports qui vous seront adressés par les Préfets vous porteront la même assurance.

Il est bien entendu que je ne vais pas jusqu'à dire qu'il ne pût y avoir quelques individus personnellement en rapport avec les conjurés et faisant des vœux pour le triomphe de la démagogie; mais ces individus, s'il en existe, ont compris qu'ils ne pouvaient trouver de sympathie parmi nos populations laborieuses et foncièrement amies de l'ordre, et ils ont prudemment gardé le secret de leurs criminelles espérances.

Il me reste maintenant, si je ne donne pas une interprétation trop ambitieuse à la dernière partie de votre circulaire, à vous exprimer mon opinion personnelle sur le caractère et la nature de l'attentat dont vous avez déterminé les causes. Je le ferai simplement et en peu de mots.

1° Les grandes révolutions politiques froissent nécessairement de nombreux intérêts. Les trois révolutions qui se sont succédé dans une période de trente ans ont dû laisser des regrets profonds et vivants.

2° Si chez les uns les révolutions exaltent le sentiment patriotique, chez bien d'autres elles surexcitent les mauvaises passions.

La proclamation de la République devait plus particulièrement produire ce dernier effet.

Les idées politiques avaient été tellement faussées qu'une incroyable quantité de gens s'étaient persuadés que le Gouvernement républicain devait être le règne de la licence, le triomphe de la violence sur le droit, un régime de terreur et de démagogie; et cela est si vrai que j'ai vu de mes propres yeux, pendant bien des années, des hommes perdus de dettes et d'honneur, des hommes que leur immoralité avait mis au ban de la société se proclamer républicains et appeler l'avénement de la République comme le moment où ils pourraient s'affranchir d'une légalité qui les gênait et se venger d'une société qui les repoussait. Vainement les véritables républicains, ceux qui, comme moi, n'ont jamais vu dans la République que la plus haute expression de l'ordre social, protestaient-ils contre de pareilles doctrines et repoussaient-ils hautement toute solidarité avec de pareils hommes, ceux-ci, sans prendre la peine de les réfuter, se bornaient à les signaler comme de faux républicains, comme des républicains *à l'eau de rose* (c'était le terme consacré). La portion timide et crédule du peuple croyait plus aux jactances audacieuses et aux menaces des premiers qu'aux paroles pacifiques et rassurantes des seconds, et c'est là une des causes de la défaveur qui s'attachait au nom seul de la République.

3° Dans une époque de transition comme celle où nous nous trouvons, dans ce travail de régénération sociale qui agite toute l'Europe, si quelques esprits éclairés et concienceux ont proclamé quelques théories, quelques vérités utiles, combien n'a-t-on pas vu se produire de systèmes extravagants ou anti-sociaux?

Quelques esprits ardents et avides de nouveautés ont pu les adopter de bonne foi, un plus grand nombre les ont propagées dans un but odieux de désorganisation et de rapine.

De là sont nés les communistes et les autres sectes anti-sociales dont les doctrines sauvages, formulées enfin d'une manière saisissable, viennent d'épouvanter la France.

Ainsi trois éléments de désordre.

Les hommes qui regrettaient le passé, les prétendants de diverses origines et les ambitieux qui se groupaient autour d'eux et voulaient, à leur suite, reconquérir des positions perdues; les hommes à qui tout frein, tout ordre sont insupportables et qui voyaient dans la République un moyen d'exploitation et de satisfaction pour leurs appétits brutaux; les théoriciens insensés et leurs disciples sincères ou de mauvaise foi.

Il était facile de prévoir que dès que la République tendrait à se constituer sur les bases de l'ordre et de la morale, tous ces intérêts se réuniraient dans un effort commun pour tenter de la renverser; aussi, dès le mois d'avril disais-je à M. Teulon, mon ami, qui venait d'être nommé représentant du peuple : « L'Assemblée « Nationale va avoir une belle occasion de rallier autour d'elle tous les bons « citoyens; elle aura bientôt à soutenir une véritable guerre sociale. Qu'elle rem« plisse courageusement sa tâche, elle triomphera sans aucun doute, et alors,

« forte de l'appui de tous les gens de bien, elle pourra, sans obstacle, organiser et « consolider l'ordre et la liberté. »

J'étais loin de penser, sans doute, que la lutte put être aussi sérieuse, que l'ordre social pût courir d'aussi grands dangers et que l'on fût contraint d'en venir à des moyens de répression si énergiques ; mais c'est que j'avais compté sans un quatrième élément, le plus redoutable peut-être, la misère, *malesuada fames*, la misère, qui rend l'homme accessible à tant de séductions et le pousse à tant d'entreprises désespérées.

Tels sont, dans ma pensée et dans celle de mes amis, les causes générales des derniers troubles ; quant aux causes particulières, aux incidences qui sont venues compliquer et aggraver la situation, elles sont sans nombre, et il serait inutile de chercher à les spécifier. Vous êtes d'ailleurs, citoyens Commissaires, par votre haute intelligence et par votre position, mieux en mesure que personne de les reconnaître.

Salut et fraternité, le Procureur général,

Signé : Combier.

Orléans.

Orléans, le 4 juillet 1848.

Monsieur le Président, sans attendre le rapport général que vous m'avez fait l'honneur de réclamer de moi, à l'occasion des attentats des 15 mai et 23 juin, je crois devoir porter à votre connaissance quelques faits qui se lient évidemment à l'insurrection dont Paris a été le théâtre. Ils manquent certainement de précision, mais je n'ai pas cru devoir attendre également un plus ample informé pour vous en donner avis.

Dans l'arrondissement de Montargis, on a arrêté plusieurs individus qui, selon toute apparence, ont figuré parmi les insurgés. Le nommé Rigoulet (Jean), fumiste, a été arrêté par la gendarmerie à Fontenay le 30 juin. En ouvrant son sac, on y a rouvé des cartouches, un brassard rose, des balles et des lingots de plomb. De plus, avait sur lui des certifiats constatant qu'avant le 23 juin il était dans un dénûment absolu, et cependant il avait en sa possession 330 francs. Enfin un jeune homme qui logeait dans la même maison que lui, cour Saint-Jean-de-Latran, est venu confirmer toutes ces charges, en faisant connaître qu'il l'avait vu à plusieurs reprises, aller se battre avec les insurgés et cacher son fusil, le 27 au matin, dans le trou d'une cheminée qu'il a indiqué. On me signale Rigoulet comme un jeune homme vigoureux, d'une audace imperturbable et menaçante. Il nie toute participation à l'insurrection.

Trois autres individus ont été également arrêtés à Montargis, en possession d'une somme assez considérable dont ils n'ont pu expliquer l'origine (900 fr.; ce sont les nommés Gauthier (Georges), Gauthier (Damien) et Vernet (François) ; leurs passeports sont visés à la date du 22 et ils n'ont quitté Paris que le 27. Deux jeunes gens qui logeaient avec eux, les ont également signalés comme ayant pris part à la lutte, et ayant fait entendre des propos violents contre la garde nationale et la garde mobile.

Sur la réquisition de M. le procureur de la République, le tribunal de Montargis s'est dessaisi et a prononcé le renvoi de l'affaire et des inculpés ci-dessus nommés, devant l'autorité compétente.

L'arrondissement de Pithiviers semble avoir aussi servi de refuge à des insurgés en fuite. Les nommés Dupuis (Louis-Pierre-Ferdinand), ouvrier chapelier, Agossine (Joseph) figuriste, colporteur, Genest (Jean-Baptiste), Boulier (Auguste-Guillaume), tonnelier, et Moyé (Louis-Auguste-Frédéric), menuisier, Piault, journalier, Samoyant (Étienne), ouvrier menuisier, ont été mis en état d'arrestation.

Ils sont plus ou moins compromis par des propos graves, révélant leur participation à l'insurrection. Une instruction se suit à leur égard, et, dès à présent, on n'a plus de doute sur la gravité du rôle qui aurait été joué par Dupuis, Genest et Piault; Genest notamment s'est vanté d'avoir tué 15 gardes nationaux ou bourgeois. Au moment de son arrestation, il avait encore sur lui une douzaine de balles. Quelques arrestations qui pourraient bien se rattacher aux mêmes événements ont eu lieu dans l'arrondissement de Blois. Deux individus notamment ont semblé indiquer par leurs propos qu'ils combattaient parmi les insurgés.

On instruit contre eux.

Dans l'arrondissement d'Orléans, où la plus grande surveillance a été exercée, à raison de la facilité des communications avec la capitale, on a bien mis sous la main de la justice quelques individus suspects, mais contre lesquels jusqu'à ce jour les indices manquent de gravité.

De tous les autres points du ressort, je n'ai reçu aucune communication relative aux évènements qui font l'objet du présent rapport. Non-seulement l'ordre n'a pas été troublé, mais il ne paraît pas que les insurgés en déroute y aient cherché un refuge.

Si des renseignements de quelque importance me parvenaient ultérieurement, j'aurai l'honneur de les porter à votre connaissance.

Salut et fraternité : *Le procureur-général, signé* : Baudouin.

Pau.

Paris, le 19 juillet.

Monsieur le Président, je n'ai reçu que fort tard la circulaire sans date que vous m'avez fait l'honneur de m'adresser. Je ne l'avais pas attendue pour rechercher s'il s'était produit dans mon ressort quelque manifestation, quelque fait qui se rattachât aux insurrections du 15 mai et du 23 juin derniers. J'ai communiqué votre lettre à tous mes substituts, en leur demandant de nouveaux rapports ; en voici le résultat :

Je crois pouvoir affirmer que les auteurs des deux attentats qui ont si profondément ému la France, n'avaient pas de complices dans ce pays. Deux faits seulement m'ont été signalés comme pouvant avoir quelque relation avec les évènements de juin.

Un roulier de Carcassonne passant à Lamennezais (Hautes-Pyrénées), vers la fin de mai, fit dans une auberge une apologie enthousiaste de Barbès, dont il annonça l'élargissement pour le 24 juin.

A Saint-Sever (Landes), un ouvrier d'Agen, arrêté pour des propos imprudents, a été trouvé nanti de deux lettres que je joins à mon rapport. L'une de ces lettres est écrite à l'un de vos collègues à l'Assemblée, et l'informe de la composition d'un club révolutionnaire, établi dans le département de Lot-et-Garonne, et se tenant prêt à marcher au premier signal, pour s'emparer de la ville d'Agen. Mais, comme vous le voyez, les hommes que ces faits pourraient compromettre sont étrangers à mon ressort.

Dans le pays que j'administre, l'opinion publique s'est prononcée énergiquement contre les attentats qui ont désolé la France, et dont elle reste si malheureuse.

Quant au caractère, à la nature, aux causes de ces attentats, je dois vous dire mon sentiment en toute franchise. Depuis deux ans, les écrivains communistes avaient séduit un grand nombre d'ouvriers et quelques jeunes gens des écoles. Des associations s'étaient formées, elles s'étaient accrues beaucoup dans le courant de 1847, et leur organisation devait être puissante. Le dévouement des affiliés était d'autant plus grand, que, pour la plupart, il était aveugle. Il est évident pour moi qu'ils eurent la principale part à la victoire de février, et, comme elle dépassa leurs espérances, elle dut exciter jusqu'à la folie leur orgueil et leurs prétentions. Ils crurent à un changement radical et immédiat. Après avoir longtemps souffert, ils se persuadèrent qu'ils n'avaient plus qu'à jouir. Le plus difficile pour eux, c'était le triomphe, et, comme ils l'avaient si facilement obtenu, ils ne comprenaient pas qu'on pût ajourner d'un instant les conséquences matérielles qu'ils s'en étaient promises.

Des ambitieux, des intrigants, d'habiles ennemis de la République, quelques hommes aveugles sincèrement dévoués à la classe pauvre, et malheureusement aussi des hommes d'un talent distingué, d'une bonne foi incontestable, mais dupes de leur propre erreur, se mirent à flatter l'orgueil et les prétentions des ouvriers ; ils proclamèrent que la révolution faite par le peuple ne devait profiter qu'au peuple, et, par ce mot, ils désignaient exclusivement les hommes qui ne possèdent rien et qui ne peuvent vivre que de leur travail. Aussi eut-on beaucoup de peine à leur faire prendre patience. Pour les contenir, on leur montra au pouvoir les hommes auxquels déjà ils avaient accordé confiance, M. Ledru-Rollin et les membres du Gouvernement provisoire qu'on disait marcher avec lui. Ceux-ci, que je crois avoir été fort calomniés, agirent, parlèrent, écrivirent de manière à ne pas compromettre l'influence qui leur restait encore sur ces masses, afin d'arriver, sans désordres, à la réunion de l'Assemblée Nationale, à laquelle était remise la réalisation de toutes les espérances.

Cependant les ateliers nationaux s'étaient formés, et ici, j'avoue que je reste confondu de l'imprudence avec laquelle on les laisse s'établir. Cette formidable armée reçut une organisation régulière. Elle se disciplina. Elle apprit à obéir aux mêmes chefs, à tendre au même but, à agir d'un commun effort. Ainsi l'instrument qui devait assurer l'avènement des travailleurs, la *force ouvrière*, comme le disait Barbès, se trouvait préparée d'autant mieux que ces hommes s'exaltaient chaque jour davantage par leur contact habituel, par l'incessante communication de leurs désirs, de leurs espérances, de leurs projets.

La composition de l'Assemblée Nationale les effraya ; vainement elle se déclara républicaine, son enthousiasme des premiers jours ne parvint pas à les rassurer. La Chambre elle-même ne tint pas compte des nécessités du moment ; elle se laissa trop entraîner à calmer ses inquiétudes exagérées Après avoir placé Lamartine au pouvoir exécutif avec Ledru-Rollin, elle leur témoigna trop de défiance ; elle était arrivée avec des préventions que j'ai toujours crues injustes. Elle céda trop à ses préjugés ; au moins aurait-elle dû le faire sans inconséquence : si elle ne comptait pas sur ces deux hommes, pourquoi leur confier le pouvoir? Et, après le leur avoir remis, pourquoi les empêcher d'en user en ne leur prêtant pas assez d'appui?..... Malgré leurs erreurs, cependant, en dépit même de leurs plus grandes fautes, ils n'en avaient pas moins rendu les plus éclatants services, et il y eut plus que de l'ingratitude, il y eut irréparable faute à l'oublier sitôt. Ces hommes étaient acceptés par les masses ; les ouvriers les considéraient comme leurs représentants spéciaux ; quand ils les virent ainsi méconnus et déconsidérés, leur défiance ne connut plus de bornes, et il ne fut que trop facile d'en abuser. Les agitateurs des clubs, ceux de la presse exagérèrent à plaisir ce qu'ils appelèrent l'esprit rétrograde de l'Assemblée Nationale ; ils lui prêtèrent des projets de réaction, enfin ils firent si bien croire aux dangers que courait la République elle-même, qu'il y a moins à s'étonner du déchaînement de tant de passions que du retard apporté à leur expulsion.

Ainsi fut amenée la tentative du 15 mai. Quelques agitateurs qui s'étaient fait eux-mêmes une fausse idée de la Chambre, en même temps qu'ils s'étaient fait illusion sur leur propre force, ne crurent pas à la nécessité d'une lutte ouverte ; ils pensèrent qu'il leur suffirait d'une surprise ; mais l'attitude de l'Assemblée et de la garde nationale démontra à leurs complices qu'ils n'avaient plus de ressources que dans une attaque de vive force. Ils s'y préparèrent nuit et jour, dès ce moment-là ; ils recrutèrent partout des combattants ; ils formèrent, dans les principales villes manufacturières, des foyers d'insurrection qui, éclatant à la fois au signal venu de Paris, plongeraient la France entière dans les horreurs de la guerre civile ; ils acceptèrent pour cela le concours des mécontents de tous les régimes, les intrigues des prétendants et jusqu'à l'or des étrangers !.....

Heureusement que le temps manqua à la réalisation complète de leur plan ; le décret de dissolution des ateliers nationaux précipita leur attaque et les força de concentrer dans Paris tous leurs moyens d'action.

Tel est l'enchaînement des faits auxquels me paraissent se rattacher les attentats des 15 mai et 23 juin. Une cause plus éloignée, mais non moins certaine, c'est l'affaiblissement des idées morales dans les masses : à côté des besoins réels auxquels on doit nécessairement subvenir, il y a des passions qu'il faut réprimer à tout prix, parce qu'elles avilissent l'homme et qu'elles ruinent l'ordre social.

Je me résume, Monsieur le Président.

A mon sens, le caractère de l'attentat doit être diversement apprécié. De la part des chefs, l'ambition la plus désordonnée chez les uns, la haine de la République chez les autres ; de la part des masses, la guerre désespérée d'hommes qui se croient trompés et qui ne peuvent se résigner à voir profiter de leur victoire ceux-là même qu'on leur a présentés comme leurs éternels ennemis.

La nature de l'attentat, pour les chefs comme pour les soldats, c'est dansla révolte. J'ai trouvé les causes dans les souffrances et surtout dans l'ignorance des malheureux ouvriers, dans l'imprudence qui a présidé à l'établissement des ateliers nationaux et dans les fautes de l'Assemblée nationale.

Rennes.

Rennes, le 2 juillet.

Citoyen Président, j'ai l'honneur de vous adresser, pour la commission d'enquête que vous présidez, les renseignements qui me sont demandés sur les causes politiques des attentats des 15 mai et 23 juin derniers. Exactement informé par les Procureurs de la République dans tout le ressort des instructions judiciaire, qu'ils ont requises et de leurs résultats, je crois inutile de les interroger de nouveau, et, pour plus de célérité, je m'empresse de vous transmettre les indications que je possède.

L'attentat du 15 mai n'a eu aucun retentissement fâcheux en Bretagne ; il n'y a excité que l'indignation de tous les gens de bien contre les fauteurs de l'anarchie et du désordre. Tous les bons citoyens ont protesté contre l'invasion violente de l'Assemblée Nationale, en qui se résument la volonté, la force et les espérances de a République ; du reste, aucune poursuite judiciaire n'a eu lieu dans le ressort de la Cour de Rennes à l'occasion de cet attentat.

L'insurrection du 23 juin était depuis longtemps prévue : l'existence des ateliers nationaux, le salaire du travail donné en prime à l'oisiveté, la nécessité de mettre un terme à des dépenses stériles qui épuisaient nos finances, étaient une menace incessante pour la tranquillité publique ; chacun pressentait que lorsqu'il faudrait prendre un parti énergique et salutaire contre les ouvriers qui ne voulaient pas travailler, les agitateurs exploiteraient leur mécontentement et les pousseraient à la résistance et à la révolte ; les idées socialistes et communistes, les enseignements des clubs, les excitations de la presse, le ressentiment des désappointés du 15 mai, l'irritation des ambitions trompées et des besoins méconnus, les hésitations du pouvoir exécutif ont fait le reste.

La seule poursuite qui ait eu lieu en Bretagne pour des faits qui se rapportent à ceux de Paris a été dirigée, par ordre de l'autorité militaire, contre le nommé

Boucher, fusilier au 2e bataillon du 71e de ligne, en garnison à Belle-Isle en mer (Morbihan), qui est inculpé d'avoir rédigé diverses proclamations anarchiques destinées à être distribuées, le 20 juin, à ses camarades et aux habitants. Ces proclamations avaient pour objet de renverser l'Assemblée Nationale et d'établir le gouvernement provisoire du 15 mai aux cris de vive Barbès ! Pour échauffer le zèle des soldats, il leur disait : « La France est à nous ! Nous avons à Rennes deux mille « ouvriers qui nous attendent et prêts à marcher pour installer et proclamer le « communisme. Le Gouvernement ne tient pas les promesses qu'il a faites au « peuple ; on ne s'occupe pas de soulager la misère ; peu m'importe d'être brisé « sous les pieds, ma mission est remplie, le feu est aux poudres, et le mouvement « ne saurait manquer d'avoir lieu. » Ces derniers mots semblent annoncer que Bouchet connaissait d'avance l'explosion qui allait éclater. Avant son incorporation au 71e, il suivait le club de la République rouge ; il avait été envoyé comme émissaire à Genève, puis à Lyon ; enfin il n'est entré comme remplaçant au 71e que parce que le parti avait jugé utile à la propagation de ses doctrines sa présence dans un régiment. Bouchet sera traduit devant un conseil de guerre.

Je dois ajouter que, dans les premiers jours d'avril et vers le 15 mai, des placards provoquant à la révolte et au refus de l'impôt furent affichés, pendant la nuit, sur plusieurs points de la ville de Rennes ; les uns étaient dirigés contre le Gouvernement provisoire, les autres contre la République, qu'on déclarait impossible en France. Dans la nuit du 5 au 6 juin, l'arbre de la liberté a été coupé à Rennes ; malgré les plus actives recherches, les auteurs de ces criminelles manifestations sont demeurés inconnus.

Enfin, le 28 juin, un individu nommé Barbe, ancien garçon tailleur et travaillant depuis peu aux ateliers communaux, a été arrêté par la garde nationale sur l'une des places de Nantes, au moment où, dans une intention malveillante, il cherchait à persuader à un grand nombre d'ouvriers qui l'entouraient que la lutte n'était pas finie et que les dépêches télégraphiques n'étaient qu'une ruse employée par le Gouvernement pour tromper la province sur la situation de Paris. Barbe a été placé sous mandat de dépôt ; une instruction est commencée contre lui.

Je dois rappeler aussi l'émeute qui a éclaté à Nantes le 19 juin, lorsqu'on a voulu imposer le travail à la tâche aux ouvriers des ateliers communaux ; l'instruction n'est pas encore terminée.

Tel est le petit nombre de faits politiques qui se sont produits en Bretagne pendant les deux derniers mois. Ce sont, pour la plupart, des actes isolés qui n'ont qu'une corrélation indirecte avec les événements de Paris ; mais j'ai dû vous les faire connaître, citoyen Président, parce qu'ils témoignent de la disposition des esprits à lutter contre l'autorité.

A mes yeux les attentats de mai et de juin ne sont pas seulement des crimes politiques, ce sont des tentatives de révolution sociale. Dans une démocratie comme la nôtre, où la liberté déborde, où le suffrage universel est mis en pratique, des républicains ne peuvent pas prendre les armes pour une conquête politique, ce sont les institutions sociales qui sont menacées ; la famille et la propriété, bases éternelles de l'ordre, sont des obstacles ; on veut les détruire et élever sur leurs ruines les sauvages principes d'un aveugle communisme. Ces funestes égarements sont les fruits des doctrines socialistes, des théories trompeuses du Luxembourg, et il faut bien le dire aussi, des inspirations de la misère.

Voilà comment on apprécie généralement le caractère et la nature de l'attentat dont la commission d'enquête doit déterminer les causes aux yeux du pays. Il sera plus difficile de trouver les moyens d'en prévenir le retour : accorder aux malheureux de toutes les classes les secours que leur position exige, asseoir sur des bases équitables la rémunération du travail, arrêter les progrès de la dégradation morale et l'affaiblissement du sentiment religieux, réprimer avec énergie les écarts de la presse, empêcher la propagation des doctrines anti-sociales qui faussent le jugement et corrompent le cœur ; ce sont là les premiers besoins de la patrie.

Salut et fraternité,

Pour le procureur général absent,

Le premier avocat général. *Signé* : Massabiau.

Riom.

Citoyens, conformément à l'invitation que vous m'avez adressée, j'ai l'honneur de vous faire connaître, après avoir provoqué les rapports spéciaux de tous mes substituts, les faits soit judiciaires, soit politiques, qui, survenus dans mon ressort, se rattacheraient soit directement, soit indirectement, aux attentats du 15 mai et des 23, 24, 25 et 26 juin dernier et seraient propres à fixer votre opinion sur la nature, les causes et l'étendue de la conspiration anarchique qui s'est révélée à ces deux époques.

Aucune instruction judiciaire n'a eu lieu dans mon ressort sur des faits qui présentassent quelque liaison avec le mouvement du 15 mai.

Deux instructions ont été commencées depuis les journées de juin devant les tribunaux d'Ambert et de Clermont-Ferrand (Puy-de-Dôme), contre deux ouvriers originaires de cet arrondissement, qui sont rentrés dans leurs foyers depuis la dernière lutte, et qui travaillaient à Paris lorsqu'elle a pris naissance. L'un d'eux, le nommé André Roussel, ouvrier terrassier, s'est vanté, dans une auberge de sa commune, d'avoir pris part à l'insurrection ; l'autre, blessé récemment, a reconnu avoir reçu cette plaie à la porte Saint-Denis, le 24 juin, mais en qualité de simple spectateur. Les deux procédures ont été transmises à l'autorité judiciaire de la Seine.

Quant aux faits politiques généraux qui pourraient révéler quelque connexion avec le plan de l'insurrection parisienne, je dois signaler à l'attention de la commission les agitations qui se sont produites à Cusset (Allier), à Brioude (Haute-Loire) et à Thiers (Puy-de-Dôme).

Cusset est divisé en deux partis bien tranchés : l'un, composé d'ouvriers entièrement dévoués au nouveau maire, le sieur Gayot, créé par l'ancien commissaire extraordinaire Mathé ; et l'autre formé de la bourgeoisie et d'une partie du petit commerce soutenant avec ardeur les intérêts et la personne du citoyen Arloing, ancien maire dépopularisé auprès des classes pauvres par l'établissement d'octrois plus onéreux qu'utiles à la ville dont il était administrateur municipal. Dès le 5 mars, l'antagonisme des classes pauvres contre la bourgeoisie éclata par des manifestations anarchiques. Les bureaux de l'octroi furent incendiés ; la personne du sieur Arloing menacée. Je fis évoquer l'affaire par la cour : sur l'instruction, à laquelle présida un conseiller délégué, la chambre d'accusation renvoya devant les assises dix des inculpés : plusieurs d'entre eux avaient été arrêtés et écroués dans la prison de Cusset ; mais un ordre arbitraire, provoqué par le commissaire extraordinaire, brisa les mandats judiciaires, et le maire Gayot fit procéder à leur élargissement. La position normale faite par cette mesure à l'autorité judiciaire n'a pas permis d'obtenir encore la répression de ces désordres. Cependant j'ai fait formaliser la procédure par contumace, et la session d'assises qui va s'ouvrir dans quelques jours à Moulins donnera une solution à ce procès. Cet appui, venu du Ministère de l'intérieur, n'était pas de nature à calmer l'ardeur des classes pauvres de Cusset. Le club où elles se réunissaient n'y puisa qu'une plus grande sécurité et une plus grande raison d'audace. La haine de la bourgeoisie y fut de nouveau entretenue. Il en est résulté un état permanent d'hostilité intermittente dont les aggravations ont toujours coïncidé sympathiquement avec les émotions de Paris. Le 15 mai, la recrudescence fut sensible ; le 23 juin, les deux partis, leurs chefs en tête, se rassemblèrent dans la rue ; une collision semblait imminente et n'a été empêchée que par la prudence et la fermeté conciliatrice de mon substitut, qui pendant deux nuits a interposé sa parole et ses exhortations, seules armes dont il pût disposer en l'absence d'une force régulière. Depuis j'ai su que le citoyen Préfet de l'Allier avait envoyé de la cavalerie pour assurer la paix publique, si souvent menacée à Cusset. On soupçonna qu'un sieur *Terson*, ancien prêtre, qui avait été envoyé de Paris à Cusset au mois de mars dernier avec la mission officielle de diriger l'esprit électoral, et que Paris a dû recouvrer depuis, homme dévoué aux doctrines socialistes et communistes, a conservé des relations avec le maire Gayot, et l'on explique par cette correspondance la simultanéité des émotions de Cusset et des agitations anarchiques de la capitale. C'est une conjecture dont je dois laisser la vérification à la Commission.

Brioude avait accepté la République avec facilité ; aujourd'hui une division déplorable y fait sentir ses funestes effets ; la présence du citoyen Saint-Ferréol, sous-commissaire du Gouvernement, homme fort riche, caressant la plus radicale et la plus humble popularité, irrité de son échec électoral, président du club le plus démagogique, paraît être la cause la plus puissante de la scission qui s'est produite entre le prolétaire et la classe riche. Il s'est adjoint depuis longtemps un sieur Jules Magne, venu de Paris, organe véhément du commissaire. Les relations avec les clubs démagogiques de Paris expliqueraient la concordance des émotions de Brioude avec celles du 15 mai et du 23 juin. Je laisse au rapport fort détaillé de mon substitut de Brioude, homme digne de toute confiance, le soin de vous édifier complètement sur cette complicité, au moins morale, des anarchistes de l'une et de l'autre ville.

Thiers réunit, pour la fabrication de sa coutellerie, un grand nombre d'ouvriers : le rapport ci-joint de mon substitut constate que les veilles du 15 mai et des journées de juin, une agitation systématique s'est manifestée parmi eux ; que le club a redoublé, à ces époques, de violences et d'irritation contre la classe bourgeoise, qu'une curiosité impatiente portait la foule populaire au bureau de poste, et révélait la prescience des événements dont Paris devait être le théâtre. Toutefois, la défaite de l'anarchie a refoulé ces espérances sympathiques, et l'ordre public n'a pas été sérieusement troublé.

Sur tous les autres points de mon ressort, le bon esprit des populations s'est manifesté par des inquiétudes honnêtes, par des vœux pleins de civisme. Les gardes nationales s'y sont mobilisées volontairement pour marcher sur Paris à la défense de l'ordre et de la civilisation, et sans la distance, qui a neutralisé l'utilité de leur dévouement, elles auraient associé leur tribut de patriotisme à celui des généreux citoyens de Paris.

Quant aux cultivateurs de l'Auvergne, inaccessibles aux émotions politiques, concentrés dans les préoccupations positives de la propriété foncière et de l'intérêt matériel, ils n'ont d'autres passions que la haine des contributions indirectes et celle de l'impôt des 45 centimes.

Les ennemis de la République n'ont que cette corde à toucher pour les faire sortir du calme de leur vie occupée ; mais leur émotion s'arrêterait, en général, à la résistance et ne serait pas entraînée jusqu'à l'agression. Il n'y a pas, sous ce rapport, de point de contact entre eux et les ouvriers des villes.

Je n'oserais, en présence des seuls faits qui se sont produits dans mon ressort, hasarder l'appréciation que vous m'invitez à vous exprimer de la nature et des causes des attentats qui ont menacé Paris et la France. Des ambitions personnelles me semblent ici avoir exploité la misère des classes ouvrières et transformé en haine facile la jalousie naturelle qu'elles portent aux possesseurs d'une plus heureuse position sociale : la tribune des clubs a été le moyen puissant de cette croisade anti-fraternelle. Mais, s'il est facile de reconnaître l'unité d'impulsion qui a agi sur les instruments placés dans la même condition de misère et d'ignorance, il ne peut appartenir qu'à la Commission d'enquête, placée au foyer de la conspiration, de reconnaître les intérêts sans doute complexes des organisateurs et des fauteurs de ce vaste et terrible mouvement insurrectionnel : c'est de vos soins que nous devons recevoir nous-mêmes la lumière que la France attend avec une si légitime anxiété.

Salut et respectueuse fraternité,

Le Procureur général, *signé* : H. Letourneux.

Rouen.

Lettre de M. le procureur général de Rouen. — 24 juillet.

Citoyens Représentants, pour me conformer à la mission que vous m'avez donnée, j'ai chargé mes substituts de m'adresser les renseignements relatifs aux attentats des 15 mai et 23 juin qui seraient parvenus à leur connaissance. Ces documents sont peu nombreux et peu explicites. Cependant quelques uns m'ont paru devoir être soumis à votre appréciation ; ils constatent d'abord des relations certaines entre les auteurs des complots de Paris et les agitateurs des départements, et notamment de notre ville.

La pièce n° 1 contient quelques extraits d'une correspondance saisie au domicile du citoyen Meslay, rédacteur du journal l'*Association libre des travailleurs*. Ce journal, qui chaque jour excitait les ouvriers contre la bourgeoisie, a cessé de paraître par suite de la détention du rédacteur.

La première lettre émanée d'un chef de club détenu comme ayant pris part aux troubles d'avril, à Rouen, prouve que le résultat de l'insurrection de la capitale était vivement attendu par les détenus de juin. La deuxième lettre, écrite le 20 juin, à la veille du jour où le complot a éclaté à Paris, constate que les partis extrêmes se réunissaient dans les clubs pour prendre part au mouvement, et que chacun espérait en profiter à l'exclusion des autres. L'instruction contre Meslay n'ayant pas produit de charges suffisantes, il a été mis en liberté après plusieurs semaines de détention.

Ces espérances des opinions extrêmes se sont révélées à Rouen dans les journaux qui les représentent.

L'*Impartial*, organe de l'opinion légitimiste, publiait, le 24 juin au matin, un article dans lequel il accusait la Commission exécutive de *pactiser avec l'emeute* ; il demandait qu'elle fût dissoute et mise en accusation ; il terminait son bulletin par ces mots en gros caractères : IL FAUT QUE LA PROVINCE SAUVE LA FRANCE. On a remarqué que bon nombre de partisans de Henri V s'étaient joints aux volontaires de la garde nationale, dans l'espoir d'exploiter la répression du complot en faveur de leur parti.

Ce numéro a été saisi, le gérant a été arrêté et relâché après interrogatoire, et il n'a pas été donné d'autre suite à cette affaire. Le lendemain, le même journal publiait les nouvelles les plus alarmantes de Marseille et de Lyon, et plus tard, il a ouvert dans ses colonnes, une pétition pour demander la mise en accusation des membres de la Commission exécutive ; mais il est vraisemblable qu'à raison du petit nombre d'adhérents qu'il aura rencontrés, il se sera décidé à renoncer à cette manifestation. Dans le même temps, un autre journal intitulé *La Sentinelle des Travailleurs*, destiné, comme l'*Association libre des Travailleurs*, à exciter les ouvriers, terminait ainsi un de ses articles, le 26 juin : « Travailleurs, du calme, vous manquiez d'organisation ; on vous a repoussés de la garde nationale, attendez tout du *Gouvernement de Paris.* » Ces derniers mots soulignés supposent qu'il y avait un Gouvernement prêt à prendre la direction des affaires, si le complot eût réussi, et que vraisemblablement l'organisation s'étendait à la ville de Rouen, où les meneurs avaient reçu le mot d'ordre. Le rédacteur de ce journal, le citoyen Salva, a été arrêté quelques jours plus tard comme prévenu d'avoir tenté d'embaucher des ouvriers pour les diriger sur Paris, mais il a dû être relâché après information, à défaut de charges suffisantes.

La pièce n° 4 est la copie d'un placard incendiaire affiché dans la commune de Cany, arrondissement d'Yvetot : l'auteur de ce délit a été saisi ; il se nomme Lappert. Après information, il a été renvoyé devant la cour d'assises, où il doit comparaître à la prochaine session. On n'a pu découvrir jusqu'à présent s'il avait des complices et était en relation avec les agitateurs de Rouen et de Paris.

On a saisi peu de jours après les troubles de la capitale, un autre placard du même jour, affiché dans la commune de Routot, arrondissement de Pont-Audemer. L'auteur de ce délit est resté inconnu, ce qui m'a permis de joindre le placard original aux documents que je vous envoie.

Les autres pièces ont moins d'mportance : elles se composent des rapports de mes substituts : 1° du tribunal de Louviers, indiquant le non de plusieurs individus arrêtés sous la prévention d'avoir pris part à l'insurrection de Paris ;

2° Du tribunal de Bernay donnant quelques renseignements sur les excitations dont les ouvriers de cet arrondissement avaient été l'objet ;

3° Du tribunal de Neufchatel, annonçant l'arrestation d'inculpés qui ont été livrés à la Commission extraordinaire instituée à Paris ;

4° Du tribunal du Havre, contenant des renseignements sur les réunions d'ouvriers communistes à Ingouville.

Vous me demandez, en outre, citoyen Représentant, d'exprimer mon opinion personnelle sur le caractère et la nature de l'attentat dont vous avez à déterminer les causes aux yeux du pays. Vous comprendrez qu'il est difficile, sur des documents aussi incomplets que ceux que je vous transmets, d'exprimer une opinion qui ait quelque valeur. Toutefois, pour me conformer à vos instructions, j'ajouterai que la première cause des troubles qui ont suivi la Révolution de février, réside dans la mauvaise direction donnée aux ateliers nationaux, si j'en juge par ce qui s'est passé à Rouen, peut-être même dans l'existence de ces ateliers. A leur tête, on a placé des hommes qui ont pressé le désordre et l'agitation, là où on devait recommander l'ordre et l'union. Partout on a fait aux travailleurs des promesses qu'il était impossible de réaliser. De là, pour eux, des déceptions cruelles qui ont facilité toutes les excitations dont ils ont été l'objet. Quant aux chefs de ces menées, ils semblent appartenir à des opinions différentes. Les dernières élections de la capitale indiquent qu'il y a eu une sorte d'entente entre les partis extrêmes pour porter leurs représentants à l'Assemblée Nationale. La lettre adressée de Paris à Meslay, par Marais, le 20 juin, prouve que les réunions qui ont précédé le complot, se composaient d'ultra démocrates, de partisans de Louis Bonaparte et du duc de Bordeaux. On peut donc supposer que les meneurs de ces divers partis se sont entendus pour exciter à la révolte tous ceux sur lesquels ils avaient de l'influence, sauf ensuite, en cas de succès, à tourner leurs armes les uns contre les autres pour savoir à qui resterait définitivement la victoire. Grace à Dieu, l'évènement a déjoué les projets coupables ; il faut espérer que la République honnête, après avoir triomphé des agitateurs, ramènera à elle, par sa sagesse et sa modération, les malheureux qu'on a si cruellement trompés.

Salut et fraternité.

Le procureur général, *Signé* : DESSEAUX.

Toulouse.

Toulouse, le 15 juillet.

Monsieur le Président,

Pour me conformer à la lettre que vous m'avez fait l'honneur de m'adresser, j'ai recueilli tous les renseignements qui pouvaient éclairer les causes et faire apprécier les conséquences des déplorables attentats des 15 mai et 23 juin.

Il n'est venu à ma connaissance aucun fait spécial qui me permette d'affirmer que l'insurrection qui a éclaté à Paris avait des ramifications dans ces contrées. Je dois cependant vous signaler une instruction judiciaire commencée à Albi, et qui semble révéler un projet de complot qui aurait éclaté, si l'insurrection du 23 juin avait eu un autre résultat. Cette instruction n'a révélé aucun fait positif; elle n'a encore recueilli que des rumeurs, des propos vagues, un projet de pétition pour demander la délivrance de Barbès. L'attention du magistrat instructeur a été appelée à vérifier les relations qu'un nommé Holtz, armurier à Albi, entretenait avec le sieur Cabet. Quatre lettres adressées par ce dernier et signées par lui, ou en son nom, par un nommé *Vivolikouski*, ont été saisies au domicile de Holtz. J'ai pris communication de ces lettres, dont la plus récente porte la date du 15 juin 1848; et les autres sont écrites dans le courant de l'année 1847. Elles sont sans importance; elles y traitent du mode de placement des ouvrages du citoyen Cabet. Le sieur Holtz était le correspondant du citoyen Cabet, pour la propagande de sa doctrine. Il les partageait complètement. Le seul passage qui m'ait frappé, et qui mérite quelque attention, est le suivant, extrait de la lettre du 15 juin 1848.

« Les détails que vous donnez au citoyen Cabet sur votre part dans les mani« festations républicaines lui ont fait beaucoup de plaisir, et l'ont confirmé dans « l'opinion qu'il avait eue toujours de vous. Continuez toujours, citoyen, à servir « une si belle cause, et ne vous laissez pas arrêter ni rebuter par les obtacles ni « par les persécutions. »

Cette lettre se termine par le paragraphe suivant : « Notre propagande reprend « partout avec une nouvelle vigueur; les dupes commencent partout à revenir de « l'erreur et à nous rendre justice. »

Il n'existe pas d'autre information judiciaire commencée et qui puisse se rattacher aux attentats des 15 mai et 23 juin, que celle que je viens de rappeler, et je doute qu'elle parvienne à constater des faits précis ou de quelque gravité.

Mais il ne faut pas conclure de cette situation que les évènements des 15 mai et 23 juin n'étaient ni prévus, ni attendus.

Des évènements aussi graves n'éclatent pas inopinément; ils sont précédés et annoncés par des symptômes précurseurs. L'intervalle qui sépare le 15 mai du 23 juin a été pour les bons citoyens un temps de douloureuse anxiété. La situation était trop tendue pour ne pas éclater. La présence à Paris des ateliers nationaux organisés était considérée comme une menace incessante contre l'Assemblée, comme un danger permanent avec lequel la République devait être infailliblement appelée à se mesurer. Si les bons citoyens s'attendaient à cette insurrection parce qu'ils la redoutaient, les mauvais citoyens l'appelaient de leurs vœux. Il est facile de comprendre que, dans cette disposition des esprits, les chefs de l'insurrection, à Paris, n'avaient pas besoin d'envoyer des instructions à leurs affiliés. Ces instructions étaient écrites à l'avance dans les publications qui avaient précédé l'insurrection; elles étaient surtout formulées par les décrets que Barbès avait lus à la tribune de l'Assemblée, le 15 mai. Aussi, dans les villes où le parti anarchique eût été le plus fort, le plan était tracé à l'avance. Changer les autorités, proclamer la République démocratique et sociale, et substituer le drapeau rouge au drapeau national. Ici, à Toulouse, les deux clubs étaient en permanence ; ils envoyaient chaque soir à la Préfecture, pour s'assurer, disaient-ils, qu'on ne tronquait pas les dépêches ; il n'est pas douteux que si la cause de l'ordre eût été vaincue à Paris, les anarchistes eussent tenté ici et dans tous les grands centres de population un énergique effort pour consacrer le triomphe de l'insurrection. Le courageux dévouement de la garde nationale et de l'armée, la vigoureuse impulsion que ces forces ont reçue de l'initiative de l'Assemblée, ont pour cette fois du moins sauvé la cause de la civilisation. L'adhésion universelle qui a été donnée aux mesures que l'Assemblée a prises atteste que la société ne s'est pas fait illusion sur la profondeur de l'abîme où elle a failli périr.

Vous désirez, Monsieur le Président, que j'exprime mon opinion personnelle sur le caractère et la nature de l'attentat dont la Commission doit déterminer la cause aux yeux du pays.

L'insurrection qui vient d'être vaincue n'est pas l'œuvre d'un parti politique qui s'efforce de substituer une autre forme de gouvernement à celle qui existe en acceptant pour base les lois éternelles de la société : la propriété et la famille. La guerre qui vient d'éclater, il est douloureux d'en faire l'aveu, c'est la guerre d'une classe de la société contre une autre classe ; c'est un effort désespéré pour déplacer par la violence la propriété, la fortune et la richesse.

Cet état de choses a été sans doute préparé par ces publications anarchiques qui mettaient en question la propriété. Les désordres matériels qui éclatent dans la société, les crimes qui la désolent sont la conséquence nécessaire, quoique souvent éloignée, des mauvais principes et des doctrines erronées. Je n'hésite donc pas à penser que les attentats qui viennent d'éclater sont la consécration des théories communistes qui ont été propagées. Mais ces théories, livrées à leur propre puissance, eussent été insuffisantes pour donner à l'insurrection cette organisation qui l'a rendue si redoutable.

On ne peut se dissimuler que cette insurrection a emprunté une force immense au décret du Gouvernement provisoire du 25 février, qui s'engage à garantir l'existence de l'ouvrier par le travail et à garantir du travail à tous les citoyens. Dès ce moment, les prétentions de la classe ouvrière ont trouvé une consécration dans un acte solennel du Gouvernement. Proclamée le lendemain de la révolution, cette double garantie semblait se présenter comme le résumé, comme l'expression même de la révolution qui venait de s'accomplir. Développé par certains discours, propagé par la presse, ce programme, impossible à réaliser, a été présenté aux ouvriers et accepté par eux, comme la grande charte que les pouvoirs, issus de la révolution, étaient tenus, sous peine de forfaiture, de défendre et de développer.

L'organisation des ateliers nationaux, les subventions qui leur ont été accordées ont dû être considérées par la classe ouvrière comme la mise en pratique du programme du 25 février. La société a paru un instant transformée au point qu'au lieu d'aller à la recherche du travail, l'ouvrier devait le recevoir des mains du Gouvernement ; et lorsque l'Assemblée, justement lassée de toutes ces subventions qui menaçaient de tarir dans sa source la fortune publique, a proclamé que cet état de choses anormal, qui ne violait pas moins les lois de l'État que les règles d'une sage économie, devait avoir un terme, on a vu alors ces passions habilement entretenues s'agiter d'abord et se soulever plus tard, comme s'il s'agissait de défendre, les armes à la main, non une concession gratuite et temporaire, mais un droit acquis par de longues luttes et consacré enfin par les pouvoirs publics de la société.

Ainsi s'explique cette insurrection, la plus formidable parmi celles qui ont le plus profondément ébranlé la société.

C'est une classe tout entière de la société, égarée par les plus fausses théories, entretenue dans cette pensée que sa condition était légalement changée et qu'on ne pourrait plus sans crime la faire déchoir de la position qu'une révolution sociale lui avait faite. Cette opinion, habilement caressée pendant quatre mois, explique l'organisation puissante de l'armée insurrectionnelle, l'habileté de ses combinaisons, autant que la sauvage énergie avec laquelle ses soldats ont combattu.

Le problème social que cette lutte a mis en évidence est grave et difficile. La société n'a pas péri, sans doute, le 25 juin, grâce à l'héroïque dévouement de ses défenseurs.

Mais peut on dire qu'elle soit définitivement sauvée et qu'elle n'aura pas encore à soutenir de périlleux combats? Nul ne peut se flatter de cette espérance, mais chacun croît aussi que la sagesse de l'Assemblée Nationale, après la victoire; égalera son énergie et son courage pendant la lutte. Il ne faut pas se dissimuler qu'aussi longtemps que le torrent démocratique, sorti irruptivement de son lit, n'en aura pas creusé un nouveau, il portera souvent la dévastation et le ravage au sein de la société. Plus d'une fois encore, la religion, la famille et la propriété auront à défendre leurs foyers menacés.

Mais, à côté de ces périls que l'homme d'Etat doit savoir sonder d'un œil calme, viennent se placer, des causes de sécurité et des gages d'une victoire définitive.

Le mal que j'ai signalé, et qui s'est traduit par des scènes qui semblent nous ramener vers la barbarie, n'est pas général: il n'a pas pénétré dans tous les rangs du peuple, je me hâte de le dire, il n'a pas atteint le peuple des campagnes. Au lieu de ces populations attachées à la culture de la terre, se sont traditionnellement conservées, les trois grandes idées de toute civilisation : le sentiment religieux, le culte de la famille et l'amour de la propriété.

La division des propriétés, l'un des principes les plus féconds de notre grande révolution, a créé des habitudes et des instincts qui se révoltent contre la violence et tiennent en juste suspicion les théories qui contestent le droit immuable de la propriété, et nient l'indissolubité de la famille. Dans ces contrées, l'homme du peuple est plus jaloux de défendre le sillon de terre qu'il arrose de ses sueurs que tenté de s'emparer du champ de son voisin. Aussi, non-seulement l'insurrection du 23 juin n'a-t-elle excité aucune sympathie au sein des campagnes, mais elle y a soulevé une énergique répulsion. Les théories communistes n'ont obtenu aucun succès, et aujourd'hui le danger le plus grand que puisse courir un citoyen qui habite ou qui parcourt nos campagnes, c'est d'être signalé comme un communiste. On a vu depuis quatre mois des populations entières se soulever contre des fonctionnaires soupçonnés, à tort ou a raison, de professer des principes compromettants pour la propriété.

Aussi le danger de la société n'est pas dans l'esprit du peuple proprement dit, le peuple est moral ; il est soumis à l'autorité. Les questions d'impôt ont seules le privilège de l'émouvoir et de l'agiter. Le danger est dans l'agglomération de la classe ouvrière, c'est là que les doctrines anti sociales font de rapides et profonds ravages.

Organiser cette force, aujourd'hui dévoyée, lui creuser un large lit, afin de régulariser son cours, tel est le grand problème de notre époque; ce sera la gloire de l'Assemblée Nationale si elle parvient à le résoudre.

Je ne sais pas, Monsieur le Président, si j'ai bien saisi le sens du dernier paragraphe de votre circulaire. J'ai cherché à me pénétrer de son esprit et à répondre au désir que vous me faisiez l'honneur de m'exprimer.

Veuilez agréer, Monsieur le Président, l'assurance de ma haute et respectueuse considération,

Le Procureur général.

III

DÉPÊCHES TÉLÉGRAPHIQUES.

DÉPÊCHES TÉLÉGRAPHIQUES.

23 Juin.

Paris, le 23 juin, à cinq heures un quart du soir.

Le Ministre de la marine et des colonies prie Messieurs les administrateurs des lignes télégraphiques de transmettre la dépêche ci-après :

Aux préfets maritimes de Cherbourg à Cherbourg; de Brest et Lorient à Brest; de Rochefort à Poitiers; de Toulon à Toulon.

Une émeute a éclaté aujourd'hui à Paris, vers midi. Des barricades ont été formées dans les faubourgs Saint-Antoine et Saint-Denis; elles ont été enlevées par la garde nationale et par la troupe. — Le Gouvernement a pris des mesures énergiques dans la soirée.

Nos 1304. — 5. — 6. — 7. — 8. — Paris, le 23, à six heures du soir, parvenue à Cherbourg, Brest, Poitiers et Toulon, le 24 à cinq heures du matin.

Paris, le 23 juin.

Le Ministre de la marine et des colonies prie Messieurs les administrateurs des lignes télégraphiques de transmettre la dépêche ci-après :

Au citoyen préfet maritime, à Brest.

« Faites disposer sans retard le brick le *Cygne* à partir pour les Antilles au premier ordre.

« Pressez les réparations du *Galibi*, et faites connaître l'époque très-urgente à laquelle il pourra suivre cette même destination.

« Pour le Ministre, et par son ordre : *le sous-secrétaire d'Etat, signé* : VERNINAC.

N° 1303. — Paris, le 23 juin, à quatre heures du soir.

Paris, le 23 juin, à deux heures du soir.

Le Ministre des finances à M. le Receveur général à Limoges.

« Mettez à la disposition de l'administration municipale de Limoges une nouvelle somme de trente mille francs, imputable sur l'emprunt de trois cent mille francs, autorisé en faveur de cette ville.

« *Signé* : E. DUCLERC. »

N° 1303, — Tenue à l'administration télégraphique le 23 juin, à deux heures du soir.

Paris, le 23 juin.

Le Ministre de la guerre au citoyen général commandant la division militaire à Besançon.

« C'est aux autorités civiles et militaires à décider s'il est opportun que les troupes figurent à la procession de la Fête-Dieu. »

N° 1301. —Paris, le 23, à midi et demi.—Parvenue le 24 à sept heures et demie du matin. — Renvoyée le 24.

Paris, le 23 juin.

Le Ministre de la guerre à M. le général commandant la 7e division militaire.

Dès qu'un bataillon de guerre du 2e de ligne sera organisé, dirigez-le de suite sur Nîmes. Un second le suivra s'il est demandé. Retenez les bataillons de guerre du 32e à Aix jusqu'à nouvel ordre. »

N° 1300. — Paris, le 23, à onze heures du matin.

Paris, le 23 juin.

Le Ministre de la guerre à M. le général commandant la 8e division militaire.

« Un bataillon du 2e de ligne va venir d'Arles à Nîmes; un second est tout prêt à le suivre au besoin. »

N° 1299. — Paris, le 23 juin, à onze heures du matin.

---

24 Juin.

Le Ministre de la guerre au Sous-Intendant militaire de Cherbourg.

Obtenez du Préfet maritime que le prêt de biscuits soit porté, au moins, à 400 quintaux, si même ce ne peut être plus.

Dirigez sans le moindre retard, sur le Havre, le complément que vous obtiendrez.

N° 1310. Paris, le 24, à sept heures.

Le Ministre de la marine et des colonies prie MM. les Administrateurs des lignes télégraphiques de transmettre la dépêche ci-après :

A M. le Préfet maritime, à Cherbourg.

Envoyez immédiatement à Paris toutes les compagnies d'infanterie de marine dont vous pouvez disposer, en faisant participer à la garde de l'arsenal l'artillerie de marine et les ouvriers du port.

Les compagnies d'infanterie qu'il vous sera possible d'expédier devront être conduites au Havre par un bâtiment à vapeur et dirigées de là sur Paris par le chemin de fer.

Une partie des gardes nationales du département de la Manche envoye aussi des détachements à Paris; donnez un avis en ce sens à l'autorité compétente.

Signé : CASY.

N° 1311. Paris, le 24 juin, à cinq heures du matin.

A M. le Préfet maritime, à Brest.

Envoyez immédiatement à Paris toutes les compagnies d'infanterie de marine dont vous pourrez disposer en faisant participer à la garde de l'arsenal l'artillerie de marine et les ouvriers du port.

Les compagnies d'infanterie qu'il vous sera possible d'expédier devront être conduites au Havre par un bâtiment à vapeur et dirigées de là sur Paris par le chemin de fer.

Une partie des gardes nationales des départements arrive dans la capitale. Il est à désirer que la garde nationale du département du Finistère envoie aussi des détachements à Paris. Donnez un avis en ce sens à l'autorité compétente.

Signé : CASY.

N° 1312. Paris, le 24, à cinq heures du matin.

A M. le Chef du service de la marine, à Bordeaux.

Transmettez sur-le-champ, par estafette, la dépêche suivante au Préfet maritime, à Rochefort :

Envoyez immédiatement à Paris toutes les compagnies d'infanterie de marine dont vous pouvez disposer en faisant participer à la garde de l'arsenal l'artillerie de marine et les ouvriers du port.

Les compagnies d'infanterie qu'il vous sera possible d'expédier devront se rendre à Tours et être dirigées de là sur Paris par le chemin de fer.

Une partie des gardes nationales des départements arrive dans la capitale. Il est à désirer que la garde nationale du département de la Charente-Inférieure envoie aussi des détachements à Paris. Donnez un avis en ce sens à l'autorité compétente.

Signé : CASY.

N° 1314. Paris, le 24, à cinq heures du matin.

Le Ministre de l'intérieur invite M. l'Administrateur des lignes télégraphiques à transmettre sur-le-champ la dépêche suivante :

Le Ministre de l'intérieur à Mle, *sur toutes les lignes.*

Plusieurs chefs des ateliers nationaux ont fomenté des troubles graves dans Paris ; des barricades ont été élevées. — La garde nationale, la garde nationale mobile, la troupe de ligne, la garde républicaine ont fait courageusement leur devoir, et, en ce moment, elles sont maîtresses de tous les points.

Signé : RECURT.

N° 1315. Paris, le 24, à neuf heures du matin.

Le Ministre de la marine et des colonies prie MM. les Administrateurs des lignes télégraphiques de transmettre la dépêche ci-après :

A M. le chef du service de la marine, à Bordeaux.

J'ai approuvé le contrat passé avec le citoyen Delile Jay pour le transport, à Gorée, de 123 kilog. de vivres.

Pour le Ministre et par son ordre, le sous-secrétaire d'Etat,

Signé : VERNINAC.

N° 1316. Paris, le 24, à neuf heures et demie du matin.

Le Ministre de la marine et des colonies prie MM. les Administrateurs des lignes télégraphiques de transmettre la dépêche ci-après :

A Tours.

Le Préfet maritime, à Rochefort, reçoit l'ordre d'envoyer immédiatement à Paris toutes les compagnies d'infanterie de marine dont il peut disposer.

Ces compagnies seront d'abord dirigées sur Tours. Veuillez bien prescrire les dispositions nécessaires pour qu'à leur arrivée dans votre ville elles puissent être expédiées sans délai à Paris par le chemin de fer.

Le sous-secrétaire d'Etat, Signé : VERNINAC.

N° 1317. Reçu le 24 à onze heures, parv. le 24 à 11 heures et demie.

Le Ministre de la guerre au commissaire général commandant la subdivision de la Seine-Inférieure.

Dirigez sur-le-champ sur Paris, par la voie la plus prompte, y compris les chemins de fer, toute l'infanterie disponible dans votre subdivision.

N° 1318. — Reçu le 24 à onze h. Paris, le 24, à onze h. et demie. Da. renv. le 24.

A M. le chef du service de la marine, au Hâvre.

Les préfets maritimes de Cherbourg et de Brest reçoivent l'ordre d'envoyer à Paris toutes les compagnies d'infanterie de marine dont ils pourront disposer en faisant participer à la garde de ces deux ports les ouvriers qui y sont employés.

Ces compagnies seront transportées au Hâvre par des bâtiments à vapeur. Prenez à l'avance toutes les dispositions pour qu'à leur arrivée dans votre port, elles puissent être dirigées immédiatement sur Paris par le chemin de fer.

Le sous-secrétaire d'Etat, *signé,* VERNINAC.

N° 1319. — Paris, le 24 juin à onze h. et demie (m.); parvenue à Rouen, le 24 à midi.

Le Ministre de la marine et des colonies prie Messieurs les administrateurs des lignes télégraphiques de transmettre la dépêche ci-après :

A M le commissaire général, chargé du service à Bordeaux, pour transmettre par estafette au préfet maritime, à Rochefort.

Faites disposer sans retard la corvette à vapeur *le Phoque*, à partir au premier signal pour les Antilles. Je vais vous envoyer par la poste les instructions.

Vu le Ministre et par son ordre, *le sous-secrétaire d'Etat de la marine et des colonies.*

N° 1320. — Reçue le 24 à midi; parv.

Le membre du Gouvernement provisoire, Ministre des finances,

invite Monsieur l'administrateur des lignes télégraphiques à expédier sur-le-champ la dépêche suivante :

Paris, le 24 juin 1848, à heure du

Le Ministre des finances à M. le receveur général du Rhône.

Mettez à titre d'avance, pour achat de drapeaux et d'écharpes, une nouvelle somme de cinq cent mille francs à la disposition de M. le commissaire du Gouvernement.

DUCLERC.

N° 1321.

Le Ministre de la guerre au commissaire général de division commandant la 2e division militaire.

Dirigez sur-le-champ sur Paris, par la voie la plus prompte, y compris les chemins de fer, toute l'infanterie disponible dans votre division.

N° 2322.—Paris le 24, à 11 h.

Au commissaire général commandant la 3e division.

Dirigez sur-le-champ sur Paris, par la voie la plus prompte, y compris les chemins de fer, toute l'infanterie disponible dans votre division.

N° 1323.—Paris, le 24, à 11 h.

A M. le Général commandant la 7e division militaire, à Marseille.

Suspendez le départ du détachement du 6e léger. Des ordres vous sont adressés par le courrier pour sa nouvelle destination.

(N° 1324. Paris, le 24, à 2 heures du soir. Parvenu à Marseille le... renvoyé le)

Le chef du Pouvoir Exécutif aux Préfets de tous les départements.

Par décret de l'Assemblée Nationale, Paris est mis en état de siége, et l'Assemblée Nationale est en permanence.

Le Pouvoir Exécutif est confié au Général Cavaignac.

La Commission exécutive a donné sa démission.

Le barricades existent encore.

L'accord de la garde nationale, de l'armée et de la mobile donnent la certitude que l'ordre sera bientôt rétabli.

Les gardes nationales de plusieurs villes sont déjà arrivées. Leur exemple doit être imité.

La République sortira triomphante de cette dernière lutte contre l'anarchie.

Signé CAVAIGNAC.

(N° 1325, Paris, le 24, à une heure et demie.)

Le Ministre de la marine et des colonies prie MM. les administrateurs des lignes télégraphiques de transmettre la dépêche ci-après à MM. les Préfets maritimes à Cherbourg, à Brest, à Lorient, à Rochefort, à Toulon.

L'émeute, commencée hier à Paris, n'est pas entièrement comprimée; mais elle est circonscrite sur quelques points, et les forces employées à la combattre, font espérer le retour de l'ordre.

Signé : CASY.

Nos 1326—27—28—29, Paris, le 24, à 4 heures du soir.

Le Ministre de l'intérieur invite M. l'administrateur des lignes télégraphiques à transmettre sur-le-champ la dépêche suivante sur toutes les lignes.

La Commission du Pouvoir Exécutif a donné sa démission. L'Assemblée Nationale a concentré les pouvoirs du Gouvernement sur le Général Cavaignac, Ministre de la guerre. L'autorité est entièrement maîtresse de la situation.

Signé : RECURT.

(N° 1330, Paris, le 24, à 7 heures.)

Le Ministre de la marine et des colonies, au Vice-Amiral, Préfet maritime,

Expédiez immédiatement au commandant Ricaudy, au fond de l'Adriatique, soit à Venise, soit à Trieste, un bâtiment à vapeur dont le tirant d'eau n'excède pas quatorze pieds.

Désignez pour cette mission un capitaine dont le caractère et l'habileté donnent toutes les garanties désirables.

Faites connaître par le télégraphe le nom du bâtiment dont vous aurez fait choix.

Pour le Ministre de la marine, le Sous-Secrétaire d'Etat, *Signé* : VERNINAC.

N° 1331. Paris, le 24, à 5 heures du soir.

Au Ministre de la guerre.

J'ai envoyé ce matin un exprès à Ecouen, poste correspondant de Montmartre; mais il n'a pu sortir de Paris et a dû me rapporter les signaux que je croyais voir faire transmettre d'Ecouen à Lille par le télégraphe aérien.

---

25 Juin.

A l'intendant militaire de la 2e division militaire, à Lille.

Faites fabriquer à Lille, Douai, Amiens et Arras, tout le biscuit qui pourra être dans les manutentions de ces places.

Qu'on recourre à de bonnes farines du commerce afin d'arriver plus vite.

Préparez les moyens d'emboucantement les plus prompts, et faites expédier successivement à Paris par le chemin de fer, grande vitesse.

Faites cuire par la boulangerie civile, tout le pain nécessaire à la troupe.

Faites-moi connaître les ressources en biscuit sur lesquelles je puis compter.

(Envoyé à Amiens en signaux par un exprès le 25 à 8 h. du matin, pour être transmise de là sur Lille par l'électricité. Envoyé à Amiens en signaux par un exprès le 25, à 8 h. du matin.)

Monsieur le directeur, Monsieur le Ministre des affaires étrangères s'est entendu avec M. le général Cavaignac sur le contenu de cette dépêche. Veuillez la faire passer de suite et l'envoyer à tous les préfets.

Votre dévoué concitoyen,

Signé : le chef du cabinet, HETZEL.

Le Ministre des affaires étrangères prie Monsieur l'administrateur des lignes télégraphiques de faire expédier immédiatement la dépêche suivante, et de lui en accuser réception par le renvoi du duplicata ci-contre.

Le Ministre des affaires étrangères aux Préfets de France.

Des corps de citoyens armés pour la défense de la République et de la société menacées arrivent à chaque instant.

L'insurrection est refoulée dans l'Est de la ville. La conduite de la garde nationale et de l'armée est admirable.

La canfiance dans le chef du Pouvoir exécutif et dans la garde nationale est complète.

Que tous les bons citoyens se lèvent. Il faut en finir avec les ennemis de l'ordre et de la République.

Signé : Jules BASTIDE.

(Transmise le 25 sur la ligne de Rouen ; snr la ligne de Bayonne ; sur la ligne de

Toulon ; sur la ligne de Brest ; renvoyée par la poste le 25 sur les lignes de Lille et de Strasbourg.

N° 1333 ; reçue à l'administration télégraphique le 25, à 9 heures du matin.

A Monsieur le préfet maritime à Cherbourg.

Envoyez immédiatement au Hâvre pour y être livrés à l'administration de la guerre tout le biscuit et toute la viande salée dont vous pourrez disposer. Il y a urgence extrême. Indiquez-moi les quantités que vous aurez expédiées.

Le sous-secrétaire d'État, signé VERNINAC,

(Transmise le 25 ; N° 1334 ; Paris, le 25, à 7 heures du matin ; parvenue à Cherbourg le 25.

A M le préfet maritime de Brest.

Envoyez immédiatement au Hâvre, par tous les moyens les plus prompts, du biscuit jusqu'à concurrence de mille quintaux métriques et de la viande salée jusqu'à concurrence de cinq cents quintaux. Ces vivres devront être livrés au Hâvre à l'administration de la guerre. Il y a urgence extrême.

Indiquez-moi les quantités que vous aurez expédiées.

Le sous-secrétaire d'État,

VERNINAC.

No 1335 ; Paris, le 25, à 7 heures du matin.

Le Ministre provisoire de la guerre au citoyen préfet du Doubs.

Le secours de la garde nationale de Besançon est accepté avec empressement.

(N° 1336 ; Paris, le 25, à neuf heures et demie du matin ; parvenu à Besançon le 25.

Le Ministre de la marine et des colonies prie Messieurs les administrateurs des lignes télégraphiques de transmettre la dépêche ci-après à MM. les Préfets maritimes : à Cherbourg, à Brest, à Lorient, à Rochefort, à Toulon.

La situation de Paris s'est améliorée de beaucoup depuis hier. Les insurgés sont vaincus et ne présentent plus que des résistances partielles : une partie de la garde nationale et de la troupe est occupée à les réduire.

Signé : CASY.

(No 1338-39-40-41-42 ; Paris, le 25, à quatre heures ; transmise le 25 à Toulon et à Rochefort ; ne peut être transmise sur la ligne de Brest. Les lignes de Lille et de Strasbourg sont toujours interceptées.)

Le Chef du Pouvoir Exécutif, aux préfets des départements.

La cause de l'ordre et de la République triomphe, l'arrivée de la garde nationale des départements a exercé une influence immense. La marche sur Paris ne doit pas être arrêtée.

Le chef du Pouvoir Exécutif, *signé :* CAVAIGNAC.

(N° 1343, Paris, le 25, à 4 heures et demie.—Transmise le 25 à Rouen et sur les lignes de Bayonne et de Toulon.—Lignes de Boulogne et de Strasbourg toujours coupées.—Non communication sur la ligne de Brest.

Le Ministre de la guerre prie le citoyen administrateur des lignes télégraphiques de faire passer avec la plus grande urgence la dépêche télégraphique ci-jointe, et d'en envoyer le duplicata avec accusé de réception, à destination, au directeur de l'administration.

Le Chef du Pouvoir Exécutif au Préfet de la Seine-Inférieure.

Vous pouvez nous envoyer un convoi de pain fabriqué, quoique nous soyons loin d'en manquer.

(N° 1344, Paris, le 25, à 5 heures du soir.—Paris à Rouen, le)

Le Ministre de la Guerre à M. le Général commandant la 3e division de l'armée des Alpes, à Mâcon.

Dirigez à marches forcées sur Paris les troupes de votre division par la ligne la plus directe que puisse suivre chacun des corps qui la composent.

(N° 1345, Paris le 25, à 5 heures.)

Le Ministre de la justice à M. le Procureur-Général près la Cour d'appel d'Aix.

J'ai reçu votre dépêche télégraphique le 23. J'attends un rapport circonstancié. Je ne doute pas que force ne reste à la loi. L'ordre se rétablit à Paris; le concours de tous les bons citoyens assurera le triomphe de la République.

Le Ministre de la justice, *Signé* : BETHMONT.

(N° 1346, Paris, le 25, à 5 heures et demie du soir.)

Le Chef du Pouvoir Exécutif à MM. les préfets de France.

La cause de l'ordre et de la vraie République triomphent. La garde nationale et l'armée enlèvent tous les obstacles. La patrie et la société sont sauvées. De tous les départements arrivent des secours; la France entière bat d'un seul cœur.

Signé : CAVAIGNAC.

(N° 1347, Reçue à l'administration télégraphique, le 25, à 5 heures et demie du soir, parvenue à le à heures, transmise le 25 à Rouen, et sur les lignes de Bayonne et de Toulouse. La ligne de Brest est toujours en brumaire.—Grands dérangements sur les lignes de Strasbourg et de Boulogne.)

Le Ministre du commerce au préfet de la Seine-Inférieure.

« Vous avez bien fait,
« Continuez demain. »

Signé : F. FLOCON.

(N. 1348.—Reçu le 25 à 6 heures, paru le 25 à .)

Le Chef du Pouvoir Exécutif aux Généraux commandant les divisions.

La cause de la République et de l'ordre triomphe. La garde nationale de Paris et des départements, la garde mobile, tous les corps de l'armée rivalisent de dévouement.

(N. 1349, Paris, le 25 juin, à 6 heures du soir, transmise le 25 sur les lignes de Bayonne et de Toulouse. Non communication le 25 sur la ligne de Brest. Toujours grands dérangements sur les lignes de Boulogne et de Strasbourg.)

26 Juin.

Le Ministre de la guerre à M. le général commandant l'armée des Alpes, à Grenoble.

Votre troisième division d'infanterie reçoit directement l'ordre de se porter sur Paris à marches forcées. Tenez la deuxième et la première à portée de secourir l'autorité à Lyon si c'était nécessaire.

Le mouvement de la quatrième s'exécutera comme il est prescrit, à moins de circonstances urgentes.

(N° 1350. Mise en transmission le 26 à dix heures quinze minutes. — Fin de la transmission le 26 à onze heures cinq minutes. — Parvenu à Valence pour être de là expédiée à Grenoble par estafette, le 26 à).

A M. le général commandant la sixième division militaire, à Lyon.

Si le mouvement de Paris se fait ressentir à Lyon, vous pouvez réclamer le concours des deuxième, première et quatrième divisions de l'armée des Alpes. Le général Oudinot est prévenu.

(N° 1351. Mise en transmission le 26, à onze heures. — Fin de la transmission le 26, à onze heures trente-six minutes. — Parvenu à Lyon le).

Aux généraux commandant les divisions militaires et à tous les Préfets.

L'insurrection est concentrée dans une portion du faubourg Saint-Antoine; dans quelques heures, elle sera réduite complétement. Les insurgés, démoralisés, se sont jetés dans les campagnes, où les gardes nationaux les arrêtent.

Les troupes de ligne, les gardes nationales de Paris et des départements, la garde mobile, la garde républicaine ont combattu avec le plus grand courage.

(N° 1352. Mise en transmission le 26, à dix heures, sur les lignes de Bayonne et de Toulon. — Finie le 26 à onze heures trois minutes, côte de Tours. — Finie le 26 à une heure douze minutes, côte de Dijon. — Dérangement sur la ligne de Strasbourg.)

A M. le Préfet de la Vienne.

Ne faites pas partir vos trois cents gardes nationaux.

(N° 1353. Paris, le 26, à deux heures du soir; parv. à Poitiers le . — Transmise le 26, de une heure quarante à cinquante-huit minutes.)

A M. le Préfet de la Seine-Inférieure, à Rouen.

La communication télégraphique est libre. — Ainsi l'état de siége sera pornoncé lorsque vous le déclarerez nécessaire.

(N° 1354. — Transmise sur-le-champ, à deux heures, parv. à Rouen à deux heures.)

Le Chef du pouvoir exécutif aux préfets, aux généraux commandant les divisions militaires, au général commandant l'armée des Alpes, au gouverneur de l'Algerie.

Le faubourg Saint-Antoine, dernier point de la résistance, est pris. Les insurgés sont réduits. La lutte est terminée. L'ordre a triomphé de l'anarchie.

Signé : CAVAIGNAC.

(N. 1355. Reçue à l'administration télégraphique le 26, à deux heures du soir; parv. à le , à heure.)

Le Ministre des finances à M. le Receveur général du Rhône.

Mettez à la disposition du Commissaire du Gouvernement, sauf régularisation ultérieure, les fonds nécessaires à la solde des ateliers nationaux jusqu'à concurrence de cinq cent mille francs (500,000).

Signé : DUCLERC.

(N. 1356. Transmise le 26, de six heures trente-huit à sept heures quarante et une minutes.)

Le Chef du Pouvoir exécutif aux Préfets des départements, aux généraux commandant les divisions, etc.

L'insurrection est complétement vaincue. Tous les insurgés ont mis bas les armes ou s'enfuient à travers les campagnes.

La cause de l'ordre a triomphé. Vive la République !

Signé : CAVAIGNAC.

(. 1357. Transmise à Dijon, à Brest, le 26, à Tours, le 26.)

A M. le Receveur général de la Haute-Vienne.

Mettez à la disposition de l'administration municipale de Limoges une somme de cent mille francs, qui sera imputée, avec les versements déjà faits, sur le prêt de trois cent mille francs.

Prévenez le Commissaire du Gouvernement.

DUCLERC.

(N. 1358. Reçu à l'Administration télégraphique le 26, à quatre heures et demie du soir.)

A M. le receveur général de la Loire-Inférieure.

« Tenez immédiatement à la disposition du Comptoir national d'escompte de Nantes, une nouvelle avance de cent mille francs, à prélever sur le produit des 45 centimes.

« Prévenez l'administration du Comptoir.

« *Signé* : DUCLERC. »

N° 1359. — Reçue à l'administration télégraphique le 26, à cinq heures du soir, parvenue à Nantes, le 26.

Le Ministre de la guerre à M. le préfet de la Charente.

« Gardez les chasseurs. »

N° 1360. — Le 26 à six heures du soir. — Parvenue à Angoulême le .

Le Ministre de la marine et des colonies prie Messieurs les administrateurs des lignes télégraphiques de transmettre la dépêche ci-après à MM. les Préfets maritimes à Cherbourg, à Brest, à Lorient, à Rochefort, à Toulon.

« Les insurgés de Paris sont enfin dispersés, et tout porte à penser que la lutte ne recommencera pas. »

« Le Sous-Secrétaire d'Etat, *Signé* : VERNINAC. »

N° 1361. — Transmise le 26 pour Poitiers et Toulon. — Transmise à Avranches, pour Cherbourg, Lorient et Brest, le 26. — Parvenue à Cherbourg, à Brest, à Poitiers et à Toulon le

Le préfet de la Gironde au préfet de la Loire-Inférieure.

« Invitez le Directeur des paquebots à vapeur de l'Ouest à faire partir sur-le-champ pour Bordeaux, le *Gaulois*, destiné à porter des volontaires. »

N° 1366. — Réexpédiée de Paris à Nantes, le 26.

Le Gouverneur de la Banque de France à M. le directeur de la Banque de Lyon.

« Tenez à la disposition du Receveur général du Rhône, et pour compte du Trésor, cinq cent mille francs, partie en espèces et partie en billets.

« *Signé* DUCLERC. »

N° 1367. — Reçue à l'administration télégraphique le 26, à huit heures et demie du soir. — Parvenue à Lyon le

---

Le préfet des Bouches-du-Rhône au Ministre de l'intérieur.

Marseille, le 23, à neuf heures et demie.

Après avoir fait tout ce qu'il était humainement possible de faire pour ramener les insurgés, j'ai été obligé d'ordonner le feu. Nous venons d'emporter notre dernière barricade. Rien encore ne nous a permis d'assigner un caractère à ce mouvement. Je vous écris longuement aujourd'hui.

2434. *Le préfet du Bas-Rhin au Ministre de l'intérieur.*

Strasbourg, le 23, à 2 h.

Des nouvelles de Vienne du 18 portent : Prague, après un combat de sept jours, rentre dans la soumission. Le parti insurrectionnel slave a fourni quatorze otages. Une estafette de Constantinople annonce que les émissaires russes sont parvenus à soulever la Moldavie et la Valachie. Les deux principautés ont convoqué une assemblée nationale, qui s'occupera immédiatement de la question de la réunion à la Russie.

2433. *Le procureur général d'Aix au Ministre de la justice.*

Marseille, le 23, à dix heures et demie.

Après une nouvelle lutte, ce matin, grâce au courage de la garde nationale et de la troupe de ligne, l'ordre a été rétabli, on crie autour de nous : « Vive la magistrature ! » je réponds : « Vive la garde nationale ! vive la ligne et vive la République ! »

2432. *Le préfet maritime au Ministre de la marine.*

Toulon, le 23, à 10 heures.

L'*Egérie*, retenue par suite d'avaries dans sa cuisine distillatoire, partira pour sa destination demain matin. La *Mouette*, partie de Naples le 20, est arrivée ce matin avec des dépêches pour le Ministère des affaires étrangères, que je vous envoie par le courrier d'aujourd'hui.

2431. *Le Ministre de France au Ministre des affaires étrangères.*

Toulon, le 23, à neuf heures et demie. Naples, le 20, à 8 heures du soir.

M. Thouard m'apprend à l'instant que sa santé l'empêche de partir, et me prie de remettre son départ à la première occasion.

2430. *L'amiral Baudin au Ministre des affaires étrangères.*

Je suis du même avis que M. Bois-le-Comte, et j'adhère complètement à sa dépêche qu'il vient de me communiquer.

2429. *Le général commandant la 7e division militaire au Ministre de la guerre.*

Marseille, le 23, à neuf heures.

Toutes les barricades viennent d'être enlevées. Nous sommes maîtres des positions. Nous avons eu deux hommes tués. Tout le monde a fait son devoir.

2428. *Le Ministre de France à Naples au Ministre des affaires étrangères.*

Toulon, le 23, à 8 heures et demie. Naples, le 20, à 4 heures du soir.

Je reçois à l'instant votre dépêche télégraphique du 15. Le règlement des indemnités est tellement avancé que j'espère n'avoir pas recours même aux menaces. Dans tous les cas, je serai d'accord comme toujours avec l'amiral Baudin pour exécuter vos ordres.

2427. *Le préfet du Gard au Ministre de l'intérieur.*

Nîmes, à sept heures et demie, matin.

Nîmes continue à être tranquille. On m'a retiré hier 150 chevaux, dirigés sur Marseille; donnez des ordres pour qu'ils soient remplacés. 3,000 hommes d'infanterie et 200 chevaux; je ne cesse de le répéter; sans cela le département ne pourrait être contenu d'une manière permanente et sûre.

2426. *Le général commandant la septième division militaire au Ministre de la guerre.*

Marseille, le 26 juin, à cinq heures et demie.

La journée d'hier a été meurtrière. Des barricades ont été élevées sur différents points de la ville. Il a fallu les enlever et déloger les émeutiers des maisons. — Les pertes connues jusqu'à présent sont ; deux capitaines tués, un sous-officier et quelques hommes, un chef de bataillon blessé.

Nous n'en avons pas fini.

J'ai dû faire venir d'Aix deux bataillons du 32e de ligne, un bataillon du 6e de ligne, d'Avignon, et un du 6e léger. Ils sont arrivés cette nuit. J'attends aujourd'hui un bataillon du 2e de ligne venant d'Arles. J'ai demandé les deux escadrons de chasseurs du 1er régiment, qui était à Nîmes.

2452. *Le Procureur général au Ministre de la justice.*

Marseille, le 22, à sept heures du matin.

Une insurrection d'ouvriers a éclaté hier ici et n'est pas encore finie. Je suis arrivé cette nuit avec une commission de la Cour d'appel d'Aix.

2494. *Le préfet des Bouches-du-Rhône au Ministre de l'intérieur.*

Marseille, le 22, à cinq heures du soir.

Une émeute terrible a ensanglanté nos rues. Nos forces sont insuffisantes; j'ai retardé ma dépêche parce que j'espérais vous donner de bonnes nouvelles.

Je suis encore dans l'incertitude. Tout cependant annonce que l'ordre sera rétabli avant ce soir; dans tous les cas, soyez convaincu que nous saurons être fermes et modérés.

2423. *Le préfet de l'Aude au Ministre de l'intérieur.*

Narbonne, le 22, à cinq heures du matin.

Je me propose de me rendre à Paris sous peu de jours. L'état des choses exige que le nouveau préfet de l'Aude se rende à son poste; prévenez-le, je n'ai rien reçu de lui.

2422. *Le préfet de la Haute-Garonne au Ministre de l'intérieur.*

Toulouse, le 26, à deux heures et demie.

Mes rapports des 12, 14 et 19 vous ont fait connaître la position de l'autorité à Bordeaux par rapport aux processions, et l'arrêté qui les interdit jusqu'à nouvel ordre.

D'après votre dépêche d'aujourd'hui, je suppose que mes dépêches n'ont pas été mises sous vos yeux. Vous y verrez ce que j'ai fait et la nécessité qu'il y avait à le faire.

2421. *L'intendant militaire de la 6e division au Ministre de la guerre.*

Lyon, le 22, à quatre heures et demie du soir.

L'inspection administrative des dépôts, bataillons, escadrons et batteries de guerre placés dans la 6e division militaire, exigeraient que le nombre des imprimés (rapports et extraits) que vous m'avez envoyés fût augmenté d'environ soixante. Envoyez-moi sur-le-champ le supplément qu'il vous sera possible de me fournir.

Angoulême, le 24, à huit heures du matin.

Le Directeur du télégraphe aux administrateurs, à Angoulême.

La garde nationale de la Charente serait toute prête pour Paris. Faut-il faire connaître au préfet la dépêche du Ministre de la marine au chef maritime à Bordeaux.

Le Directeur du télégraphe à l'administrateur des lignes télégraphiques.

Lyon, le 24, à (sans heure).

Des occasions me forcent à annuler ma demande d'hier.
Je vous écris par le courrier à ce sujet.

No 2451. *Le préfet d'Indre-et-Loire au général Cavaignac.*

Tours, le 24, à quatre heures et demie du soir.

Un corps de la garde nationale de Tours partira pour Paris, à sept heures. Veuillez envoyer quelqu'un au-devant de lui pour le diriger.

2448, 2449, 2450. *Le préfet du Rhône.*

Lyon, le 24, à midi et demi.

J'attends toujours un nouveau crédit pour les drapeaux, etc. Il faut également de l'argent ou des crédits pour les chantiers. Si vous n'envoyez pas les ordres de crédit à la réception de cette dépêche, je ne réponds plus de rien. En attendant, je cache la nouvelle des événements de Paris; les ouvriers de Lyon, dans les circonstances actuelles, pourraient être tentés d'en faire la répé tition.

J'attends votre réponse avant la fin de la journée.

2446, 2447. *Le préfet à la Commission exécutive.*

Rouen, le 24, à trois heures.

400 hommes de la garde nationale de Rouen sont partis pour Paris par un convoi spécial, à midi et demie; 1,000 hommes de ligne vont suivre par un train de deux heures. Sur toute la ligne du Hâvre à Rouen, de Rouen à Paris, les communes prévenues par moi vont réunir des gardes nationaux qui rejoindront à la gare deParis ceux qui les ont précédés. Tout est tranquille ici. Nous sommes sur nos gardes.

2445. *Au Ministre de la guerre.*

Rouen, le 24, à une heure.

Un bataillon de garde nationale est parti à midi un quart pour rejoindre un bataillon du 28e de ligne, mis en route par un convoi spécial à onze heures. Ces troupes arriveront à Paris de trois à quatre heures. Un bataillon du 69e de ligne partira à deux heures pour rejoindre les deux premiers et arrivera Paris à 6 heures. C'est tout ce dont je puis disposer. Ce dernier départ n'ayant lieu que pour satisfaire à votre dépêche télégraphique d'aujourd'hui à onze heures. Il faut que Paris triomphe de cette formidable émeute; c'est ainsi que je comprends la situation. Il n'y a pas d'autres troupes disponibles dans la subdivision. Les bataillons ne sont composés que de quatre compagnies, y compris leurs compagnies d'élite. Le colonel de Robillard a le commandement de la colonne. Il part avec le dernier bataillon.

2444. *Le préfet maritime au Ministre de la marine.*

Toulon, le 23, à 5 heures, soir.

Malgré les désastreux événements de Marseille, Toulon jouit de la plus parfaite tranquillité.

2443. *Le préfet de la Drôme au Ministre de l'intérieur.*

Valence, le 24, à huit heures et demie du matin.

Je suis avisé du retour des ouvriers qui avaient été dirigés de Paris sur Marseille.

Quelle mesure prendre à leur égard? Quelle direction leur donner?

2442. *Le général commandant la 7e division militaire au Ministre de la guerre.*

Marseille, le 23 juin, à une heure et demie.

Je vous prie de m'autoriser à conserver ici momentanément le citoyen Dubois, chef de bataillon au 20e de ligne, commandant la place de Marseille, où sa présence, dans les circonstances actuelles, est indispensable. La tranquillité se rétablit lentement. L'effroi est encore grand.

2441. *Le préfet de la Seine-Inférieure au Ministre de l'intérieur,*

Rouen, le 24, à onze heures.

Nous sommes encore calmes. Je viens d'expédier partout à la garde nationale l'ordre de se porter sur les gares de chemins de fer. 900 hommes de Rouen se mettent en route à midi. Bon courage.

Toulon, le 23, onze heures du matin.

Le préfet maritime au Ministre de la marine.

Le contre-amiral Tréhouart vous a informé, le 4, qu'il se rendait à Vichy. Je vous propose de le remplacer par le contre-amiral Delassaux, dans la présidence du conseil d'enquête de *la Salamandre*.

Lille, le 24, 8 heures et demie du matin.

Le préfet du Nord au Ministre de l'intérieur.

Des voyageurs d'Amiens m'annoncent qu'on s'est battu hier à Paris, et que les. . . . .

(Dépêche interrompue par le dérangement du poste de Montmartre.)

Marseille, le 23, midi et demi.

Le préfet des Bouches-du-Rhône au Ministre de l'intérieur.

L'ordre est rétabli momentanément; nous prenons toutes les dispositions nécessaires pour que nous ne soyons pas affligés par de nouveaux malheurs. Vous pouvez compter sur nous, nous ne faiblirons pas.

Rouen, le 24, 4 heures du matin.

Le préfet de la Seine-Inférieure au Ministre de l'intérieur.

Tout est calme ici. J'étais parti à six heures pour aller vous communiquer des renseignements importants. Apprenant dans la gare les évènements, j'ai cru devoir revenir sur-le-champ. J'irai à Paris demain.

Lyon, le 23, midi et demi.

L'inspecteur des finances au Ministre des finances.

La recette générale peut-elle continuer à payer sans un nouveau crédit, les mandats pour la commande des drapeaux, etc.? Doit-elle toujours payer les mandats à délivrer pour la dépense des ateliers nationaux, malgré l'épuisement du produit des 45 centimes affectés à cette dépense? Veuillez répondre par le télégraphe. Il y a urgence. Plus de 10,000 ouvriers attendent leur salaire et s'agitent. S'il faut payer, la recette générale a besoin d'un nouveau crédit de 500,000 fr. sur la banque de Lyon.

Besançon, le 25, 3 heures du soir.

Le préfet du Doubs au Ministre de la guerre.

Un premier détachement de 80 gardes nationaux part ce soir pour Paris par les diligences, que j'ai mises en réquisition. L'autorité militaire se refuse à ordonner la solde de route sans votre autorisation directe, pour le corps dont le départ aura lieu mardi. J'attends vos instructions. Tout est parfaitement calme ici.

Marseille, le 24, dix heures.

Le procureur-général près la cour d'Aix au Ministre de la justice.

Nous nous sommes partagé cette immense instruction. Je vous enverrai incessamment un premier rapport sur l'ensemble. Notre accord est parfait et la confiance est unanime dans la magistrature.

Toulon, le 15, neuf heures du matin.

Le préfet maritime au Ministre de la marine.

L'*Egerie* est partie hier soir pour la Réunion.

Besançon, le 25, une heure et demie.

Le préfet du Doubs au ministre de l'intérieur.

Toute la population paraît animée du meilleur esprit. La procession de la Fête-Dieu a eu lieu avec le plus grand calme. Je prends les mesures pour mobiliser mille gardes nationaux qui partiront demain matin. Veuillez faire part de cette position au Ministre des affaires étrangères.

Rouen, le 25, à trois heures et demie.

Le Préfet de la Seine-Inférieure.

« Sans attendre une réponse, et d'après une seconde pensée, j'ai requis immédiatement tous les boulangers de Rouen de faire une fournée de pain. Toutes ces fournées, formant un total d'environ 20,000 kilogr., vous seront envoyées à la gare du chemin de fer de Paris, et, jusqu'à nouvel ordre, je vous enverrai chaque jour ce secours, à moins que vous ne m'avertissiez de cesser. »

Angoulême, le 25 juin, à midi.

Le Préfet de la Charente au Ministre de l'intérieur.

On attend aujourd'hui des nouvelles de la situation. La garde nationale partira au premier ordre. Réponse sur-le-champ par le télégraphe.

Marseille, le 24, à onze heures et demie.

Le général commandant la 7e division au Ministre de la guerre.

Un bâtiment à vapeur vient d'entrer au port ; il a à bord le général Changarnier, le colonel du 64e de ligne et quatre compagnies de ce régiment, fortes de seize officiers et quatre cent soixante-quinze hommes, plus la compagnie de mineurs du 1er régiment du génie, composée d'un officier et cent quarante-quatre sous-officiers et soldats. Cette compagnie se mettra demain en route pour se rendre à Arras, où elle arrivera le 3 août. Quant au 64e de ligne, je vous demande à le garder ici, où sa présence est indispensable.

Le général Oudinot ayant demandé à retirer le premier bataillon du 31e de ligne de Draguignan, je vous prie de m'autoriser à y envoyer le dépôt du 20e léger, qui y sera bien établi. A l'heure qu'il est, le général Changarnier est parti de Marseille, se rendant à Paris.

Rouen, le 25, à trois heures.

Le Préfet au Ministre de l'intérieur, au Ministre de la marine, au général Cavaignac, au Président de la Chambre.

Nous avons un peu plus de mouvement, mais je suis sans inquiétude jusqu'à présent. Un acte un peu vif de ma part a donné à penser aux agents occultes les plus dangereux. Les détachements de garde nationale continuent à affluer vers la gare. Voulez-vous que je vous fasse un chargement de farine ou de pains fabriqués. Je viens de faire saisir des journaux arrivant de Paris et qui appellent les ouvriers aux armes.

Tours, le 25, 2 heures.

Le Préfet d'Indre-et-Loir au Ministre de la guerre.

Le 1er de lanciers demande avec instance à être appelé à Paris.

Marseille, le 24, trois heures et demie.

Le général commandant la 7e division au Ministre de la guerre.

Sur les réclamations de tous les chefs de corps, vu les circonstances extraordinaires où se trouve la place de Marseille et l'excessive cherté des vivres, l'intendant de la 7e division demande que les officiers et employés militaires, sous-officiers et soldats jouissent de l'indemnité de rassemblement allouée par l'article 211 du règlement du 25 décembre 1837.

Marseille, le 24, dix heures et demie.

Le Préfet des Bouches-du-Rhône au Ministre de l'intérieur.

L'ordre est rétabli complètement à Marseille. — Toutes les barricades sont détruites. La ville reprend son aspect accoutumé. Pour que nous ne soyons plus exposés à de nouveaux désordres, il faut que vous vous concertiez avec le Ministre de la guerre pour que nous puissions garder quelques troupes et que l'ordre soit donné à l'arsenal de Toulon de mettre à notre disposition quatre à cinq mille fusils pour compléter l'armement de notre garde nationale.

Rouen, le 25, onze heures.

Le Préfet de la Seine-Inférieure.

Il convient que le télégraphe fonctionne jour et nuit.

J'ai reçu votre dépêche télégraphique d'aujourd'hui à neuf heures. Nous sommes encore calmes.

J'ai fait concentrer sur Rouen les gardes nationales de notre banlieue, et sur Paris, par le chemin de fer, tout ce qui a bonne volonté sur toute la ligne.

Le Hâvre a envoyé mille hommes hier soir.

On nous menace pour lundi; Dieu veuille que pour cette époque Paris soit tranquille. Je veille.

Je vous ai envoyé deux bataillons d'infanterie de ligne, au lieu d'un.

Besançon, le 24, six heures du soir.

Le Préfet du Doubs au Chef du Pouvoir exécutif.

Le maire de la ville et le colonel de la garde nationale m'offrent leur concours. Je l'accepte; les dispositions vont être immédiatement prises. On peut disposer de mille hommes et de quatre pièces de canon.

Marseille, le 24, neuf heures et demie du matin.

Le général commandant la 7e division militaire au Ministre de la guerre.

Le 32e de ligne n'a reçu qu'une expédition d'imprimés pour l'inspection; il lui en faut deux, puisqu'il aura deux inspecteurs, un pour le dépôt, un pour les bataillons de guerre qui font partie de l'armée des Alpes.

Angoulême, le 24, neuf heures du soir.

Le Préfet de la Charente au Ministre de l'intérieur.

On s'inscrit avec enthousiasme pour aller combattre l'anarchie. L'indignation est à son comble ; elle a éclaté, aux cris de *Vive la République*, parmi les officiers de la garde nationale et les représentants de la cité réunis autour de moi.

Marseille, le 24, neuf heures du matin.

Le général commandant la 7e division militaire au Ministre de la guerre.

Grande stupeur parmi les habitants pendant la journée du 23.

Nombreux rassemblements, tantôt sur un point, tantôt sur un autre. Des colonnes mobiles ont parcouru le jour et la nuit les différents quartiers de la ville. Plusieurs maisons ont été fouillées ; on y a trouvé des armes et des munitions. Des arrestations ont été faites ; la plus grande partie de ceux arrêtés ont été conduits au château d'If (par suite de la réquisition du Commissaire de la République). La nuit dernière a été tranquille ; ce matin tout est calme.

Toulon, le 24, à 10 heures du matin.

Le Préfet maritime, à Toulon, au Ministre de la marine.

Le *Minos* vient de partir pour se rendre à sa destination.

Rouen, le 24, à 9 heures et demie du soir.—Le Havre, le 24, à 4 heures et demie du soir.

Le Chef maritime, au Havre, au Ministre de la marine.

Les dispositions prescrites pour le prompt transport à Paris des compagnies d'infanterie de marine, venant de Brest et de Cherbourg, seront prises ; je vais m'entendre à ce sujet avec le commandant de place et le directeur du chemin de fer.

Paris, le 25 juin, à 8 heures du matin.

Les Administrateurs au directeur du télégraphe.

Nos ordres sont maintenus ; vous remettrez le service à M. d'Hauterive, et vous vous rendrez à Lyon.

Le 26 juin, à 3 heures du soir.

Le Général commandant la 3e division militaire, au Ministre de la Guerre.

(Reçue le 26, à onze heures du soir.—Aujourd'hui partent pour Paris.)

De Rocroy, — un bataillon du 63e de ligne, par St-Quentin, et le chemin de fer.

De Reims, — le 1er bataillon du 14e de ligne, par Soissons, Compiègne et le le chemin de fer.

De Moutmdy,—le 2e bataillon du 15e de ligne, par Reims, Soissons, Compiègne et le chemin de fer.

De Metz,—le 1er bataillon du 15e de ligne, par Soissons, etc., etc.

Les 2e et 3e bataillons du 24e de ligne, par Châlons-sur-Marne et Château-Thierry.

De Toul, — un bataillon du 42e de ligne, par Vitry, Sezanne et Lagny.

Total effectif : 4,500 hommes.

Angoulême, le 26, une heure du soir.

Le préfet de la Charente au Ministre de l'intérieur.

La situation des insurgés est telle que j'hésite à faire partir les chasseurs qui accourent ici.

Réponse sur-le-champ par le télégraphe. Le pays est animé des meilleurs esprits.

Toulon, le 26, huit h. du matin.

Le sous-préfet de Toulon au chef du Pouvoir exécutif.

Le préfet des Bouches-du-Rhône réclame un envoi de canons et de 4,000 fusils. Le directeur d'artillerie de Toulon ne veut livrer ces armes que sur un ordre du Ministre que je demande d'urgence.

De mon côté, j'aurais un pressant besoin d'au moins 2,000 fusils pour les gardes nationales, complètement désarmées, des communes de l'arrondissement voisin de Marseille.

Toulon continue à être tranquille.

Rouen, le 26, deux heures et demie.

Le préfet de la Seine-Inférieure au chef du Pouvoir exécutif et au Président de l'Assemblée nationale.

J'insiste pour que l'Assemblée Nationale m'autorise en cas de nécessité, et en s'en remettant à ma prudence, à déclarer la ville en état de siége. Je m'entends bien avec le général Gérard.

Rouen, une heure et demie après-midi.

Rouen, le 26, à deux heures; Le Hâvre, le 26, à 9 h.

Le chef du service maritime au Hâvre au Ministre de la marine.

La 3e compagnie d'infanterie de marine partira du Hâvre à onze heures, et arrivera à la gare de Paris à quatre heures un quart.

Bordeaux, le 26, dix heures et demie; Rochefort, le 25, cinq heures, soir.

Le préfet maritime à Rochefort au Ministre de la marine.

Toute l'infanterie de marine, formant un effectif de 1,147 hommes, est partie de Rochefort à midi, par étapes. Elle serait à Paris le 2; mais j'ai prescrit au colonel de doubler les étapes. L'artillerie de marine occupe l'arsenal; demain les ouvriers et les marins concourront avec elle.

Un détachement de garde nationale doit partir pour Paris.

Le *Phoque* est prêt à partir.

Tout est tranquille.

Signé, VAILLANT.

Rouen, le 26, midi et demi.

Le préfet de la Seine-Inférieure au chef du Pouvoir exécutif et au Président de l'Assemblée nationale.

L'agitation augmente. Il serait bon que je fusse autorisé par l'Assemblée Nationale à déclarer l'état de siége en cas de nécessité.

Des pierres ont été lancées contre le train portant à Paris des gardes nationaux.

Perpignan, le 26, à 8 heures et demie du soir.

Le Préfet des Pyrénées-Orientales au Ministre de l'intérieur.

Organe de toute une famille éplorée, je vous prie de me transmettre des nouvelles rassurantes sur les citoyens *François*, *Etienne et Victor Arago*, et sur le citoyen *Guiter*.

Avignon, le 25, à une heure et demie. — La Seyne, le 24 au matin.

N. 2510. Le Préfet des Basses-Alpes au Ministre de l'intérieur.

L'inspecteur arrive à l'instant avec le détachement qui l'accompagne. Il a pu constater de nombreux délits. La justice informe et les mandats d'amener seront exécutés ce soir. Nous nous attendons à une forte résistance. Je n'use de moyens coërcitifs qu'à la dernière extrémité.

Marseille, le 26, à 6 heures et demie du matin.

Le procureur général d'Aix au Ministre de l'intérieur.

L'instruction continue sans cesse ; nous avons agi avec fermeté pour l'ordre et la République. Plusieurs chefs des anarchistes sont arrêtés.

Bordeaux, le 26, à 4 heures et demie, pour Nantes.

Le Préfet de la Gironde au Préfet de la Loire-Inférieure.

Invitez le directeur des paquebots à vapeur de l'Ouest à faire partir sur-le-champ pour Bordeaux le *Gaulois*, destiné à porter les volontaires.

Lyon, le 26, à 2 heures.

Le Préfet du Rhône au Ministre des finances et au Chef du Pouvoir Exécutif.

Veuillez autoriser le receveur général à solder les travailleurs des chantiers, malgré l'épuisement de l'impôt des 45 centimes.

Il y a urgence absolue.

Lyon, le 25, à trois heures.

Le Préfet du Rhône aux Ministres de l'intérieur, des finances, du commerce, et au chef du Pouvoir Exécutif.

Le crédit de 500,000 fr. pour les tisseurs est arrivé admirablement, mais il n'a fait que couvrir le déficit qui existait depuis mercredi. Il ne reste en caisse que 159,000 fr. ; il faut un nouveau crédit de 500,000 fr. pour le 28.

Jusqu'à la fin de la confection des drapeaux, etc., il faudra 500,000 fr. par semaine. Il faut de plus un crédit sur-le-champ pour les travailleurs des chantiers.

J'ai fait publier ce matin seulement les nouvelles de Paris. Il y a de la fermentation dans les esprits, mais l'ordre n'a pas été troublé ; toutes les mesures sont prises pour le maintenir.

Agen, le 26, à une heure et demie. Auch, le 26.

Le préfet du Gers au Ministre de l'intérieur.

Les dernières nouvelles de Paris causent une vive émotion dans le département du Gers.

La République peut compter sur les vives sympathies des honnêtes gens.

L'impôt des 45 centimes, qui avait causé des troubles, paraît oublié dans ce moment solennel.

Poitiers, le 26, 4 heures, matin.

Le préfet de la Vienne au Ministre de l'intérieur.

Faut-il faire partir les 300 gardes nationaux? Nous sommes entièrement dépourvus de troupes; les légitimistes sont très-nombreux, je verrais avec peine s'éloigner les hommes les plus actifs et dévoués.

Réponse sur-le-champ.

Rouen, le 26, dix heures.

Le Préfet au chef du Pouvoir exécutif.

Le département est tranquille; la nuit a été calme. Nous attendons des nouvelles avec impatience.

Trois jeunes gens, arrivés à la hâte à la poste, ont pris une voiture pour se rendre à Caen sur-le-champ. Ils ont exhibé une permission datée de l'École Polytechnique. Aussitôt prévenu, je les ai fait suivre, avec ordre de les arrêter, si on les atteint.

Tours, le 26, cinq heures et demie, matin.

Le Préfet d'Indre-et-Loire au chef du Pouvoir exécutif.

Un second détachement de Tours est parti hier soir à neuf heures.

Ceux de Saumur et Loches sont partis ce matin à une heure.

Ceux d'Amboise et Bléré vont partir à six heures.

Chinon, Angers arrivent; Nantes m'est annoncé.

Narbonne, le 24, onze heures et demie,

Le sous-préfet de Narbonne au Ministre de l'intérieur.

Faites savoir à Théodore Raynal que l'*arrestation* des marins de Leucate a été suspendue.

Reçue le 26, huit heures, mat.

Nantes, le 24, dix heures, matin.

Le préfet de la Loire-Inférieure au ministre de l'intérieur.

Il était essentiel que M. Raynal se rendît à son poste immédiatement. Il y a du danger à laisser le pays sans administration définitive.

Le directeur du télégraphe,
Signé : A. DE LA RIVIÈRE.

Reçue d'Avranches par la poste, le 26, huit heures du matin.

Besançon, le 24, cinq heures et demie du soir.

Le préfet du Doubs au chef du Pouvoir exécutif.

J'ai reçu votre dépêche télégraphique d'une heure et demie. Je la fais publier.
Ferme à mon poste, je maintiendrai quand même (*a*). . . . .

Cherbourg, le 24 juin, deux heures du soir.

Le préfet maritime au Ministre de la marine.

En exécution de vos ordres, je prépare à marcher trois compagnies d'élite

(a) Les mots : « Je maintiendrai quand même » ont été reçus par moi et confirmés tels par Besançon.

d'infanterie de marine, les seules que ce port puisse fournir. Elles s'embarqueront demain matin à huit heures sur le *Griffon*, le *Galibi* et le *Colibri*, qui les transporteront au Hâvre, d'où elles arriveront promptement à Paris par le chemin de fer.

Reçue de Cherbourg par la poste, le 26, huit heures du matin.

Lyon, le 25, deux h. et demie.

Le procureur général à Lyon au Ministre de la justice.

Nous connaissons les événements de Paris. Tout est tranquille. S'il éclate une émeute, elle sera énergiquement réprimée; toutes les mesures sont prises.

Le préfet est dans la plus fausse position. Faites-le remplacer. Son maintien pourrait devenir un véritable danger. Il demande lui-même depuis longtemps un successeur.

Poitiers, le 25, 7 h. du soir.

Le Préfet de la Vienne au Ministre de l'intérieur.

Deux ou trois cents hommes de la garde nationale, organisés, sont prêts à partir au premier appel.

Tours, le 25, six heures et demie, soir.

Le Préfet d'Indre-et-Loire au chef du Pouvoir exécutif.

Un nouveau détachement de Tours part pour Paris.

Un détachement de Saumur partira à minuit.

P. C.

Rouen, le 26, 2 h. matin; Le Hâvre, le 25 au soir.

Le chef du service maritime au Hâvre au Ministre de la marine.

Deux compagnies d'infanterie de marine viennent d'arriver de Cherbourg et partent à l'instant pour Paris. Une autre est en rade sur le *Griffon*, débarquera et partira demain.

Paris, le 24, à 9 heures du matin.

Le Ministre de l'intérieur aux citoyens préfets des départements.

Plusieurs chefs des ateliers nationaux ont fomenté des troubles graves dans Paris; des barricades ont été élevées; la garde nationale, la garde nationale mobile, la troupe de ligne, la garde républicaine ont fait courageusement leur devoir. En ce moment, elles sont maîtresses sur tous les points.

Paris, le 24 juin, à une heure et demie.

Le Chef du Pouvoir Exécutif aux préfets des départements.

Par décret de l'Assemble Nationale, Paris est mis en état de siége.

L'Assemblée Nationale est en permanence.

Le Pouvoir Exécutif est confié au Général Cavaignac.

La Commission exécutive a donné sa démission. — Des barricades existent encore; l'accord de la garde nationale, de l'armée et de la mobile, donne la certitude que l'ordre sera bientôt rétabli.

Les gardes nationales de plusieurs villes sont arrivées déjà; leur exemple doit être imité.

La république sortira triomphante de cette dernière lutte contre l'anarchie.

Paris, le 24, à 7 heures du soir.

Le Ministre de l'intérieur aux préfets des départements.

La commission du Pouvoir exécutif a donné sa démission ; l'Assemblée Nationale a concentré les pouvoirs du Gouvernement sur le Général Cavaignac, Ministre de la Guerre.

L'autorité est entièrement maîtresse de la situation.

Paris, le 25, à 9 heures du matin.

Le Ministre des Affaires Etrangères aux préfets des départements.

Des corps de citoyens armés pour la défense de la République et de la société menacée, arrivent à chaque instant. L'insurrection est refoulée dans l'est de la ville; la confiance dans le chef du Pouvoir Exécutif et dans l'Assemble Nationale est complète.

Que tous les bons citoyens se lèvent; il faut en finir avec les ennemis de l'ordre et de la République.

Signé : Bastide.

Paris, le 25, à 4 heures et demie.

Le Chef du Pouvoir Exécutif aux préfets des départements.

La cause de l'ordre et de la République triomphe; l'arrivée de la garde nationale des départements a exercé une influence immense.

La marche sur Paris ne doit pas être arrêtée.

Paris, le 25, à 5 heures.

Le Même aux mêmes.

La cause de l'ordre et de la vraie République triomphe. La garde nationale et l'armée enlèvent tous les obstacles. La patrie et la société sont sauvées ; de tous les départements des secours arrivent. La France bat d'un seul cœur.

Paris, le 26, à 10 heures.

Le même aux mêmes.

L'insurrection s'est concentrée dans une portion du faubourg St-Antoine; dans quelques heures, elle sera réduite complètement.

Les insurgés démoralisés se jettent dans les campagnes où les gardes nationales les arrêtent.

Les troupes de ligne, les gardes nationales de Paris et des départements, la garde nationale mobile, la garde républicaine ont combattu avec le plus grand courage.

Paris, le 26, à 2heures.

Le même aux mêmes.

Le faubourg Saint-Antoine, dernier point de la résistance, est pris. Les insurgés sont réduits, la lutte est terminée ; l'ordre a triomphé de l'anarchie.

Paris, le 26, à 4 heures.

Le même aux mêmes.

L'insurrection est complétement vaincue ; tous les insurgés ont mis bas les armes, ou s'enfuient à travers les campagnes.

La cause de l'ordre a triomphé. Vive la République !

Paris, le 27, à 8 heures et demie.

Le Ministre de l'intérieur aux mêmes.

Paris jouit aujourd'hui de la plus parfaite tranquillité, tout est rentré dans l'ordre.

IV

DOCUMENTS

FOURNIS

PAR LES PRÉFECTURES MARITIMES.

PORT DE BREST.

ÉTAT nominatif des Condamnés qui ont obtenu des grâces depuis le mois de mars dernier.

Toulon, le 12 juillet 1848.

CITOYEN PRÉSIDENT,

Je m'empresse de vous adresser, en réponse à votre lettre du 3 du courant, un rôle nominatif de trente forcats du bagne de Toulon, amnistiés ou graciés depuis le 1er mars dernier. Cet état indique le lieu de domicile choisi par chaque condamné gracié. L'autorité civile peut seule me faire connaître s'ils ont effectivement suivi leur destination. Le citoyen maire ne m'a répondu à ce sujet qu'en ce qui concerne le forçat Henry(Joseph). Vous remarquerez que, sur trente condamnés sortis du bagne de Toulon depuis le 1er mars dernier, pour les causes indiquées au présent état, vingt-trois avaient été compris sur les propositions annuelles de grâces pour bonne conduite au bagne.

Salut et fraternité.

Le vice-amiral, Préfet maritime.

(Nom illisible.)

Grâces accordées à des comdamnés qui n'ont pas été l'objet de propositions de la part de l'administration des Chiourmes.

Numéros	NOMS et PRÉNOMS.	ÉPOQUE et durée de la condamnation. Nature du crime.	NATURE des Grâces. accordées.	DATE de la décision et indication de l'autorité qui l'a prise.	DATE de la libération.	RÉSIDENCE choisie par les condamnés graciés.	OPINION du Commissaire des Chiourn sur la conduite des graciés pendant qu'ils subissaient leur pei
22,014.	RUPP (Louis-Frédéric).	12 août 1839, 12 ans, faux.	Remise du restant de la peine.	16 mars 1848, Gouvernement provisoire.	23 mars 1848.	Rouen (Seine-Inférieure).	Bonne conduite. (l'opinion détaillée de M commissaire des chiourn consignée dans le rappor date du 8 juillet 1848, fai envoi du présent état.)
23,143.	BARTHÉLÉMY (Emmanuel).	20 déc. 1839, à vie, tentatives de Meurtre.	Grâce entière.	19 mars 1848, Gouvernement provisoire.	25 mars 1848.	Id.	
24,254.	MARCHAND (Louis).	19 juillet 1845, 5 ans, incendie volontaire.	Remise du reste de la peine.	22 mars 1848, Gouvernement provisoire.	26 mars 1848.	Id.	Bonne conduite. N resté que 6 mois au bagn ne cessait de certifier c était innocent. (Ne faisait partie de la salle d'épreu
24,149.	REMOIS (Louis).	23 avril 1847, 5 ans, rébellion et pillage.	Id.	21 avril 1848, Gouvernement Provisoire.	25 avril 1848.	Château-Gontier (Mayenne).	Bonne conduite. Ces d condamnés ne sont re que 7 mois au bagne. Ils testaient de leur innoce dans la condamnation p rébellion à force ouve (Ne faisaient pas partie d salle d'épreuve.)
24,150.	LANNEAU (André).	23 avril 1847, 5 ans, rébellion et pillage.	Id.	Id.	Id.	Id.	
23,502.	VARELLA (Jean-Théodore).	8 avril 1845, 5 ans, vol qualifié.	Id.	4 mai 1848, Gouv. provisoire.	15 mai 1848.	Chartres (Eure-et-Loire).	Bonne conduite. (Voir pinion détaillée de M. commissaire des chiourn consignée dans le rappor date du 8 juillet 18 8, fais envoi du présent état.)
21,074.	MARTIN (Auguste-François).	22 avril 1837, 20 ans, tentatives de viol.	Id.	Id.	Id.	Houlme, arr. de Rouen (Seine-Inférieure).	Bonne conduite. Cet h me a servi pendant sept comme infirmier à l'hôp maritime. Son caractère doux; sait lire et écr Avait déjà obtenu une mise de 6 ans. (Il ne fai pas partie de la salle preuves.)
20,547.	POIRIER (Henry-Joseph), dit Périer.	15 mai 1833, 20 ans, vol qualifié.	Id.	Id.	19 mai 1848.	Etranger dirigé sur la frontière de Belgique.	Nombreuses punitio (Voir l'opinion détaillée M. le commissaire chiourmes, consignée d le rapport en date du 8 j let 1848, faisant envoi présent état.)

méros	NOMS et PRÉNOMS.	ÉPOQUE et durée de la condamnation. Nature du crime.	NATURE des Grâces accordées.	DATE de la décision et indication de l'autorité qui l'a prise.	DATE de la libération.	RÉSIDENCE choisie par les condamnés graciés.	OPINION du Commissaire des Chiourmes sur la conduite des graciés pendant qu'ils subissaient leur peine.
	Grâces accordées à la suite de propositions faites par l'administration des Chiourmes, et approuvées par la commission instituée par le règlement du 16 septembre 1839.						
,930.	COTTON (Joseph).	27 octob. 1823, à vie, vol qualifié (en récidive).	Grâce entière.	4 mai 1848. Gouvern. provisoire.	15 mai 1848.	Saint-Fiel, arrondiss. de Guéret (Creuse).	Graciés à la suite de propositions du commissaire des chiourmes, sanctionnées par la commission instituée par le règlement du 16 septembre 1839. Ces hommes ont été éprouvés. Leur libération est la récompense de leur bonne conduite et de leur longue détention. Je n'ai aucune note particulière à fournir, les concernant. Ils sont, pour la plupart, vieux, usés, et ne peuvent désormais faire grand mal.
,505.	FÉRAT (Médard).	12 nov. 1817, à vie, vol qualifié, (en récidive).	Id.	Id.	14 mai 1848.	La Fère, arr. de Laon (Aisne).	
7,458.	ZARATINI (Pierre).	8 août 1811, vie, vol qualifié.	Id.	Id.	Id.	Étranger dirigé sur la frontière d'Italie.	
7,526.	GROSLIN (Jean), dit Bouscaval.	20 janvier 1818, à vie, vol qualifié.	Id.	Id.	Id.	Bourges (Cher).	
7,924.	MAZAUDIER (Alban).	16 décem. 1811, à vie, vol qualifié.	Id.	Id.	Id.	Montpellier (Hérault).	
7,947.	LEYRE (Pierre), dit Beaux-Cheveux.	19 mars 1817, à vie, vol sur un grand chemin.	Id.	Id.	Id.	Le Puy (Haute-Loire)	
3,589.	PERRAUDIN (François).	29 nov. 1817, à vie, vol qualifié.	Id.	Id.	15 mai 1848.	Saint-Eusèbe-des-Bois, arr. de Châlons (Saône-et-Loire).	
3,599.	BOURRÉ (Pierre-Joseph).	11 nov. 1819, à vie, vol qualifié.	Id.	Id.	Id.	Noyal arr. de Vervins (Aisne).	
3,620.	LAVAUDET (Antoine).	6 décem. 1821, à vie, vol qualifié.	Id.	Id.	Id.	Nuits arr. de Beaune (Côte-d'Or).	

Numéros	NOMS et PRÉNOMS.	ÉPOQUE et durée de la condamnation. - Nature du crime.	NATURE des Grâces. accordées.	DATE de la décision et indication de l'autorité qui l'a prise.	DATE de la libération.	RÉSIDENCE choisie par les condamnés graciés.	OPINION du Commissaire des Chiour sur la conduite des graciés pendant qu'ils subissaient leur pe
18,653.	BOUCHET (Jacques).	24 août 1823, à vie, vol qualifié.	Grâce entière.	15 mai 1848, Gouvernement provisoire.	15 mai 1848.	Clermont-Ferrand Puy-de-Dôme.	Graciés à la suite de position du commissaire chiourmes, sanctionnés la commission instituée p règlement du 16 septe 1839. Ces hommes ont éprouvés. Leur libératio la récompense de leur b conduite et de leur lo détention. Je n'ai au note particulière à fou les concernant. Ils sont, la plupart, vieux, usés ne peuvent désormais grand grand.
19,043.	ABRAM (Jean-Joseph), dit Cadet.	27 mars 1848, à vie, arrestation et vol à main armée.	Id.	4 mai 1848. Gouvern. provisoire.	Id.	Barjols arr. de Brignols (Var).	
17,735.	POST (Antoine).	27 juin 1817, à vie, vol qualifié.	Id.	Id.	14 mai 1848.	Sarreable arr. de Sarreguemines (Moselle).	
17,989.	BESNARD (Jacques), dit Fougu.	5 juillet 1820, à vie, meurtre.	Id.	Id.	Id.	Saint-Martin-d'Auvigny, ar. de Bourges (Cher).	
17,077.	BRANCHU (Pierre).	5 décem. 1817, à vie, vol qualifié.	Id.	Id.	Id.	Montfort-sur-Men Ille-et-Vilaine.	
17,115.	FLOCH (Jean-Marie).	13 oct. 1827, à vie, assassinat.	Id.	Id.	Id.	Landerneau, arr. de Brest (Finistère).	
19,564.	VILFEU (Louis).	26 juillet 1830, à vie, homicide volontaire.	Id.	Id.	15 mai 1848.	Saint-Hilaire-en-Landes, arr. de Lavals (Mayenne).	
18,833.	BRETON (Gilbert).	18 avril 1818, à vie, commué en 20 ans, meurtre.	Remise du reste de la peine.	Id.	Id.	Charoux arr. de Gannat (Allier).	
18,870.	LAMBERT (Joseph).	9 février 1820, à vie, commué en 20 ans; tentative d'homicide volontaire et vol.	Id.	Id.	Id.	Dieuze arr. de Château-Salins (Meurthe).	
17,994.	CR. IQUET (Auguste).	9 mars 1820, à vie; commué en 10 ans. Vol sur un chemin public.	Id.	Id.	14 mai 1848.	Saint-Paul-la Durance, arr. d'Aix (Bouches-du-du-Rhône).	

Numéros	NOMS et PRÉNOMS.	ÉPOQUE et durée de la condamnation. Nature du crime.	NATURE des Grâces accordées.	DATE de la décision et indication de l'autorité qui l'a prise.	DATE de la libération.	RÉSIDENCE choisie par les condamnés graciés.	OPINION du Commissaire des Chiourmes sur la conduite des graciés pendant qu'ils subissaient leur peine.
0,502.	STUDER (Michel).	9 août 1834, 15 ans, meurtre.	Remise du reste de la peine.	4 mai 1848, Gouvern. provisoire.	15 mai 1848.	Murbach ar. de Colmar (Haut-Rhin).	Graciés à la suite de propositions du commissaire des chiourmes, sanctionnées par la commission instituée par le règlement du 16 septembre 1839. Ces hommes ont été éprouvés. Leur libération est la récompense de leur bonne conduite et de leur longue détention. Je n'ai aucune note particulière à fournir, les concernant. Ils sont, pour la plupart, vieux, usés, et ne peuvent désormais faire grand mal.
17,623.	FERMOND (Jean-Louis).	19 février 1824, à vie, commué en 12 ans, homicide volontaire.	Id.	Id.	14 mai 1848.	Vassieux, arrondissem. de Dié (Drôme).	
17,484.	MOULIN (François-Barthelemy), dit Tapala.	29 mai 1816, à vie, commué en 15 ans, vol sur un chemin public.	Id.	Id.	Id.	Châteauneuf de Mazène, arrondiss. de Montélimart (Drôme).	
18,382.	DOREAU (Dominique).	3 août 1817, à vie, commué en 15 ans, complicité de vol, etc.	Id.	Id.	Id.	Gluxe en Gleune, arrondiss. de Château-Chinon (Nièvre).	
19,740.	LORIOT (Claude).	26 août 1831, 20 ans, fausse monnaie.	Id.	Id.	15 mai 1848.	Beauvernois, arrondiss. de Louhans (Saône-et-Loire).	
19,646.	CANIS (Pierre).	14 août 1826, à vie, commué en 5 ans, homicide volontaire.	Id.	Id.	14 mai 1848.	Prunet, arrondiss. de Aurillac (Cantal).	
17,305.	FRIQUET (Louis-Dominique), dit Henri.	14 mars 1828, à vie, commué en 8 ans, homicide volontaire.	Id.	Id.	Id.	Rouen (Seine-Inférieure).	
17,518.	CHAPUIS (Pierre).	5 juin 1818, à vie, commué en 15 ans, vol avec violences.	Id.	Id.	Id.	Mâcon (Saône-et-Loire).	
18,622.	WAGNER (Michel).	20 déc. 1821, à vie, commué en 14 ans, meurtre.	Id.	Id.	15 mai 1848.	Hoffen, arrondiss. de Wissembourg (Bas-Rhin).	
18,641.	FLAMM (Jean-Adam).	14 mars 1823, à vie, commué en 16 ans, homicide volontaire.	Id.	Id.	Id.	Dehlingen, arrondiss. de Saverne (Bas-Rhin).	

Numéros	NOMS et PRÉNOMS.	ÉPOQUE et durée de la condamnation. Nature du crime.	NATURE des Grâces accordées.	DATE de la décision et indication de l'autorité qui l'a prise.	DATE de la libération.	RÉSIDENCE choisie par les condamnés graciés.	OPINION du Commissaire des Chiourmes sur la conduite des graciés pendant qu'ils subissaient leur peine.
18,951.	WILHELM (Louis).	26 mai 1824, à vie, commué en 14 ans, vol sur un chemin public.	Remise du reste de la peine.	4 mai 1848, Gouvern. provisoire.	15 mai 1848.	Leppois-le-Haut, arrond. de Altrick (Haut-Rhin).	
20,553.	VERMOREL (Jean-Denis).	13 nov. 1835, 23 ans, fausse monnaie, évasion.	Id.	Id.	Id.	Rennes (Ille-et-Vilaine).	
17,895.	ROBILLARD (René).	21 juin 1828, 26 ans, vol et évasions.	Id.	Id.	14 mai 1848.	La Chapelle-Moche, arr. de Domfront (Orne).	
18,368.	PÉRIOT (Pierre).	5 août 1816, à vie, vol avec violences.	Grâce entière	26 mai 1848. Commission du pouvoir exécutif.	31 mai 1848.	Essertenne, arrondissem. de Gray (Haute-Saône)	Graciés à la suite de propositions du commissaire des chiourmes, sanctionnées par la commission instituée par le règlement du 16 septembre 1839. Ces hommes ont été éprouvés. Leur libération est la récompense de leur bonne conduite et de leur longue détention. Je n'ai aucune note particulière à fournir, les concernant. Ils sont, pour la plupart, vieux, usés, et ne pouvant désormais faire grand mal.
18,881.	PONSOT (Jacques).	19 octob. 1820, à vie, vols qualifiés.	Id.	Id.	Id.	Trésilley, arr. de Vésoul (Haute-Saône)	
19,717.	FIQUET (Louis-Pierre).	3 janvier 1832, 20 ans, dissipation des fonds de l'ordinaire.	Remise du reste de la peine.	4 mai 1848. (ordre du 5 juin.) Gouvernement prov.	8 juin 1848.	Stenay, arr. de Montmédy (Meuse).	
19,691.	ROQUE (Laurent, père).	19 nov. 1830, à vie, commué en 5 ans, tentative de meurtre.	Id.	12 juin 1848. Gouvernem.	18 juin 1848.	Nîmes (Gard).	
19,613.	PIGEONNAT (Jean-Pierre).	14 mai 1824, à vie, commué en 15 ans, attaque à main armée de la diligence.	Id.	Id.	Id.	Beauvais (Oise).	

Brest, le 8 *Juillet* 1848.

Vu par le Commissaire général de la marine,
Signé : JUIN.

Le Sous-Commissaire chargé du service des chiourmes,
Signé : L. DOURLA.

Toulon, le 11 juillet 1848.

CITOYEN AMIRAL, J'ai l'honneur de vous renvoyer ci-joint l'état que vous m'avez adressé par votre lettre de ce jour, et vous fais connaître que le nommé Henry (Joseph), mis à ma disposition, le 5 mars 1848, a été dirigé sur Paris (Seine), résidence dont il a fait choix.

Salut et fraternité.

Le Maire de Toulon, Signé : DEBENEY.

PORT DE TOULON.

Rôle des Condamnés aux travaux forcés, détenus au bagne de Toulon, qui sont sortis depuis le 1er Mars 1848, par suite d'amnistie ou de grâce.

Brest, le 9 juillet 1848.

CITOYEN PRÉSIDENT,

Pour satisfaire à la demande contenue dans la lettre que vous m'avez fait l'honneur de m'adresser le 3 juillet courant, je m'empresse de vous transmettre :

1° Un état nominatif des condamnés du bagne de Brest, qui ont obtenu des graces, depuis le mois de mai dernier : ce document indique la résidence choisie par chacun des graciés;

2° Un rapport détaillé du commissaire des chiourmes, lequel complète les indications que vous désiriez obtenir.

Salut et fraternité.

Le vice amiral Préfet maritime,

Signé : (*Illisible*).

Brest, le 8 juillet 1848.

Monsieur le Commissaire général,

J'ai l'honneur de vous transmettre l'état nominatif des condamnés qui ont obtenu des graces depuis le 1er mars dernier, pièce qui est réclamée par M. le président de la commission d'enquête, instituée par décret du 26 juin dernier, par la lettre ci-jointe.

Cet état est divisé en deux parties :

La première comprend les condamnés qui ont obtenu leur libération, sans participation aucune de l'administration du port, à l'exception du nommé Poirier, n. 20,347.

La deuxième, ceux qui ont été graciés, ou qui ont été l'objet de remise de peine, à la suite de propositions du commissaire des chiourmes, sanctionnées par la commission instituée par le réglement en date du 16 septembre 1839 : l'une et l'autre de ces parties me semblent répondre entièrement aux renseignements demandés.

Je dois faire remarquer que les condamnés compris dans la deuxième partie de ce tableau ont été mis en liberté, après admission à la salle des éprouvés, et après avoir subi le temps d'épreuves voulu par le réglement ci-dessus cité ; que leur libération a donc été la récompense de leur bonne conduite et de leur longue détention, et que dès lors je n'ai aucune note particulière à fournir les concernant, d'autant plus qu'ils sont sortis du bagne vieux, usés, et que je pense que désormais ils ne pourront plus faire grand mal dans la société. La moyenne de l'âge des condamnés, graciés à la demande de l'administration, est de cinquante-huit ans.

Mais il me reste à faire connaître en détail l'opinion que j'ai pu concevoir sur quelques-uns des condamnés qui ont été graciés sans proposition de l'Administration, et je vais transcrire ci-après le nom de ceux qui me semblent devoir fixer l'attention de l'autorité :

Ces deux condamnés faisaient partie de la salle d'épreuves.

22,014. RUPP; comme condamné, il a tenu une bonne conduite pendant sa détention. Cet homme a une éducation supérieure. Il est d'un caractère fourbe, astucieux et peu reconnaissant. Il est faussaire passionné. Pendant sa détention, il a été acquitté par le tribunal maritime spécial d'une accusation de faux en écriture de commerce et de banque, commis au bagne, et, si on pouvait croire l'opinion générale de la chiourme, il était seul coupable. Rupp aime à bien vivre ; il a le goût des grandes dépenses. Il n'a aucune ressource que son talent, comme homme de lettres. Je le crois susceptible de revenir au bagne.

22,145. BARTHÉLÉMY ; excellente conduite pendant sa détention. N'a aucunement contracté les mauvaises passions des condamnés. Je crois que, sous ce rapport, il est sorti du bagne dans la même position où il se trouvait à son entrée. Assez bonne éducation ; studieux. Son caractère est vif et colère. Tête exaltée. Il est facile de le conduire par la douceur. Les moyens coërcitifs le conduiraient à sa perte.

Il faisait partie, avant sa condamnation, de la société des *Quatre Saisons*. Il passait pour avoir des opinions tout-à-fait républicaines. Il avait vingt-cinq ans à sa sortie du bagne.

Ce condamné n'était pas à la salle d'épreuves. Éducation primaire.

23,502. VARELLA ; bonne conduite ; vingt-sept ans lors de sa sortie. Physionomie douce ; caractère caché. A son arrivée au bagne, il a fréquenté de mauvais condamnés, et je crois qu'il a été plus heureux que sage ; fort heureusement qu'il a été destiné comme infirmier à l'hôpital maritime, car il aurait fait un très-mauvais sujet.

Je crains qu'il ne revienne au bagne.

20,547. POIRIER ; ce condamné a été l'objet de beaucoup de punitions pendant sa détention. Son caractère est brutal. Il est insolent. Il a commis plusieurs délits de mauvaise nature. Il a fait quinze ans sur vingt, peine à laquelle il était condamné. L'Administration, à la suite de deux actes de dévouement de sa part, a pensé que la seule récompense, en rapport avec sa belle conduite, était la remise du restant de sa peine, et elle l'a sollicité par rapport, en date du 14 avril dernier.

Il a été dirigé sur la frontière de Belgique.

Enfin, et pour compléter les renseignements demandés sur les condamnés graciés depuis le 1er mars dernier, je dois déclarer :

1° Que je n'avais aucune observation à faire contre la grâce de ceux appelés à jouir de la liberté, sans avis préalable de l'Administration ; que ces condamnés m'ont paru dignes des faveurs qui leur ont été accordées ; et que, dans la supposition qu'ils n'eussent pas été méritants, il me semblait que le commissaire des chiourmes n'avait aucune opposition à faire à l'ordre immédiat de détacher un condamné de la chaîne, transmis au port par monsieur le ministre de la marine ;

2° Qu'il n'a été saisi sur aucun condamné aucune pièce, ni aucun document, se rattachant aux complots des mois de mai et juin, et qu'en âme et conscience, je ne pense pas que ces complots aient eu des ramifications avec les condamnés du bagne de Brest.

Quant au compte-rendu, également réclamé et concernant la direction que chacun des condamnés graciés a pu prendre après sa sortie, je ne puis que faire connaître le lieu choisi pour résidence. Il appartient à l'autorité civile à qui la remise des condamnés a été faite de désigner l'itinéraire qui leur a été tracé.

Agréez, etc., etc.,

Le Commissaire des chiourmes,
Signé : L. WOURLA.

RENSEIGNEMENTS recueillis sur la conduite des Forçats avant leur condamnation et sur les peines qu'ils peuvent avoir déjà subies. (S'ils ont déjà été condamnés aux travaux forcés, rappeler les numéros des matricules, les bagnes où ils étaient détenus et les époques de libération.	1° Numéros d'immatriculation ; 2° Noms, Prénoms et Surnoms ; 3° Dates et lieux de naissance ; 4° Domicile au moment de l'arrestation du condamné.	Professions que les condamnés 1° Exerçaient au moment de leur arrestation (si ce sont des militaires, indiquer, en outre, les corps auxquels ils ont appartenu) ; 2° Ont apprises et exercées depuis leur entrée au bagne.	COURS ou TRIBUNAUX qui ont prononcé les jugements et lieux où ils siègent.	DATES 1° des Jugements ; 2° de leur confirmation (s'il y a eu pourvoi) ; 3° de l'exposition au poteau (ou de l'exécution des jugemens militaires.	CAUSES DES CONDAMNATIO[NS] soit pour crimes, soit pour évasions.
Veuf, 2 enfants.	1° N° 33,541 2° HENRY (Joseph). 3° Né le ..... octobre 1794, à Charme-St-Valbert, arrondissement de Vesoul, département de la Haute-Saône. 4° Domicilié à Paris, rue de Limoges, 8, arrondissement dudit, département de la Seine.	1° Fabricant d'objets de fantaise en acier. 2° Etoupier.	Cour des pairs.	27 août 1846.	Attentat contre la perso[nne] du roi.
Célibataire.	1° N° 31,081. 2° AUSSISE (Antoine), dit *Chassy*. 3° Né le ..... 1814, à Chauriat, arrondissement de Clermont, département du Puy-de-Dôme. 4° Domicilié au même lieu.	1° Cultivateur. 2° Manœuvre.	Cour d'assises du Puy-de-Dôme, Riom.	11 mars 1842. 4 mai 1842. Sans exposition.	Avoir pillé et dévasté, en r[éu]nion ou bande et à force [ou]verte, des propriétés m[obi]lières.
Célibataire.	1° N° 31,085. 2° ROMAGNAT (Claude). 3° Né le ..... 1796, à Chauriat, arrondissement de Clermont, département du Puy-de-Dôme. 4° Domicilié au même lieu.	1° Cultivateur-propriétaire. 2° Journalier.	Cour d'assises du Puy-de-Dôme, Riom.	11 mars 1842. 4 mai 1842. 4 juin 1842.	Avoir pillé ou dévasté, en r[éu]nion ou bande et à force [ou]verte, des propriétés mobiliè[res].
Célibataire.	1° N° 31,086. 2° TRINCART (Jean). 3° Né le 14 décembre 1816, à Chauriat, arrondissement de Clermont, département du Puy-de-Dôme. 4° Domicilié au même lieu.	1° Cultivateur. 2° Journalier.	Cour d'assises du Puy-de-Dôme, Riom.	11 mars 1842. 4 mai 1842. 4 juin 1842.	Avoir pillé et dévasté, en ré[u]nion ou bande et à force o[u]verte, des propriétés mobiliè[res].
Célibataire.	1° N° 31,087. 2° ESPIRAT (Annet), dit *Chaud*. 3° Né le 17 octobre 1797, à Chauriat, arrondissement de Clermont, département du Puy-de-Dôme. 4° Domicilié au même lieu.	1° Journalier-cultivateur. 2° Manœuvre.	Cour d'assises du Puy-de-Dôme, Riom.	11 mars 1842. 4 mai 1842. 4 juin.	Avoir pillé ou dévasté, en ré[u]nion ou bande et à force o[u]verte, des propriétés mobiliè[res].

DUREE DES PEINES (ans) ; DES ÉVASIONS (a. m. j.). TOTAL (a. m. j.).	1° Époques des libérations ; 2° Lieux de résidence choisis par les condamnés d'origine française n'ayant pas une nouvelle peine à subir après leur libération ; 3° Déclarations des condamnés sur les motifs qui les ont déterminés à choisir les lieux de résidence, sur les moyens d'existence qu'ils pourront y trouver, ainsi que sur les personnes dont ils peuvent se réclamer. (Indiquer les noms et professions et demeures de ces personnes).	1° Montant de l'avoir au moment de la libération ; Instruction acquise ; 2° Avant l'arrivée au bagne ; 3° Depuis la détention ;	NOTES ET OBSERVATIONS 1° Sur la conduite des condamnés dans les bagnes, leur caractère, les punitions qu'ils ont subies, les récompenses qui leur ont été accordées, les propositions en grâce qui ont été faites en leur faveur, etc. 2° Sur les peines qu'ils doivent encore subir après leur libération. (Indiquer la date des jugements, les cours qui les ont prononcés, la nature et la durée des peines, etc.)
A PERPÉTUITÉ.—Par décision du 1er mars 48, le Gouvernement provisoire lui a fait aise de la peine des travaux forcés à per-uités, suivant dépêche télégraphique du nars 1848, confirmé par un ordre et une pêche du ministre de la marine en date même jour.	1° Gracié le 5 mars 1848, et mis à la disposition du maire de Toulon.	1° Dépôt... 70 » Pécule... » » Total... 70 » 2° Sait lire et écrire imparfaitement. 3° Id.	Sans punitions.
5 ANS. — Les dispositions du décret d'am-tie rendu le 29 février 1848, par le Gou-nement provisoire, ayant été appliquées e condamné, il a été détaché de la chaîne mis à la disposition de l'autorité civile de ulon, suivant ordre et dépêche du mi-tre de la marine, en date du 22 mars 1848.	1° Amnististié le 30 mars 1848. 2° Résidence, Chauriat, arrondissement de Clermont, département du Puy-de-Dôme. 3° Auprès de sa famille.	1° Dépôt... » » Pécule... 38 03 Total... 38 03 2° Illettré. 3° Id.	Sans punitions.
7 ANS. — Les dispositions du décret d'am-tie rendu le 29 février 1848, par le Gou-nement provisoire, ayant été appliquées e condamné, il a été détaché de la chaîne mis à la disposition de l'autorité civile de ulon, suivant ordre et dépêche du mi-tre de la marine, en date du 22 mars 1848.	1° Amnistié le 30 mars 1848. 2° Résidence, Chauriat, arrondissement de Clermont, département du Puy-de-Dôme. 3° Auprès de sa famille.	1° Dépôt... 45 » 2° Pécule... 48 86 Total... 93 86 2° Illettré. 3° Id.	A subi une punition en 1843, pour inconduite dans le bagne.
7 ANS. — Les dispositions du décret d'am-tie rendu le 29 février 1848, par le Gou-nement provisoire, ayant été appliquées e condamné, il a été détaché de la chaîne mis à la disposition de l'autorité civile de ulon, suivant ordre et dépêche du mi-tre de la marine, en date du 22 mars 1848.	1° Amnistié le 30 mars 1848. 2° Résidence, Chauriat, arrondissement de Clermont, département du Puy-de-Dôme. 3° Auprès de sa famille.	1° Dépôt... » 39 Pécule... 39 84 Total... 39 84 2° Illettré. 3° Id.	Admis à la salle des éprouvés le 9 août 1846. Sans punitions.
7 ANS. — Les dispositions du décret d'am-tie rendu le 29 février 1848, par le Gou-nement provisoire, ayant été appliquées e condamné, il a été détaché de la chaîne mis à la disposition de l'autorité civile de ulon, suivant ordre et dépêche du minis-e de la marine, en date du 22 mars 1848.	1° Amnistié le 30 mars 1848. 2° Résidence, Chauriat, arrondissement de Clermont, département du Puy-de-Dôme. 3° Auprès de sa famille.	1° Dépôt... » » Pécule... 21 24 Total... 21 24 2° Illettré. 3° Id.	A subi deux punitions pour infraction aux réglements et négligence sur les travaux.

RENSEIGNEMENTS recueillis sur la conduite des Forçats avant leur condamnation et sur les peines qu'ils peuvent avoir déjà subies (S'ils ont déjà été condamnés aux travaux forcés, rappeler les numéros des matricules, les bagnes où ils étaient détenus et les époques de libération.	1° Numéros d'immatriculation; 2° Noms, Prénoms et Surnoms; 3° Dates et lieux de naissance; 4° Domicile au moment de l'arrestation du condamné.	Professions que les condamnés 1° Exerçaient au moment de leur arrestation (si ce sont des militaires, indiquer, en outre, les corps auxquels ils ont appartenu); 2° Ont apprises et exercées depuis leur entrée au bagne.	COURS ou TRIBUNAUX qui ont prononcé les jugements et lieux où ils siègent.	DATES 1° des Jugements; 2° de leur confirmation (s'il y a eu pourvoi); 3° de l'exposition au poteau (ou de l'exécution des jugemens militaires.	CAUSES DES CONDAMNATIO[NS] soit pour crimes, soit pour évasions.
A subi 8 jours de prison pour vol, suivant sa déclaration. Marié, 2 enfants.	1° N° 31,088. 2° CHARBUT (Antoine), dit *Tibour.* 3° Né le .... avril 1794, à Vertaizon, arrondissement de Clermont, département du Puy-de-Dôme. 4° Domicilié au même lieu.	1° Ouvrier mineur. 2° Mineur.	Cour d'assises du Puy-de-Dôme, Riom.	11 mars 1842. 4 mai 1842. 4 juin 1842.	Avoir pillé ou dévasté, e[n] union ou bande et à force [ou]verte, des propriétés mobil[ières]
Condamné par la Cour d'assises du Puy-de-Dôme, le 28 novembre 1837, pour vol avec effraction, avec circonstances atténuantes, à deux ans de prison. (Peine subie.) Marié, 1 enfant.	1° N° 31,490. 2° GIRAUD (Gilbert), dit *Modat.* 3° Né le ..... 1809, à Durtal, arrondissement de Clermont, département du Puy-de-Dôme. 4° Domicilié au même lieu.	1° Cultivateur. 2° Manœuvre.	Cour d'assises de l'Allier, Moulins.	12 août 1842. 17 sept. 1842. 5 décemb. 1842.	Avoir, dans un mouve[ment] insurrectionnel, porté une [arme] apparente; avoir fait usa[ge de] cette arme, avoir volont[aire]ment tenté de commettr[e un] homicide, de complicité [de] dévastation et du pillage [en] bande et à force armée, du [mo]bilier de la maison du mai[re de] Clermont, avec circonst[ances] atténuantes.
Célibataire.	1° N° 28,745. 2° LAURENT (Jean), aîné. 3° Né le ..... 1798, à Marcenat, arrondissement de Murat, département du Cantal. 4° Domicilié à Froidas, arrondissement de Verdun, département de la Meuse.	1° Marchand ambulant. 2° Scieur de long.	Cour d'assises de la Meuse, St.-Mihiel.	8 janvier 1839. Sans pourvoi. 26 janvier 1839.	Banqueroute fraudules[e]
Condamné par le Tribunal correctionnel d'Autun, le 1er octobre 1838, à 1 mois de prison pour rébellion envers les agents de force publique. (Peine subie.) Veuf.	1° N° 29,681. 2° PELLEGRY (Jean-Louis). 3° Né le ..... 1803, à Ahun, arrondissement de Guéret, département de la Creuse. 4° Sans domicile fixe.	1° Maître d'armes et md. forain, suivant sa déclaration. 2° Canotier.	Cour d'assises de Saône-et-Loire, Châlons.	14 juin 1840. 9 juillet 1840. 11 sept. 1840.	Plusieurs vols dans des [mai]sons habitées à l'aide d'ef[frac]tion.
Marié, 2 enfants.	1° N° 31,762. 2° RAYNE (Pierre), dit *l'Estrusson.* 3° Né le..... 1795, à Sigonée, arrondissement de Forcalquier, département des Basses-Alpes. 4° Domicilié au même lieu.	1° Cultivateur. 2° Manœuvre.	Cour d'Assises des Basses-Alpes, Digne.	3 juin 1843. Sans pourvoi. 15 juin 1843.	Subornation de faux tém[oins] en matière correctionnelle [en] lui faisant des promesses.

DURÉE DES PEINES (ans). DES ÉVASIONS (a. m. j.). TOTAL (a. m. j.).	1° Époques des libérations; 2° Lieux de résidence choisis par les condamnés d'origine française n'ayant pas une nouvelle peine à subir après leur libération; 3° Déclaration des condamnés sur les motifs qui les ont déterminés à choisir les lieux de résidence, sur les moyens d'existence qu'ils pourront y trouver ainsi que sur les personnes dont ils peuvent se réclamer. (Indiquer les noms, professions et demeures de ces personnes.)	1° Montant de l'avoir au moment de la libération; Instruction acquise; 2° Avant l'arrivée au bagne; 3° Depuis la détention.	NOTES ET OBSERVATIONS. 1° Sur la conduite des condamnés dans les bagnes, leur caractère, les punitions qu'ils ont subis, les récompenses qui leur ont été accordées, les propositions en grâce qui ont été faites en leur faveur, etc. 2° Sur les peines qu'ils doivent encore subir après leur libération. (Indiquer la date des jugements, les cours qui les ont prononcés, la nature et la durée des peines, etc.)
8 Ans. — Les dispositions du décret d'amnistie rendu le 29 février 1848, par le Gouvernement provisoire, ayant été appliquées à ce condamné, il a été détaché de la chaîne et mis à la disposition de l'autorité civile de Toulon, suivant ordre et dépêche du ministre de la marine, en date du 22 mars 1848.	1° Amnistié le 30 mars 1848. 2° Résidence, Vertaizon, arrondissem. de Clermont, département du Puy-de-Dôme. 3° Auprès de sa famille.	1° Dépôt... 15 » Pécule... 39 29 Total.... 54 29 2° Illettré. 3° Id.	Admis à la salle des éprouvés le 6 août 1847. Sans punitions.
12 Ans. — Les dispositions du décret d'amnistie rendu le 29 février 1848, par le Gouvernement provisoire, ayant été appliquées à ce condamné, il a été détaché de la chaîne et mis à la disposition de l'autorité civile de Toulon, suivant ordre et dépêche du ministre de la marine, en date du 22 mars 1848.	1° Amnistié le 30 mars 1848. 2° Résidence, Durtal, arrondissement de Clermont, département du Puy-de-Dôme. 3° Auprès de sa famille.	1° Dépôt... » » Pécule... 58 85 Total.... 58 85 2° Illettré. 3° Id.	Mis en demi-chaîne le 20 octobre 1844, pour avoir porté secours à un garde en danger d'être écrasé. A subi une punition pour absence des travaux et infraction aux réglements.
12 Ans. — Réduits de deux par décision du 28 juillet 1848. A l'occasion de la réunion de l'Assemblée nationale, le Gouvernement provisoire, par décision du 4 mai 1848, lui a fait remise du reste de la peine des travaux forcés relatés ci-dessus. Détaché de la chaîne le 13 mai 1848. (Ordre et dépêche du ministre de la marine, en date du 9 mai 1848.)	1° Gracié le 15 mai 1848. 2° Résidence, Marcenat, arrondissement de Murat, département du Cantal 3° Auprès de ses parents.	1° Dépôt... » » Pécule... 72 02 Total.... 72 02 2° Illettré. 3° Id.	Admis à la salle des éprouvés le 1er mai 1844, bonne conduite. A subi une seule punition en 1845, pour infraction aux réglements. Il était compris sur l'état annuel de proposition à la clémence du Gouvernement.
8 Ans. — A l'occasion de la réunion de l'Assemblée nationale, le Gouvernement provisoire, par décision du 4 mai 1848, lui a fait remise du reste de la peine des travaux forcés relatée ci-dessus. Détaché de la chaîne le 13 mai 1848. (Ordre et dépêche du ministre de la marine, en date du 9 mai 1848.)	1° Gracié le 15 mai 1848. 2° Résidence: Brioude, arrondissement dudit, département de la Haute-Loire. 3° Pour y travailler.	1° Dépôt... » » Pécule... 43 28 Total.... 43 28 2° Sait bien lire et bien écrire. 3° Id.	Admis à la salle des éprouvés le 1° janvier 1844. A subi une punition pour s'être enivré dans le bagne. Il était compris sur l'état annuel de proposition à la clémence du Gouvernement.
5 Ans. — A l'occasion de la réunion de l'Assemblée nationale, le Gouvernement provisoire, par décision du 4 mai 1848, lui a fait remise du reste de la peine des travaux forcés relatée ci-dessus. Détaché de la chaîne le 13 mai 1848. (Ordre et dépêche du ministre de la marine, en date du 9 mai 1848.)	1° Gracié le 15 mai 1848. 2° Résidence, Sigonée, arrondissem. de Forcalquier, département des Basses-Alpes. 3° Auprès de sa famille.	1° Dépôt... 6 » Pécule... 52 86 Total... 58 86 2° Illettré. 3° Id.	Admis à la salle des éprouvés le 15 janvier 1846. Bonne conduite; sans punition. Il était compris sur l'état annuel de proposition à la clémence du Gouvernement.

RENSEIGNEMENTS RECUEILLIS sur la conduite des Forçats avant leur condamnation et sur les peines qu'ils peuvent avoir déjà subies. (S'ils ont déjà été condamnés aux travaux forcés rappeler les numéros des matricules, les bagnes où ils étaient détenus et les époques de libération.	1° Numéros d'immatriculation ; 2° Noms, Prénoms et Surnoms ; 3° Dates et lieux de naissance ; 4° Domicile au moment de l'arrestation du condamnés.	Professions que les condamnés 1° Exerçaient au moment de leur arrestation (si ce sont des militaires, indiquer, en outre, les corps auxquels ils ont appartenu) ; 2° Ont apprises et exercées depuis leur entrée au bagne ;	COURS ou TRIBUNAUX qui ont prononcé les jugements et lieux où ils siègent.	DATES 1° des Jugements ; 2° de leur confirmation (s'il y a eu pourvoi) ; 3° de l'exposition au poteau (ou de l'exécution des jugemens militaires.	CAUSES DES CONDAMNATION[S] soit pour crimes, soit pour évasions.
Marié.	1° N° 27,960. 2° SELLI (Joseph-Marie). 3° Né le ..... 1803, à Ajaccio, arrondissement dudit, département de la Corse. 4° Domicilié au même lieu.	1° Journalier. 2° Canotier.	Cour d'assises de la Corse, Bastia.	3 décembre 1836. 2 février 1837. 17 mars 1837.	Avoir, le 20 août 1834, au dit *Stretta dit Buscia*, à Ajac[cio] donné volontairement la m[ort] au moyen d'un coup d'arm[e à] feu, au nommé Hyacinthe M[...]tracci, et ce, avec des circ[on]stances atténuantes.
Marié.	1° N° 28,032. 2° NOCETTI (Baptiste). 3° Né le..... 1810, à Ajaccio, arrondissement dudit, département de la Corse. 4° Domicilié au même lieu.	1° Maçon, journalier. 2° Maçon.	Cour d'assises de la Corse, Bastia.	22 mai 1837. 29 juin 1837. 18 juillet 1837	Avoir, dans la soirée du 27 [no]vembre 1836, à Ajaccio, t[enté] de donner volontairement [la] mort au moyen de coup de [pisto]let, au nommé Perret, chas[seur] d'Afrique, avec circonsta[nces] atténuantes.
Marié.	1° N° 29,077. 2° VERNIER (Jean-François). 3° Né le ..... 1789, à Courchaton, arrondissement de Lure, département de la Haute-Saône. 4° Domicilié à Belfort, arrondissement dudit, département du Haut-Rhin.	1° Garde champêtre. 2° Journalier.	Cour d'assises du Haut-Rhin, Colmar.	23 août 1839. Sans pourvoi. 5 septemb. 1839.	Tentative d'homicide vol[on]taire sur la personne d'un [ad]joint au maire de Belfort, a[vec] circonstances atténuantes.
Marié, 3 enfants.	1° N° 30,403. 2° AUDEMARD (Pierre). 3° Né le ..... 1810, à Château-Bernard, arrondissement de Grenoble, département l'Isère. 4° Domicilié à Saint-Guillaume, arrondissement de Grenoble, département de l'Isère.	1° Maçon et charpentier. 2° Canotier.	Cour d'assises de l'Isère, Grenoble.	12 août 1841. Sans pourvoi. Sans exposition.	Vol de complicité sur [un] chemin public, à l'aide de [vio]lences qui ont laissé des tr[aces] de blessures, mais avec circ[on]stances atténuantes.
	1° N° 28,585. 2° COMBETTE (Guillaume). 3° Né le ..... 1784, à Dunières, arrondissement d'Issengeaux, département de la Haute-Loire. 4° Domicilié à Givors, arrondissement de Lyon, département du Rhône.	1° Moulinier en soie. 2° Terrassier.	Cour d'assises du Rhône, Lyon.	9 juin 1837. 3 août 1837. Sans exposition.	Avoir mis le feu volonta[ire]ment à sa maison d'habitat[ion] avec circonstances atténuan[tes].

DUREE. DES PEINES (ans) DES ÉVASIONS (a. m. j.). TOTAL (a. m. j.).	1° Époques des libérations; 2° Lieux de résidence choisis par les condamnés d'origine française n'ayant pas une nouvelle peine à subir après leur libération; 3° Déclarations des condamnés sur les motifs qui les ont déterminés à choisir les lieux de résidence, sur les moyens d'existence qu'ils pourront y trouver ainsi que sur les personnes dont ils peuvent se réclamer. (Indiquer les noms, professions et demeures de ces personnes.)	1° Montant de l'avoir au moment de la libération; Instruction acquise; 2° Avant l'arrivée au bagne; 3° Depuis la détention.	NOTES ET OBSERVATIONS. 1° Sur la conduite des condamnés dans les bagnes, leur caractère, les punitions qu'ils ont subis, les récompenses qui leur ont été accordées, les propositions en grâce qui ont été faites en leur faveur, etc. 2° Sur les peines qu'ils doivent encore subir après leur libération. (Indiquer la date des jugements, les cours qui les ont prononcés, la nature et la durée des peines, etc.
5 Ans. — Réduits de 3 ans, par décision 30 juillet 1845. — A l'occasion de la nion de l'Assemblée nationale, le Gouvernement provisoire, par décision du 4 mai 8, lui a fait remise du reste de la peine travaux forcés relatée ci-dessus. Détade la chaîne, le 13 mai 1848. (Ordre et éche du ministre de la marine, en date 9 mai 1848.)	1° Gracié le 16 mai 1848. 2° Résidence, Martignes, arrondissement d'Aix, département des Bouches-du-Rhône. 3° Pour y travailler.	1° Dépôt.. 140 » Pécule.. 131 68 Total.. 271 68 2° Illettré. 3° Id.	Extrait du bagne de Toulon le 17 juin 1837, et mis à la disposition du maire de Toulon, pour être transféré dans les prisons d'Aix (Bouches-du-Rhône), et y être détenu aux ordres de M. le procureur-général de cette ville (ordre et dépêche du 12 juin 1837); réintégré au bagne le 22 juillet 1837. Admis à la salle des éprouvés le 9 août 1843. Bonne conduite; sans punition. Il était compris sur l'état annuel de proposition à la clémence du Gouvernement
5 Ans. — Réduits de 2 ans, par décision 30 juillet 1845. — A l'occasion de la réun de l'Assemblé nationale, le Gouvernet provisoire, par décision du 4 mai 1848, a fait remise du reste de la peine des aux forcés relatée ci-dessus. Détaché de haîne, le 13 mai 1848. (Ordre et dépêche ministre de la marine, en date du 9 mai 8.)	1° Gracié le 16 mai 1848. 2° Résidence, Martignes, arrondissement d'Aix, département des Bouches-du-Rhône. 3° Pour y travailler.	1° Dépôt... » » Pécule.. 291 14 Total.. 291 14 2° Sait lire et écrire imparfaitement. 3° Id.	Admis à la salle des éprouvés du 1er janvier 1842. Bonne conduite; sans punition. Il était compris sur l'état annuel de proposition à la clémence du Gouvernement.
o Ans. — A l'occasion de la réunion de semblée nationale, le Gouvernement proire, par décision du 4 mai 1848, lui a remise du reste de la peine des travaux és relatée ci-dessus. Détaché de la chaîne 3 mai 1848. (Ordre et dépêche du mire de la marine, en date du 9 mai 1848.)	1° Gracié le 16 mai 1848. 2° Résidence, Belfort, arr. dudit, dép. Haut-Rhin. 3° Auprès de sa famille. NOTA. Vernier ayant été transporté, le jour de sa sortie du bagne à l'hôpital civil de Toulon, y est mort le lendemain.	1° Dépôt... » » Pécule... » » Secours.. 20 » Total... 20 » 2° Sait lire et écrire imparfaitement. 3° Id.	Admis à la salle des éprouvés le 1er mai 1844. Bonne conduite; sans punition. Il était compris sur l'état annuel de proposition à la clémence du Gouvernement.
ans. — Réduits d'un an, par décision 1er août 1847. — A l'occasion de la réun de l'Assemblée nationale, le Gouvernet provisoire, par décision du 4 mai 1848, a fait remise du reste de la peine des trax forcés relatée ci-dessus. Détaché de la ne le 13 mai 1848. (Ordre et dépêche du istre de la marine en date du 9 mai 1848.)	1° Gracié le 18 mai 1848. 2° Résidence, Saint-Guillaume, arrondissement de Grenoble, département de l'Isère. 3° Auprès de sa famille.	1° Dépôt... 40 » Pécule.. 129 73 Total.. 169 73 2° Sait lire et écrire imparfaitement. 3° Id.	Admis à la salle des éprouvés le 15 janvier 1846. Bonne conduite; sans punitions. Il était compris sur l'état annuel de propositions à la clémence du Gouvernement.
5 Ans. — A l'occasion de la réunion de semblée nationale, le Gouvernement proire, par décision du 4 mai 1848, lui a remise du reste de la peine des travaux és, relatée ci-dessus. Détaché de la chaîne 3 mai 1848. (Ordre et dépêche du minisle la marine, en date du 9 mai 1838.)	1° Gracié le 17 mai 1848. 2° Résidence, Villefranche, arrondissement dudit, département du Rhône. 3° Pour y travailler.	1° Dépôt... 35 » Pécule... 54 09 Total... 89 09 2° Illettré. 3° Id.	Admis à la salle des éprouvés le 9 août 1844. Bonne conduite; sans punitions. Il était compris sur l'état annuel de proposition à la clémence du Gouvernement.

RENSEIGNEMENTS recueillis sur la conduite des Forçats avant leur condamnation et sur les peines qu'ils peuvent avoir déjà subies. (S'ils ont déjà été condamnés aux travaux forcés, rappeler les numéros des matricules, les bagnes où ils étaient détenus et les époques de libération.	1° Numéros d'immatriculation ; 2° Noms, Prénoms et Surnoms ; 3° Dates et lieux de naissance ; 4° Domicile au moment de l'arrestation du condamné.	Professions que les condamnés 1° Exerçaient au moment de leur arrestation (si ce sont des militaires, indiquer, en outre, les corps auxquels ils ont appartenu) ; 2° Ont apprises et exercées depuis leur entrée au bagne ;	COURS ou TRIBUNAUX qui ont prononcé les jugements et lieux où ils siègent.	DATES 1° des Jugements ; 2° de leur confirmation (s'il y a eu pourvoi) ; 3° de l'exposition au poteau (ou de l'exécution des jugemens militaires) ;	CAUSES DES CONDAMNATIC soit pour crimes, soit pour évasions.
Condamné par le tribunal correctionnel de Thiers, le 12 mars 1831, à 1 an de prison et 16 francs d'amende pour vol simple, peine subie dans la maison d'arrêt de Thiers, libéré le 12 mars 1832. Poursuivi pour vol commis avec effraction et acquitté par arrêt de la Cour d'assises du Puy-de-Dôme, le 22 août 1831. Acquitté également de l'accusation d'incendie de bâtiments habités, par arrêt de la même Cour du 24 août 1836. Veuf.	1° N° 29,804. 2° GANNAT (Raynaud-Guillaume), dit *Canon*. 3° Né le 22 janvier 1795, suivant sa déclaration, à Maringues, arrondissement de Thiers, département du Puy-de-Dôme. 4° Domicilié à Pont-Picot, arrondissement de Thiers, département du Puy-de-Dôme.	1° Tailleur d'habits. 2° Jardinier.	Cour d'assises du Puy-de-Dôme, Riom.	22 nov. 1839. 19 décemb. 1839. 17 janvier 1840.	Vol à l'aide d'escalade.
Marié, 2 enfants.	1° N° 30,153. 2° CORBLIN (Jacques-Augin. 3° Né le 25 juillet 1785, à Rouville, arrondissement du Hâvre, département de la Seine-Inférieure. 4° Domicilié au même lieu.	1° Domestique. 2° Jardinier.	Cour d'assises de la Seine-Infér., Rouen.	19 nov. 1840. Sans pourvoi. 6 mars 1841.	Vols qualifiés, soit com auteur, soit comme complic
Marié, 2 enfants.	1° N° 31,587. 2° DOUCE (Pierre-Nicolas). 3° Né le..... 1800, à Landouzy-la-Cour, arrondissement de Vervins, départ. de l'Aisne. 4° Domicilié à Vigneux, arrond. de Laon, départ. de L'Aisne.	1° Domestique de labour. 2° Manœuvre.	Cour d'assises de l'Aisne, Laon.	9 nov. 1842. Sans pourvoi. Sans expédition.	Vol à l'aide de fausses clé nuit, dans une maison habi
Marié, 3 enfants.	1° N° 30,162. 2° NIVAULT (Louis). 3° Né le..... 1800, à la Chapelle-Ganguin, arrondissement de Saint-Calais, département de la Sarthe. 4° Domicilié à Suèvres, arrondissement de Blois, département de Loir-et-Cher.	1° Jardinier. 2° Manœuvre.	Cour d'assises de Loiret, Cher, Blois.	26 nov. 1840. Sans pourvoi. Sans exposition.	Vol, dans une maison ha tée, à l'aide d'escalade et d fraction extérieure et intérie

DUREE DES PEINES (ans); DES ÉVASIONS (a. m. j.); TOTAL (a. m. j.)	1° Époques des délibérations; 2° Lieux de résidence choisis par les condamnés d'origine française n'ayant pas une nouvelle peine à subir après leur libération; 3° Déclarations des condamnés sur les motifs qui les ont determinés à choisir les lieux de résidence, sur les moyens d'existence qu'ils pourront y trouver, ainsi que sur les personnes dont ils peuvent se réclamer. (Indiquer les noms, professions et demeures de ces personnes).	1° Montant de l'avoir au moment de la libération; Instruction acquise; 2° Avant l'arrivée au bagne; 3° Depuis la détention;	NOTES ET OBSERVATIONS 1° Sur la conduite des condamnés dans les bagnes, leur caractère, les punitions qu'ils ont subies, les récompenses qui leur ont été accordées, les propositions en grâce qui ont été faites en leur faveur, etc. 2° Sur les peines qu'ils doivent encore subir après leur libération. (Indiquer la date des jugements, les cours qui les ont prononcés, la nature et la durée des peines, etc.)
o ANS. — Réduits d'un an, par décision 1er août 1847. A l'occasion de la réunion l'Assemblée nationale, le Gouvernement visoire, par décision du 4 mai 1848, lui a remise du reste de la peine des travaux cés relatée ci-dessus. Détaché de la chaîne 3 mai 1848. (Ordre et dépêche du minis- de la marine, en date du 9 mai 1848.)	1° Gracié le 17 mai 1848. 2° Résidence, Clermont-Ferrant, arrondissement dudit, département du Puy-de-Dôme. 3° Où il trouvera des moyens d'existence.	1° Dépôt.. 25 » Pécule.. 87 87 Total.. 112 87 2° Sait bien lire et bien écrire. 3° Idem.	Admis à la salle des éprouvés, le 1er janvier 1845. Bonne conduite; sans punitions. Il était compris sur l'état annuel de proposition à la clémence du Gouvernement.
ANS. — A l'occasion de la réunion de semblée nationale, le Gouvernement visoire, par décision du 4 mai 1848, lui it remise du reste de la peine des trax forcés relatée ci-dessus. Détaché de la îne le 13 mai 1848. (Ordre et dépêche du nistre de la marine, en date du 9 mai 1848.	1° Gracié le 17 mai 1848 2° Résidence : Rouville, arrondissement du Hâvre, départ. de la Seine-Inférieure. 3° Auprès de sa femme et de ses enfants.	1° Dépôt... » » Pécule... 90 03 Total... 90 03 2° Illettré. 3° Id.	Admis à la salle des éprouvés le 15 janvier 1846. Bonne conduite; sans punitions. Il était compris sur l'état annuel de proposition à la clémence du Gouvernement.
ANS. — A l'occasion de la réunion de emblée nationale, le Gouvernement proire, par décision du 4 mai 1848, lui a remise du reste de la peine des travaux cés relatée ci-dessus. Détaché de la chaîne 3 mai 1848. (Ordre et dépêche du mire de la marine, en date du 9 mai 1848.)	1° Gracié le 17 mai 1848. 2° Résidence : Vigneux, arrondiss. de Laon, département de l'Aisne. 3° Auprès de sa femme et de ses enfants.	1° Dépôt... » » Pécule.. 65 56 Total.... 65 56 2° Illettré. 3° Id.	Admis à la salle des éprouvés le 15 janvier 1846. Bonne conduite; sans punition. Il était compris sur l'état annuel de proposition à la clémence du Gouvernement.
ANS. — A l'occasion de la réunion de semblée nationale, le Gouvernement visoire, par décision du 4 mai 1848, lui ait remise du reste de la peine des travaux cés relatée ci-dessus. Détaché de la chaîne 13 mai 1848. (Ordre et dépêche du mire de la marine du 13 mai 1848.)	1° Gracié le 18 mai 1848. 2° Résidence : Montoire, arrondissement de Vendôme, département de Loir-et-Cher. 3° Auprès de sa femme et de ses enfants.	1° Dépôt... 60 » Pécule.. 64 54 Total... 124 54 2° Illettré. 3° Id.	Admis à la salle des éprouvés le 9 août 1846. A subi une seule punition en 1841, pour inconduite dans le bagne. Il était compris sur l'état annuel de proposition à la clémence du Gouvernement.

RENSEIGNEMENTS RECUEILLIS sur la conduite des Forçats avant leur condamnation et sur les peines qu'ils peuvent avoir déjà subies. (S'ils ont déjà été condamnés aux travaux forcés, rappeler les numéros des matricules, les bagnes où ils étaient détenus et les époques de libération.	1° Numéros d'immatriculation; 2° Noms, Prénoms et Surnoms; 3° Dates et lieux de naissance; 4° Domicile au moment de l'arrestation du condamné.	Professions que les condamnés 1° Exerçaient au moment de leur arrestation (si ce sont des militaires, indiquer, en outre, les corps auxquels ils ont appartenu); 2° Ont apprises et exercées depuis leur entrée au bagne.	COURS ou TRIBUNAUX qui ont prononcé les jugements, et lieux où ils siègent.	DATES 1° des Jugements; 2° de leur confirmation (s'il y a eu pourvoi); 3° de l'exposition au poteau (ou de l'exécution des jugemens militaires.	CAUSES DES CONDAMNATI[ONS] soit pour crimes, soit pour évasions.
Célibataire.	1° N° 30,211. 2° LANGLET (Maurice), et suivant sa déclaration, André Maurice. 3° Né le 2 mai 1817, à Andainville, arrondissement d'Amiens, départ. de la Somme. 4° Domicilié au même lieu.	1° Journalier, et suivant sa déclaration tisserand. 2° Terrassier.	Cour d'assises de la Somme, Amiens.	14 janvier 1841. Sans pourvoi. Sans exposition.	Vol, la nuit, à l'aide d'[...] tion et recelé d'objets [...] l'aide d'escalade et d'eff[...] sachant qu'ils provenai[...] vols.
Marié.	1° N° 30,281. 2° THELIER (Joseph). 3° Né le 28 juillet 1798, à Annequin, arrondissement de Béthune, département du Pas-de-Calais. 4° Domicilié à Lille, arrondissement dudit département du Nord.	1° Concierge de salon de société. 2° Manœuvre.	Cour d'assises du Nord Douai.	27 nov. 1840. 24 déc. 1840. 20 janvier 1841.	1° Complicité de tro[...] dans des maisons habi[...] l'aide d'escalade et d'effra[...] 2° Vols et tentative [...] avec les mêmes circonsta[...]
Condamné par le tribunal civil de Charleville, chambre des appels, le 24 décembre 1839, pour vol, à 8 mois de prison. (Peine subie.) Marié, 4 enfants.	1° N° 30,374. 2° SART (Nicolas). 3° Né le..... décembre 1803, à Gaumont, arrondissement de Rhétel, département des Ardennes. 4° Domicilié à Rhétel, arrondissement dudit département des Ardennes.	1° Peigneur de laine. 2° Infirmier.	Cour d'assises des Ardennes, Mézières.	5 avril 1841. Sans pourvoi. 19 avril 1841.	Vol de complicité la[...] dans une maison habi[...] l'aide d'escalade et d'effra[...]
Célibataire.	1° N° 27,683. 2° ANTONBRANDI (Ours-Pierre). 3° Né le..... 1818, à Jalana, arrondissement de Corse, département de la Corse. 4° Domicilié au même lieu.	1° Laboureur et berger. 2° Menuisier.	Cour d'assises de la Corse, Bastia.	28 mai 1836. 14 juillet 1836. Sans exposition.	Avoir le 1er mai 1834, a[...] dit Pantano, territoire [...] lana, donné volontairem[...] mort à Jean Giacobi[...] moyen d'un coup d'arme [...] et ce avec des circonstanc[...] ténuantes.
Marié.	1° N° 29,407. 2° BOISSEL (Pierre). 3° Né le..... 1819, à Prouilhanen, arrondissement de Cahors, département du Lot. 4° Domicilié à Argentan, arrondissement dudit, département de l'Orne	1° Journalier et scieur de long, suivant sa déclaration. 2° scieur de long.	Cour d'assises de l'Indre, Châteauroux.	12 mars 1840. Sans pourvoi. 28 mars 1840.	Vol, la nuit, sur un c[...] public, d'une malle en cui[...] fermant différents effets [...] billement et d'autres.

DURÉE DES PEINES (ans); DES ÉVASIONS (a. m. j.); TOTAL (a. m. j.).	1° Époques des libérations; 2° Lieux de résidence choisis par les condamnés d'origine française n'ayant pas une nouvelle peine à subir après leur libération; 3° Déclarations des condamnés sur les motifs qui les ont déterminés à choisir les lieux de résidence, sur les moyens d'existence qu'ils pourront y trouver, ainsi que sur les personnes dont ils peuvent se réclamer. (Indiquer les noms, professions et demeures de ces personnes).	1° Montant de l'avoir au moment de la libération; Instruction acquise; 2° Avant l'arrivée au bagne; 3° Depuis la détention.	NOTES ET OBSERVATIONS. 1° Sur la conduite des condamnés dans le bagne, leur caractère, les punitions qu'ils ont subies, les récompenses qui leur ont été accordées, les propositions en grâce qui ont été faites en leur faveur, etc.; 2° Sur les peines qu'ils doivent encore subir après leur libération. (Indiquer la date des jugements, les cours qui les ont prononcés, la nature et la durée des peines, etc.
8 Ans. — A l'occasion de la réunion de Assemblée nationale, le Gouvernement provisoire, par décision du 4 mai 1848, lui a it remise du reste de la peine des travaux rcés relatée ci-dessus. Détaché de la chaîne 13 mai 1848. (Ordre et dépêche du ministre de la marine, en date du 9 mai 1848.)	1° Gracié le 18 mai 1848. 2° Résidence : Andainville, arrondissement d'Amiens, département de la Somme. 3° Auprès de sa famille.	1° Dépôt... » » Pécule... 70 16 Total.... 70 16 2° Illettré. 3° Id.	Admis à la salle des éprouvés le 15 janvier 1846. Bonne conduite; sans punitions. Il était compris sur l'état annuel de proposition à la clémence du Gouvernement.
8 Ans. — A l'occasion de la réunion de Assemblée nationale, le Gouvernement rovisoire, par décision du 4 mai 1848, lui fait remise du reste de la peine des travaux rcés relatée ci-dessus. Détaché de la chaîne 13 mai 1848. (Ordre et dépêche du ministre de la marine, en date du 9 mai 1848.)	1° Gracié le 18 mai 1848. 2° Résidence : Laon, arrondissement dudit, départ. de l'Aisne. 3° Pour se rapprocher de sa famille.	1° Dépôt... » » Pécule... 72 65 Total.... 72 65 2° Illettré. 3° Sait lire et écrire imparfaitement.	Admis à la salle des éprouvés le 9 août 1846. Bonne conduite; sans punitions. Il était compris sur l'état annuel de proposition à la clémence du Gouvernement.
8 Ans. — A l'occasion de la réunion de Assemblée nationale, le Gouvernement rovisoire, par décision du 4 mai 1848, lui a it remise du reste de la peine des travaux rcés relatée ci-dessus. Détaché de la chaîne 13 mai 1848. (Ordre et dépêche du ministre de la marine, en date du 9 mai 1848.)	1° Gracié le 18 mai 1848. 2° Résidence : Rhétel, arrondissement dudit, départ. des Ardennes. 3° Auprès de sa famille.	1° Dépôt... 40 » Pécule... 122 83 Total.... 162 83 2° Illettré. 3° Id.	Admis à la salle des éprouvés le 15 janvier 1846. Bonne conduite; sans punitions. Il était compris sur l'état annuel de proposition à la clémence du Gouvernement.
15 Ans. — Réduits de trois ans par décion du 30 juillet 1844. A l'occasion de la éunion de l'Assemblée nationale, le Gouvernement provisoire, par décision du 4 mai 848, lui a fait remise du reste de la peine es travaux forcés relatée ci-dessus. Détaché e la chaîne le 13 mai 1848. (Ordre et dépêche du ministre de la marine, en date du mai 1848.)	1° Gracié le 19 mai 1848. 2° Résidence : La Cicitat, arrondissement de Marseille, département des Bouches-du-Rhône. 3° Pour y travailler. NOTA. *Antonbrandi* ayant été transporté le jour de sa sortie du bagne à l'hôpital civil de Toulon, il y est mort le 31 mai 1848.	1° Dépôt... » » Pécule... 111 89 Total.... 111 89 2° Illettré. 3° Id.	Admis à la salle des éprouvés le 9 août 1842; bonne conduite. N'a subi qu'une seule punition, en 1844, pour négligence sur les travaux. Il était compris sur l'état annuel de proposition à la clémence du Gouvernement.
10 Ans. — Réduits d'un an par décision u 1er août 1847. A l'occasion de la réunion e l'Assemblée nationale, le Gouvernement rovisoire, par décision du 4 mai 1848, lui fait remise du reste de la peine des travaux rcés relatée ci-dessus. Détaché de la chaîne 13 mai 1848. (Ordre et dépêche du ministre de la marine, en date du 9 mai 1848.)	1° Gracié le 19 mai 1848. 2° Résidence : La Civitat, arrond. de Marseille, départ. des Bouches-du-Rhône. 3° Pour y travailler.	1° Dépôt... » » Pécule... 158 53 Total.... 158 53 2° Illettré. 3° Id.	Admis à la salle des éprouvés le 1er janvier 1845. Bonne conduite; sans punitions. Il était compris sur l'état annuel de proposition à la clémence du Gouvernement.

RENSEIGNEMENTS RECUEILLIS sur la conduite des Forçats avant leur condamnation et sur les peines qu'ils peuvent avoir déjà subies. (S'ils ont déjà été condamnés aux travaux forcés, rappeler les numéros des matricules, les bagnes où ils étaient détenus et les époques de libération.	1° Numéros d'immatriculation; 2° Noms, Prénoms et Surnoms; 3° Dates et lieux de naissance; 4° Domicile au moment de l'arrestation des condamnés.	Professions que les condamnés 1° Exerçaient au moment de leur arrestation (si ce sont des militaires, indiquer, en outre, les corps auxquels ils ont appartenu); 2° Ont apprises et exercées depuis leur entrée au bagne.	COURS ou TRIBUNAUX qui ont prononcé les jugements et lieux où ils siègent.	DATES 1° des Jugements; 2° de leur confirmation (s'il y a eu pourvoi); 3° de l'exposition au poteau (ou de l'exécution des jugemens militaires).	CAUSES DES CONDAMNATION[S] soit pour crimes, soit pour évasions.
Marié, 5 enfants.	1° N° 31,655. 2° LANTIER (Jacques), dit *Couriès*. 3° Né le 29 mai 1807, à Rouairoux, arrondissement de Castres, département du Tarn. 4° Domicilié à Paillès, commune de Prassac, arrondissement de Castres, département du Tarn.	1° Traficant de bestiaux. 2° Infirmier.	Cour d'assises de Tarn, Albi.	20 février 1843. Sans pourvoi. 4 mars 1843.	Vol, la nuit, à l'aide d'es[ca]lade et d'effraction.
Célibataire.	1° N° 31,799. 2° DUMOULIN (Etienne, aîné.) 3° Né le..... novembre 1816, à Saint-Igny-de-Vert, arrondissement de Villefranche, département du Rhône. 4° Domicilié au même lieu.	1° Beurrier et cultivateur. 2° Scieur de long.	Cour d'assises du Rhône, Lyon.	15 déc. 1842. 3 février 1843. 29 mars 1842.	Avoir sciemment fait us[age] de deux pièces fausses en é[cri]ture de commerce.
Condamné par le tribunal criminel de Colmar, le 18 décem. 1841, pour bris de clôture, à 6 mois, de prison. (Peine subie.) Célibataire.	1° N° 31,867. 2° BRAUN (Antoine). 3° Né le..... 1815, à Thanville, arrondissement de Schlestadt, département du Bas-Rhin. 4° Domicilié à Ribeauville, arrondissement de Colmar, département du Haut-Rhin.	1° Tisserand. 2° Infirmier.	Cour d'assises de Haut-Rhin.	6 juin 1843. Sans pourvoi. Sans exposition.	Vol, la nuit, à l'aide d'es[ca]lade et d'effraction, dans [une] maison habitée.
Célibataire.	1° N° 30,236. 2° PEROUT (Louis-Eugène). 3° Né le 7 octobre 1818, à Paris, arrondissement dudit, département de la Seine. 4° Domicilié à Dijon (en garnison), arrondissement dudit, département de la Côte-d'Or.	1° Dessinateur, ex-fusilier au 13e de ligne. 2° Canotier.	Cour d'assises de la Seine, Paris.	23 nov. 1840. 7 janvier 1841. Sans exposition.	Vol dans une maison hab[itée] à l'aide d'effraction.
Célibataire.	1° N° 31,416. 2° HAMET-BEN-MOCKTAR. 3° Né le..... 1821, au Maroc (Afrique). 4° Domicilié à Oran (Afriq.).	1° Manœuvre. 2° Canotier.	Tribunal criminel, Oran.	19 octobre 1842. Sans pourvoi. 22 déc. 1842.	Soustraction frauduleuse [avec] de complicité, dans une mai[son] habitée, avec effraction in[té]rieure.
Célibataire.	1° N° 31,893. 2° VEILA (Jean). 3° Né le..... 1817, à Malte (Angleterre). 4° Domicilié à Alger (Afriq.).	1° Chevrier. 2° Infirmier.	Cour d'appel, Alger.	13 juillet 1843. Sans pourvoi. Sans exposition.	Vol, commis la nuit, d[ans] une dépendance de maison [ha]bitée, à l'aide d'effraction ex[té]rieure.

DURÉE DES PEINES (ans) ; DES ÉVASIONS (a. m. j.) ; TOTAL (a. m. j.).	1° Époque des libérations ; 2° Lieux de résidence choisis par les condamnés d'origine française n'ayant pas une nouvelle peine à subir après leur libération ; 3° Déclarations des condamnés sur les motifs qui les ont déterminés à choisir les lieux de résidence, sur les moyens d'existence qu'ils pourront y trouver, ainsi que sur les personnes dont ils peuvent se réclamer. (Indiquer les noms et professions et demeures de ces personnes) ;	1° Montant de l'avoir au moment de la libération ; Instruction acquise ; 2° Avant l'arrivée au bagne ; 3° Depuis la détention.	NOTES ET OBSERVATIONS 1° Sur la conduite des condamnés dans le bagne, leur caractère, les punitions qu'ils ont subies, les récompenses qui leur ont été accordées, les propositions en grâce qui ont été faites en leur faveur, etc. 2° Sur les peines qu'ils doivent encore subir après leur libération. (Indiquer la date des jugements, les cours qui les ont prononcés, la nature et la durée des peines, etc.).
Ans. — A l'occasion de la réunion de semblée nationale, le Gouvernement visoire, par décision du 4 mai 1848, lui it remise du reste de la peine des travaux ;és relatée ci-dessus. Détaché de la chaîne 3 mai 1848. (Ordre et dépêche du mire de la marine, en date du 9 mai 1848.)	1° Gracié le 19 mai 1848. 2° Résidence : Brassac de Belfourtes, arrondissement de Castres, département du Tarn. 3° Auprès de ses parents.	1° Dépôt... 40 » Pécule... 34 56 Total.... 74 56 2° Illettré. 3° Id.	Admis à la salle des éprouvés, le 9 août 1846. Bonne conduite ; sans punitions. Il était compris sur l'état annuel de proposition à la clémence du Gouvernement.
Ans. — A l'occasion de la réunion de semblée nationale, le Gouvernement provire, par décision du 4 mai 1848, lui a remise du reste de la peine des travaux ;és relatée ci-dessus. Détaché de la chaîne 3 mai 1848. (Ordre et dépêche du mire de la marine en date du 9 mai 1848.)	1° Grâcié le 19 mai 1848. 2° Résidence : Villefranche, arrondissement dudit, département du Rhône. 3° Auprès de ses parents.	1° Dépôt... 100 » Pécule.. 98 73 Total..... 198 73 2° Illettré. 3° Sait lire et écrire imparfaitement.	Admis à la salle des éprouvés, le 5 janvier 1847. Bonne conduite ; sans punitions. Il était compris sur l'état annuel de proposition à la clémence du Gouvernement.
Ans. — A l'occasion de la réunion de semblée nationale, le Gouvernement visoire, par décision du 4 mai 1848, lui a remise du reste de la peine des travaux cés relatée ci-dessus. Détaché de la chaîne 3 mai 1848. (Ordre et dépêche du mire de la marine, en date du 9 mai 1848).	1° Grâcié le 15 mai 1848. 2° Résidence : Boulay, arrondissement de Metz, département de la Moselle. 3° Pour y travailler.	1° Dépôt... » » Pécule... 36 16 Total... 36 16 2° Illettré. 3° Id.	Admis à la salle des éprouvés, le 9 août 1846. Bonne conduite ; sans punitions. Il était compris sur l'état annuel de proposition à la clémence du Gouvernement.
Ans. — A l'occasion de la réunion de semblée nationale, le Gouvernement visoire, par décision du 4 mai 1848, lui a remise du reste de la peine des travaux cés relatée ci-dessus. Détaché de la chaîne o juin 1848. (Ordre et dépêche du mire de la marine en date du 5 juin 1848.)	1° Grâcié le 10 juin 1848. 2° Résidence : Sens, arrondissement dudit, départem. de l'Yonne. 3° Pour se rapprocher de sa famille.	1° Dépôt... » » Pécule... 127 60 Total... 127 60 2° Sait bien lire et bien écrire. 3° Id.	Admis à la salle des éprouvés, n'a subi qu'une légère punition en 1843, pour paresse sur les travaux. Il était compris sur l'état annuel de proposition à la clémence du Gouvernement.
Ans. — A l'occasion de la réunion de semblée nationale, le Gouvernement visoire, par décision du 4 mai 1848, lui a remise du reste de la peine des travaux ;és relatée ci-dessus. Détaché de la chaîne o juin 1848. (Ordre et dépêche du mire de la marine en date du 5 juin 1848.)	1° Grâcié le 10 juin 1848. 2° Résidence : la frontière la plus rapprochée du Maroc. 3° Son pays natal.	1° Dépôt... » » Pécule.. 54 37 Total.... 54 37 2° Illettré. 3° Id.	Admis à la salle des éprouvés, le 15 janvier 1846. Bonne conduite ; sans punitions. Il était compris sur l'état annuel de proposition à la clémence du Gouvernement.
Ans. — A l'occasion de la réunion de semblée nationale, le Gouvernement visoire, par décision du 4 mai 1848, lui a remise du reste de la peine des travaux ;és relatée ci-dessus. Détaché de la chaîne o juin 1848. (Ordre et dépêche du mire de la marine en date du 5 juin 1848.	1° Grâcié le 10 juin 1848. 2° Résidence : la frontière la plus rapprochée de Malte. 3° Son pays natal.	1° Dépot... » » Pécule.. 50 51 Total.... 50 51 2° Illettré. 3° Id.	Admis à la salle des éprouvés, le 9 août 1846. Bonne conduite ; sans punitions. Il était compris sur l'état annuel de proposition à la clémence du Gouvernement.

oulon, le 8 *juillet* 1848. Le Commissaire des chiourmes, *Signé :* A. DE SOY.

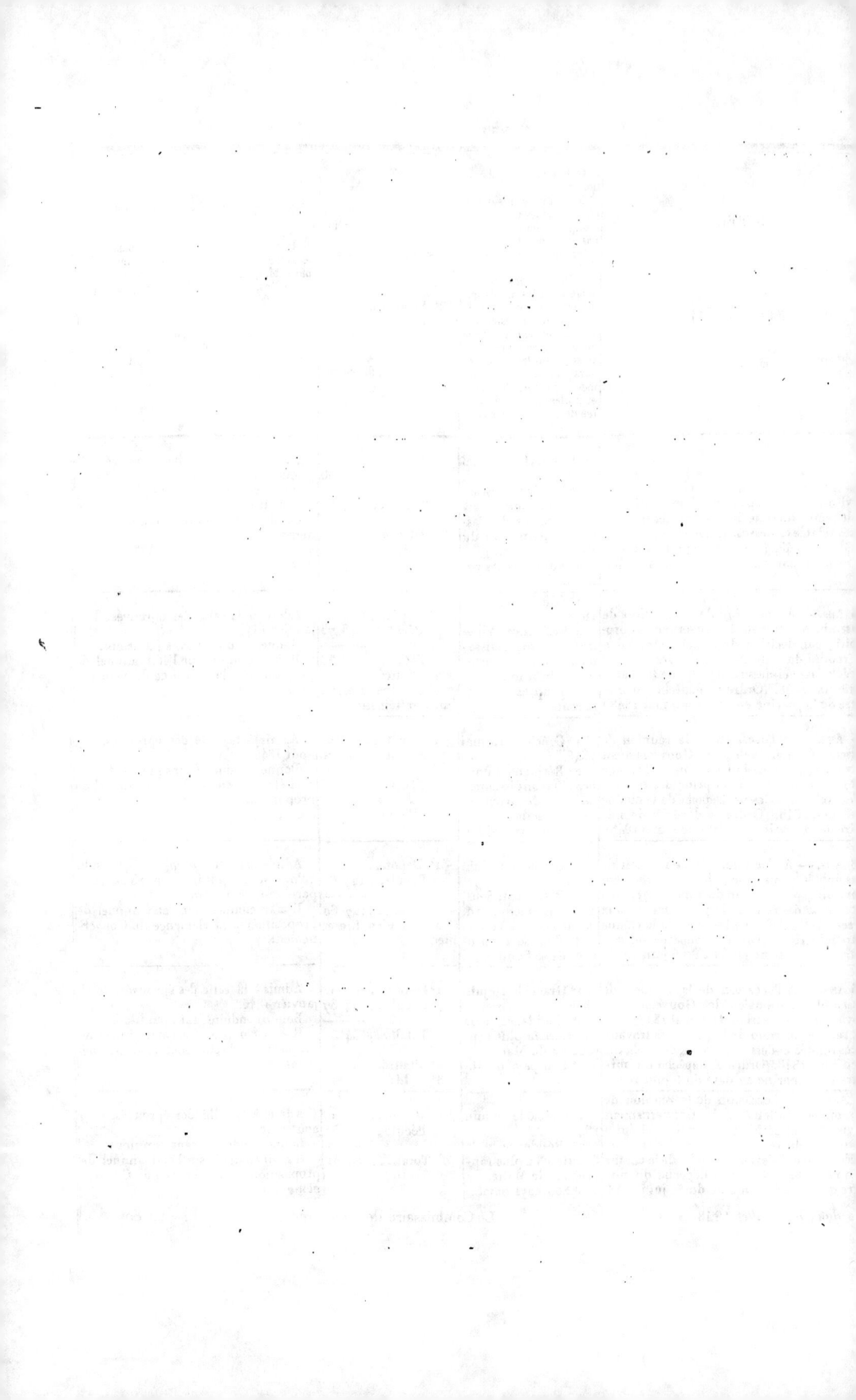

PORT DE ROCHEFORT.

État nominatif des condamnés graciés depuis le 1er mars 1848, lequel État est dressé pour satisfaire aux renseignements demandés par lettre du 3 juillet 1848, du citoyen président de la Commission d'Enquête, instituée en vertu du décret du 26 juin 1848.

Rochefort, le 11 juillet 1848.

CITOYEN PRÉSIDENT,

Selon le désir que vous m'en avez exprimé par votre lettre du 3 de ce mois, j'ai l'honneur de vous adresser ci-joint, en ce qui concerne le bagne de Rochefort, un état relatif aux grâces obtenues sur la demande des condamnés, ou accordées d'office par une autorité quelconque depuis le 1er mars dernier.

Sur cet état se trouvent réunis tous les renseignements dont vous m'avez adressé la demande par votre lettre précitée.

Il n'a été saisi dans le bagne de Rochefort aucune pièce ou document qui paraisse se rattacher aux complots de mai et de juin.

Salut et fraternité.

Le Préfet maritime provisoire,

Signé : A. VAILLANT.

Numéros de l'immatriculation.	NOMS et PRÉNOMS.	NATURE ET DURÉE des PEINES.	DURÉE des peines restant à subir à l'époque de leur grâce.	GRACES OBTENUES et ACCORDÉES.	ÉPOQUES auxquelles les graciés ont été détachés de la chaîne.	LIEUX que les graciés ont déclaré choisir pour leur résidence.	COMPTE SOMMA[…] sur la conduite des gr[…] ET RAPPORT du commissaire des chiou[…] sur cet objet.
14,071.	TROCHET-LIGNARRET (François).	1° Pillage d'argent, effets mobiliers et propriétés mobilières, en réunion ou bande, et à force ouverte; 2° extorsion par force, violence, et contrainte d'un écrit contenant obligation. (10 ANS.)	9 ans.	Accordée par le Gouvernement provisoire, suivant décision du 14 avril 1848. (Dépêche du ministre de la marine et des colonies, en date du 17 du même mois.)	22 avril 1848.	Villedieu, arrondiss. de Châteauroux (Indre).	Ce condamné, a[…] au bagne le 23 avril […] y a été gracié aprè[…] an de séjour, et a é[…] même étonné du bon[…] qui lui est arrivé. Des faits aussi g[…] que ceux qu'il avait […] charge ont rendu […] plicable pour le […] missaire des chiou[…] la grâce qui lui a ét[…] cordée.
13,709.	MILLIASSEAU (Jean).	Soustraction frauduleuse, la nuit, par plusieurs personnes, avec armes apparentes, dans une maison habitée, à l'aide d'escalade et d'effraction extérieure et intérieure. (15 ANS.)	12 ans.	Accordée par le Gouvernement provisoire, suivant décision du 20 avril 1848. (Dépêche du ministre de la marine du 21 du même mois.)	25 avril 1848.	Saint-Saturnin, arrondiss. d'Angoulême (Charente)	Avant sa condamn[…] au bagne, il avait s[…] mois de prison […] coups et blessures.
13,710.	PASTIER (François), ex-forçat du bagne de ce port, n° 7382, a été transféré à Lorient.	Même crime que Milliasseau. (20 ANS.)	17 ans.	Idem.	25 avril 1848.	Angoulême, arrondiss. dudit (Charente)	Pendant les trois an[…] que ces deux conda[…] ont passé au bagne, […] leur a été infligé au[…] punition. — Comme […] le précédent, l'éto[…] ment du commissair[…] chiourmes a été gra[…] recevant l'ordre de[…] mettre en liberté, att[…] qu'aucun renseigne[…] sur leur conduite n'[…] été demandé, ainsi […] cela a lieu ordinairer[…] et il ajoute que son […] nement a été d'a[…] plus grand que, pou[…] pondre aux question[…] leur ont été faites, […] liasseau et Pastier […] déclaré qu'ils n'av[…] rien sollicité et […] ignoraient complète[…] que l'on s'occupât d[…] Quand on leur a dem[…] si des démarches […] raient point été faite[…] des personnes des […] droits qu'ils habita[…] ou par leur famille […] ont répondu que […] n'était pas probabl[…] tendu que l'un d'[…] Meilliasseau, venait […] cevoir une lettre […] femme qui ne lui p[…] pas de la grâce qu[…] était accordée, ni […] possibilité de l'obten[…]

Numéros de l'immatriculation.	NOMS et PRÉNOMS.	NATURE ET DURÉE des PEINES.	DURÉE des peines restant à subir à l'époque de leur grâce.	GRACES OBTENUES et ACCORDÉES.	ÉPOQUES auxquelles les graciés ont été détachés de la chaîne.	LIEUX que les graciés ont déclaré choisir pour leur résidence.	COMPTE SOMMAIRE sur la conduite des graciés ET RAPPORT du commissaire des chiourmes sur cet objet.
11,026.	PEYRE (Jean).	Meurtre. (A VIE.) Condamné en 7 ans, à partir du 9 août 1841, d'après décision royale du 29 juillet 1841, et dépêche ministérielle du 4 août suivant.	3 mois.	Obtenue par l'administration locale sur la proposition annuelle en date du 17 février 1848. (Décision du Gouvernement provisoire du 4 mai 1848, notifiée par dépêche ministérielle du 9 juin suivant.)	13 mai 1848.	Le Vigan, arrondiss. dudit (Gard).	Ce condamné, qui avait déjà obtenu en 1841 une commutation de sa peine, a toujours eu une conduite excellente. Aucune punition ne lui a été infligée pendant 21 *ans* de détention. C'était un homme on peut dire éprouvé, et qui, du reste, *allait être libéré.*
11,445.	ROUSSELAT (Pierre).	Tentative de vol, la nuit, sur un chemin public. (A VIE.) Condamné en 10 ans, à compter du 9 août 1842, par décision royale du 6 dudit. Remise de 3 ans, à compter du 9 août 1846. Décision royale du 28 juillet 1846, et dépêche ministérielle du 31 dudit.	1 an.	Idem.	13 mai 1848.	Fronsac, arrondiss. de Libourne (Gironde).	Ce condamné a toujours eu une conduite irréprochable pendant *près de* 20 *ans* qu'il a passés au bagne. — Sur les propositions de l'administration, il aurait été l'objet d'une commutation en 1842, et d'une remise d'une partie de sa peine en 1846. Cet homme méritait bien, on le pense au moins, la grâce qui lui a été accordée.
11,709.	COURTESSEYRE (Jean), dit Barjon.	Assassinat. (MORT.) Commué à la peine des travaux forcés à perpétuité par lettre de S. M., du 9 octobre 1822. Commué en 10 ans par décision du 3 août 1840, et dépêche ministérielle du 4 dudit, à compter du 9 août.	2 ans.	Obtenue par l'administration locale sur la proposition annuelle en date du 17 février 1848. (Décision du Gouvernement provisoire du 4 mai 1848, notifiée par dépêche ministérielle du 9 suivant.)	13 mai 1848.	Pignol, arrondiss. de Clermont (Puy-de-Dôme).	Condamné en 1822. Cet homme est sorti du bagne en 1848 avec de très-bonnes notes, et ayant déjà été l'objet d'une commutation. Il est bon tailleur de pierres, et compte trouver chez lui, provenant d'héritage de sa mère, de quoi l'aider à vivre à l'abri du besoin.
11,495.	LEGRAS (Jean-Baptiste), dit Champagne.	Tentative de vol, avec circonstances aggravantes. (A VIE). Commué en 8 ans, par décision royale du 30 juillet et dépêche ministérielle du 2 août 1844, à compter du 9 dudit mois d'août.	4 ans.	idem.	idem.	Saint-Léonard, arrondiss. de Limoges (Haute-Vienne).	18 ans de bagne sans aucune punition, ont paru à l'administration des titres suffisants pour solliciter la faveur qui a été accordée à ce condamné qui était réclamé par sa famille.

Numéros de l'immatriculation.	NOMS et PRÉNOMS.	NATURE ET DURÉE des PEINES.	DURÉE des peines restant à subir à l'époque de leur grâce.	GRACES OBTENUES et ACCORDÉES.	ÉPOQUES auxquelles les graciés ont été détachés de la chaîne.	LIEUX que les graciés ont déclaré choisir pour leur résidence.	COMPTE SOMMAIRE sur la conduite des graciés ET RAPPORT du commissaire des chiourmes sur cet objet.
12,013.	BILDET (Louis), ayant déjà été condamné à 10 ans d'emprisonnement, pour vol sur un chemin public. Il a subi partie de cette peine à Clairvaux. Il a été gracié du reste, par lettres du 14 octobre 1827.	Vol, dans une auberge où il était reçu. A 20 ANS. Pour 2 évasions, 6 ANS. Total, 26 ANS. Remise de 6 ans, à compter du 9 août 1844, par décision royale du 30 juillet, et dépêche ministérielle du 2 août, même année.	1 an.	idem.	idem.	Nancy, arrondiss. dudit (Meurthe).	Plusieurs punitions ont été infligées pour évasion ou tentatives d'évasion, antérieurement à 1833. Depuis cette dernière année sa conduite a été irréprochable, c'est un très-bon ouvrier modeleur, qui avait été l'objet de recommandations des chefs d'ateliers des services dans lesquels il a été employé.
12,425.	RAYNAL (Joseph), dit Bontiole, dit Pistoulet.	Complicité de vol, en réunion de plusieurs personnes portant des armes apparentes ou cachées, à l'aide d'escalade, dans une maison habitée, avec violence. (Circonstances atténuantes). (A 15 ANS).	3 ans.	idem.	idem.	Gaillac, arrondiss. dudit (Tarn).	Ce condamné qui était particulièrement recommandé par le maire de Gaillac et par M. le procureur-général Romiguières, a toujours eu une conduite parfaite.
12,264.	ARGENTOA, (Jean).	Homicide volontaire. (Circonstances atténuantes). (A 18 ANS.)	4 ans.	idem.	idem.	Hasparren arrondiss. de Bayonne (Basses-Pyrénées).	Une seule punition, pour une faute très-légère, a été infligée à ce condamné pendant 14 années de détention. Il méritait d'autant mieux la bienveillance de l'administration et du gouvernement, que le 11 février dernier il avait fait preuve de dévouement dans une tentative d'assassinat commise par un autre condamné sur plusieurs personnes de l'administration du bagne.
12,380.	FOURNIER (Joseph).	Meurtre. (A 15 ANS).	2 ans.	Obtenue par l'administration locale, sur la proposition annuelle, en date du 17 février 1848. (Décision du Gouvernement provisoire du 4 mai 1848, notifiée par dépêche ministérielle du 9 suivant).	13 mai 1848.	Vignonet, arrondiss. de Libourne (Gironde).	Le nommé Fournier a eu une conduite exempte de tout reproche pendant sa détention. Il appartient en outre à une famille d'honnêtes et riches cultivateurs qui le réclamaient; il était aussi recommandé par le maire et par les notables de sa commune. Il offrait donc toute garantie.
12,267.	TOUJA, (Guillaume).	Complicité d'assassinat (Circonstances atténuantes). (A 20 ANS).	5 ans.	idem.	idem.	Villefranche, arrondiss. dudit (Haute-Garonne.)	Une seule punition lui a été infligée pendant 15 années de détention. Cette épreuve paraissait suffisante pour un homme qui, en rentrant dans sa famille, y trouverait un avoir qui le mettrait à l'abri des besoins.

Numéros de l'immatriculation.	NOMS et PRÉNOMS.	NATURE ET DURÉE des PEINES.	DURÉE des peines restant à subir à l'époque de leur grâce.	GRACES OBTENUES et ACCORDÉES.	ÉPOQUES auxquelles les graciés ont été détachés de la chaîne.	LIEUX que les graciés ont déclaré choisir pour leur résidence.	COMPTE SOMMAIRE sur la conduite des graciés ET RAPPORT du commissaire des chiourmes sur cet objet.
11,877.	GARAYON (Louis).	Homicide volontaire. (A 20 ANS).	4 ans.	idem.	idem.	Roquecourbe, arrondiss. de Castres (Tarn).	La conduite de ce condamné a été irréprochable pendant les 16 années qu'il a passées au bagne. Il était, du reste, recommandé par le maire et les conseillers municipaux de différentes communes du département du Tarn.
11,900.	LESAULD (Etienne-Marie).	Vol, commis la nuit, à l'aide de violences, sur un chemin public. (A VIE).	à vie.	D'après l'état de proposition annuelle, en date du 17 février 1848, l'administration locale avait demandé une *commutation en 6 années de réclusion*. Mais grâce *entière* a été accordée par la commission du pouvoir exécutif, suivant décision du 26 mai 1848, notifiée en vertu de la dépêche ministérielle du 27 dudit mois.	31 mai 1848.	Morlaix, arrondiss. dudit (Finistère)	Ce condamné, qui avait été détenu, *dans sa jeunesse*, au bagne de Brest, y avait été assez mal noté. Sa conduite, pendant les 18 dernières années qu'il a passées au bagne de Rochefort, ayant prouvé à l'administration un retour sincère vers le bien, elle a cru devoir, pour récompense et comme encouragement pour les autres condamnés, proposer une commutation de sa peine en celle de 6 années de réclusion. Cette épreuve paraissait encore nécessaire avant la rentrée de cet homme dans la société. Sa grâce entière a été accordée.

Rochefort, le 9 juillet 1848.

Le Commissaire des chiourmes,

Signé : M. FRIOCOURT.

V.

PROCES-VERBAUX

DE LA COMMISSION DU POUVOIR EXÉCUTIF.

PROCÈS-VERBAUX

DE LA COMMISSION DU POUVOIR EXÉCUTIF.

SÉANCE PERMANENTE DES 23 ET 24 JUIN 1848.

(Au Luxembourg d'abord, et ensuite à la Présidence de l'Assemblée Nationale.

Présidence du Citoyen Arago.

Présents : MM. Arago, Garnier-Pagès, Marie, Lamartine, Ledru-Rollin, Pagnerre, secrétaire.
Le Citoyen Recurt, Ministre de l'intérieur ;
Le général Foucher, le citoyen Clément Thomas.

— D'après les avis transmis à la Commission sur les rassemblements qui se sont formés autour du Panthéon, la Commission donne ordre aux maires des 10, 11 et 12e arrondissements de faire battre le rappel immédiatement.

— Il est écrit au citoyen Préfet de police pour lui demander si les arrestations ordonnées la veille ont pu être opérées, et pour l'inviter à envoyer sur-le-champ au Luxembourg quatre commissaires de police et une centaine d'agents : on demande un ou deux adjoints du 11e arrondissement.

— Le général Cavaignac est introduit.

— Sur l'invitation de la Commission, le Citoyen Barthélemy Saint-Hilaire entretient le général Cavaignac de l'ordre qui lui a été adressé cette nuit pour envoyer dès 5 heures du matin au Panthéon deux bataillons d'infanterie et deux escadrons de cavalerie afin de dissiper les attroupements. L'ordre n'a pu être exécuté ; le général Foucher donne à ce sujet quelques explications.

— Lecture est donnée d'une lettre du Préfet de police se plaignant de ce que, malgré sa demande, aucune force militaire n'ait été envoyée au Panthéon.

— Ordres divers sont donnés au Préfet de police, aux maires des 11e et 12e arrondissements de faire suivre les rassemblements, qui, du Panthéon, se sont dirigés, dit-on, vers l'Hôtel-de-Ville. Avis est également transmis au Maire de Paris.

— Ordre est donné au Préfet de police d'envoyer à la Commission des rapports de demi-heure en demi-heure, et même plus fréquemment encore s'il le juge nécessaire.

— Le Préfet de police est chargé de faire arrêter immédiatement le citoyen Esquiros, président du club des Jacobins, et le citoyen Pitois Christian.

— Il est également invité de nouveau à envoyer au Luxembourg le citoyen Vassal, officier de paix, que la Commission a demandé pour le service de la sûreté générale.

— Les citoyens Ledru-Rollin et Lamartine se rendent à l'Assemblée Nationale, où le reste de la Commission ira plus tard les rejoindre.

— Les Ministres Duclerc, Flocon et Casy sont introduits.

— Ordre est donné au général Damesme de faire prendre immédiatement à la garde mobile les positions qui ont été indiquées à l'avance en cas d'alerte.

— Sur la proposition du Ministre de l'agriculture et du commerce, la Commission arrête :....

— La Commission donne ordre de faire battre sur-le-champ la générale dans Paris et dans la banlieue.

— Le colonel de la 11e légion est invité à se rendre avec la garde nationale sur la place du Panthéon.

— Il est adressé au citoyen Sauvage, directeur du chemin de fer d'Orléans, un ordre qui enjoint aux autorités militaires de lui prêter main forte, s'il en est besoin.

— Sur la proposition du Ministre de l'agriculture et du commerce, la Commission approuve en principe un projet de décret sur l'organisation des tribunaux de commerce.

— Le citoyen Arago se rend dans le 12e arrondissement pour y rétablir l'ordre à la tête d'un bataillon de la ligne et de la garde nationale.

— Les citoyens Marie et Pagnerre se rendent à l'Assemblée Nationale.

— Une députation des officiers supérieurs de la garde nationale du 11e et du 10e arrondissement est introduite et demande une partie des forces qui sont au Luxembourg pour repousser l'insurrection.

— Le Ministre de la guerre fait redemander par un aide-de-camp deux des bataillons de ligne qui avaient été envoyés au Luxembourg. Le citoyen Garnier-Pagès, membre de la Commission, refuse de les laisser partir; il veut, suivant ce qui a été arrêté, les employer pour empêcher qu'on n'élève des barricades.

— Sur un ordre itératif et péremptoire du Ministre de la guerre, les deux bataillons sont renvoyés du Luxembourg.

— Le citoyen Garnier-Pagès quitte le Luxembourg.

— Ordre est donné au Ministre de la guerre d'envoyer sur-le-champ dix bataillons à l'Hôtel-de-Ville, où il n'y a encore aucune force d'arrivée.

Suite de la séance à l'Assemblée Nationale.

Présents : MM. Marie, Lamartine, Ledru-Rollin, Pagnerre, secrétaire.

— La Commission du Pouvoir exécutif, vu l'urgence, confie au général de division Cavaignac, Ministre de la guerre, le commandement de toutes les forces (garde nationale, garde mobile et armée de ligne) qui se trouvent réunies à Paris.

— La Commission du Pouvoir exécutif donne l'ordre aux maires et aux colonels de toutes les légions de faire battre la générale et de réunir le plus de forces possibles et de les tenir massées à la disposition du Ministre de la guerre, qui est chargé du commandement de toutes les forces militaires.

— Un ordre semblable est transmis aux sous-Préfets de Sceaux et de Saint-Denis.

— La Commission arrête que l'ordre du jour suivant sera publié :

« Par ordre du Président de l'Assemblée Nationale, de la Commission du Pouvoir exécutif,

« Le général Cavaignac, Ministre de la guerre, prendra le commandement de toutes « les troupes, gardes nationales, gardes mobiles, armée.

» Unité de commandement.

« Obéissance.

« Là sera la force, comme là est le droit. »

Invitation est faite aux membres de la Commission Arago et Garnier-Pagès de se rendre immédiatement auprès de leurs collègues à l'Assemblée Nationale.

— Avis est donné au commandant du Luxembourg que les barricades formées rue Saint-Martin et rue Saint-Denis viennent d'être enlevées.

— Il est répondu au Maire de Paris pour lui annoncer que des régiments sont attendus de la banlieue et que des forces lui seront immédiatement envoyées.

— Le directeur des ateliers nationaux est invité à transmettre immédiatement un rapport sur la situation actuelle des ateliers qu'il dirige.

— Le citoyen Garnier-Pagès arrive vers trois heures.

— Ordre est donné au général Cavaignac de faire arrêter tous les hommes armés ou non armés qui seront réunis passage Molière, rue Saint-Martin, rue Mouffetard, 59, et rue Albouy, 15, lieux où se tiennent en permanence les comités de la société des Droits de l'Homme.

— Ordre est donné au général Damesme, commandant de la garde mobile, de prendre sous ses ordres la garde républicaine de la rue des Grès.

— Invitation est faite au citoyen Vassal d'envoyer les rapports de la Commission à la Présidence de l'Assemblée Nationale.

— La Commission arrête que les proclamations suivantes seront adressées aux ouvriers de Paris et à la garde nationale.

— Il est écrit au Préfet de police pour lui faire connaître l'ensemble des mouvements d'après le plan qui a été arrêté par le général Cavaignac, et qui consiste à masser les troupes avant de les faire agir séparément.

— Le citoyen Arago reste au Luxembourg et veille sur les évènements de la rive gauche.

— La Commission se rend dans le sein de l'Assemblée Nationale.

— Les citoyens Garnier-Pagès et Pagnerre se rendent dans les 1re, 2e, 3e, 4e, 5e, 6e et 8e mairies et à l'état-major de la garde nationale pour veiller à l'exécution des ordres donnés. Le citoyen Lamartine se rend aux barricades du fauboug du Temple.

— Par ordre de la Commission, la circulaire suivante est adressée au Préfet d Seine-et-Oise, du Loiret, de la Somme et de la Seine-Inférieure.

5 heures un quart du soir.

« Citoyen Préfet, des factieux ont jeté Paris dans une extrême agitation. Le con-

« cours de la garde nationale de votre département peut être utile; envoyez-la à « Paris ainsi que les bataillons dont vous pourrez disposer. Le Ministre de la guerre « a dû donner des ordres en conséquence cette nuit. Si par hasard ils n'étaient point « arrivés, que ceux-ci vous en tiennent lieu. »

(De ces circulaires, celle qui était destinée au préfet de Seine-et-Oise lui a été remise personnellement. Les trois autres, envoyées par exprès à la poste, ont pu partir.)

— A 7 heures du soir, le citoyen Arago, mandé une seconde fois, arrive. Il retourne au Luxembourg afin d'y donner les ordres relatifs à la défense de la rive gauche.

— A neuf heures du soir, ordre est expédié à toutes les mairies de Paris, aux sous-Préfets de Sceaux et de Saint-Denis de faire battre la générale cette nuit, à deux heures du matin, dans la banlieue; à cinq heures dans Paris.

— La Commission nomme le général Duvivier commandant de la garde nationale mobile en remplacement du général Bedeau qui a été blessé.

— La commission se rend de nouveau dans le sein de l'Assemblée Nationale.

— L'ordre est remis au Directeur du chemin de fer du Nord d'expédier une locomotive spéciale pour requérir au plus vite les troupes de ligne qui peuvent venir par cette voie, conformément aux ordres antérieurement transmis.

— Les membres de la Commission décident que deux d'entre eux resteront à la présidence; les citoyens Marie et Ledru-Rollin, avec le citoyen Pagnerre; les citoyens Arago et Garnier-Pagès étant au Luxembourg.

— Ordre est donné par M. Ledru-Rollin à l'amiral Casy de faire venir en toute hâte les sept mille marins de Cherbourg et de Brest par des bateaux à vapeur et par le chemin de fer.

— Ordre est donné au citoyen Vassal de faire arrêter tous les hommes qui seront réunis dans les clubs, signalés dès le matin. Le général Cavaignac est invité à mettre des forces suffisantes à la disposition du citoyen Vassal.

— 24 juin, à cinq heures du matin, le garde-des-sceaux et le Procureur général, appelés la veille, sont introduits.

— Ordre leur est donné de faire exécuter rigoureusement les lois sur l'affichage, et de préparer toutes les mesures légales et judiciaires que leur sembleront exiger les circonstances.

— Sont présents à sept heures : les citoyens Arago, Garnier-Pagès, Marie, Lamartine, Ledru-Rollin, Pagnerre, secrétaire.

— Les citoyens Garnier-Pagès et Pagnerre se rendent de nouveau dans les mairies de la rive droite.

— La Commission ayant pris connaissance du décret de l'Assemblée Nationale, que nomme le général Cavaignac chef du Pouvoir exécutif, décide que la lettre suivante sera adressée à l'Assemblée.

« Citoyen Président,

« La Commission du Pouvoir exécutif aurait manqué à la fois à ses devoirs et à son

« honneur en se retirant devant une sédition et devant un péril public; elle se retire « seulement devant un vote de l'Assemblée.

« En remettant les pouvoirs dont vous l'aviez investie, elle rentre dans les rangs de « la Représentation Nationale pour se dévouer avec vous au danger commun et au « salut de la République.

« Les membres de la Commission du Pouvoir exécutif. *Signé* : F. ARAGO, LEDRU-« ROLLIN, GARNIER-PAGÈS, LAMARTINE, MARIE ; secrétaire, PAGNERRE. »

DEPOSITIONS

REÇUES

PAR LA COMMISSION D'ENQUÊTE.

SÉANCE DU 22 JUILLET 1848.

Déposition du citoyen RICARD.

(Omise au premier volume, page 172.)

Le vendredi 12 mai, en venant à l'Assemblée, je vis au coin de la place et du quai, M. Thoré qui recevait du monde : cela me parut suspect. Je pensai qu'il se préparait quelque chose.

Le 15 mai, je vins à l'Assemblée. J'étais dans la tribune du Président, une dame me pria de changer de place pour en ménager une à madame Crémieux. L'invasion eut lieu, je barrai l'entrée, résistai à l'émeute et protégeai ces dames.

Au moment de l'envahissement, je vis MM. Louis Blanc, Albert et Barbès se lever et applaudir à l'émeute de la tête, du geste et du sourire ; je le fis remarquer à madame Crémieux, que je connaissais, après quoi je la fis sortir par la place Bourgogne. En revenant, je parlai aux masses. Madame Georges Sand était aux fenêtres du café qui fait le coin de la rue de Bourgogne. Une dame polonaise était avec elle; des jeunes gens les entouraient.

Près de la grille, je vis le général Courtais et le général Tempoure, dont l'attitude me parut suspecte. Je rentrai dans la tribune que j'avais quittée.

Quand Huber prononça la dissolution de l'Assemblée, un jeune homme se leva près de lui et protesta ; la foule devint menaçante ; je voulus protéger ce Représentant, en disant qu'il pourrait parler.

Ce jeune homme répondit qu'il n'était pas Représentant, qu'il avait eu huit mille voix et qu'il se nommait Ambert. Je me mis alors à protester à haute voix contre la déclaration d'Huber ; on se rua sur moi, on me maltraita, et un homme bien intentionné me fit évader. Je me rendis près de M. Lacordaire, pour le protéger à la sortie de l'Assemblée.

Je rentrai dans l'Assemblée par la porte de gauche, et je disais à tous les Représentants : « Ne bougez pas, restez ici, c'est ici qu'il faut veiller au salut de la patrie. » J'allai trouver la garde mobile. Un de mes amis, officier, hésitait à marcher, craignant de se compromettre. J'allai prendre le portefeuille de M. Vavin, et fis entrer quarante gardes mobiles, et leur fis charger les armes. Peu après, le commandant Clary entra avec son bataillon et déblaya la Chambre.

J'étais près de MM. Lamartine, Larabit, de Mornay et autres. J'adressai la parole à M. Lamartine, et lui demandai s'il était sûr de Ledru-Rollin. J'allai le chercher immédiament et l'amenai à M. Lamartine qui lui dit : « Marchons-nous toujours ensemble? » — « Oui ! oui ! oui ! dit M. Ledru-Rollin, vous ne savez pas par quelles épreuves je viens de passer. »

Interpellé sur le sens des paroles de M. Lamartine à M. Ledru-Rollin, le témoin répond que cette question impliquait le doute sur le compte de M. Ledru-Rollin. M. Lamartine avait l'air de craindre que M. Ledru-Rollin fût du parti des insurgés.

Le 23 juin, j'allai aux barricades et y vis les drapeaux des ateliers nationaux ; j'en rendis compte à M. Lamartine qui était à l'hôtel de la Présidence ; j'accompagnai M. Lamartine dans les courses qu'il fit le soir sur les barricades.

Je me mis ensuite aux ordres de M. Senard et des généraux. Je cherchai à pénétrer dans le faubourg Saint-Antoine sans y parvenir. Je revins à la place des Vosges où je rencontrai M. Victor Hugo. Je m'élançai sur la barricade et donnai lecture de la proclamation. Les insurgés me promirent qu'il ne me serait fait aucun mal, je retournai sur mes pas et vis l'archevêque avec M. Larabit, la fusillade recommença et je restai prisonnier jusqu'au lendemain.

Les insurgés me disaient : « Nous avons Caussidière avec nous; il est à l'Hôtel-de-Ville avec huit pièces de canon. » Dans la nuit, des hommes bien disposés s'approchèrent de moi ; ils me remercièrent d'avoir détrompé les insurgés sur les illusions qu'ils se faisaient. Deux heures après j'étais conduit par eux à l'Hôtel du Soleil où je fus délivré.

TABLE DES MATIÈRES DU TOME III.

II. — DOCUMENTS FOURNIS PAR LES COURS D'APPEL.

III. — DÉPÊCHES TÉLÉGRAPHIQUES.

IV. — DOCUMENTS FOURNIS PAR LES PRÉFECTURES MARITIMES.

V. — PROCÈS-VERBAUX DE LA COMMISSION DU POUVOIR EXÉCUTIF.

PREMIÈRE

EXPLICATION DU C^EN LARABIT,

REPRÉSENTANT DU PEUPLE,

Sur divers passages du Rapport de la Commission d'Enquête, en date du 3 août.

(Je prie mes collègues d'annexer cette feuille au 1er volume de l'Enquête).

Je n'ai pas à me plaindre personnellement de la Commission d'enquête ; mais il est arrivé pour moi ce qui est arrivé sans doute pour beaucoup d'autres. Les analyses des dépositions sont nécessairement fort courtes ; elles sont donc incomplètes ; elles n'ont pas été relues à ceux qui avaient déposé ; il en résulte que l'analyse a souvent mis en relief ce qui n'avait aucune importance, et omis ce qui pouvait en avoir dans leur pensée. Si on leur avait relu ces analyses, l'addition de quelques mots ou la modification de quelques autres, auraient pu souvent éclaircir des pensées qui restent obscures, et qui peuvent être comprises dans un sens contraire.

Je me hâte de faire connaître l'origine d'une affaire qui est relative à l'armée, et que j'ai à cœur d'expliquer.

CONGÉS DONNÉS A DES SOUS-OFFICIERS DE L'ARMÉE.

On lit dans le rapport de la Commission d'enquête, page 20, cette phrase : « Des « sous-officiers étaient choisis et envoyés dans les garnisons pour y dénoncer les chefs « aux soldats, y porter la désorganisation et l'indiscipline. »

On lit dans la déposition de M. d'Adelsward et de M. le général Bertrand, que des congés signés *Larabit*, avaient été donnés à des sous-officiers pour exciter à l'indiscipline, et particulièrement que le nommé Thielle était venu embaucher quatre sous-officiers et les emmener à Paris.

NOTA. Successivement, je publierai comme complément :

1° *Une Explication de ma déposition du 13 juillet, analysée à la page 309, et mes souvenirs sur l'évènement du 15 mai;*

2° *Quelques considérations militaires sur l'affreuse guerre civile du mois de Juin ;*

3° *Un récit exact de la mort de l'Archevêque au faubourg Saint-Antoine, dont les circonstances ont été altérées;*

4° *Enfin divers détails curieux sur les scènes populaires et insurrectionnelles dont j'ai été témoin, pendant ma captivité au faubourg Saint-Antoine.*

On lit dans plusieurs journaux que ces congés ont été la cause des actes d'indiscipline qui se sont manifestés dans plusieurs corps.

Il m'importe d'expliquer comment ces congés ont été donnés, d'éloigner de moi une responsabilité que je ne dois pas avoir, et de montrer que le mal qui a eu lieu a été fort court, et qu'il a été arrêté dès qu'on en a eu connaissance. Je suis étonné que la Commission d'enquête, ayant reçu ces diverses dépositions, n'ait pas jugé à propos de me demander des explications.

Voici comment les choses se sont passées :

Le 5 avril, et non pas en mars, comme le dit M. le général Bertrand, je reçois la visite de Thielle que je ne connaissais ni de vue, ni de nom, ni par ses antécédents ; il est porteur d'une lettre du citoyen Ledru-Rollin, Ministre de l'intérieur et membre du Gouvernement provisoire, qui me le recommande, et m'invite à satisfaire à sa demande. J'ai conservé la lettre du Ministre.

Quelle est cette demande?

Thielle demande, au nom du Ministre de l'intérieur, que des congés soient accordés à dix-neuf sous-officiers de divers corps, dont il me remet les noms.

Pourquoi ces congés?

C'est, dit-on, au nom du Ministre de l'intérieur, pour les envoyer dans plusieurs régiments, avant les élections, afin d'engager leurs camarades à porter leurs voix sur les candidats républicains.

Mais le Ministre de la guerre, ai-je répondu, a déclaré loyalement, même à des commissaires de la République dans les départements, qu'il ne voulait pas intervenir dans les élections.

Cependant Thielle insiste au nom du Ministre de l'intérieur, en disant que cette intervention ne sera pas celle du Ministre de la guerre, mais celle des sous-officiers près de leurs camarades, à l'occasion du droit électoral.

Il avait paru dans *le National* un certain nombre d'articles qui gourmandaient le Ministère de la guerre et même le Ministre; les articles des 13 et 15 mars, notamment, leur reprochaient de ne pas exciter assez le républicanisme de l'armée, à l'occasion des élections.

J'étais sous l'impression de cette idée. Thielle insiste.

Je réponds que tout cela peut devenir grave; qu'avant de donner les congés, je veux en causer avec le Ministre de l'intérieur, et prendre les ordres du Ministre de la guerre.

Thielle me quitte pour aller au Ministère de l'intérieur, et vient me redire que le Ministre est absent.

Je lui réponds : Je prendrai demain les ordres du Ministre de la guerre.

Le lendemain, j'en parle à M. Arago, et il reconnaît avec moi qu'il peut y avoir de graves inconvénients militaires à faire ce que demande le Ministre de l'intérieur. « J'en parlerai ce soir à M. Ledru-Rollin, me dit-il; je le verrai au Gouvernement provisoire. »

Le jour suivant, M. Arago avait oublié d'en parler.

Thielle revient et insiste au nom du Ministre de l'intérieur. M. Arago me dit avec contrariété : « Signez les congés. »

Mais, dis-je, n'oublions pas que ces sous-officiers peuvent manquer à leurs devoirs et faire des actes contraires à la discipline.

Faisons, me dit le Ministre, une formule qui indique la responsabilité du Ministre de l'intérieur : nous discutons cette formule devant témoins. Il est convenu que nous mettrons en tête des congés, ces mots : *sur la demande du Ministre de l'intérieur*, et que les congés seront terminés par ces autres mots : *ce sous-officier restera soumis à toutes les règles de la discipline militaire.*

Cela veut dire évidemment qu'au premier écart, ils peuvent être punis, saisis, emprisonnés même, par ordre de leurs supérieurs. Aussi toutes les précautions convenables étaient prises.

On demandait que ces sous-officiers partissent dès le lendemain, 8 avril, avec leurs congés, et une formalité hiérarchique fut omise par précipitation; on ne donna pas avis aux généraux commandant les divisions militaires.

Mais Thiel promit formellement que les congés seraient mis sous enveloppes cachetées, à l'adresse des colonels; que les sous-officiers leur remettraient les congés cachetés *et ne les recevraient que de leurs mains*.

Il n'en fut pas ainsi : quelques-uns de ces sous-officiers virent leurs camarades dans les cafés et dans les casernes, sans se présenter aux colonels. On répandit dans quelques régiments des écrits coupables; on chercha à exciter les inférieurs contre les supérieurs.

Quelques jours après l'expédition des congés, des plaintes arrivèrent de la part de plusieurs colonels et de plusieurs généraux commandant les circonscriptions militaires. Ils envoyaient des proclamations ou manifestes imprimés, qui avaient été répandus par ces émissaires, pour provoquer des enquêtes politiques sur les officiers.

Sur ces manifestes imprimés se trouvaient un certain nombre de signatures, parmi lesquelles Sobrier et autres avec celle de Thiel. C'est ainsi que nous avons su que Thiel et les sous-officiers envoyés en congé, sur la demande du Ministre de l'intérieur, étaient des agents du club Sobrier.

Le 12 avril, après la réception de quelques dépêches. M. Arago me demande l'explication de ces congés; je la lui donne. Chargé des affaires nombreuses d'un double Ministère, il avait oublié la lettre du Ministre de l'intérieur, l'ordre verbal qu'il avait donné lui-même, et la formule des congés, que nous avions discutée ensemble.

J'annonce que j'ai conservé la lettre de M. Ledru-Rollin au sujet de Thiel et de sa mission.

Le lendemain, nouvelles plaintes; on me fait redemander cette lettre, elle était chez moi, dans mes papiers réservés; je l'envoie chercher : je la représente, en demandant qu'elle me soit remise; j'aurais pu la déposer à la Commission d'enquête, si j'avais été interrogé sur cette affaire.

De nouvelles plaintes arrivent encore. Le 16 avril, on expédie sur toutes les lignes télégraphiques une dépêche ainsi conçue :

« J'annule toutes les permissions récemment données en mon nom à des sous-offi-
« ciers de différentes armes, pour affaires de service. Faites-les rentrer à leurs corps
« sans délai et sans exception. Pour le Ministre et par son ordre, etc. »

Les plaintes continuèrent encore pendant quelques jours; mais l'arrivée de la dépêche télégraphique fit cesser en peu de jours la cause du désordre, et tout rentra dans le calme. Il n'en resta que quelques punitions plus ou moins sévères, infligées à quelques sous-officiers qui s'étaient écartés de leurs devoirs.

Toutes ces dates sont certaines; ainsi M. le général Bertrand se trompe quant à la date, lorsqu'il dit que Thiel avait été envoyé dans le mois de mars dans les corps.

On voit en même temps que la confiance du Ministère de la guerre avait été surprise, mais que la cause du désordre n'a duré que dix jours environ, et qu'elle a été arrêtée aussitôt qu'on l'a connue.

J'ajoute que ces désordres ont été peu nombreux.

Je faisais tenir une liste des régiments où il se manifestait des actes d'indiscipline; je pourrais donner leurs numéros; on en compte vingt-trois avant le 8 avril, et beaucoup moins après; les fautes sont même beaucoup moins graves que celles qui ont précédés le 8 avril.

L'affaire des congés n'a donc pas été la cause de sérieux désordres. Quant à l'argent, s'il en a été donné, il est sûr que ce n'est pas par le Ministère de la guerre.

Je dois dire, pour l'honneur de l'armée, qu'il y a eu beaucoup moins d'actes d'indiscipline après la Révolution de février 1848, qu'après celle de juillet 1830. A la louange des sous-officiers de l'armée, je déclare en même temps que l'indiscipline n'a presque jamais été fomentée par eux ; qu'en général, au contraire, c'est avec leur concours qu'elle a été réprimée.

J'ai déjà donné ces explications à M. d'Adelsward; il aurait pu les ajouter à sa déposition, puisque la Commission d'enquête ne jugeait pas à propos de me questionner sur ces faits.

Je les avais également données spontanément à quelques officiers généraux, qui les avaient trouvées suffisantes.

Je n'ai pas besoin de dire que je n'étais pour rien dans les tentatives du club Sobrier; personne n'est plus exigeant que moi pour la discipline de l'armée; quand des actes d'indiscipline ont eu lieu, j'en ai toujours demandé la répression prompte et sévère.

Qu'il me soit permis de consigner ici un petit souvenir historique : On n'a pas oublié le malheureux duel qui a eu lieu en 1834, entre le général Bugeaud et le député Dulong ; le général Bugeaud n'a pas eu tous les torts qu'on lui avait attribués; une main occulte l'avait poussé à ce duel, il avait d'ailleurs joué sa vie comme son adversaire ; le malheureux Dulong avait été frappé d'une balle à la tête.

La population de Paris avait été fort agitée par ce cruel événement. Le duel avait eu lieu à la suite d'une discussion très-vive, relative à deux officiers qu'on avait introduits dans l'artillerie, sans droits et par favoritisme. Beaucoup d'officiers d'artillerie avaient réclamé; on les avait punis durement; j'étais le dépositaire des nombreux mécontentements d'officiers d'artillerie et du génie.

Un homme très-important croyait que le moment était venu de profiter de ce mécontentement et de l'agitation du peuple de Paris, qui allait se rendre en foule aux obsèques de Dulong.

On voulait m'engager à exciter les esprits dans le régiment d'artillerie en garnison à Vincennes, dans lequel j'avais des amis.

« Non, répondis-je, je ne veux pas d'indiscipline. »

« Mais, me répondit-on, la grande Révolution de 89 s'est faite en excitant l'indiscipline des Gardes-Françaises. On a rétabli la discipline ensuite; vous ferez de même, quand il s'agira de résister à l'ennemi. »

« — Non, non; je ne veux pas compromettre mes camarades; je ne veux pas jeter du désordre dans l'armée. »

J'étais un des commissaires pour les obsèques de Dulong; le plus grand ordre régna dans cet immense concours de population; il n'est pas inutile de dire quel est le citoyen qui me prêta pour l'ordre le plus utile concours; ce fut le citoyen *Cabet*, qui avait alors une grande popularité et une grande influence parmi les ouvriers de Paris. Il maintint l'ordre.

Je rappelle ce fait pour protester de nouveau de mon grand respect pour l'ordre, et particulièrement pour la discipline et l'honneur de l'armée.

D. LARABIT, *Représentant du peuple.*

www.ingramcontent.com/pod-product-compliance
Lightning Source LLC
Chambersburg PA
CBHW070807270326
41927CB00010B/2337